JN154047

日本史籍協會編

三條家文書

東京大學出版會發行

三條實萬自筆公武御用備忘（安政二年六月十二日條）

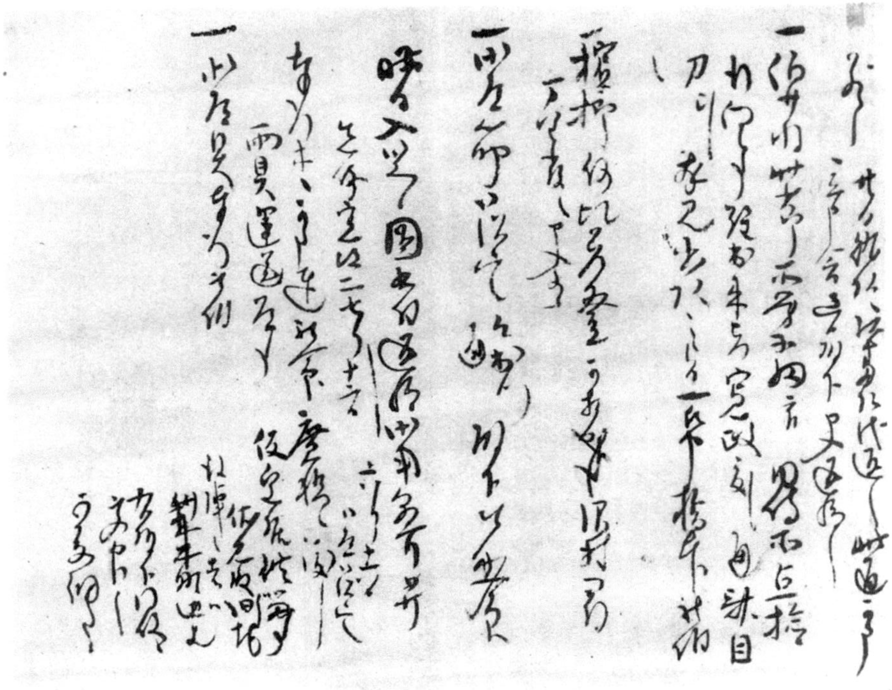

公爵三條家藏

三條家文書第一

緒言

一本書ハ贈正一位三條實萬及ビ公爵實美父子ノ文書ヲ蒐集編次セルモノニシテ日記アリ備忘錄アリ草案アリ公文アリ私翰アリ體樣一ナラズト雖ドモ題シテ三條家文書ト云フ今公爵三條家ニ請ヒ其一部ヲ印刷ヲ以テ謄寫ニ代ヘ會員ニ頒ツ猶謄寫校訂ノ完成ヲ俟テ續篇ヲ刊行配布セントス

一忠成公御幽居日記ハ實萬安政五年十二月二十一日幕譴ニ觸レ淀ノ民家ニ蟄居セシ際ノ日記ニシテ同六年正月

朔日ニ始マリ同年九月廿一日ニ至ル當時幕府ノ實萬等ニ對スル壓迫ハ峻烈ニシテ恰モ濕薪ヲ束ヌルガ如ク而カモ實萬幽閉ノ裏ニ在リテ一日モ君國ヲ忘レザル忠誠ノ心事ヲ窺知スベキ惟一ノ史料ナリ

一三條家藏祕簡ハ安政四年十月ニ始マリ慶應三年十月ニ至ル實萬父子ノ祕筐文書ニシテ悉ク維新史料ニ關スル根本史料ナリ就中文久二年十月勅使東下前後ノモノ及ビ同三年八月政變後ノモノハ尤モ出色ノモノタリ然モ倉卒ノ際編次猶完カラズ多少ノ混入アルハ編者ノ甚ダ遺憾トスル所ニシテ續編ニ於テハ特ニ注意ヲ拂ヒ再ビ過失ナカランコトヲ期ス

一公武御用備忘ハ實萬傳奏在職中ノ備忘日記ニシテ安政二年六月十一日ヨリ七月一日ニ至ルモノ及ビ同年八月九月十月ニ涉ルモノ安政三年二月一日ヨリ同月廿四日ニ至ルモノ等ヲ收ム

一祈のひとことハ安政元年六月飯泉喜内ガ外患祈禳ニ關シ實萬ニ呈セル建言書ニシテ戊午黨獄破綻ノ端緒ヲナスモノナリ世ニコノ獄ヲ稱シテ飯泉喜内初筆一件ト稱スルハ是ガ爲メナリコハ傳寫至テ稀ナルモノナルヲ今三條家文書中ニ其自筆本ヲ得タルヲ以テ謄寫シ茲ニ之ヲ插入セリ

一胡蝶のゆめは三條家ノ臣富田織部ガ安政四五年ノ交實

萬ニ呈セル意見書ニシテ其朝權回復ノ手段方法ヲ論ズル所甚ダ綮肯ニ當レルモノ尠カラズ

一三條實美呈書一通ハ安政五年三月老中堀田正睦上京ノ際實美ヨリ父實萬ニ進言シ奮勵ヲ希望セルモノニシテ其忠孝ノ志天稟ニ發シ夙成ノ才德自ラ羣ヲ拔ケルヲ知ルベキモノナリ

一神州萬歳堅策ハ故右大臣岩倉具視ガ石龜ノ假名ヲ以テ安政五年春國家ノ大計五事ヲ論ゼルモノニシテ識見高邁頗ル見ルベキモノアリ今三條家ニ存セル自筆草稿ニヨリテ玆ニ之ヲ收ム

一土州應答ハ富田織部ガ實萬ノ内命ヲ銜ミ安政五年五月

江戸ニ下リ土佐藩邸ニ於テ山内豐信松平慶永伊達宗城等ト會見密議セル所ヲ實萬ニ報ゼルモノニシテ丹羽正庸書翰四通亦タ同年九月正庸江戸土佐藩邸ニ使シ豐信ト交渉セル所ヲ實萬ノ左右ニ報ゼシモノナリ共ニ開鎖問題及ビ幕府繼嗣問題ノ裏面ヲ闡明スベキ好史料ナリ

一抑モ實萬父子ガ復古ノ柱石維新ノ棟梁タルノ功績ハ今更ニ贅スルヲ須ヒズ其關係史料ハ維新史料ノ最要部ヲ占ムルモノナリ吾人本協會員タルノ故ヲ以テ貴重ナルコノ一本ヲ所有スルヲ許サレタル高意ヲ公爵三條實憲氏ニ謝シ併セテ伯爵土方久元男爵尾崎三良ノ兩氏ニ謝ス

大正五年九月

日本史籍協會

三條家文書第一目次

一 忠成公御幽居日記 乾 自安政六年正月至同年五月二日 一
一 同 坤 自同年五月三日至同年九月廿一日 一一七
一 三條家藏祕簡 安政四年同五年嘉永七年文久三年 二一九
一 同 文久三年癸亥（同二年分混入） 二四三
一 同 文久二年 二九五
一 同 文久四年慶應元年 四四五
一 同 慶應二年慶應三年 五五一
一 公武御用備忘 安政二年六月七月 五八七

一 同　安政二年八月九月十月　六一七
一 同　安政三年二月　六五九
一 祈のひとこと　和泉喜内　安政元年　六七一
一 胡蝶のゆめ　富田織部　六七七
一 三條實美公呈書　安政五年　六八七
一 神州萬歳堅策　安政五年　六九一
一 土州應答　富田織部　安政五年　七一五
一 丹羽正庸書翰　安政五年　七三七
一 解題　吉田常吉　七五一

忠成公御幽居日記

乾

養齋
澹齋
虚心齋
靜虚齋

日記

自安政六年正月
至同年五月二日

安政六年己未

正月大

一日壬申晴陰飛雪年甫之吉兆幸甚云々

今日依旅所不能四方拜且旧臘來病惱相侵之間不能沐浴旁期後日

一服雜煮餅大福茶屠蘇酒鏡餅齒固等如形相祝之 小直衣但屠蘇齒固之時之外有煩唯置傍

一風氣未快之間不能手水仍吉書讀書始等今日不得其儀

一今日京師音信無之但從中島村人來晦日從京所出置之物等持來依爲初使

賜小物云々 女房沙汰扇手拭云々

太宰府延壽王院之書狀到來

一此村庄屋年寄來申年賀 献青銅五百疋 賜一酌幷一品云々 扇盃 女房面會云々 此所之村役依爲旅所所令逢之

一此亭隨從之男女房賜口祝 此亭主庄兵衛對面了別事之

立春 正月節 自日出至日沒 晝四十三刻半 夜五十六刻半 自卯至酉晝四十八刻半余 夜五十一刻余

二日癸酉天晴立春

今朝得快愈朝飯祝著如形

一此村年寄隱居 彦右衛門六十有余 具孫 一女一男 來小兒召前賜物老人感戴之又賜一酌了

今夕節分豆打太田左内奉仕之取歲 五十九今爲五十八也 如每例隨從之男女於前賜豆

各筭年如例

三日甲戌晴和暖

朝飯祝著如形居之如連朝所勞得平愈之間洗足理髮拂鬚含鉄漿改換衣服

着小直衣手水神拜 井拜十一面觀音先祖 仁義公以下先考先妣 自余如尋常拜時

了

晝飯祝著亦如形

吉書始 嘉奈君ゝ代 讀書始 後押小路殿御筆孝經

讀中臣祓集說 非恒式此抄物先年或人 中澤左京二□定害 國學家之者進之所携來之間可一閲也仍年甫爲見國躰之要所思企之

自本殿駿河守來申送年賀召前賜昆布蚫種々有申述事不少將井女房等年甫賀狀有之少將當今之時事委曲送密札則精今夜止宿明朝可歸京云々家中各無異令加年可悅々々

於前賜一酌隨從之士陪之

一寒中伺　天氣井歲末祝詞等以使申上井昨三（マヽ）日年始御禮不參候事如先例申入（議奏中山承知云々）　昨日一列大臣各不參云々

一豐前守武邊呼出事旧臘廿九日歸京可差出旨屆之卅日午刻呼出々頭如例吟味中役所止置之旨之又家內書類檢知與力方之者罷向兼而用意候間無子細文書少々持帰り候云々（豐前守膽量長大尤可觸忌諱事用心云々其上如何躰及嚴科共不厭必可安心之旨返々申置候旨申之云々神妙々々）

一富田織部廿九日帰京卅日屆之處未呼出元三之間無其儀も若明日比可有沙汰歟云々

旧記云元三之間不糺雜犯使廳之法之今時之習亦然歟如何

一則精密語之水府老人鷹司家に遁隱之疑有之武門之士十四五人彼家に推參及尋問若强而取隱置之上も闌入可搜索之由申之彼家人所答決而無其

儀若有疑ㇵ直ニ家中十分可有吟味其上不見付ㇾ如何有處置哉尋問之處其返答不慥不及探求退散云々甚奇恠實否難計若虚誕歟今時浮説多端難信若爲實事ㇾ可彈指之如此之時勢當家々中所在文書盗人之恐有之歟甚苦心之旨申之予來此亭之前悉皆納錠付擔司於散乱之憂ㇾ無之但猶堅固可有守衛其擔筒在所申含置之口可收置庫中歟少將相共宜計旨申付了實ニ苛政之甚可恐可歎

一間部下總守當月十八九日比可歸府之由有沙汰云々

四日乙亥陰天　神佛拜如例

今朝駿河守帰京召前有示含事等少將幷女房許遣狀（年甫之賀之他事期後日）

一今日後三条內大臣實〈忠〉公御忌辰之拜礼且晝精進了於本殿可奉供膳之

一鏡開如形

五日丙子陰晴　日拜如例
終日徒然讀書幷類藁草
四日托駿河守送遣少將許
たふちねも今ハとこそハおもふらめ我くろ髮ょ霜そ置夕る
我うへハ露もいともす大方れ人ょか夕しとおもひ立しあ
都をハおもひもあれて出しこそ中〳〵君を思ふ之夕れ
住よくも住うくも那き庵ょしてやすしとやいむ苦しとやいハん
世中をおもひもつふふ時ハ猶野山もお那し夕し花之夕り
里の犬の隈もる中にも聞ゆるハ淀のさりれ時のつゝみあ
天のとの明る光を待つゝや田つふれ門ょ鳥れ鳴らん
すへらきの星と那へ乃ほ比あともおもへハ里に鳥ら𛂞そする
都への春ハ夕ふしもいら那ふむ淀のあすミれ立そへさつる

あら玉の年もかハりて大宮ハいらかある春れなしためふまし

右旧年來感懐幷元旦之即事詠出了

亭主　頼母源政之覧詠　雪も降あられもふれは晴るまて君に宿かす身こそうれしき

懇志可賞可喜忽愚詠書付遣之

雪あられ降よふるともいとはすよかりてきよたる鶴の毛衣

後日再吟　雪あられ降とも今は志のかろゝ鶴の毛衣かりてきぬれは

折しもかさハなる屏風畫よ鶴のあまさむれゐさるかたのきさりたるをみて

△あくる年のむ月いとくらき日

安政五とせの志ハすの末つかさより政之の家よ假よ住居をし時有△あるしのよミて出たるよ

かくなん有りけれバ

六日丁丑晴陰

神佛先祖考妣拜礼如連朝

讀書　論語類抄之中臣被講説日本書紀集説等閲見且少々抄出之歴史綱鑑讀之如<欠>甲校訂

一入夜村役之者依例昨日出申本殿爲年賀之（欠マヽ）今日歸來之便從家中申越事等有之

駿河守一昨四日酉刻歸殿申含事等出其外万事静謐云々

富田織部去三日傳奏達有之四日午刻奉行所へ差出留置于役所云々直書
類相改メ同心家内ニ來云々
一鷹司家々司牧式部少輔去四日奉行所へ呼出幷陽明家老女村岡是亦呼立
之由區承及云々爲之如何
一隨從之男女房出近邊之堤可摘若菜云々然而風烈難堪之間早速歸來少々
菜蔬之類採帰了
一從宮中女房伊与例年之通餠雉燒苧被贈之由從本殿差廻之
一從北野宮仕鳥居坊元日御供御護等送之

七日戊寅晴
一今朝餠粥祝著如形
一日拜如連日
一今日先考御忌日之終日精進供御膳依爲旅所不能具備之

一讀書論語抄之

一亭主頼母之父之庄兵衞覽寛文以來之文書爲覺悟肝要之文寫左了

轉法輪三条殿御領上津屋村之内酉年物成之事

一高貳百石

此取百貳拾三石高ニ六ッ壹歩五リン

口米三石六斗九升

合百貳拾六石六斗九升之

右之通惣百姓不殘立合少も無高下致免割來ル廿日已前ニ急度皆濟可仕者之

寛文九年

酉ノ十二月十三日

入ヽ和泉守口

上津屋村庄屋百姓中

御殿御家ニ成是初免狀之寛文九己酉年ゟ安政四丁巳年迄百八拾九年ニ成

一通

轉法輪三条樣御知行戌年御取ヶ之事

上津屋村

一高貳百石
　此取百貳拾六石
　右口米三石七斗八升
　夫米四石
　取〆百三拾三石七斗八升
右之通惣百姓中此下札致披見免割無高下仕極月十日以前ニ急度可致皆濟
者之

　寛文拾年
　戌十一月廿一日
　　　　　　　　　　　轉法輪三条様御内
　　　　　　　　　　　　入江和泉守□
　　　　　　　　　　　　足立平介□
　　　　　　　　　　　　鳥羽民部少□

上津屋村
　庄屋
　百姓中

寛文十壹年
亥十一月廿六日

納上津屋村亥御年貢米之事
合百六拾七石九斗
右ハ御年貢米請取皆濟如件
寛文拾一年
亥ノ十二月十八日

請取申米之事
合貳拾六石之

十

輪（マヽ）法輪三条様内
入江和泉守□
鳥羽民部少輔□

上津屋村

轉法輪三条様御内
入江和泉守□

上津屋村庄屋
庄兵衛

右ハ去戌年預ヶ米慥ニ請取相濟了
旧冬預候米手形有之候ても當分見へ不申間扱如此候以上
亥四月廿八日
村井織部
上津屋村
九兵衛殿

子年御取ヶ之事
寛文拾貳年
子霜月三日
轉法輪三条様御內
入江和泉守□
鳥羽民部少輔□
上津屋村庄屋
百姓中

定遣免相之事
一高貳百石
上津屋村

此取百拾六石

元祿十二年卯九月　村井弥〔不〕十衛〔マヽ〕門口

上津屋村
庄屋
百姓中

當村寛文寛永元祿承應正保之比免相定之狀板倉周防守之證狀數通有之
一覽之

〔丑歳〕西上津屋村免相定之事

高五百九拾三石七十〔斗カ〕九升貳合
内

寛永拾四年丑極月八日　周防口

一岩瀬寺傳來之一軸當村住居除地之事板倉之狀有之覽之（件岩瀬寺當家由緒有之之先祖尊牌等）（有之又唐花文用來之案先代之女房自件家勤仕有之由之又森島緣類云々）

右件一軸之文如左

來札本望存候今度就御撿地上津屋光瀬寺屋敷之儀承候只今御地之繩打誰々被參候も不存候從前ニ御除之事ニ候ハ縦繩入申候共別儀御座有間敷と存候猶期面前之時候間不能具候恐々謹言

板倉伊賀守

七月廿八日　書判

下刑法印

回章

一先代被仰領分令借金子給之時有裏印當時ハ不然先代之所爲覺悟了其印文云（富潤屋徳潤身）如此一ッニハ印文難分

心豊牛
廣骨月
任セ證文事

御年貢幾年ニ而茂銀主方ゟ差遣し可被申候毛頭違乱無之候爲後證仍而如件

寶暦九乙卯年閏九月廿九日

入江和泉守口
森寺長門守ヘ

岡　左内

上津屋村
庄屋
年寄百姓中

裏書

表書之通被爲聞召候

富……篆字之
凡一寸四方計之

又一紙

預り申銀子之事

合銀五貫目之

右ハ當御殿御臺所御要用ニ付借用申所實正明白之――

明和四丁亥年極月

轉法輪殿家
原　隼人、
柳田右兵衛尉、
森寺長門守
入江和泉守

上津屋村庄屋
庄兵衛殿
年寄
市右衛門殿
德右衛門殿
惣百姓中

表書

□表書之通相違無之者之

又

證文

合銀壹貫五百目之

右之通此度御右目銀借用致させ銀子御殿ニ慥ニ請取候此儀ハ今般自

樂様御片付ニ付借用致候——

安永九子年十一月

轉法輪殿役所

一色主殿

丹羽主税

森寺大隅守

入江和泉守

上津屋村

庄屋

年寄中

惣百姓

裏印汁アリ

朱印

以上寫置了

八日己卯陰天小雨　献蒲鉾二枚賜御祝祝酒又賜扇盃

一早朝秋岡縫殿來賀年始面會小時談話昨夜隣村內里村ニ止宿云々押小路家領分之

一日拜如例

一領分三ヶ村中嶋吉祥院今里等庄屋來申年賀有献物賜祝酒飯等又賜扇三本盃一枚此居所遙隔之處來賀之間爲別義賜之

九日庚辰晴風烈

一日拜如例

一押小路內大臣殿御忌之於本殿可供御膳之旅所無便不能具備如形奉供飯菜等念誦拜礼了昼精進

一從京都青士來爲交替云々此便自方々書狀到來

一去五日從禁中和歌御會始題賜之云々
短尺書題春風春水一時來來廿四日
當日巳刻迄御詠進之事
奉行柳原宰相
右從家司申越了出請書欤可尋
亥刻許有叩門戸者從京師人〔入カ〕來云々駿河守參上依有急事所來云々卽面之
密談条々
一至于今形勢不穩云々少將早速可來訪之處彼是思惟之避嫌疑延引云々尤
可然
一式部丞爲恭一昨夜來申趣太閤右府等落餝被願旨彼家々司加納繁三郎公事
方与力亭へ行向有談合之事等云々少將聞此事忽驚存之間爲尋眞僞則精向
鷹司家內々面于家司靑木問形勢之處其分無相違太閤ニハ永在職至當今

奉補佐之處不行屆被恐入候右府ニも彼是見込違事等有之旁被恐懼之間太閤被願落餝右府當官辭退且同落餝被願申之旨決心云々者於左府同前欤之由令察之間以便宜可申尋之處却而及轉傳漏泄如何仍少將今朝向左府亭面謁事々談合ニ被示趣甚々不容易小子別居之事被聞及可被見訪之處被避嫌疑被無沙汰宜被申云々且左府進退之事兼而有思慮之處右府進退之義被談執柄之處可爲如被申入但左府ニも可爲同樣欤然ハ一緒ニ可有沙汰旨被示云々仍此事被諷于左府之旨從右府被申入云々者於左府無左右可有決定卽以使被談于執柄之處於尋常之義ハ可被止之所於此度之義ハ甚心配被存之間可爲其分早々被申出候方可然於遲引ハ從關東嚴重可申來欤且又左府口狀見込違之事等有之旨被申入候處彼是之意義被申入候而ハ不可非唯一旧所勞ニ而被申可然諷諫云々左府此義甚不服之趣乍去於今ハ不能是非早速當官辭退事被附于職事云々其上落餝被願申之旨所存云々去於小子及遲滯ハ時宜定而不可然欤此等之事早速少將可來

申之處依前件之次第以則精仐申云〻此事兼以所覺悟於今不可驚既旧臘欲申願之處　朝廷之時宜有之仐猶豫之義旁以早速可申出之者明朝少將向關白許以家司可申入其狀左府談話之趣彼是見込違事等も有之尤任槐前官後公用周旋甚恐入候於今ハ願申落餝之狀可申入（心事多端難盡筆端只今日之時勢不可論義理以時宜可相計之外無術之）承諾之返答有之も早速武家傳奏ゟ出願書如先例可有商量左右兩公被申之狀如何有差も不可然欲承合可隨其分遼遠之處往反有隙も彼時宜不便欲早速可有取計旨少將へ可申旨仐答了

則精談之近衞家老女村岡武邊へ呼出云〻未曾有之事之如承も水戸留主居（鵜飼）親族之者云〻仍兩三度陽明家ニ而有面會且封中傳達等有之云〻其事之由之尋問之上可返之旨被申立之處其儀不整男子同樣留于役所云〻不便〳〵此事左府執柄へ勘考之事被賴申之處於此度事も不被能口入旨返答甚〻不快被存趣等有談話（左府少將へ）云〻關白之所存不忠之至可憎可歎

旧臘余歎願落餝之義も內密所司代之家臣觸式部丞（爲恭）申示之旨有之

其子細從關東嚴重不容易義可申來然も　朝廷も勿論臣下重任之方甚以不堪悲歎之義可相及云々於小子之身尤不可然欤於爰も小子見込違事等有之爲恐可決進退欤元來之条理も世人所知不可恥欤一身屈撓可勘考も万端可爲穩便欤云々小子所存兼以可遂素懷之意有之但非其期も却而可輕　朝憲欤令猶豫之處於今小子進退相決て万般可爲平穩も尤爲幸甚之且暫別居幽閉之思有之も旁可然欤とも相聞之是亦本意之至之當今嫌疑實以不可避流言浮說等多端帰于小子之身欤之由相存旨等有之然も遼遠之地（幸領分上津屋村ニ役之者之宅有便）可爲別居思定了

前件之旨趣事不輕之間一族面々招寄令談合人々頻被支申是以有道理然而今時非尋常爲公爲私絕通情適事之宜欤之由存之一族之中熟得時勢之人も强而不差止云々然而卒爾申出是亦拘　朝政之抑揚も如何仍內々議奏之中第一久我右大將許以小將令申入之處强而被差留其意趣難察之狀有之然而正親町三条（當時議奏加勢之）懇情示諭依彼是暫令猶豫（此事內々

小子願志ハ左
右府とも可爲
同前然とも實ニ
不容易之間旁
見合云々然ニ
不及左右實ハ
可有其理事之
小子一身之進
退ニテ他平穩
夕ヲハ尤一身
非遁申今所承
とも有其理之

所司代家來之便宜申來 申達所司代内諭決而不可露顯云々方へ（欠原ノマヽ）然間　朝廷之時宜如何内々以關白可仰モ所司代之旨有之云々依其次第朝臣進退平穩欲之由密々有承及事等然處至今日前件之通左右兩府幷太閤等進退相決太閤段々被勘考之處左義無之而ハ不治平儀ト被思决由忠肝義膽有何處乎總而不可解唯於今ハ可隨兩府之進退之外無之且關白左府へ被申入趣頻ニ致催促之氣有之是全關東之時宜被恐事之是亦雖有道理元來執柄之所存与關東被申合且關白辭職事囑左右府小子等被報怨恨之意有之事爲現然以私害公於臣之節可愧者欲爲之如何

則精今夜帰京師可報余之答云々

明日之商量不可遲滯之間急申云々尤可然但彼是令談合旨等有之丑寅之間發途

十日辛巳晴　日拜如例

今朝祇候之士入谷大藏帰京昨日來之故之（欠ヽ）典膳此便少將許送書狀
一少將內辨之事令傳授并三條西中納言同事年月取調可申越旨申遣
右傳授之事門弟之庶流其外旧家之方々へ爲心得令申入了委細可被本殿（欠ヽ）
十一日壬午　日拜如例
伊佐左右二從京歸來從少將許送書狀并家司獻一書如左
十二日癸未　日拜如例
從京都三上正親渡邊勇起來年賀兩人面之昨日之狀返答附属之事記昨日來狀之条
從室家送使者附人（欠ヽ）孫一郎賀年始有進物又書狀進之信受院同上面謁又遣返事

十三日甲申晴和暖

日拜如連日

晝食後爲運動出近邊田野又木津川邊徘徊（白砂淨地之）田邊摘根芹夕餐爲羹侍

士之醫獻詩

自京師大夫持來長櫃種々送之

十四日乙酉雨臨晩霽

一日拜如例

十五日丙戌晴月蝕

餅粥祝著如例

日拜如例

祗候之輩賜盃

十六日丁亥晴

日拜如例

十七日戊子晴　日拜如例

從京都侍士交替來少將幷室家書狀來

一御會始和歌詠進御理事宜取計本館へ申遣此義兼而令取調之處如何樣ニ

而も不苦欲右府へ承合之處未治定之返答無之旨之者於予ハ御理可申存

定了仍如此

十八日己丑晴

日拜如例

一女房礒田京師へ遣家内取調之事等有之暫歸了

十九日庚寅晴余寒甚　日拜如例
戸田造酒來爲年賀
一千秋萬歳來於此亭令行之事如何頗酙酌候了當節一身進退難計之時令行之若可有怖畏欲令思惟之處既來居此所例年同人來云々者强而不可有子細欲之由令存之間令行之了玄關前ニ而行之於玄關之簾中見之了

二十日辛卯晴
一日拜如例
一十一面觀音供如例
一大尉參上自少將密書到來其狀在別
狀中挾一帋　管見書拔論文面白ス
通鑑宋紀紹興十一年
韓世忠罷

世忠深以和議爲不然及魏良臣使金世忠諫曰中原士民淪于腥羶其間豪傑莫不延頸以俟弔伐之師若自此与和日月侵尋人情銷弱國勢委靡誰復振之此使之來乞与面議復抗疏言秦檜誤國之罪檜諷言官論之帝不聽而世忠連疏乞罷遂爲醴泉觀使封福國公世忠自是杜門謝客絕口不言兵時跨驢携酒從一二童縱游西湖以自樂澹然若未嘗有權位者平時將佐罕得見其面

廣義　世忠之識過武穆所謂鳥見弓高飛魚驚釣而遠逝賊檜之勢可畏矣

右當今之時勢一致可畏也小子不才雖非可比如世忠惟今日之勢所勘得愚息之見察予之意欲見此等之文慰欝情澹然トシテ驚釣而遠逝之外無之欲實不德不明之身慚愧懼于天謝于神不慮之失悔悟之唯所思念盡忠之意至于今者非無詮而已却而釀朝家之耻欲可察時勢也雖然有志之者所切歯後世忠邪之際ハ自知之欲唯天鑑神明之冥慮難測可恐可愼也

廿一日壬辰晴　日拜如例
一早朝大尉歸京少將許遣返事且申遣事等有之委細書狀可在少將許其內三
西九条家門流所望用心可有事幷公允朝臣豫養子之事等之
昨夜大尉所語傳奏万里小路被辞云々定而可有時議彌以世間不穩欤可歎
者之
二日癸巳晴　日拜如例
自一条家有使若松木工權頭被見訪所勞且被贈菓子一筺𡋽厂一翼面會謝之
有雜談
左府從過日藥師山邊ニ別居之旨內々桃花奥向へ申來之旨有噂定而可
有子細
今夜於同村令止宿明朝可帰京云々

廿三日甲午晴　　日拜如例

一爲保養近邊へ出行

廿四日乙未雨　　日拜如例

一今日終日終夜不飲酒於本殿每歲如此避火災云々之十二月同　仍禁酒之

廿五日丙申霧陰　　日拜如例

廿六日丁酉雨　　日拜如例

今日　先帝御忌眞實也仍從昨夜精進　帝之恩澤無忘期每年御忌辰悲哀奉追慕今時在天之靈如何可有冥鑑哉

廿七日戊戌晴　　日拜如例

關東使酒井雅樂頭廿三日京著廿五日參內廿八日御暇云々家司狀申越了

近隣竹樹間鶯鳴今年始聽之

廿八日己亥　日拜如例

廿九日庚子陰　今日先妣月忌之

女房從京帰來少將其外書狀有之少將來月二日可來其此亭云々

卅日辛丑曇　日拜如例

二月小

一日壬寅　日拜如例

二日癸卯晴　日拜如例

巳刻前少將來旧冬以來不得面今日謁之幸甚云々京師容体種々申承了小子進退事一切未相分由之不能縷記盃酌三行秉燭後帰了

三日甲辰　日拜如例

四日乙巳陰晴小雨　日拜如例

醫師中山攝津守來兼而所招之平日執匕之雖非當病久々不得診察之間所招之

玉体御機嫌能否其外宮々御容体等尋問無御異狀旨之先以恐悅予無爲指恙旨申之賜酒飯幷金二百疋等遣之依遠路來之

五日丙午陰　日拜如例

六日丁未雨

今日先帝御忌辰之昨夜來精進

七日戊申雨臨晚霽

八日己酉晴

今日家室內々入來于此處堅固忍体之從少將許有書狀

九日庚戌晴　日拜如例

岡田式部家來兼而有示旨　八幡へ參詣之便來訪云々互ニ種々談話且

權現記寛治七年　春日御幸之所新寫一卷持參若州に先達而土佐光成畫

新六仙所送右答礼之心志彼仰爲恭被繕寫之間被贈于予云々殊以神妙不

堪喜悅（但原本眞寫難得之間隨分可然粉本有之以其本令寫云々尤不可爲證爲見体裁而已云々）芳情可謝速令拜覽件寛治御

幸先祖三条大納言殿爲右衞門督令供奉給先年以件御袍文先考令改給尤有其寄殊珍重可永藏之

十日辛亥　日拜如例

岡田式部丞臨夜來朝來　八幡神寶等拜見移刻之間及遲引云々面之猶又有密話之事等且　八幡宮御正印之御守申請授之件御守ハ容易不出世上殊大切云々尙時々住居水火其他爲守護可令拜戴云々殊以恐悅畏申早速頂戴安置了

十一日壬子　日拜如例

今朝浴了〔著小直衣〕昨日所受之　八幡宮之御護謹嚴拜戴祈請了且大田左內向八幡之坊中岡田逗留之由存之仍爲謝昨夜懇志且爲初穗金二百疋所奉納宜商量之旨賴遣之岡田已欲歸京之時云々然而合期得暫時之面云々幸甚々々

即所奉納之方金昨日御正印調法之祉官許
持向之猶返報明日從京師八幡へ差返之人有之托其者可ヾ申送云々

十二日癸丑
日拜如例　今日以後　八幡宮之方從此亭當乾方近山殊可仰神恩之時且時事爲國家人民祈請懇切之間連朝日拜先奉拜之

十三日甲寅

十四日乙卯

十五日丙辰

十六日丁巳　日拜如例

一自本殿人來

一自少將書狀到來從妻室同狀來過日來此亭事挨拶申越之

一伊佐賴母本殿無人ニ付役所詰可申付出京申付委細少將へ申遣了妻室へ返書遣信受院へ過日來狀之答同遣之

一當村領分之內彌三右衞門と云人之老母九十二才隨分耳眼精神御慥成者之步行ハ不叶悴負之來透見了目出度長壽之献餠從是綿遣之

十七日戊午晴　日拜如例

仁義公例月御忌日之晝精進如例

一午後出近邊川原田畠堤邊步行

一從京都人夫來差越品物等有之

一從家司以狀申越

井伊掃部頭病氣尋台命有之旨風聽申來云々右病氣之事未承及子細可

尋
關東代替參向事傳奏より尋ニ付如例答之旨之

十八日己未晴　日拜如例
明日　春日祭ニ付今晩浴了神事心之此亭難構神事唯心中潔齊之

十九日庚申晴　神拜如例
今日御祭之行水降小庭奉遙拜此處無術唯着烏帽小直衣堅固略義雖有恐
無止之所致之
上卿　三條西中納言季知卿

廿日辛酉　日拜如例
今日　十一面觀音於本殿開帳之日之仍拜礼異每日之義　午後向岩瀨寺
堂後之小室閑靜且山野眺望有之於此處倚机抄出物終日書之了

廿一日壬戌　日拜如例

廿二日癸亥　雨臨晩晴　日拜如例

押小路家後室蓮光院被來訪彼領分近村内里ニ昨夜止宿云々終日言談勸

一酌晩景被歸了桂介より内書到來時事聊被示之

一從本殿大和介來從少將有書狀且申越旨等有之因幡守豐前守織部等揚り屋入申付家財附立可申旨從武邊申來云々近日關東へ可下向之支度欤云々實不堪慨歎豐前守本官辭退之事少將尋越先日若狹守之次第有之間爲相違ハ如何其分可被取計旨答遣了

廿三日甲子

廿四日乙丑

一大田左内本殿へ返遣了且爲有用向之

廿五日丙寅

天滿宮御祭日之浴了奉拜過日所送之御供拜戴之今日精進了

從京都頼母交替來（大田司馬井同來）從家內有書狀

廿六日丁卯晴

一前田典膳京へ返遣昨日之書狀答書令托之之

廿七日戊辰

廿八日己巳

鈴木伊織來從少將進書狀

因幡守豐前守富田織部右三人今日關東へ差下相成云々外人々共九人云々實世之政善欤非欤難量不堪悲歎事之頼母司馬共於三条辺見及隨分無異之容體云々本殿中番於途中駕與之辺ニ進寄一言相訪云々無事之由可安心答之云々醫衛之者有芳意欤密々含之云々制

止之者両端云々殊ニ豊前守ハ泰然之体云々最於若狭守ハ此前ニ差下了大者當時榊原大膳大夫預申云々不便云々何〈爾後之商量如

廿九日　庚午

今朝伊織帰京附屬書状當今小子日々所祈念之意　天下泰平　玉体安穏外夷御處置被適宜天下精忠之者不及滅亡様奉祈奉仰一身之義ハ兎ニ角可然様家内安全子孫繁榮家來無異之様ニと祈請自由之祈不可致安分不存不足専要之旨申遣了

三月

一日辛未　朝雨午後晴風烈

二日壬申天顔快晴昨日之天象雲泥之相違之今夜　石清水社正遷宮神明之稜威天之令然欤可仰可悦

今朝俗（浴カ）了密々向御山之方奉遙拝之（小直衣）

（此亭爲法外之處只心中祈請信仰之余之可恐々々）入夜酉刻之程以後肅敬戌刻許奉遷座欲定而
主上下御于東庭遙按其程降右圍内存敬神此亭乾方當御山續松之火見林
間之由家人等申之仍出田邊（此亭之垣外）遙伺之爲現然殊發信仰之思暫望拜之
旁計其程在庭間其後昇床了不慮於此處遙拜其形容閑居中之幸甚可仰之
愚詠一首吟出了亭主頼母所望之間書付遣了

安政六とせるよひの二日といふ日　石清水の社のミすりおいりて遷
宮なりと聞其おりしも上津屋の里に住ゝれハかの山ふらくほい松の
つとひふるゝみえ侍りふるいとかしこくも仰ゝれ侍りて

八幡山神のミゆきの宮うつりむるゝに仰くふい松の影

今日參向之人々先日少將許より申越如左今朝未明發駕參向云々

石清水八幡宮正遷宮

上卿　（廣幡）源大納言　參議　（庭田）宰相中將　弁　（清閑寺）豐房　左近衞府　（千種）有文朝臣

右――　（梅溪）通善朝臣　左衞門府　（竹屋）光昭　右――　（日野西）延榮　左兵衞府　（高野）保建朝臣

右兵――土御門晴雄朝臣

三日癸酉晴今日節日之此住居無別事夕景駿河守來從家內示越當日之賀從少將送置兼而所申遣之事等有之小子住居之事之駿河守へ委細申含了將又柳田父子過日歸來於彼方之形勢有談意外之躰之隨分丁寧取扱之由之尤彼兩人同居數人同所云々其事之子細ニ依テ別所同居不一樣云々豐前守ハ別衞富田も同樣別云々種々之事共談話有之不能縷記

四日甲戌晴駿河守今日歸京申付少將家室等へ遣一書了又少將許へ一帋書付之遣了駿河守も爲見申之賴母へ一体之事駿より申談子細別帋之意之賴母神妙承服々々

昨日從少將許來狀之端所申越之事如左加愚簡可返報之
實美用心保養可仕每々御垂命畏銘肝之至候微恙も無之御安心希上候
此比ハ節會作法ノ事吟味仕居候不審之條件等書付相伺度候其內可入御
覽候御敎訓蒙度存候何分孝悌忠信脩身積德ハ根本之行縉紳家ニてハ有
職第一不墜家風第二文學作文も一通りハ致度事本朝ニテ菅公其外多々有之候尤可學事ト存第三和歌此又必可習第四
筆道
此外詩作管絃可任意學問之次序右之通と存候御敎訓伺度候公家ニテハ
公事作法之學專要候欤所謂弓人ニシテ恥作弓矢人耻作矢之事夫々身分
ニヨリテ學問之次第モ可相替哉と存候
何も後便又々可言上候先ヽ御安否相伺旁如此候折角御攝衞奉祈候也頓
首謹言
上巳
右答書從是可遣申進了

後日若示之趣注左

五日乙亥

六日丙子

今日聊不快終日茫然

七日丁丑

所勞如昨日

八日戊寅

今日雖快方猶以不能理髮浴等末男純麿庶孫里麿等來孫男久不見之愛憐

々々

三条西より爲見訪紬重着物被贈之大尉許へ被投書札其中有詠如左

九日之条

九日己卯

自京都使者來從少將內狀持來十日十一日之中依御用之儀可來哉內々從中山芳諭有之間爲不可驚動示越置云々

一昨八日以女房奉書御配御綿十把拜領云々猶早々別居へ可申之旨諸大夫共ゟ答置候由卽女房奉書差廻之云々請文可出欤案文定而不所持欤仍花山へ借用相添差越之旨少將申越了則受書相認屬家來了以侍使奏者所へ可差出申遣了

請文之体如左

先考御案可在家中且先達而一度拜領事有之由存之其等之案文不能搜出云々　花山之案不審之条少々相改口案ㇾ

このよし
御機嫌
よく
なふを
られめて度
仰のおもむき
宜ゆ中沙汰
頼そん
かしこ候て
し候
いく久しく
めて度
うけ給候ぬ
萬々年も
めて度さ
そむしは
さては
しらし
以よく
のこと

祝入
この
御なか
十ゐひ
乃いふ
をれ
進上の
御くもり
とて
此度
關東
よりも
拝領
畏そんしゆ
なをく
御機嫌とも
めて度
よく
下され候
よし

勾當内侍
とのへ
ちれ萬
腰文
勾當内侍
とのへ
され萬

一自少將内弁之作法不審条々書付尋越從跡可書遣申示了

十日庚辰晴　今日大略快愈

午刻前少將可來于此亭旨從途中一人馳來告之云々然間少將入來持參御

紋附文通爲仰之義も可着烏帽小直衣等之可爲其分示之間即著帽子小直衣承御沙汰之旨昨夜從內被召從中山以狀被告非表向之義云々參內之處以兒欠マヽ丸被出御文通被付御封兒幼少之間正親町欠マヽ扶持傳仰之旨件御封中實萬に可傳之旨被仰出云々別段中山依懇去被內示云外夷一条御書付井太閤以下進退等之事ニ付叡慮之趣不致拜聽候而ハ如何樣之御處置と可取段々厚思召被仰遣之處何分所司代御受不申所詮關東へ難及通達旨申上之間不被得止近日敬意之義可被及御沙汰夫迄ニ右御書取可拜見之旨厚思召之旨內々被示云々右拜見之事殿下ニハ不承知之由乍去叡慮ニ而御內々被爲見下之旨恩言重疊之趣被內示云々

先以盥嗽開封拜見之御文通中白木桐筥又有御封同開之處鷹檀帋包御折帋三包右ハ勅筆或御寫等之其外蠻夷一件從關東昨年十二月言上溫恭院被申付置之条々幷間部下總守演說書酒井若狹守書取右御應答之文書結句御返答之書取又太閤左府右府實萬等其外役人等進退之事內々申上候下總守書取昨年冬於町奉行吟味申付候輩之申口太閤左府右府下官等引合筋拉書四冊一条家々司入江若松吟味申口右ハ昨年外夷一条幷關東役人紀州家老水野土佐守等奸佞之徒調伏之所勢州住社人神宮之者ニハ無之蟹目祈禱者云々此者一條家立入之者右へ前件調伏被申付之事露顯右一条內府より被命之旨但實ハ左府發起ニ而內府家立入之者ニ付從彼家被申付候樣左府內託之由右之一件云々此事ハ昨冬言上等

之内ニハ無之唯今社人吟味中故其事ニ付關係之義ハ前書ニハ無之只右一条家々司申口右取計之有二冊數十通之一々不能縷記元來夥敷文書云々然而此分肝要被取撰爲見被下之由之大略拜見數多之文書急速不能拜寫且明日可返上之旨被　仰出少將歸京可及深更是亦外見如何仍肝要之分竊ニ奉拜寫其分如左

勅筆

去月廿九日之書狀ニハ太閤右府三条等ハ願之通辭官落餝左府辭官之樣老中内々申越候得共尚又左府モ落餝之旨靑門ハ廿九日内狀之通可宜旨下總守も申候由去十四日書狀披見候其後段々熟考候處不得止義モ有之候哉ニハ候得共太閤ニハ自　先朝御代文政年中關白永々之勤勞殊ニ不意之諒闇ニ而登極萬事攝政同樣精勤今古稀ニ及ひ重科ニ相成候義如何ニモ哀憐存候左府者坊中より万事爲傳忠勤況爲朕之加冠且筆道師範旁其勞多端右府も同大夫として万事出精勤仕之勞不少候三條ニハ　先朝御代以來内外精忠を盡し両役積年之勤勞多端尤行狀モ可愛賞人尓候今

般朕如何ニモ蠻夷ニおゐてハ忌遠ヶ度懇念ニ付此輩ゟモ談合候處何卒右存念相立テ度趣意ニ而色々勘考候事ニ候其內ニハ見込違心得違モ可有之候得共大体此度之義堂上之輩大樹徳川家を兎角可致との內謀計略ハ一切無之去寶曆年中異變風說之如キ事とハ甚以相違之譯ニ而唯々將軍家ニモ蠻夷を被遠候而神國を不汚樣との懇念より皆々起り候事共ニ候間先件從來之子細も有之朕深々哀憐存候間此段分而大樹ゟ申入ニ相成格別之憐宥之沙汰大老已下ニも寬宥之取計有之候樣厚く內談ニ可被及存候事

添狀

過日關東ゟ段々申來義ニ付色々勘考候へ共迚も於武辺聞居無之哉乍歎息之余今一應右別紙所存書關東ゟ可有通達樣可被取計樣之事

同上ニ付所詮穩便ニ不濟候事ナレハ無據義責而ハ別紙之通宥免ニ相成間敷哉之事

隱居愼　太閤
辭官愼　左大臣
同上　右大臣
中來通愼　座主宮
隱居愼　三条前内大臣
去十七日渡于關白武邊に可有通達申渡シ書狀之事
右　叡慮之趣被　仰出之處若狹守申狀關東に通達之儀も御請難
中上何分夫々願之通不被　聞食候而も公武之御間柄ニ拘り不可
然旨間部ニも同樣申之旨所司代書取等拜見文書之中ニ有之急速
之間不能書寫
先以　聖恩感戴了誠以不堪畏懼之義之外夷一条も此趣實當今不被得止
之御處分可無他之術計今更無申狀事之右關係之事件ニ付太閤以下於關
東見込之次第全人々申口爲證據之趣ニ相見尤元來之見込違ハ無申迄昨

年以來申恐懼既称所勞落餝等相願之次第内々武辺之時宜有沙汰之上も無爲方之今更不及左右然而其事情彼召捕或召籠相成候家來等之申口而已ニ而有一决之段ハ實以難堪事ニ雖然昨年以來召捕呼立彼是騷然之處三公予等一事之尋問等從武邊無之然而以彼等之申口太閤三公下官等心得違之事条輕重分別ヲ立下總守見込書取呈上之趣在此文書中尤浮浪人等之妄説を如下官其他信用より事起之趣有之トイヘ圧即右等之輩之申狀片口ヲ以テ立評論言上之段實以不得其意事ニ雖然大體於見込違之筋ニ無相違且深重之叡慮殊實萬内外盡誠忠之趣被染

宸翰之上も實對祖先向子孫不忠不義不孝之罪ハ遁之欲尤幹事之譽無之ハ申迄ナク定見無之不弁時勢之所致確乎タル正事美政トハ難申其条も幾重ニも恐縮之間聊不可遁避雖然見過於其黨之義事情無熟察評論有之義も誠以不堪憤欝事ニ但古來寃罪之者貴賤不可勝算儀今時及裁許之上縦令有其理共抑屈ハ勿論欲然も任天鑑不可申子細欲乍去文書等爲見被

下之上ゟ左右不申上ゟ其趣無相違可被　聞食進退惟窮彼是令思惟之處
今時非被尋下子細之義御裁判關東言上之次第唯以　聖恩被爲見下之義
且事多煩急速不能勘考之間先唯畏之趣而已御請言上之旨以一封献上し
可然欤昨日少將中山へ他之公御受之振合內問之處拜見ハ不被致候へ共
相違之義丈ハ被申上欤ニ被伺申之强而不可爲一樣之旨被申云々仍今日
御受之処ハ如前文勘考了以封中御受言上云々仍其分覺悟但一々無齟齬樣被思召候而ハ如
何仍中山迄從愚息內々令申右申口之處於大體ハ筋違之義無之尤聊無申
狀見込違無相違之間恐懼之外無之然上厚　叡慮拜承之上ゟ無遺慽畏入
候唯申口ニ付齟齬之事情等ハ申上置不申候而ハ如何然處多煩以書取言
上も如何以正親町三条中山迄可申出哉と存急速可申上ニも無之哉此亭
へ相招も遼遠之地如何何卒不遠京近之所へ轉居之望有之間其上可申上
哉如何何分右之意味被含候樣賴置旨可申其內一端ハ水府より直書到來
之趣家來森寺若狹守申口ニ有之此義ハ更ニ無之事之元來家來へハ万事

秘藏候殊彼告有危意之間別而不申聞之間邪察を以申出言語道斷之事之是等之義ハ白地可申置申聞了中山へ厚懇情之旨可謝申付了

以上御書取類拜見了御受之儀書付如左

外夷一条且關係之事条等ニ付老中幷所司代等より差上候書取類幷御返答且　叡慮之御旨御書取等夫々御内々以厚　思召拜見被　仰付候趣誠以深重之

叡慮銘心肝深畏入存候段々不一方　御憐愍之　思召共奉拜見何共不堪恐懼感泣拜伏畏入存候實ニ云彼云是被惱

叡慮候段反覆恐縮仕候以深　思召御書取被許拜見候　聖恩之程幾重ニ茂奉畏存候右内々御請言上之事　實萬

以同帋但小奉書包之封了名字上封之處書名片字少將へ附屬献上之振中山へ内談之上可取計即更著帽子小直衣少將へ右御受書取授之了于時酉下刻計之即帰了明日參　内御文通返上可有之尤以兒可上先益御機嫌能

被爲成候　御沙汰相伺恐悅存上候昨日賜御封中畏存候右御受ハ以一封
言上仕候趣可申上申合了

一大關係之義も水府老公隱謀荷擔之筋糺明大意ト令察既ニ昨冬數多書取
申口等言上有之旨承及了其內隱謀同心之堂上云々ト有之旨有沙汰仍其
節右堂上へ御尋有之度事之決而隱謀承知同心之義ニハ更ニ無之事其子
細申出度事堂上ハ兎も角以其意水府嚴重之罪科有之候而ハ甚以不正之
至ニ仍其事以阿野左府へ令談之處唯今彼是申出如何先日若州面會之節
子細有談話之間不及其義歟之旨被命之間空打過了於今ハ可謂遺憾歟所
察水府老卿隱謀邪計無相違と申證結構之趣意歟然ハ何程弁解有之共不
及頓著歟如何

文書之內僕關係之条肝要之分急寫之多端不能縷記

右外夷一条御評議筋專ら被取扱東武之形勢等心得置配慮可被在之見込とハ乍申水越家來其外浮浪之者抔ゟ度々面謁被致天下之人心居合方ニ事寄內願筋又ハ關東之御所置如何之旨品々入說致し候事件いつれも不容易儀ニ有之就中　勅使御差向之儀も實以重大之儀ニ候處却而尤ニ被聞請たとひ其儀相整不申候共去午八月之勅諚御文言之內ニ前顯入說等之意味差含被書綴候与相見候草稿　宮中ゟ被持出候儀も實以不輕儀既ニ御評決之上水府家來ゟ御渡相成候儀共夫是　公武御合体之御趣意ニ相悖殊ニ前官在任中より重立引請疎密會得之上ハ猶更之義水府家來等之隱謀筋ニ荷擔被致候哉ニも相聞彼是妄說を被信候より今度之御次第ニ及ひ候儀共重々心得違之事共ニ相聞候

三條前內府

此他自關東見込註付候書取等太閤以下甲乙之次第是亦不能拜寫返上了

大略
以御內沙汰落餝願之通被　仰出
猶又以御沙汰隱居愼
或——辭官落餝
或三十日計愼　或辭官愼　如右等之等差有之欤其內久我德大寺以下
役人夫々有之大原三位落餝愼之事有之但所承及大原ハ大坂城代土屋
之引合故土屋之仕置未定故其始末附之上ト申趣云々久我廣橋等も愼
被仰付已出仕云々議奏五人共夫々所罸引籠ニ而出仕相濟云々万里小
路ハ即御役依願辭退之所察太閤両公下官之處其事不輕之間被及延引
欤且両公辭官被聞食之上各願之通被仰出云々仍任大臣　宣下之後一
同被　仰下欤之由存之其覺悟恐懼之外無之之時勢之令然實雖可歎不
可思他一身之未練不熟之至雖非存不忠不義智識淺短可謂噬臍但盡分
竭誠之失仰天之宥罪而已於今日之御處斷者實ニ天憐之深被仰達于東

武之　叡念殊僕魯鈍之質豪　聖顧之厚仰而有餘死而無憾也子孫不可
忘失　朝恩矣
近衛左大臣

、、、、
一体右御處置之儀ニ付而も始終三条前内府被成御因循水府家來等之隱
謀筋ニ不被致關係とも難申彼是妄説を被信候儀御心得違之事共ニ相聞
候
三条家ゟ御因循之義も鷹司殿家來小林民部近衛殿老女村岡儀も申立
罷在候間御引合御賢考可有御座候事

十日庚辰晴
午刻前少將來此亭從内昨夜有召内々被仰下之義以御封中令授之給以兒被下
件御封中文通持參之之御請以一封言上　恩言重疊不堪畏憚之事依密事

不載記中爲傳子孫別記了

十一日辛巳　日拜如例

十二日壬午　日拜如例

十三日癸未　日拜如例

駿河守來一昨日以便宜所召遣之事々內談

過日內々拜見文書之事雖不可口外實ニ意外之事申出有之義對公武其恐不少然ル以拜見之道他へ可申義ハ難成奈何共令痛心候之仍一向岡田邊へ申含彼等申口爲何樣哉內々見申度旨申込其手より得覽候ハヽ齟齬之筋聊弁解も可整哉可勘考且又富田織部手元極密之筆記預り無之哉少々見合度由申含猶可吟味申候

若狭守無實之申口甚不得其意全邪察之事及言談欤
駿河守所察於武邊表向調之時も定而容易ニ不開口欤於便所与力平和世
間咄ニ色々打和之及言談云々左樣之時麁忽ニ色々申出欤於彼口其事取
擧書出ル者物云々

自少將送書狀要文
扨先日參上之節御沙汰之義一条早速爲令言上筈ニ候ヘ共別段之事も
無之候間延引候任人便即申上候則翌十一日午前剋參　朝仕以富小路
御返答之趣言上仕御一封慥ニ傳献申入候御返答慥ニ御落手之旨被申
出候（右中山ヘ相談之處以富小路返上可然被示候之）且中山ヘ御傳聲且內々相談之一条も夫々申傳
候御傳聲之趣被畏入候猶宜可申上被申候且御相談之一条（口書之內䶑齬之處被仰上候）
方可然ヤ否之事委細承知被致候猶源卿ヘも內談被致御存無之條々ハ被仰上
候方可然御時宜ニも候ハヽ內々實美ヘ可申入之旨被示候未昨日も何
之沙汰も無之候不被仰上候ハヽ宜事哉と相察候猶又內々承繕可申上

候勿論押而被仰上度御所存ハ更ニ不被爲在候三公各自然被仰上候節嚴君不被仰上候ハヽ各相違も無之事ノ樣ニ相成候ても御迷惑之御事其邊之御趣意ハ得与申置候前文之次第今ニ噂も無之候不及被仰上候義御事哉と存候併中山へ申傳候御趣意計ハ內々言上ニも可相成哉左候ハヽ別段彼是と不被仰上候ても御趣意相立候義所詮一々被仰上共武邊へ御沙汰と申訳ニも不行申哉左候ハヽ事々一々被仰上候ニも不及申御所存達　天聽候上ハ御本懷之御事と存上候

一彌とふ而昨十二日任大臣御內意有之由人体未承候辭退之人被聞食と事風聞も有之候後便可申上候御願一条ハ未相分申內々中山ゟ承候先々御內意一条之外ニ相動候義も無之候――

三月十三日

二白御住所之義も委細駿へ申置候猶御聞希上候程克御こしふへも出來候ハヽ御早キ方可然哉彼御一条程不遠と存上候御內々々々

一駿河守今晩止宿大尉今日御室邊別居相應之場撿知行向云々兼予所申遣ハ菩提院當時空室之間借用可整欤於予ハ幽閑之地懇望幸此院思付之間其由申遣置了當所今暫逗留思定之處願之一条被許之上更ニ愼被仰出之節ハ所詮此屋其構不便欤領村及難澁欤者唯今急速轉候□（方可カ）然尤先日來本殿往來遼遠無術之旨毎々承及不便之至之即更ニ如右思付穿鑿申付事之仍明日大尉來此亭迄駿河守見合相共可令談合令約了

十四日甲申雨　日拜如例

從本殿大尉來爲両兒迎之駿河守相共召前轉居所之事申談御室菩提院室之義於彼地尊壽院家來示合之處雖可無子細寺院之義且宮堺內彼是心配可有之欤他所心付之處々令撿知之處彼是差支有之可然之場所無之云々家來所申ハ小子不同意之先柄之再應可取調申付了從少將書狀來
御所向御摸樣相替候義無之候御願之一件何共未相分候過日中山ヘ內談

致置候一条口書齟齬廉可被仰上否之事心掛リニも存し昨日内々以書状相尋候處別封之
通被答候即書牘入高覧候此趣意も不被仰上方ニも候哉何分只今正三參
上之事も又々如何嫌疑も有之正三ニも自然迷惑ニても如何併御趣意之
處中山ゟ言上ニも相成達　叡聞候事哉左候ハヽ一々被仰上候ニも不及
申御事哉併太公以下各言上之条々武邊ニ更ニ御達しと申事ならハ被仰
上候方御宜左なく候ハヽ被仰上候も强而無詮哉と愚勘候何も賢考ト存
上候

中山書狀如左取要

抑過日拜面畏入候其節御内談一条昨日源卿ニも申談即　御前ニ而も委
細申上候事ニ候太公ハ恐縮御憐愍之御沙汰畏但水老ニ荷擔惡謀ニ同し
候義ハ無之よし書付右公ハ同樣且一兩申口ノ義も小異之段ヶ条書付被
申候旨云々左公ハ只恐懼御憐愍畏之段書取被上候よしニ候貴家之御事
何ソ御趣意甚違候義も有之候ハヽ一寸御ヶ条書ニ而も兩人之内へても

御さし出置可被遊哉さしゐるヶ条も無之候ハヽ其詮も無之候欤御賢考
宜希入候昨日ハ内公不參故御沙汰無之候十五日とやら申風聞申尚又拜
上万々可申述候也　九時　忠能受

十五日乙酉晴風烈　日拜如例
今曉天駿河守趁京都兩兒迎横大路迄可來夫迄木津乗船之由支度之處曉
來風烈乗船無便之由人々申候間先兩兒歸京延引其旨本殿へ申遣明日可
乞歸之兩兒退散此亭之事殘懷今日延引大悅之

十六日丙戌晴　日拜如例
兩兒今日歸京之午前刻出此屋了室家幷少將許書狀遣之
書狀之要文ハ申口齟齬之条中山書面之趣相勘之間唯今更ニ可申も如何

書狀之要文云
々ノ一項ハモ

ト頭書ナレド便宜此處ニ入ル、蓋文體事項、本文ヲ補ヘルモノニテ注ニアラザレバナリ、　校訂者識

餝言枉事様ニテハ却而失本意唯可在天鑑事之撫而申ハ似小人之所爲之
間不可申欲之旨心得之旨申遣但以別儀中山へ書取内々可申哉猶勘考之
旨申聞候小子出家後名字愚按書付遣了大澤雅五郎へ可談申遣了
兼而所被頼肥後國之僧（欠原ノマヽ、）著述助字隱木題辞調筆遣之少將許へ達
頼母遣京都（兒之供令兼之）小子別居所之事爲令周旋之

十七日丁亥晴　　日拜如例

十八日戊子雨　　日拜如例

一太田左内來予轉居所之事昨日大尉頼母等同伴御室邊捜索之處未得其所
之旨之今一應行向可穿鑿云々

一從少將許送書狀

密啓

一過日駿へ御内々被仰含候条々夫々敬承候家來招出しニ相成居候者口書之事岡田へ御内話之事駿とも段々相談仕候實美ニも其邊御子細も無之事と存則今朝岡氏へ令行向委細申聞候猶加納へ可及内談之旨申居候爲恭ニも隨分入御覽候事と申居候由之自然右も折角之義ニ候へ共御理申上候ハヽ外ニ少々勘考駿心付も有之候追而可相伺候何も岡田へ内密相頼置候程克申談呉云々

一先日中山へ談し候一条過日中山書狀入御覽候通之次第何分御所向御模樣内々申上候通之次第ニ付被仰上候も御無益之事加之却而御尋ニテモ無之候ニ彼是被仰立候ても御都合如何博陸之時宜も不宜哉實ニハ朝廷ゟ御糺明ニも相成候ハヽ却而御大幸之御事ニ候へ共右樣之御時宜ニても無之候過日中山書狀之邊ニても先々甚敷相違も無之ゟ不被仰上方ニも候歟　勅諚御草作之事抔實ニ　朝廷ゟ被爲對不被仰上候も御恐懼之譯ニ候へ共是も却而　朝廷ニ而ハ能々相分リ候義ニ候

閊不被仰上候ても御子細無之候とも併實ニ何事も間違ら表ニ立夫よて段々御迷惑之筋ニ至リ候も實ニ不堪悲歎涕泣昊天ニ號泣スルノミニ有之候何分大躰カ間違居事故事々件々是ハ眞是ハ僞と被仰上ニも却而尊命之通小人之所意と可相成只々御胸中虛中御明潔之事ニ有之候ハヽ仰不愧天伏不畏地御安心之御事ニ可有之候併彼加納之処ハ程克相賴彼方ニも發明氷解ニ相成候様於實美も所祈願候實ニ可悲可歎之時勢不運之事ニ有之候只々此上寒心恐怖候ハ
神州之安危國體ニ瑕瑾無之様而已ニ有之候御覽後速遽御丙丁奉祈候

別書

御轉居之義も程克處有之候ハヽ御早き方御宜と存御願之一条も遽ニ出候様ニも不被相勘候何ら今少しノ處相分リ而[illegible]候様子も大臣御内意昨日之由承候花山同前珍重以上

思ふと侍りて
いらあれいかゝる春よも逢ぬふん花さけりとも知ふて過ぬる
一一条内大臣轉左大臣花山院前内府任右大臣等之御内意被蒙由風聽申來
云々（二條大納言内大臣云々）近衛鷹司兩公心中可察可歎
十九日己丑晴　日拜如例
今朝大和介太田司馬等歸京屬書狀少將許家室等之
少將許へ申遣条昨日示越之趣承之於武邊家來等申口之事加納へ駿より
内談有之旨程克申越て宜不然ハ强而申候ハヽ今更事を起ス樣ニ存知候
而ハ不宜とも中山へ申入之義も尤可相止存定了所詮無益歟但中山別段
懇志之邊ニ而内々可示送欲之由存之一書認試了依躰可令内達哉猶可勘
定存之旨申遣了

別居所之事早々吟味可然申遣了當今實ニ有怖畏之間頃日來近邊出歩も不致田地溜水一昨日來令落之常之田苑ニ成兼而件水面浮舟之義領村馳走頗雖可有好事之誹速ニ止之有背芳志之意頗令思惟尤強而煩民力遊興之躰有之義ニ非ス仍因循打過了追々耕作之比旁可落水申付令安心了此事申遣了且又頃日蛙聲殊繁愚詠云

春の田をかへすゝゝも思ひいてゝとをなゝきつゝかもつもや鳴

廿日庚寅晴　　日拜如例

十一面觀音供如例月、高王觀音經百反唱之

廿一日辛卯晴　　日拜如例

弘法大師御忌之拜礼了晝食精進書寫心經

八幡社官森本内藏來訪携山上櫻枝藤山吹等献之又酒肴物豆腐等献之於前有一酌了

廿二日壬辰晴陰　日拜如例
依有所思書寫心經
一種市小膳來献菓子自徳大寺大納言有傳辞當家々來自昨年出仕于彼家篤實之人之
廿三日癸巳雨　日拜如例
書寫心經
從本殿賴母來小子轉居所之事彌一乘寺村々方取究之旨申之
駿河守來轉居所之事彼是申談廣澤側ニ有之屋敷兼而小子之望相應令穿鑿之處急速否難分但一乘寺村ニ一ヶ所有之此所ニ必可相整云々然ハ其所可然無別存旨申聞委細少將書狀ニも示越了
傳奏へ屆之案粗談合了
廿八日兩大臣拜賀之其後何時可被仰出も難計之間夫迄ニ轉居無之候而ハ不都合之日次若杉令拗之處廿七日可然云々者其分治定了

頭書ノ線ハ從來ノ書殿ノ一項ノ日ノ條ニ入ルベシノ意ナルベシ　校訂者識

廿八日兩大臣ノ云々ノ一項モト頭書ナレドモ便宜此處ニ入レタリ、

蓋追加ニシテ注ノ性質ニアラザルヲ以テナリ、校訂者識

廿四日甲午晴　日拜如例

廿五日乙未雨　日拜如例

書寫心經

明日可出此亭之間亭主饗應獻酒飯夕景有盃酌侍士等召前賜盃亭主幷村年寄彥右衞門又領村之人七十有余德次郎ト稱者於末間相共賜酒慇懃之者共之爲此別居之間格外之商量

廿六日丙中　日拜如例

明日可歸京ニ付迎之人々至夕景追々來會

一當莊屋庄兵衞幷彥右衞門等兩人ゟ以別儀內々獻金子細老女共可書記

廿七日丁酉　雨時々霽

早旦出寢所爲出立之用意辰刻計乘輿網代輿出此亭所々休息於鳥羽離宮八幡宮之神主宅晝休喰飯雖欲參詣彼社之處不能沐浴且所勞中之姿却而有恐欲仍唯前鳥居外遙拜過了但奉納金百疋社司鳥羽因幡守出迎于玄關之間召於前面會此亭如樓閣眺望殊妙田野一面菫菜花滿盛之件樓額當關白筆長生館ト有之床上同尙忠公之詠有之此處當家領中但社地ハ神領之出此亭漸々經三条橋鴨川東堤一乘寺村件村中曼殊院家來渡邊仲介ト稱スル者之家入江駿河守借受之予同居之趣所屆出之未半刻計到著此屋狹少假建物等室礼容膝之處之委細可在家來之日記之

廿八日戊戌陰雨　日拜如例

岡田式部丞來面會且又若州より爲見舞菓肴一折被贈之旨內々以彼被傳之云々將又極密示云先達而太公以下至小子落餝願之事于今不被聞食彼

是六ヶ敷御次第此上永引被成候而ハ如何体嚴重申來候も難計心配之由於小子ハ既最初願意至今貫徹無變心甚感心候とふら左右公なと內々御申込も有之哉如何ニ候此義ハ被聞食候樣小子御催促願候いゝ可然存候旨內々諷諭云々此事彼三浦岡田へ申聞難默止申出之旨申來

答之趣委細令承知但式部丞迄之咄誠ニ六ヶ敷義欤落（飾脱カ）願出候上ハ無遺念可聞食義奉待義之而其御次第も有之義粗承知之両大臣辞官其後各可被聞食哉未經數日只今催促申出義無其便欤願事及數月無御沙汰事每例事之御勘考中之義撫而申出其子細右內論之事ハ不及申出然も甚々於一身所困苦之且又催促願申ハ殿下へ申欤或ハ武傳へ申出欤之式部丞三殿下ニても一應被仰入候て御宜欤只今御いなゝの樣心得候へハ御爲不宜と心配候兼而當方之事ト心波之事おらしく心得候而も如何と段々懇切示候然も猶とくと勘考可致旨申置了

後相勘內々御尋有之義若哉殿下之邊より可相聞之間夫迄ニ可申出と

の計策欲實ニ難堪事等之
彼是令思惟之處卒尓難申出事之內々之
叡慮伺居其處へ武邊へ追蹤歎願催促申出ハ甚不得其意然而其意彼之
及露顯も忽可有其害之仍只先因循と延引了

一今日內大臣轉任左大臣前內大臣轉右大臣二条大納言被任內大臣云々世
之幸不幸不可思議可歎可悲之至之

廿九日己亥

卅日庚子　日拜如例
一少將入來轉居安否尋ニ來云々且又去廿八日於桃花右大將面會之處內々
被示彼一件ニ付一日比實美可被召哉心得內々被示諭云々然而昨日中山

面會之處同事內示有之且任懇意極密心得ニ被示趣少將心覺所記置覽之
如左

四公落餝之事何分　叡念御氣濟も不被遊候ニ付種々と御引延シニ相成居候然る處先日來度々殿下ゟ所司代ゟ催促有之何分廿八日後ハ速ニ被聞食候樣左無之て御日延ニ相成候テハ實ニ彼公武ノ御間ニ拘リ候間是非此度ハ被聞食候樣度々內々申上候何分御勘考ト申モノニテ御延シニ相成居候

四五日以前御產ノ翌々日欤內藤參內仕中山へ面談仕度義有之候間明朝里亭へ行向度候在宅否承度由申込候然處其日所司代恐悅ニ參內候間退出之程も難計趣を以被理候然處又々是非面談仕度候其翌朝ハ在宅否相尋中ニも右樣申乞候義ニ有之理ニテモ不濟申哉と令面談候樣治定被致其翌朝在宅之旨被答候即翌朝內氏中里亭へ行向午斜比迄も長談致候由四公落餝之一件段々內々之打明咄致申候先日來役人ゟも

段々掛合ニ相成候水府抔ノ隠謀ニ荷擔同心致候と申邊ニテ願之通早速被　聞食候樣セリ込候ハ前後始末も不揃哉水府以下所置相付候上ニテ彌荷擔之事相違無之事ナラハ其節ハ御所向於テ四公之御所置も可被爲有筈然ルヲ其本ヲ其儘ニ抑ヘ置候テ枝葉ノ所ヲセリ込候ハ如何之事哉右之御趣意ニテ御掛合ニ相成居候其邊ハ至極内氏ニも御尤ニ存候ヘ共何分模樣六ケ敷候前後之樣ニ候ヘ共水府抔之所置ヲ被附候ハヽ自然又々同心之大藩有之憤發蜂起之程モ難測左相成候テハ實ニ大混乱大變ニ可及候間只々少シニテモ事ノアラケヌ樣何レヨリ成共治リノ付候樣ニ致サ子ハ不相成申候何分ニモ彼落餝之一件只今之處ニテスラリト被　聞食候樣段々セリ込微細ニ説破種々と言葉ニ浮沈ヲ付色々と申居候中印ニも元ヨリ右之次第不甘心之事ニ有之候只内氏之申候處被聞居候色々と内談應對も被致候ヘ共何分屈服も不致先其日ハ双方御勘考と事相濟候由

扨又四五日已前ノ事ヵ若印殿下へ參上ニテ段々セリ込是非廿八日後早速被聞食候樣無左候テハ實ニ公武之御間ニ拘リ可申此姿ニテ御延シニ相成候テハ彼家來向下向有之候面々口上ケ之模樣ニテ關東ゟ嚴重ニ申來候テハ若印ニも力ニ難及且一身之上ニ拘リ心配仕候自然只今ニも申來候節ハ勘考も無之事柄ニヨリ夫々四公へ參上致御應對も可申左樣ノ事ニ相成候テハ實ニ六ヶ敷事ニ相成却テ御不憐愍ニ可相成只今之處ニテ被　聞食候ハヽ何分所勞ニテ願之事迷惑之筋ニモ不至申候何卒廿八日後速ニ被　聞食樣段々切迫ニ殿下へ申上候由殿下ニも何分ニも右ハ御勘考中と申モノニテ打返御答ニも相成候由其後退散後早速又々一封ニテ右之次第ヲ手强ク書取差出候由其後廿七日殿下御參ニ而右之書取被入御覽候實ニ右之次第ニ付　主上ニも大御心配ニ被爲在候尤　叡慮之所ハ何ク迄も御引延シ之思召ニ被爲在候尤嚴重ニ申來候も難計抔と所司代抔ゟ申上候ハおとしニ可有之候へ

とも万一若州之處ハ程克候とも間部抔ゟ暴ニ申來候節本人迷惑ニ被存候テモ却而御不憐愍ニ相成候テハ　叡慮不安思召候又々四公之内ニモ内存意之處色々可有之却而スラリと被　聞食候方願望之人も可有之哉難計嚴重ニ申來迷惑ニ被存候テモ却而御不憐愍ニ候間一應明日四公へ右若州之書取爲見被下且夫々内存之處御内々御尋ニ相成候間不外成儀懇意ノ間從實美内々御心得ニ可申上中印密諭有之候中印所存ニハ實ニ　叡慮之處何ク迄も御推張之事なゟハ縱令如何体嚴重ニ申來迷惑ニ相成候共中印なゟハ其邊聊迷惑御不憐愍とハ不被存候只スラリト被　聞食候テハ邪正明白ニ不相分ニ相濟且後世へ聞候テモ忠邪明カニ不相分且當時ニテモ内々ノ御次第柄ヲ不存モノハ何ゟ各今更未練ニ遁避ノ樣ニ相聞候　叡慮御まはりノ事なゟハ一良ノ困苦を不厭義乍去四公ノ御所存ハ如何之御事哉難計ニ付御尋ニも相成候何分御憐愍ニテ迷惑ニ不被存樣　叡念候右之御次第譯柄委細存次

第任御心易極密申入候宜申上之旨中山内示有之候事

四月小

一日辛丑　晴

二日壬寅晴　日拜如例

從少將許送書狀　今日參上之事又々延引候昨夜も不被召候內々承繕候處少々相替リ候模樣ニ候先々今日ハ不令參上云々

予所示遣之趣意

三日癸卯晴　日拜如例

四日甲辰晴　日拜如例

一未刻許少將來今朝二条內府被送使面會有之度巳刻比可行向但近衛家へ
被行向之間其後可有案內申來云々者巳半計有案內之間直行向之處內相
府被相逢被示之旨如左
昨日被召參內之處即刻　御前ニ被召
仰之趣ハ彼四公落餝願之一條ニ付先日來段々　叡慮を被惱候元來格別
忠誠を被盡候處所勞ニ依而願と申ならし此度願之通被
聞召候てハ實ニ　叡慮ニも氣毒ニ　思召候ニ付而も殿下ニも先日來も
段々御沙汰ニ相成殿下ゟ武邊ニ應對御掛合ニ相成候へ共何分武家之暴
政何ッとても同樣之御返答申上候次第實ニ此上御延引ニて不被　聞食
候てハ武邊ゟ夫々へ罷出台命を以御應對ニ可及左樣相成候てハ此上之
御外聞ニも拘リ候右樣之次第ニ付　叡慮ニも此上も被遊方不被爲在何
共氣毒ニ思召實ニ忠誠を被盡候處前文之次第深被惱　叡慮候就てハ內
府ゟ段々深く　叡慮を被廻段々御掛合ニも相成候　叡念之處を承知有

之候樣內府より內々被傳　勅書幷武家より入御覽候書取爲見被下候此
旨下官へ可傳申內府被命旨之事
右實美所承令筆記者之
御請之義も以一封可申上今日中可差出直參　朝可被及言上旨之
勅筆
今度從武家申入之義實ニ歎息之至元來各忠魂ヨリ發候事ニ而尤可賞之
處却而如是次第ニ成候段實ニ哀憐之至心痛之余去月以二条大納言一箱
各え入披見ニ候事ニ候其後トᄒモ段々色々令應接候得共兎角同樣之義
却而重科之沙汰ニ及由申入歎息之至りニ候間乍殘念依請辭官ハ承知候
得共落餝之義も實歎ケ敷義人々之浮沈之場合ニ而哀憐無盡期何國迄モ
愚存申述如何ニモ止ニ相成候樣可致了簡ニ候得共此上就申出候も及嚴
重之沙汰流罪等迄申附候由若狹守モ申候由右別帋書取差出候旨ニ而去
月廿七日關白ゟ受取置候事ニ候仍此上强而申張候共無詮且も却而及大

害ニモ候半哉ト令心痛候然朕愚存ニハ如前文實ニ各忠魂ヨリ發候事故此所ニ而從此方申附候事も表向所勞申立願候事ト申乍實々も左樣之次第ニ而モ無之事故實不都合却而根本之主意取失候而至後世而モ甚以可被歎入次第ト令察候間却而關東台命ニ而表向申附候方も都合歟トモ存候間實も色々令配慮候事ニ候依之今日以內府各所存眞實之處尋申此上も本人之任意ニ致候ト存候間眞實之處各以書取承度候事

今度關東表向沙汰ニ成如何程嚴重ニ成候共其方却而宜樣之事ナレハ猶又再三落觧之處ハ止ニ可相成關東へ可申遣申候事及嚴重之沙汰候より矢張此處ニ而速ニ落觧之方宜樣之事ナレハ最早所存不申出乍殘

念近々可及承知候事

右両条之處各方眞實之處承度候事

右之義ハ両役ニハ未申聞候間極密之事ニ候事

包帋勅書御內々齊敬備忘迄ニ給候之

右勅書左右両公當官辭退事令載之給御趣意太公
下官等同樣之御事以御一通四人之進退蒙仰義之

書付二通右ハ若狹守ゟ差出候由之

昨廿六日參殿仕候處鷹司殿御父子近衞左府殿三條前內府落餝　御猶豫之義ニ付　御沙汰之趣奉畏候右ハ兼而　御使之者在京中鷹司殿御父子三条前內府之處關東ゟ內々申上候通り之次第近衞殿之處ハ是又下總守私より申上候義ニ御座候處御憐愍之御沙汰御座候ニ付尙又下總守ゟも御答申上置候儀之處其後御三方三条之儀とも再應御沙汰御座候儀ハ實ニ不御宜義与奉存候何卒廿八日轉任等相濟候上ハ速ニ願之通り被　聞食候方

公武之御合躰御隔意不被爲在候段顯然仕候義与奉存候尤今暫御猶豫被遊度との義ハ全　御憐愍之　思召ニ可有御座候へとも此上御遲延之　御沙汰御座候ハヽ而關東ゟ品々申來候樣相成候而ハ輕重之差等ニも相拘可申其上折角心得違之廉を以夫々辭官落餝等被相願

改心被致候所詮も無之不得止私夫々ニ罷出屹度御達可申事ニ相成
候ハヽ、
御所向御政權をも難相立却而　御不憐愍之筋ニ相當リ可申与誠ニ
致心痛候尙帰宅之上篤与勘弁仕候處何分ニも一日も早ク被　聞食
候方ニ無之而ハ實ニ御宜有御座間敷と奉存候付右之段御答申上候
事
以別帋申上候昨日參殿之節御內話之趣ニ付申上候次第も御座候へ
共帰宅之上尙篤と品々勘考仕候處本紙申上候通リ如何ニも追々御
遲延ニ相成候ても遠隔之義ニ付風与關東へ如何樣相響可申哉万一
突付表立屹度申越候樣之義ハ何時も難計左候而も實ニ噬臍之悔如
何とも致方無御座与實ニ心痛之義ニ御座候間此段分而奉申上候事
右御內勅被傳　仰之趣承候着烏帽子脱カ小直衣盥嗽奉拜見且實美ニ內府演達
之趣等謹承之誠以深重之　叡慮臣等之愚情垂　天憐之厚實不知手之舞

足之踏不堪欣躍感涙沾衣袖卽謹請一帋書付之如左

先達而依所勞落飭相願候處其後段々不一方被惱　叡慮深重之　思召奉拜承誠以不堪恐懼畏入存候再三武家江被　仰達候御趣ぇ被爲在候處別帋書取差出候旨ニ而關白より被上候由此上强而被　仰張候共無詮且ハ却而及大害ニも候半哉と御心痛被爲在然ルニ猶又臣等忠魂より發候事を被爲　思召候御旨ニ而厚被惱　宸衷以内府御内沙汰之御儀且　勅筆御書取存念之處可申上旨誠以重々之　恩勅何共可申上樣ぇ無之深恐入畏存候元來　朝廷天下之爲　公武御一躰之樣与周旋之心得ニハ有之候處何分淺慮見込違之事共深恐入依所勞落飭をも奉願候處情實之程被垂　天憐厚　叡慮之趣每々蒙御沙汰實ニ畏入存候處更ニ又厚　御憐察　御深蜜　思召蒙　御内諭重疊恐入畏存候尤如何分共聊無遺憾唯々　叡慮之程奉感戴一身ニ取り何レヲ相望候与申心底ハ無之兎角　朝廷御安穩天下治平之

義を奉懇祈候内府演達之趣實ニ無御據御場合之御儀も深奉恐察候
必被安　叡慮候樣相願候呉々𛂞反覆被爲盡　叡旨候深厚之思召奉
感服實ニ恐入畏存候仍御請言上候事
尤又上首太閤前左府前右府言上如何有之候哉其邊之御都合も可
被爲在何レニ御沙汰相成候共於實萬聊無遺憾兎角御都合可然樣
奉願候事

實萬

右中奉書帋四折以同帋封之實萬上
實

如右調之內府に副書狀厚　御沙汰之趣畏存候旨於下官別存無之唯々
朝廷天下之爲御都合可然樣所希以一封御受申上候尤今日直ニ勅答可
有之旨相伺候間心急不都合之御請申上方ニも可有之哉何分心底之儘
認候可然取成賴入旨且又內府より別段懇示忝旨段々配慮之事と察入

旨乍荒凉書認申入了
勅筆以下御書取更ニ封之返上實萬与書付之入彼文通中付封自是之御
請幷內府〈江〉之書狀等入一文通加封以上實美へ附屬早々內府亭へ可持
參申付了

五日乙巳　日拜如例
一自少將許申越狀云昨夕內府亭へ行向申入候處御落手之由御返答別段御
面會無之候云々昨日　御沙汰之趣ニ付所存勘定而御神事前可被聞食歟
仍其用意鷹司家近衞家等以則精義𢮦等令問合之（鷹司青木左京亮／近衞中川宮內少輔）粗內定
之趣有示旨等
一妻室來此亭今朝所招遣之前件願之通被　聞食も速ニ可落餝之間其前不
面會も有遺念歟仍所招之來九日可來之由過日雖示越其期相後歟者今朝

申遣了未刻計入來實ニ面話幸甚不思儀之事之歎息述懷於予澹然之趣意必不可思煩之旨令敎諭者之侍婢等每談此事〈於機密之事ハ更不示聞〉流涕於婦人之情尤可然之

六日丙午

一今日　先帝例月御忌日之

七日丁未晴

早朝少將被來無別義但心付之趣有之間所申來云々一件不必成之間中山へ內々問合之處返書ハ如左云々

口述

拜承候別々願通速ニとの事之由無是非事共ニ候へとも一日ニ而も被盡御哀憐候畏召ニテ武傳歸京迄之處御神事ニ付御解齋後早々とやふ之御

様子ニ被伺候是ハ思召之處ニ候若州又々何ト申哉ハ難計候へとも此分ハセメテノ事と存天神地祇之照覽如何と存候事候也

四月六日

早々可被投丙丁希入候

忠能受

得此返答之間昨夜來令思惟之處過日內々若州之內應頓著不致樣存候も小子之身可招害哉速ニ御沙汰出了ハ無子細歟不然ハ於小子陸梁有之歟ニ可爲疑念之仍一應可有勘弁歟云々尤ニ存事之然も殿下之處宇鄕迄以則精申通置方可然其次第ハ唯當春願出後未御沙汰無之如何之御模樣哉と令心配尤願之上ハ聊無遺念御沙汰相待候へとも其內御神事も相成左右御辭官伺ゐと心配存候如何樣之御都合哉內々問合且無遺念事粗取繕不得止令申歟之由少將相共談合則精へ申付了即宇鄕へ行向之處今日ハ不在宅今晚明朝之內可行向申置云々

一岡田式部丞相招內々若州諷諭之事雖非弃置何レ御神事前ニハ御沙汰も

可有之哉其處撫而申出も如何存之令猶豫但至今日御沙汰無之間内々殿下へ以家來今日令問合且子細可申入存旨申聞之此事實甚以奇恠之事之若州毎度芳志之意示之實　朝庭之　思召ニ相背義關東へ自分之奉公欲遂之趣意小子從來懇意之處ニ托し毎々如此之次第甚々以難堪事之然而令破談も可生害之是亦無益元來　朝議專小子周旋之由疑念初發より有之間始終小子を彼方へ引付之趣意有之而唯於自分ハ　朝廷之方を奉尊崇之間關東ニハ不首尾ト云を名として表を餝實ハ非左欲如何歎息之至且於小子應接無術事之

八日戊申晴　日拜如例

昨日少將所來申之事昨夜來種々廻愚慮之處甚以難堪事之於太閤両公ハ唯速被　聞食之義被願申欲於下官も唯爲朝廷天下如何分共無遺憾由申上聊似有趣意之間自然就予申狀今又被延引欲然而非有御定見畢竟ハ被

聞食セメテト御神事後迄被延引ハ被優豫之　思召ニテハ万一其内異變
有之時老公以下甚被驚愕欲於予ハ何レ所希ト申義無之正大之義を所申
入更非有遺憾爲彼公等實介痛心且又口爲朝議之良計も不及左右然りト
モ不被思之間子細難弁仍内々中山に以愚息意趣可申入も可然欲之由存
之註一帋其意大略如左但更ニ書改之時文面有差略欲其趣意粗所思出註
之

太閤以下四人落餝願之事ニ付先日以來不一方被惱　叡慮之御旨拜承
誠以何共可申上樣も無之深々恐入畏存候斯迄被爲盡　天憐候御儀難
申盡恐入然上ハ如何体ニ御沙汰相成候共聊無遺念尤願出候上之事ニ
候へハ速ニ被　聞食候樣之義を相願候ハ不及申候然ルニ再三御勘考
之御樣子共内々奉拜承候ニ付而ハ彼と云是と云御心配之御程實々不
堪恐懼此上唯々　朝廷之御爲祈上候義一身ニ取り何ケナク速ニ被願
候節ハ嚴重を恐レ安逸を欲し候譯ニ相成又不顧前後名分相立候樣何

於一身口ハ可擲身命之場ニ可有候へ共一身ニ不止トもうク朝廷ハ勿論老公以下之處如何と實ニ不堪痛苦

ク迄も思召之相立候儀を希候節ハ跡々之見込も無之義いつれとも一身ニおゐてハ難申上筋と存就而ハ　朝廷之御爲いらぬと存上候ニ今日ニ至り所詮如　思召相立候儀とも不被存且老公以下嘸速ニ被聞食候儀を被相願哉ニも承候へハ公私一致之事ニ無之而ハ敗レニ可相成所詮被　聞食ニハ御治定之御事と奉察候へハ最早御延引ニ不相成方御宜候半哉太公以下之存意も如何と存但御見込も被爲在候御事ニ候へハ無左右候得共若又下官言上太公両公被申上候と齟齬等ニ而右御延引之御事ニ候ハヽ實ニ恐縮且其分ニ而御宜とも不存上候間更ニ歎願よても可申上哉御神事も今晩よりの事今日中ニも御沙汰可相成欤如何内々教諭有之度毎事懇情之間密々令談之旨大略書付自余愚息演説可申之旨實美へ申遣了

且又殿下へ内々以家司令申入之事過日御内勅有之候上又殿下へ内々申入之義甚非本意而御内勅之筋ト若州邊へ不能申入誠ニ進退所窮之

仍尤何レ共不差障樣申入事無據子細之事被含置候樣是亦實美可申置申遣了

右之通愚息許へ申遣候處承了中山亭へ行向可申入由申越了

後刻實美書狀送之其文如左

清和薄暑相催候彌御機嫌能被爲成恐悅存候今朝も御細書謹拜讀候中山へ之御別帋御見セニ相成候て御宜と於實美相考候即今朝行向面會候參内前心急之樣子候間演舌不能覼縷候御書取相見セ候て粗内々承繕候彼過日内府ゟ被仰上候御返答振之處太閤以下御返答之邊も粗糈(マヽ)不仕哉其邊ニて自然又々御心配之事ハ無之哉其處御配慮御心痛之趣内々申入候右過日之御返答夫々拜見被致候由ニ候太以下各只速ニ被爲聞食候樣而已簡略之御返答被申上候由ニ承候嚴君御申上之邊も拜見被致候由至極御穩當之御返答振ニ被爲有候勿論其邊ニて又候彼是と朝議ニ相成候と申義更ニ無之候必々御心痛無之御安心被爲在候樣懇示有之候何分四公共過日之御返答聊御遺念無之由候間彌御神事後

ハ必速ニ被　聞食方ニ御決定ニ相成候事ニ有之候併一昨日ハ御日柄今日ハ最早御神事ニも相成候且傳奏も明日御帰京ニ相成候御神事後と申モノニテ御治定ニ相成候勿論今暫御神事後迄御猶豫ニ相成候共其間ニ又々挽回も可致勢も無之候且既御治定之事ニハ候へ共一同も姑息之事ニ候へ共先々一日ニても遲キ方哉と其故御神事後迄之處ハ御延引ニ相成候由尤其間ニ外ニ勘考之様子も無之候只々先御延引御日延之趣ニ承候弥被　聞食候方ニ御治定併御神事後迄之處ハ御猶豫之趣殿印ゟ所司代に御沙汰ニ相成候由未所司代ゟ何と申上候哉其邊ハ未相分由ニ候今日御用見ニて早參之由ニ候若其邊之事ニハ無之哉と實美推察仕候昨日も申上候通只々御延引之御義如何之御次第ニも候哉一日ニ而も遲キ方尤　御憐愍之　叡念御奉感戴之事ニ候へも既ニ被聞食候方ニ御治定之上ハ五十歩百歩之義其共御延日之間ニ又候御勘考之御事ならハ格別左無候て御延引ニ相成候てハ彼ゟ御疑念を

生し候事も可有之其邊一切不被伺得候御所置とも愚察ニ自然其間ニ
おゟしき事ニ相成候てハ此上如何樣之事ニ成行も難計竊ニ心痛仕候
併前文之通嚴公之御返答ニより御神事後迄御延引と申ニてハ無之由
ニ候間其段ハ御心痛ニも不及御義安心候實ニ此上御延引ニ而おゟし
き事ニ相成候ても實以無是非事と存兩役抔之見込今少し之處合點不
行申候所詮被　聞食ニ御治定之上ハ――此上ハ只々天然之御事と存
候何卒程能武邊ニて相濟御神事後被聞食之御事ニ候へハ安心之事ニ
有之候何レ萬々又々面上可申上候兎ニ角ニ今朝被仰越候御心配之邊
ハ先々御安意被爲在候樣ニ存上候

岡田式部丞之

一爲恭今朝入來昨日御命之趣西方へ相達し候由駿ゟ御聞可給候且宇鄕
ニ御内談之義も同上御聞取希上候先々差向可申上義も無之候――

蜜本（マヽ）　要用　　　　　　　　　　　　　　　實美拜

右之趣承之先以安堵了但此上如何可成行事哉頗所痛苦之唯俟天命耳且

神明之冥鑑仰之外無之何分天憐之厚實不堪感泣事之兩役見込之處も延日姑息之趣意而已ニ無之欤自然所司代猶豫不致自彼破朝議兼而如申四公へ行向夫々嚴重以台命可及應對申上申事及其儀も却而彼名義之處從朝廷以無名之罪被罸之義不及其沙汰欤若クハ深意在此處欤如何推量之但一向非其御趣意欤尤所司代如過日雖申之所詮其義ハ致間敷欤若及其振舞も實衆人不帰服顯然其事可存知欤兎ニ角御神事中ハ延引又万一自然挽回も難計欤と懇懃之趣意欤然ハ兩役勘弁も全非無思慮欤其上自然及異變之事ハ實ニ天之命之不可遺憾子孫可思慮之

一駿河守來前件書狀持參且今朝宇鄕大舍人頭面會即於主家謁之小子落餝願之義未御沙汰不被爲在尤願出候義ニ候へハ聊無遺念御沙汰相待之處左右兩公當官辭退被聞食最早御神事前ニも相成候事如何之御模樣哉と心配被存猶宜含取候樣賴合申述候處委細承知候彼申云此間少將樣御招ニて二条內府樣を以御沙汰之義ハ承知哉云々則精一向不令存知二条樣

へ少將殿被參候事御承候へ共何等之御事哉不伺旨申之處大舍人頭存知
候分可申入由ニ而此義も此比御願之通可被聞食之處六日ハ御日柄最早
今晚より御神事ニ相成候事九日ニハ傳奏衆も帰京之事御神事後ハ可被
聞食御模樣之趣伺居候此分丈之事ハ御咄申候由猶御口狀之趣ハ御前へ
出候節見計可申上置由申云〻右平穩之談云〻然も强而武邊往復差縺有
之事ニも無之候哉令察之然も可爲無異一應申入有之彼邊之都合不惡令
安心了

駿何守所承如左

一岡田式部丞今朝本殿へ來少將面會駿も相逢云〻今朝二条へ行向兼而用
談有之候人面會ワサト荒凉ニ申入先日申入候事予へ通候委細承知候彼
是御勘考之筋も色〻有之御心配之事ニ候併殿下ニは御申入ニハ相成候趣
之由申入彼是之子細不申聞承知之由但少〻彼方一体ニ疑念も有之欤於
小子之儀一向無別意之事ハ委曲承知云〻
龍翔院右大臣殿御祥忌月之此亭雖不便如形奉供養

九日己酉陰晴　日拜如例
一中山攝津守來診
十日庚戌雨間晴　日拜如例
今日石清水臨時祭云々（去年依御□等延引今日被行）
十一日辛亥陰晴時々小雨甫時雷雨三四聲强大之小時村民來話曼殊院支配境内稱菅大臣社天滿宮有之其中弁才天之堂宇有之依破損此節令修復屋上瓦取除之處白蛇出云々三尺计仍其旨門室ニ注進之處件白蛇可持參云々仍受于辛櫃無事故入櫃中即村民持向彼室平穩盤桓云々然間俄然ト雷鳴驟雨甚有怖畏尤是非尋常之物爲靈蛇歟弁才天令使者乎爲奇異之思之件村民中之者先日以來毎々來此亭之仁之若有所望も申乞可持來此亭歟云々如此靈物甚有恐決而不持來樣所令申之可敬可愼實不可生疑有靈者
日拜如例

動天地歟可信々々

十二日壬子雨時々晴　　日拜如例

十三日癸丑陰晴　　日拜如例

十四日甲寅晴　　日拜如例

信受院被來

十五日乙卯晴　　日拜如例

駿河守來井伊家へ助勢賴事留主居示談之處程能聞込書取可遣之由案文尋來元來當今之形勢賴入事甚不好然而自是不存異儀可賴方可然旨申出是亦有一々理仍先令申留主居承諾之上ハ無左右歟

十六日丙辰晴　日拜如例
此少將入來無別事
昨日井伊家へ頼込候事ニ付內談有之愚案申聞了自余家事条々有示談
里君相伴
仁義公例月御忌之如形供膳
十八日戊午晴　日拜如例
今日御蔭祭之此屋門前有神幸予依爲所勞中不出唯於庭中謹愼敬屈午刻
前各參向未半刻計　神幸之
十九日己未晴雨　日拜如例
清泰院被來頃日林丘寺室へ被行向逗留之彼室へ自當所迎人遣之今夜止宿此亭

當時住居之所甚狹少且古屋頗見苦之間人々成痛心之思見訪之輩或催涙於予不及頓著如此屋雖狹少後苑隨分有行歩之地當時相應畠之由存

廿日庚申晴　日拜如例
十一面觀音供如例月
家室入來爲見訪之入夜亥刻前歸出
廿一日辛酉　雨及午後漸晴　日拜如例
今日賀茂祭之近衞使今城中將
少將入來
廿二日壬戌晴　日拜如例
旧冬以岡田式部丞加納繁三郎（町奉行組與力當時頗出頭長蘆事云々今度之一条事一人周旋欲陽明學執心讀書之人之）頼越
王陽明之像式部丞調筆讃文予可滿筆之事元來昨春以來所望ニ候然處日
來紛雜岡田へも不得調筆之處至此比頻所望云々讃文小子落餝前頼度趣
意云々仍過日式部丞達而頼來小子甚々拙筆且作文不調所詮代作可仰儒

之者之但人情好廣博美事之通情之仍爲戒訓染禿筆掛床柱其銘莊子語鷦鷯巣於深林不過一枝偃鼠飲河不過滿腹
又暫面々、
君子食無求飽居無求安
右此日調筆

士欲然而無余日之間陽明之語ヲ書付可然欲却而可有信仰欲此事以式部丞尋問且陽明語多可有候得意之語可有之哉先三体計草案ヲ書付式部丞爲見遣少將專相談陽明傳習録中佳語有之其内三文計認遣書体同尋遣加納得意之文先尋之處陽明之文雖多先天之文得意之由申之云々小子爲見遣候内即先天之文有之不計符合殊恐悦之由云々先天之文可書遣申越了仍調筆少將許より令達式部丞許了

其文

先天而天弗違
即良知也後天
而奉天時良知
即天也
　　前内大臣實萬書

如此書遣大悦云々

又岡崎神主千葉陸奥守兼所頼來段々延引是亦當節不書遣ハ甚々遺憾可

存欤仍調筆

以天地爲書籍

以日月爲證明

右稱

大織冠公之神語依陸奥守正胤需書之

前内大臣實萬

件御語出所不知之由但所記憶格別之語故所望云々予所思も通證ニ引名法要集大織冠曰吾惟一神(日本紀)道者――ト有之但衆而所(マヽ)名法集(マヽ)要甚杜撰之由雖之人有之仍出所不慥欤但傳説稱公之御語等被依所望書之無子細欤

午半刻許大和介來從武傳有招出于非藏人口之處兩卿面會坊城被申落餝之儀願之通被　聞食之趣之御請ハ宮中に可申出之由被示云々者畏奉了畏御請之義可申出申付了且先例御礼有之云々是亦如先例可取計但早速義爲陽明之振合問合行向云々返答之趣可來中于此亭之由然も委曲可仰義爲申合了小時大尉來陽明に參入以家司々条之事及尋問即刻御礼非藏

入口へ諸大夫相勤其他殿下於彼方も每度一列へ吹聽有之云々且又所司代へ申達之事今度如何於先例も有之猶鷹司家問合之上可有治定云々落餝之義ハ後日被擇日次覺悟云々猶又於治定ハ可示云々

然間少將許より送狀唯今御請使大和介非藏人口ニ罷出候處武傳兩卿面會御請も承知別ニ御愼可被爲有之旨更達有之候此段言上候右ニ付而も左右兩公等之模樣伺繕度旨猶所存尋候趣且實美進退之儀も久我へ內談之心組之由申越了大尉在此亭之間即刻更ニ陽明へ參入承繕歸本殿申談子細更可申來欤書取可申越欤之由仰合之一族其外夫々爲知申遣云々

入夜自大尉以書狀申越陽明へ參入尋問之處於彼方も未定從是別居所へ行向可伺定心得之間明日可尋來云々且又所司代へ使之處ハ鷹司家有之由仍被遣云々然故當家も可遣使取計候旨申越了

先以無異被　聞食之条畏存候之元來之子細唯今不及縷記先々所記置之但天憐之厚不被得止之御處分實所歎慨雖然於一身聊無遺憾事之即盥嗽

尋常所信敬神祉幷佛先祖考妣等前件之事言上之誠恐畏此上仰加護之趣意之
愼之進退輕重其作法難弁之丁寧慇懃ニ過ルモ亦却而諂之義之又麁意輕忽ナレハ不敬之至尤可恐之唯隨宜可商量事之大畧當今存愼不外出其他万端所斟酌之併今一段可爲嚴重歟如何何分可隨他公之趣之

一小子落餝後名字事
澹空

右之通書付大尉へ渡置了

廿三日癸亥晴　日拜如例

從少將許申越

一御愼之事實ニ何共恐入候右ニ付實美進退之事源卿へ先懇意邊ニて令内談之處御愼之義御輕キ事ニて嚴重之義ニてハ無之候決而伺ゟ

とニハ不及申併近鷹等息卿同様可然返答有之候右之通ニて近鷹様ニより武傳へ談し候心組ニ有之候彼御愼之事屹度被達儀ニても無之御輕キ御沙汰之邊を又手重く嚴重ニ取成シ申立候ても却而如何先々近鷹等見合候心ニ有之候

一午刻過大尉來陽明へ今朝參入中川面會問合之条々申來粗如左

一落餝日限之處鷹司家被問合之處幸徳口（井カ）勘進被申付由於陽明も同被申付云々然處當月ハ廿七日自余來月余り延引も如何哉定而於當家勘進申付欤近鷹へ勘進同日時云々然ニ於當家も同文可勘進欤仍大抵同し程之日限可然欤猶陽明治定候ハヽ可示越申約云々

幸徳川（井カ）へ勘進事申付置云々

一今日姫宮御參　內參賀献物等之事殿下へ自太閤內談之處參賀献物共何トナク無之方可然被答之間其分被心得之旨之云々支於予も可爲此趣申聞了

一愼方之事陽明ニも從武傳被達之儀ニ付疑惑之處裏松宰相被行向内々面會之處至而手輕ナル御樣子之趣両役心得ニ而申置可然哉（是全武邊よリ申來之子細有之故之）示談之事之趣不可有別条素より他行等無之事强而相替義有之間敷存旨家司有談云々家來出入万端如常云々然ニ（ハカ）當家同可存此旨之元來此度之次第意外之事之以何可愼と有之哉於　御沙汰も雖無異議武邊之沙汰於　朝廷無御術計之故如右輕々有沙汰義之由存之雖然於謹愼も人常可存此心之況於此際會何可不愼哉於小子昨年以來一身警戒謹愼不懈之覺悟之

廿四日甲子晴

今日　吉田祭之爲本居も雖爲神事此亭沙汰之外之義之且所勞中之間別不能神齋但心中存潔齋浴了着小直衣（堅固略義之先考御所勞之時如此之由所覺悟之）於庭中奉拜（不持笏之）（間起居拜之義略之居筵上恭敬伏拜了）從本殿立代參少將聊依所勞是亦代參云々申刻計供進之

直會口飯米從本殿家來持來如例從山田持參云々拜戴之昨日以使申入山田阿弥（マヽ）件小

子此頃之次第未遂其節候得共祝詞之中名字可相除欤且供進之義も可有

恐欤內々令申候處雖存傍後載名字無子細尤雖參詣不苦鷹司入道准后も

每々參詣有之由之仍惣而如例令取計了

廿五日乙丑晴

一落餝日時勘文幸德川（井カ）注進之旨昨夕從本殿越之

御落餝日時

今月廿七日丁卯　時巳

五月　一日庚午　時辰

四月廿三日　陰陽助保源

他家之注進之趣所承及二日三日等も有之由之相違如何大略廿七日可然

欤之由存之

一此少將入來落餝迄ニ今一度面會來申度旨今朝申越可來入由申遣於小子も本懷之愼之躰前々注之趣之間不苦之由存之之

一陽明日限未定頗不審之處從中川大尉之書中ニ而申越未難被及治定旨之其子細ハ前左府從去春別居之義ハ內々之趣今度於落餝も可有屆之於本殿其事之後可被屆欤先屆之上可有其事否之間殿下へ被談右返答之上治定之旨申越云々

廿六日丙寅晴　日拜如例

一少將書狀差越之阿野羽林內談之由昨年來時事之儀ニ付滋野井河鰭押小路姉小路等同志之事ニ付當家每々入來陽明へ通達之事共有之然處今日之次第陽明小子も落餝ニ相成候彼輩之人々關係無之候も無事平易ニ被致居も不心成一心之心得ニ而彌所勞可被引籠內存之趣但却而如何相當候而も如何小子所存內問之旨被申云々此事少將申越懇情心志之處ハ雖

感佩何レヨリも沙汰無之ニ自分被引籠却而世評も如何於此時隨分靜穩ニ公私事立儀無之方可然存之必被引籠之義無之樣却而陽明小子ニも迷惑之趣意具ニ子細申答了於少將も此義不可然存之旨申越勿論之義之一應尤之樣ニ而却而對當家被構心配之義之筋之堅固無其義樣可被思止旨示了依彼輩未周旋今日之次第ニ相成と云計之義ニハ無之事之

一陽明家司より大尉へ書狀之日限之處未被治定鷹司家被承之處太閤ハ明廿七日前右府ハ來月三日治定之由此義傳奏へ被伺定之旨之支於陽明治定上可被伺之處未難被及治定旨治定次第可被示之と予之處三公同日ニ可限事ニも無之欤但明日之義今日伺も難成候間猶陽明治定被示之上勘考之趣申談置了少將來之間同時談合

今日種々調筆物取懸之衆而被賴之物等余り懈怠之上打過爲彼人等不信之至之仍取禿筆了少將より賴忠孝智仁勇恭寬信敏惠各調筆了

一日時勘文猶又幸德井へ可申遣申聞之

更ニ三日勘文注進之了——

五月三日　壬申　時巳

四月廿七日――

廿七日丁卯晴

一日限前左府治定雖相待彼亭へ轉居之次第ニ付未定欤前右府旣三日被伺定之旡小子延引も如何仍前右府時宜問合之上彌被伺定義ニ候ハヽ於小子來月三日治定可伺定思定之間鷹司家可問合少將許へ申遣則義爲向彼家中入候處彌三日之義以傳奏被伺云々然も明朝月番傳奏へ以使可伺之趣申含了

一鷹司家之次第承之處至而畧義先年故准后之時雖畧義今度殊更極畧義云々理髮等も女方沙汰云々

太閤公自今裘袋被着之云々自余未定之由之

一岡田式部丞來小子壽像調筆之事少將所誂云々此事小子も所思企但自身

予左口ノ傍ニ在黒子先年當今御幼少之時御遊之内人々面体御戯ニ被染御筆一圖人面ノ口邊ニ被遊黒點三條ホクロト被仰一座含咲事有之此事言談左方可申付欤ト申居古人ノ像不論善惡實事書顯欤之由其例可語之

强而可申付事ニも無之欤頗猶豫之處少將存付有之但於予可忌之哉其恐相憚之趣承之仍於予も其意有之ニ先代之御像大臣像之内入道之方々各俗体之御影ニ然も俗体之時ノ壽像欤既岡田へも先日所尋ニ然間少將より誂之由小子面貌容体伺度旨申來者面會先例對其人委伺得可調筆云々旧證等相語了即對面斜見之樣々精細寫之且衣冠草体可然欤之由少將申置云々其分可然之者衣冠著用之姿寫之も殊可然之由申之間幸冠位袍共在此亭之間忽著用之所居座衣ノヒタニ至迄精細寫之猶繕寫再三可乞直之由申之元來未練之者奉小子之壽像其恐殊深十分精力盡し度旨慇懃之趣意所感佩之

此日　弘法大師眞草般若心經一卷岡田持來先日予所望之故之拜見之即予容貌寫取之間予心中唱光明眞言及數反頗心神鎭膌下所正坐之大師眞筆之心經不慮在身前之机上自然爲感仰之思之

下具可爲何物哉之由尋之夏ハ白引へキ著用可然之

檜扇古物所持之事兼而承知云々旅古物不苦所望云々自身非所持古物取集往々　八幡神庫ニ納度念願有之其內ニ加度旨申之先考被調至而細長キ形之予行幸之時取調ハ官務傳來上棟次第春日行幸次第等所注之物之右上棟之次第書タル方も大形之馬上有便之間行幸之時ハ調之旨談之先考被調細キ方是も官務所持歟猶其形取置之間可及吟味申置了

一岡田へ內話条々之內小子役中前心得

公家之大事闕典其外禁中臣下政理之筋所考題目粗相語委細書記之上內々其筋ニ武家役所謂与力加納繁三郎格別懇意此人事政理周旋之旨承之間小子後來之心先落飭以前可申置爲出家之身時務總而不可發言之間其前可申置之旨存之粗書付之旨內話了猶又相勘ルニ當節雖何事發語甚有嫌疑却而成事も不就相成歟無詮招害之間後日可差送先存分可書付置存之旨內話了至極感服之体之猶可承之旨之条々來月三日迄ニ可註付思定了草案少將も內々爲見申了何卒盡力之次第可註置申了

廿八日戊辰雨　日拜如例

自少將許書中到來三日御落餝之義御伺之義今朝殿下傳奏御使令相勤候只今坊城より家來招ニて御差支不被爲有旨達有之候　將今日正親町三条より入來被賴行向之處御別居辺之義ニ付火急ニ申上度義有之候委細不能筆認候迚も文通ニ而不相叶候明早朝出頭可申伺之由之

廿九日己巳晴

一早朝少將被來昨日所示正親町三条被示ハ自中山諷諭云々小子落餝於本殿可遂之由懇切被示之旨被傳云々然處陽明於本殿可被遂所存之處小子於別居申遂之間於陽明家來申行其儀主人大納言甚歎息之趣主從所意不同云々其間之事甚以不便欲近衞家所存被從于當家之義ニ候ハヽ無術事之過日諸事問合彼辺之處是迄別居爲內々之儀今度表向可被屆落餝前後未定之間被談殿下之趣彼家司中川此家來村上へ有噂然も無左右欲之由存之於當家も昨冬依所勞別居今更於本宅可遂之事卒爾ニ難申出欲彼是

令思惟尤於落餝之義も可有其式法之於本殿整之者尤可爲本懐然而陽明辺之時宜如何可令尋問欤仍從少將實愛卿許ニ如左令申送

（貼付卷紙）

昨日ゟ參上拜眉畏入候其節御内話之趣委細家父申聞候段々御懇切之御趣意感佩被致候内々中山勘考之邊貴君迄御心添被聞段誠以大幸之至存候右別居之儀旧臘來深心配御承知之通之次第領地之處遠方萬端不便ニ付當所迄ハ被引移候へ共本館へ帰住之義も今暫形勢相定り候迄ハ難相成哉と被勘合今度落餝願濟右一段事濟候上ハ帰館相成候ても可無子細哉元來之處ハ幽閑之合も被望候へ共其儀ハ又別段之勘考事濟候上ハ帰宅之見込なから只今之處ハ被申當候事何と被存居併陽明當時ハ別居御内々之由此上之處如何と被存居候處過日家來方中川へ萬端問合候節前左府公是迄御内々御別居之處御落餝ニ付差向御届

ニ可相成併御落餝前後之處殿下へ御相談右ニて日限も御未定之由當方ニハ表向ニ屆有之事故其論無之と家來共も咄合居候次第ニ有之惣而當方ニハ先陽明之御模樣承繕勘考被致候然共陽明右之通之御次第旁急ニハ帰館ニも難被及哉と今暫時節勘候上と被存居候然處昨日內々御咄之振ニてハ却而陽明ゟ當方之儀を御目當ニ相成候由主從趣意も違候哉ニ相聞へ候甚案外ニ被存候陽明ハ他方ゟ被移候も有之て之事と被存居若々陽明表向御屆も不被及帰館し候へハ於家父も勘考も可被致と被存候極內々御趣意之處至極御尤と被存候御承知之通家父別居之義一分存立之義ニ無之無據次第ニても有之候故隨意ニ帰舘之屆も難致何レ御承知之筋殿下等申出其邊無子細義ニ候ハヽ落餝前夜ニても被帰候義ハ差支も無之其手續勘考被致候ニも陽明之御模樣前文之通候てハ勘考ニも難及甚心配被致候內々御噂之邊ニてハ陽明ニハ當方を引當家司より申立候樣之事ニて彌御別居ニ相成行々御帰殿

も難成事ニてハ甚痛心之事ニ有之家父見込とハ大相違之事ニ有之何分陽明ハ御勘考之處如何哉自然家父別居之邊を以無左右表向御別居と相成候事ニ而ハ甚不心濟事ニ被存候乍去家父此姿ニてハ左様ニも難相成事ニてハ何共心配被存候旁以早々勘考も可被致哉と被存候へ共兎ニ角陽明之處今一應御勘考御問合相成間敷哉先右等之次第相明尊君へ御相談申上候若又實美廣幡公にも直談可然義ニ候ハヽ從是早々行向可談候へ共何分昨日之御内話ニ付從是も惣て御談被申入候何卒無御腹藏御内論希度被存候段々御心切之程厚忝被存候中山之處も厚宜御申入候様何分とも治定之處ハ一應更ニ申上候へ共先右御相談申入度如此候

四月廿九日

三條中納言殿　實美

前文正親町三条へ申遣之處柳原委細陽明之所承知欲之趣被示之間少將

柳原亭へ行向陽明之勘考承度旨令申之處及達刻（遅カ）も明日可申越之旨申合了

五月

一日

早朝自少將許送狀如左（先之自小子も遣書中）

（貼付卷紙）

二白正三之處未何共不申遣候今日之樣子相分り候上ニて何とか可申遣と存候

彌御機嫌克被爲成恐悦存候抑昨日ゟ參拜畏存候其砌相伺候次第早速歸路柳原ゟ行向面談仕候陽明之儀ハ委細承知之樣ニ相聞候段々承候處實ニ御氣毒之事ニ有之候前左府公御趣意之處勿論此處ニて御歸住

被遊度思召之由ニ承候別ニ不被伺候共右之次第ニ付更被伺呉候様不相頼候種々咄も有之候久我ニも段々世話も被致候へとも何共被致當方も無之由只今處ニてハ當方を引當と申ニても無之由ニ候へ共併當家此處ニて御帰宅ニ相成候へハ陽公も御帰りニ可相成哉何卒嚴君ニも此機ニ御歸りニ相成候ハヽ御宜哉諷諭承候併承候處陽明も此比御帰りニて御子細不被爲有候哉内々廣橋を以殿下へ御伺ニ相成候處傳奏ゟ所司代ゟ内談ニ相成候由未廣橋ゟ御返答不被申候へ共せふゐ所司返答勿論御帰りハ相成不申と申ニてハ決ゐ無之乍去御落髮御別居ニて御愼之趣ハ年寄共へ申遣有之候右之次第ニてハ先御帰りも難相成哉前件承候へハ前車之覆轍も有之候御當家も此邊ニて御内々御帰宅之儀御時宜御伺ニ相成候ハヽ同様之事と愚察候左候ハヽ迚も此御場所ニて殿下へ御伺抔ハ不御宜と存候柳原抔被申候ハ彼是御問合御聞繕等有之候てハ何レ障り候間無其儀御一身御見識ニて御帰りニ相

成候ハヽ其を跡ニて彼是も無之哉兎角余り前後左右を心配相過ニより　おゝしき事ニも至り候抔咄有之候併右ハ暴なる仕方ニて人々之氣象ニも可因候へ共嚴君も昨年御別居之節も殿下其外筋々へも御内談有之候此度も何レ其筋御聞繕候事と存候左候ハヽ必定ゴテ〳〵と相成候と存候先御見合之方と存候外ニ久我ゟ阿野を以御心添被申上御歸之義御進メ被申候筈之由柳相公咄有之候卽帰宅之上阿野へ入來之儀相賴候處夕刻來臨有之候久我ゟ内諭之條承候處柳咄も同樣彼是御聞合等ニ相成候てハ不御宜候御問合等ハ無之御帰り被爲有候樣諭有之候其御居所へ參上ニて御直ニ被申上候樣源之咄之趣ニ有之候阿野ニも被相勸候處源卿論之處一通尤ニ有之候へ共阿野ニも今少之處如何哉迚も參上被申上候ても嚴君速ニ御同心共不被存候昨年之御次第も有之候何レ御歸住ニ付てハ夫々御内問御聞合も可被爲有哉右之次第故阿野ニも今一段之處御勸メも被申上兼候先一應實美へ内談有之

候其上ニテ此節之儀如何と存候御一族之處も有之候實ニ無據義無是非事其御居へ參上被致可被及言上候由被申居候實美ニも同樣源家懇諭之段ハ深感佩之至此處を期と被致御歸り其子細ハ内弁傳授等之儀も未精細之傳授も無之何卒御落飭迄ニ於本殿被傳度此邊御中立ニ相成候ハヽ當家共大幸候段々之子細も有之右之通ニも不相成申阿野推察之通パッと致候事ニて候嚴君も御承服難被遊候懇諭之段も忝事ニ有之候へ共迚も其通ニハ難相成候柳原ゟ内密承候處陽明ゟ御別居ニて御落飭之義御願ニ相成候由左候ハヽ其節議卿等評議ニて於本宅御落飭之方ニ可被遊御沙汰ニ相成其處ニて御本家へ御歸りニ相成候内話有之候右樣之事ニて御沙汰ニ相成候ハヽ頓と無子細事嚴君ニも其儀ならハ御同心之御事と存候御沙汰を以御歸館ニ相成候ハヽ何レニても差支無之尤彼是御聞合ニも不及申陽明之振合ニ御同しと申候て頓差支無重疊大幸之事と存候其辺内密阿野へ申咄候阿野今日今一應源卿を面會被致昨日内諭之趣御尤ニ有之候實美へ

も被咄猶阿野ニも更又被相勸候處迚も昨日之通ハ嚴君へ被申上候て
も速御同意共不被存候も今一應之處だめを被推彌陽明之處御伺ニも
相成候事ならハ其邊可申上と被申候何も今日源卿咄之樣子ニて阿野
參上可被致と存候何レ今日實美へ相談可有之趣昨夜被申居候阿ノニ
も源家懇諭之條今少之處不甘心脫カ樣之由ニ有之候先々前條之次第ニ付柳
原之處ハ別ニ陽明之處被尋呉候樣不相賴申候何も後刻阿野咄振ニて
可申上候迚も此御場ニて御申出ニてハ陽明之通おゐしき事ニ可相成
と存候旁御宜とハ不存候萬々後漏何レ可申上候也不備

五月一日　當賀

二白昨日所司代ゟ進入候御草子之御挨拶不取敢礒田ゟ岡田へ書中
相認相廻し呉候樣爲恭申候早々被仰付候樣希入候も格別之義ニて
ハ無之候今日ハ平臥大乱書仁免奉仰候

封

言上　極密

實美

後刻又送書狀繼左

（貼付卷紙）

雨下濛々候彌御機嫌克被爲成恐悅候家内無事御安心希上候抑今朝粗書中ニて申上候一件即只今公誠朝臣入來右幕へ被話候趣承候右幕下ニも公誠朝臣話之邊尤ニ被存候成程只今之處何レへも御聞合なく御歸還も難相成御問合ニ相成候ハヽ殿下邊何レゴテ〳〵と可相成左樣相成候てハ却而不宜陽明之處も今日之模樣ニてハ彌以六ヶ敷相成迚も御歸りハ難相成御別居御屆邊もおゐしき事ニ相成御落髮御別居御

愼之趣御居ニ相成候由久我ニも陽明之處色々と御世話も被申上候へ共此上ハ術計も無之由右之次第ニてハ此處ニて嚴君御歸りニ相成候共陽明之處迚も御歸り之義ハ六ヶ敷哉先々右之模樣ニ付今日之處ハ阿野參上も被見合候趣被申居候段々阿野へ愚慮も申咄相談仕候阿野ニも此御場ニて御聞繕抔ハ決而不御宜必定おゐした事ニ可相成候御見合可御宜被申居候前文之次第ニ候間惣而昨日之邊ハ御止メニ被遊此間中之御見込通御落餝後追而時勢御勘へ御歸還萬端御都合と存候正三心添之邊も有之候へ共右ハ從實美委細可申遣と存候事情承知も被致候ハ、無據事と推察も可被致候懇切之段ハ厚可謝申ト打明當方ニも不得止次第申咄よて宜と存候今朝御命之當地限聞置ニて當日之處於本殿被遂候義尤何卒於本宅被遂候ハ、重疊と存候へ共是も又々相勘候へ者彼是おゐしき事ニ相成候てハ吹毛求疵之事と存候阿野ニも同樣於本家被遂候ハ、所希ニ候へ共却而不御宜御見合之方此御場

合可然被申居候且今朝書中ニて申上候陽明別居ニ於て落餝之儀被願
其上御沙汰ニて帰館之儀是も今日之模様ニてハ迚も難叶候此義ハ止
メ之由ニ承候前文之通迚も陽明之處帰館ハ六ヶ敷左候ハ丶當家も此
御場合ニてハ當時之御姿ニて御落餝も其御居ニて被遊候方却而御宜
と存候先昨日之一條ハ惣而御絶念可宜と存候陽公之處段々六ヶ敷事
と相成扨々御氣毒ニ存候

一勝手向之義も委細駿台御聞希上候甚以差當凌方六ヶ敷困居候猶又追
々可申上候要用计早々如此候也

五月一日　當賀

言上　密用　實美

前件之次第所詮唯今歸宅於本殿可遂其義候事申出候共難澁之事歟吉一決於此亭可遂之之元來依所勞別居保養然も依所勞落餝も可無異議歟雖遺憾不可得止之

二日

今日又從正親町三条少將許へ被示從中山被申於陽明之時宜當家於見合も甚如何無左右於本殿可遂之唯今不令歸宅も可歸之期無之云々懇切重疊大慶之至之然而事迫明日今夕更ニ雖及勘考いつれ無音ニも難成暴ニも難參之依所勞別居於其處遂之も依所勞落餝之義强而不及異議歟且又雖不得其意之事愼之事武傳被達然も愼中隨意歸宅是亦難成歟尤是等之義も於　朝廷非嚴重之義之由伺候間夫共可無子細歟雖然於事之理似暴不可好之も十方無爲方之間無術計一決爲落餝之上も五十步百步之義歟實總而以不可解殿下武傳之處置不甘心之至之中山格別懇志之狀內密寫

置了但堅固可投丙丁之書子孫深可秘筥底爲後昆之竊書了

正三へ從小子書一翰送之大概如記前之意

（貼付卷紙）

一一昨光成卿兩度も參朝ニテ一件大周旋ニて昨日陽ゟ此間以來内々別莊逗留之處近日落餝別莊ニ住居深愼之由武傳ゟ屆書出申候甚々不當千万ノ事共右子細ハ先日已來廣卿へ亞ゟ打明被談候處例之身構ニて武邊ニて差支候間別居と申義ニハ無之乍去深愼ょて被避本宅之事ナレハ猶更と申樣ナル事之よしニ付夫を本体ニ取成し一昨日面側へ吹込彌別居ニて落ニ相決昨日屆之旨ニ聞へ候家臣ハ元ゟ所欲直ニ落著之樣子陽ハ右一定相成申候

一梨公ノ處先日申入候通實ニ此処ニて被歸候ハネハ期無之候元來之處此度四公之取計當然之所置とも不被存候實ニ過分之重科ニテ高貴ツへ如此自由ニ計候と申權威ヲ四方ニ示シ諸藩ノ勇氣ヲ挫押候

計ニテ四公ノ災難無此上過分之重科ニ候ヘハ此上何程ノ事ヲ致シ候へき唯々被帰於本殿被遂候方宜と存陽ヲ被見合候ハヽ實ニ〳〵氣毒の事ニ候陽者先文之通取計候輩各身構計ニテ眞實之計ニてハ無之候間其場合ヲ得と被考落迄ニハ何レ被歸方宜欤幡卿松卿も掛り被居處とても不申及とて六七日前ゟ理ノよし候呉々も陽家ハ右之次第ニ存も眞實ノ論ニテハあく候間必々目當御無用ニ候

梨公ノ處何レとも本殿ニて被遂方宜とも實ニ此場ニ至リ世上ノ時宜ヲ被見合事ハ甚々未練之樣ニ當リ歎入候愈々夫々仕來之有之事故於本殿被遂可申ス決定可然も若無沙汰ニて惡く候ハヽ右之通ニ被致候と申事ヲ屆同樣ニ相成候樣と存呉々も此義ハ御決心ニて御申勸メ希入候也

返々も於本殿被遂候樣とも◎以下缺

忠成公御幽居日記

坤

澹空

日記

自安政六年
五月三日

安政六年

五月

三日壬申雨

今日巳剋有落餝之儀堅固省略不及存威儀子細在先日之記於一乘寺村落中寓居行之早朝理髮浴了著衣冠降庭所々遙拜心中生來蒙　朝恩　神恩等之儀奉報謝之意也於有嚴儀之式者其作法等有之歟今總而省略不受戒之沙汰是鷹司近衞之邊承合各不被及其沙汰云々近衞豫樂院鷹司近代兩禪閤皆如此云々者於今者隨其旨了諸事格外之儀ㇾ雖然落餝變冠貌實一身之大義ㇾ唯心中仰恩且祈請懇切之至也

先　兩太神宮尋常凡人雖不可拜先祖御拜之事等存之心中敬信之至爲格別歟唯向巽方再拜存仰神恩之心之　八幡宮住上津屋之時

以來日々奉拜　春日社若宮等　吉田社若宮等　西院春日社　御靈社　多武峯社

天滿宮

奉拜　八幡宮之後向　內裏之方奉拜

朝廷

落餝以前内弁以下傳授之事可遂之之然而舊臘發起之時一族ゟ茂申示置了先年内弁以下事授實美朝臣了又三條西中納言ゟ茂相傳了仍今不及其儀之

又元祖仁義公拜之了

以上

此後列祖并二尊院御墓　盧山寺同

本家持佛堂　觀世音菩薩其外尋常所尊重之諸佛　列祖之尊牌等遙拜

此後脫冠衣袍著烏帽小直衣 薄青練薄物 坐茵 尋常之居所總而不及鋪設 脫烏帽解本鳥 今度鷹司近衛等至而略義爲女房沙汰云々仍小子効其義但依所思陪侍之男房令役之 垂髮於前左右分之令切髮末 本躰之作法甚不覺悟之、凡准冠儀理髮欤 包紙 令記左右了 了仰女房令解下於後方假結之 打垂爲本儀欤今甚有煩仍蜜々用白元結結之不可說欤但近衛々家尋常ハ如此欤

此他總而無作法之事不可說々々々

今度落餝之趣意專稱所勞儀但舊臘來苦慮之次第可見前記且再三從朝廷御止之趣被仰于武家之處不承引其間之儀實ニ不堪慨歎雖然時勢不得止古來如此之時體雖賢人忠臣義士依寃或被處流罪至甚も死刑等歷史之所載和漢連々有之欤況如當時之臣非可稱忠義之臣欤然も今日

之次第不可得止唯　聖恩之辱仰而有餘且有志之人々深歎息憤懣然も

人之所知武門之權勢沙汰之外之義之更不可有遺念實以　朝恩重疊不

堪感泣子孫可奉仰　君德

名字之事最前治定了註先日之記

澹空澹然之意也又恬澹虛無之義卽虛中之号先年定之是亦有此意去日

大澤雅五郞儒士之相招令談之處此字有感氣云々仍旁治定了

先々空号或如何山不一樣先代

連々空字令用給仍所意如此

落餝之義幷名字等所々申達委細在家司之記仍略之

今朝少將許より申送云

抑今日も御落餝誠以時勢無是非儀返々慨歎遺憾候何分ニも御心氣御

保養隨時御自愛奉祈候將又昨日中卿方到來之書牘入尊覽候實美頃來

所勞ニ付今日出仕之義ハ迚も難相叶乍併相扶出仕可仕之樣之御時宜

ニ候ハヽ推而出仕も可仕候先及內談候處名代公述朝臣ゟ被申入候由

更被示候右之次第ニ付其模樣ニより川鰭參上哉とも存候爲御心得及

言上候段々厚　思召之程於實美義畏感刻々
天恩誠難忘候先ㇾ早々要用而已如斯候

中山書狀如左

抑極内々申入候御家公御落餝御願濟ニ付近々被遂其義候樣ニ承及候
右ㇾ自然明日と申樣之御事ニも候哉乍極内々此度之義ハ實ニ〱
思召ヵヶ〆き御事寔歎　思召候ニ付輔平公政熙公落餝之節通ノ賜物
ㇳ被爲在候御樣子ニ候まㇳ内々此段申入置候且彌明日御内定ニも候ハ
ㇳ巳半比尊公一寸御參可給候別段中務大輔御面會被申候事有之候間
内々可申入置旨ニ候仍早々如此候併御余日も有之候ハㇳ一寸御示可
給候惣ゟ極密必々莫言ニ希入候　五月二日

三條少將殿　忠能

早々御投火

少將中越　又別段今日公述朝臣參上之事表方ヘハ實美ゟ河鰭を賴候と申者ニ

申聞置候御使とハ不申置候此段一寸申上候也

未刻計川鰭少將（公述朝臣）來臨此亭（衣冠）被乞面會卽謁之處御文匣御封之儘可傳賜以富小路中務大輔（兒之後日參）被出之趣被傳之（元被召實美依所勞不參之間被召彼朝臣之由之）盥嗽拜披之處御文匣中被納　宸翰　御封中卽謹ゐ解緘拜見　宸筆雖有恐　君恩之厚爲傳子孫奉拜寫之

昨春來蠻夷之儀ニ付爲國家種々配慮忠魂拔群之處何ヵ關東差支之取計茂有之由ニ而存外四公之難儀ニ相成關白ゟ追々申來候次第先日以來內々入一見候通ニ候宥免之儀段々色々申遣候得共以武威嚴重ニ申立不承引終ニ所勞願落餝ニ及ひ候事武命トモ乍申忠臣却ゐ如此相成候段誠ニ以歎息之至無盡期被愁歎之程察入候依之此品甚輕少乍赤面送遣候暫之間煩心爲慰且朕之心中ヲ申述印迄如斯候事

此旨推察賴存候事又々宜時節到來候ハヽ面會之期只管待申候事

五月三日

御切帋　實美朝臣召設候處所勞之由故一族之內以公述朝臣差進候事

右乍面倒序ニ受書所望候事

右書狀返却賴入候事

賜物　御小文匣黑漆松羽衣之蒔繪　其中判金一枚土杯三枚重雲鶴之画　御文鎭銀實盡し　御烟草入御煙管入ツヽレ織白紫竹雀之模樣

右　深重之　叡旨　天憐之厚實以不知手之舞足之踏欣躍不堪感泣　君德之忝不得盡筆端忽奉謝　聖恩之趣雖不盡意倉卒謹書屬彼朝臣但依爲御內密之義以詞不申御請封中御文匣返上御受之旨以中務大輔可有献上賴了

不存寄以厚　叡慮賜　宸翰謹畏奉拜見候昨春來蠻夷之儀ニ付周旋仕候處依所勞落餝相願被　聞食候段被爲歎マヽ

思召候御旨ニゐ誠ニ　御深蜜過分之　仰共奉伺之實ニ恐入畏存候

叡慮之程何共申上樣茂無之唯々恐入　思召之難有儀感淚難抑畏存候
其上御品々拜領仕誠以重疊之　恩餘身奉畏入候永世家寶傳子孫仰
恩賜畏入存候先達茂段々厚　思召之趣御內々奉蒙　仰深恐入畏存候
斯迄被爲煩
叡慮候段誠ニ恐入畏存候處今日又々格別之　思召愚情被爲慰下候御
趣實ニ御禮畏之段中々紙上ニ難盡唯々不堪感泣畏入存候先以內々御
礼御請言上之事
呉々茂　天憐之程幾重ニ茂畏入存候殊ニ又御時節茂來り候ハヽ可
奉拜
天顏御旨迄無此上　御哀憐之段ハ實ニ畏入存候意底十分之一茂難
中上盡偏　聖察奉仰候事
御內々之御儀不顧恐以一封御礼御受言上之事
澹空上

別啓

御書添之御旨是亦恐入畏存候 實美被 召候處依所勞不能參 朝恐入存候然處一族以公述朝臣賜之候御旨重々畏入存候且又 宸翰返上可仕之御旨奉畏謹返上候事

右兩紙以同啓 小奉書 封之 注瀋字 包紙之端 瀋空上ト書付之

此通相調納 私 別文匣 加封名片字 入外御文匣付封属 公述朝臣直參 内

以彼朝臣返上可有之賴申了 一旦愚家本宅へ可有入來其上可有參 内云々 雨中遼遠之處往反無便之間自本家輿申付令乘之云々

後刻少將許ニ從川鰭被申送 先刻從御別館歸參仕御返答之御封中以敬直朝臣令言上候處卽御落手之由ニ而御亭之御文匣幷御封等返給候旨內々以同人被 仰下候何レ相改參上可申上候得共甚乍略義先今日之處不取敢以書中尊公迄及言上候猶又宜御申上之程希入候云々

右 聖恩實不知奉謝感涙數行難抑沾衣袖了所尊重 神佛先祖等拜礼申

君恩之畏了 先靈定而令仰 深恩給乎

亥剋許自本家使來以女房奉書賜物傳送之奉書如左

又自少將許送狀云先刻ヽ以公述朝臣御內々 敕書御拜領物等被爲有

候旨珍重奉存候段々之厚　思召於實美も畏感泣候猶參上之期可奉拜見候扨只今　禁中ゟ御使來文箱一色紙文匣一長文匣猶早々御別居ニ可申上之旨家司ゟ令返答候仍右早々及言上候也

五月三日

追而御臺二ツ有之候運送甚かさ高ニ相成抑留候也

女房奉書

すみ　落飾
りゝ　する〳〵と
まつき
くもうゐ　いでて
より
よく
氣ふれ

此黄金二十両
御縮三疋

折目

御長久 御機嫌 下され候 しるし
の よく なをなを
御事と 以く久 く
思しめ しく
し候
よし 御ふしの
御事ニて

旨 澹空とのへ か

御きげん 御機嫌よく
ならせ よく めて〳〵
られ 幾久し かしこまり入
めて度 くと まいらせ候
仰のおもむき

そんしまいらせ候　かしこまりて

あしこ　うけ給候ぬ

さては

まりそんしまいらせ候　いよいよ

折目

今日

落餝　なをなを

此よし
よろしく
御沙汰
頼入まいらせ候
めて度かしく

するするすると
済まいらせ候
とて

此黄金
二十両
御絹三疋
拜領
いたし

ヲ　勾當内侍とのへ　たむ空

右請文入文箱御紋附長紐付封女房ノ封包紙入之外之文匣各包封納之今晩及深更

之間明朝可令持參于奏者所申遣了
右重疊之　朝恩實以銘肝所畏懼ゝ攝家被遂先途之老臣落餝も格別如小
官如此之恩賜不可思寄今度之事体深被垂　天憐之間非常之義一身之浴
恩家之面目仰而有餘事ゝ
前々以女房奉書拜領物有之時以使議奏中ㇾ申御礼例ゝ今日之儀可爲其
分歟但此節之儀如何鷹司邊可尋合之旨少將許へ申遣之

四日癸酉
尋常所尊重之　神祉日々所遙拜如日來拜之不異落餝以前ゝ
昨日所賜御礼依所勞以使申上此事鷹司家令尋問之處女房奉書請文卽刻
被出又以使被申御礼之旨ゝ仍今朝可爲其趣申聞於女房奉書請文者卽昨
夜以令案書付之御配り之准據拜領物及深更之間今朝長橋許へ可差出同申付了後
刻從家司申越旨如左

一長橋殿江 御封付御書文匣壹　空御文匣貳右御請文之由ニ而被爲進處何れも御落手之旨申出ル

一非藏人口江

昨日女房奉書を以御拜領物被爲在候御請御使相勤候處議奏御加勢久世三位殿御承り之由別段御同卿御面會ニ而御口上左之通御承知ニハ御座候得共昨日ゟ以來入道前內大臣殿と被稱候樣爲念御心得迄ニ可申入置旨被申渡候事

（可爲御礼之）

一鷹司近衞等名字所承及如左

鷹司入道准三宮拙山

近衞入道前左府翠山

鷹司入道前右府隨樂

五日甲戌

端午之節於此居如平日所勞不快之間在寢牀少將以書札申送當賀又在一首

たらちねの行末遠きためしにも長きあやめの根をや引かまし

返書愚詠

子をおもふ澤へのたつのはふれ猶あやめの長き契りをそしる

六日乙亥

少將より送書狀

一昨日議奏より正親町三條被傳旨自當年不賜薫衣香旨被申達云々

一頃日染筆物贈實愛卿（自少將口傳）殊感悅之旨有書狀件調筆物一枚（忠孝一枚思無邪）一枚（鶺鴒巢於深林之語）別ニ書副之狀

此三帋拙筆乍赤面頃日書付候間進覽候且暮此心得候へとも踐違之事共慚愧候彌御忠議所祈之印迄ニ呈覽候但前車之覆轍ハ御用心無之而者不

相成候全帋之方ハ狂筆如何ニ候得共笑覧迄云々

如此之意認遣了

書状之此御一包御筆三枚御恵實以深々畏入存候段々厚被竜貴意候御筆

殊ニ御上包御注之趣共一入銘肝拜見仕事深々畏入候委細御礼拜面ならて

てハ難申盡期參拜候先々乍憚宜御申上置奉頗候返々實々御懇敎忘却仕

間敷何を參拜何も可申上候

二白今日又加勢被　仰付候於一身ハ過分畏入候得共何欤心痛之筋も

有之御照察希上候拜面乃てニ御内談申上度候也

七日丙子

先考例月御忌之

八日丁丑晴

頃日有小恙平臥今日得減
少將來此亭見訪且談諸事
裝束師木村ゟ過日申付太閤前右府等用意有之袈裟調進方可尋台之事承
合之旨木村申出云々素絹ハ先三五年ハ不被申付由云々
太閤袈裟　地紗無紋深紫 香色紋白雲ノ丸
前右府袈裟　香色紗無紋 香紋白雲ノ丸
九日戊寅
自本殿女房來春野 千勢同來訪
少將贈一首且團扇一握進之云々其歌云
うちひよそへてたてまつる
世のうさをうちわすれつゝ大ひえの
やまをい友とはふきませ君　實美

十日己卯晴陰　日拜如例

所勞全愈付鐵漿此事爲疑鷹近等令承合之處鷹司家如常被付之云々陽明亦同歟仍於予も同之且爲齒堅固可然

十一日庚辰晴　日拜如例

渡新太郎來面會少將許欲遣一書之處彼者歸路可持參之由附屬之

明日於快晴も嵯峨二尊院へ可參詣之旨今朝申越先日示置之故之仍予祈念之趣意申遣今度落飾無余儀次第仰冥鑑且段々蒙天憐非常之恩賜等實所畏懼心中ニ念し可參拜之旨之

一新太郎尋云公實卿御墓所不相知哉如何云々予先年以來雖穿鑿一切不分甚遺憾之旨申了

十二日辛巳晴　日拜如例

今日少將參嵯峨御墓依予之命之子細記昨日之處了

一兼而所持來冠衣等令移納于本殿大田左内交替之故令守護之

十三日壬午晴　日拜如例

安禪寺僧正來訪贈菓子於居間謁之種々言話僧正如法篤學之人之佛理之事等尋問悟導之儀も隨分心得有之彼僧ハ眞言宗之語中之碧眼ト云書有之禪家之作云々其文中

至道無難唯嫌揀擇

大道坦々去身不遠

一少將送書狀從一条大納言被招行向之處近衛大納言内々被申趣小子當時別居之處歸宅之樣可有勘考然ハ於前左府も歸館有之候樣亞相被存旨諷諭云々少將返答猶小子ニハ可申申置之云々此事如何可及返事哉少將所案唯今歸殿不可然欲歸之儀所祈ハ雖爲勿論今之形勢甚難計今暫靜穩可然欲猶又内々正親町三條ニも談之處正三ニも陽明之處氣之毒被存趣是は彼家

臣不熟甚息卿心痛之由云々甚六ヶ敷迚も小子歸家ニ而も陽明之處歸り相成候樣ノ彼家模樣ニハ更ニ無之全大納言ニも術計盡果心情切迫之處より小子歸りニ成候ハヽ又々道も附候歟との心ニて被申候事と被存由正三勘ニも何分落餝後間も無之最落餝濟候ハヽ頓与安心と申樣ノ時勢ニハ無之却而此場所大事之時只今歸家ニてハ却而爲ニ不宜哉之旨被示之由之右之次第實美ニも同意ニ有之陽明之處氣毒ならふ却而爲人誤己樣ノ事ニても實ニ殘念之事ニ有之右ニ付桃花へ返答候處段々勘考候得ハ只今歸家之儀ハ甚心配之事ニ有之其内都合見計いつれニハ歸家之心得候へとも今暫此姿ニ無之而ハ難成候程能陽明へ被申入候樣粗書付申入之旨談之愚存加筆了今度之次第總而以難得其意事共ハ不可言實ニ混亂之事後之見今奈何

十四日癸未陰雨　日拜如例

里君來頻參度由申之不能支申云々幼稚之者可然々々依強雨今夜止了
一少將昨日來書申越衣体之事正親町故入道著用裘袋于今有所持哉令尋問
之處遺物ハ無之袈裟ハ香地白文藤唐草堅織物之由被申云々裘袋申付哉
如何云々雖非可急用意可申付申遣了袈裟之紋樣等猶可勘考申遣書了古画

古像之類文樣一門之先蹤無之歟爲恭へも尋可然申遣了愚案如龜甲可然歟理性院先代從當家住職之人之古袈裟先年見及候樣ニ存龜甲之由存之當家袍之異紋爲大龜甲可然哉可勘

十五日甲申雨　日拝如例
一少將許送書狀
先日爲恭來予壽像調筆了猶今一應對面之上潤色可有之旨申云々近日可
成哉差支無之哉可申云々又爲恭フト所見園太暦貞和四　廿七天晴抑今
日豪信法印來予謁之可寫予顏云々者先年風雅集密宴可被畫似繪爲其此
間於仙洞被召人々令畫之予向里亭可令書旨沙汰云々仍著冠直衣謁之民

部卿同令出之〻
右拔書入御覽候古くも可有之候得と不慮此比所見奇遇ニ有之候云〻
似繪對其人令圖之事於壽像ㇵ皆如此欤件記文予未見之珍重〻〻豪信法
印ハ大臣像八十人之筆者〻彼（正筆）像在曼殊院室先年乞爲恭寫之今豪信法印
之事見記文足爲證與欤（似繪書）
一駿河守來爲家事示談〻
一押小路家後室蓮光院被來爲見訪云〻權介被送書狀予心經令書寫事被承
知（過日安禪寺へ令噂之故傳聞欤）不苦ㇳ一卷所望云〻以其可誦云〻卽長日所書寫之內一
卷之分拔取送之了（當年四月三日之書寫之）
一里君令歸了
十六日乙酉朝晴午之程以後雨　日拜如例
一昨日家來渡新太郎去十一日來訪歸家之後所詠屬駿河守覽之記左

五月十一日一乘寺村の御別殿にまゐり
侍りて歸りきてよみ侍りたる

是(これ)もまたゆめあとそおもふなつ草の
しかれるみちのつゆをわきつゝ

忠秋上

感歎了

十七日丙戌雨　日拜如例
今日　仁義公例月御忌幷　後白川右大臣公―冬公御祥月也此居無便如形
供膳拜礼了
從信受院書狀有之贈菓子

十八日丁亥陰晴　日拜如例

駿河守來從少將有狀

一武者小路三位末男可爲侍從之子被存旨過日被尋所存云々此事不可庶幾歟侍從漸三十余才之元來順養子無余義時之事猥任勝手も不和熟之基歟然而正親町三條三條西等存意令尋之處雖不好之義止之失定而不得意歟然も無存意旨可及返答哉如何云々雖不好事其上ハ强而有子細義ニも無之存旨令答了

家計之義種々申承了

十九日戊子雨時々晴陰　日拜如例

明了院殿例月御忌之供膳

二十日己丑晴　日拜如例

十一面觀音供如例於本殿開帳遙拜誦觀音經

左兵衛大尉爲交替來去十八日正親町大納言実徳卿拜賀前駈五人息少將裏辻侍從等連軒云々義蟲爲息朝臣掻副被申請之間借渡狩衣單帯劔出仕云々

少將被來用談之事等有之尋問之条有之

一練歩等門弟之人へ傳授之義有之節ハ少將より相傳無子細義哉自身未遂奉仕門弟へ傳授如何三条西中納言へハ從予傳授了從彼卿傳授之道理も無之欤小子落餝之身是亦相傳如何若武者小路三位參議昇進等之時宣命使練歩等傳授之事可被申乞其節之心得如何云々愚案尤自分於晴雖未練爲相傳之上ハ庶流へ傳授可有之事ハ於家相傳之義ハ無他之間其分覺悟可然申含了

彼是爲穿鑿ハ攝家被差拒欤不及左右相傳可然於家申傳之趣如此之口答之ㇳ可然但万一有異議も其時之勘考ニ有之ハ右之通推究可然欤之旨示了

顯然小子現存之間ハ表向少將雖爲傳授委細口授無妨之小子所見之趣申法躰裝束抄ニ引有之候由法体ニ而練歩等習礼之事見當云々是等殊勝欲可書拔越申置了

一實敎朝臣爲公賴公養子但實綱卿爲相續之後不用當家事趣記六所見事予拔書見度由申之則小冊傳ニ書付出之間渡之了三條西實條御記之

一西園寺通季上首頭實則卜公爲次座事爲閑院正嫡之趣於西園寺邊專古來被稱之甚無謂事之龍翔院殿令弁王給見草同然而長秋記大治年月可記ニ實卜公雖下薄被著通季卿之上給之事散見之趣見彼記然も不拘本庶之事自然分明欲此事本記可有熟覽申聞了

一近來系圖此比一枚竪物ニ見能片書付居由申之其事可然旨申聞小子所勘付近代之系譜借與了

廿一日庚寅　日拜如例

從少將送狀
公房公之後實親公白川亭公親公實重公押小路京極公茂公同實忠公公
忠公轉法輪實冬
右小子第宅之勘物ニ書付了右慥成舊證記文訓敎所希云々　廿二日返事
申遣委細可在少將許也
一此庭苑有小池荒廢有水氣之間苗所植殘有之も所望可植置欤之趣村民此村中每事
周旋之百姓屋助ト云者之女房等申之處卽殘分三四株一括爲一株持來云々明廿二日ハ一
切不採苗廿三日ニ可來植之旨申云々其子細種蒔之日より至四十九日之
日ハ總而不動苗不觸手又苗をゐすむるト云々又所結括之藁等解除之云
々夜中彼村民來解之云々甚懇切農稼之稻苗ヲ大切ニ致ス其志所感之仍
記之
廿二日辛卯晴　日拜如例

從少將送書狀　實敎朝臣系圖可引本紗欲之論申尋委細愚案答遣了
尋越書取之內一帋要文注左此外數ヶ參考之趣等申越夫々愚意書付遣了
一永見帶刀來泉涌寺之僧以書取申出從彼者小子ゟ先可申伺申越云々如左
口上
御先代公敎公尊儀就今年七月九日七百囘御忌如何被爲在候哉此段申上
候間宜御披露奉願候以上
未五月
泉涌寺山內
來迎院
三条樣
御役位御中
件公御墓在彼山內之事近來經穿鑿旣小子先達而行向檢知此所小高キ所

彼寺僧慥此御墓之由申之京兆之圖ニ
後堀川帝陵ノ次ニ公敘公墓ト記し付圖所見之間先達而以來尋問卽葬觀
音寺趣見山槐記右觀音寺ハ卽彼寺之地之然而今來迎寺之料云々先年先
考深令探索給但其時彼圖ニ古人注付分ハ不出現欤今与記文符合之上ハ
可無相違之然而以彼所爲御墓奉供養もも不可有異議之倘勘考之上可申答
申聞了先年六百五十回御忌ハ新田無碍光庵ト稱小院ニ而令修給令納尊
牌給又此公管絃催馬樂御堪能之祖父公有御追善之樂今度可爲何樣哉所
詮當節之形勢甚有怖畏且又泉山燒亡未被修造旁今年ハ爲延引至明年可
奉追福欤猶少將申談可返答之由存之者之

翌一日

前件本殿へ以義爲申遣了年歷爲念可有考定且遠忌今年可有事煩之間
不得止可爲明年之修行欤猶可在評議申遣了

廿三日壬辰陰晴　日拜如例

從少將送書狀

昨日相伺条々委曲蒙御敎訓畏存候猶又索搜可相伺候參番前取急不能書狀恐入候抑昨日別啓之通議卿ゟ被達二百疋拜領候御吹聽申上候建言モ無之身恐入候事ニ候へ共　思召之段ハ畏存三番所一同（二百疋宛）列參八十人別段二兩賜候將富小路江先日之御礼申上候先別ニ可申上義無之候――

二白滑稽雜談過日返賜從源卿被傳候也

三番所申渡書取寫等左

夷國一件ニ付昨春堀田備中守ニモ上京段々言上之處仮條約之通ニ相成候儀も何共御許容難被遊ニ付彼是御掛合ニ相成關東之所置等如何之儀共ニテ　御不審　思召候處間部下總守上京追々言上之次第茂有之於異國之儀も　叡慮之趣於關東も御尤ニ被相伺役々ニも追々

叡慮相立候樣可取計偏ニ公武御合体ニ而外夷を相退ケ是迄之御國法
ニ引戻し　御安意被爲在候樣可致旨言上有之候然處他ニ入組候事件
も有之公武御間柄ニも可拘哉ニ付　叡慮之趣も再三被　仰遣置方今
之處御猶豫關東之處置世間之事情　御覽之　思食ニ候間各沉靜ニ可
心得候昨年已來忠憤苦心之面々實ニ　神妙之至深　叡感御事ニ候猶
又赤心報國之儀可勵乍聊被慰苦心此品被下候事
別紙之通列參之輩へ申渡ニ相成候勤番之人々ゟ定而苦心之事と被
思召間乍聊此品　被下候事
一左内來大尉交替
一礒田本殿に出ス且盧山寺御廟爲代參令詣
一少將書狀礒田持歸實敎朝臣之儀穿鑿之由勘付之趣更又尋越旨有之
廿四日癸巳晴陰時々降雨　日拜如例

自少將送書狀
公〈教〉公御年忌之處取調候處平治二年ヨリ至當年七百年ニ相成候右御
追善之處猶御勘考之旨伺又御治定之處相伺候
又過日尋問ニ付申遣候系圖之事公卿補任實綱卿公〈賴〉公養子之儀如左
注付旨申越
從三位藤實綱
故前左大臣從一位公賴公男
母故入道權大納言正二位藤尙顯女
實正二位行大納言藤實枝卿男
母同公國卿
委細再問申越猶勘考可答之
一頃日所案書付之間少將許ニ便宜之間爲見遣之了
今時籠居外出不叶且居所暑熱可難耐与人々芳志ニ而近山寺院草廬等

可避暑懇ニ被示可喜ナレト何分當時愼中ハ勿論一体怖畏不少其儀ハ格別一身之心情堅固ニ無之而ハ不相成動搖アルマシク存スル之此姿ニテ養氣無他事顔子ノ賢を可思ナリ所謂君子固窮小人窮斯濫矣聖人當行而行無所顧慮困而亨無所怨恨

右孔子絶糧之極窮ニサヘ如此今時聊窮屈寒暑ノ凌能ヲ欲スルナトハ不可思事ナリ

天子ニ而も　皇居ノ狹少ニ而炎暑甚時節も御凌有シヲ可思ナリ

婦女子小人之姑息ニ被誘心志ヲ移スナカレトシカ云ナリ

唯巢於深山不過一枝之心ニナルヘキナリ此類知足之語可體認事尤多シ

右之心得ニ候ヘハ愼之際限ナト再問アルマシク何も自然ニ可任ナリ其許も無心配方可然候

廿五日甲午雨　日拜如例

依　北野御忌日別寫心經一部（三月廿五日以後始之）

一少將許送狀之次申遣內弁傳授（來）之義先達而所案注置了今見當之間爲心得申遣且御讓狀令授實敎朝臣給事愷ニ令注給欲之由雖存之猶又可有吟味申遣其狀云

廿六日乙未晴　日拜如例

賴母來左內退出交替之

廿七日丙申晴　日拜如例

岡田式部丞來種々內話今夜宿此亭

一過日正親町故入道落餝後衣服事小侍從（彼息女小侍從）之許へ尋遣有返報如左

此外落餝次第寫被送之別記

一少將許送書狀過日正親町大納言へ所尋問前件同事衣体之事所見之分被示送之

一少將へ申遣

公〔敎〕｜公御墓彼觀音寺山〔當時來迎院〕先達而行向雖令檢知未及修理生垣ニ而も可植哉之由周垣如何可取計哉之由昨年寺僧問來之處托彼寺勘考賴置旨申置其後混雜不能尋問之間近日家來遣之與寺僧可談合旨申遣了

御忌當年正當之處小子籠居中之儀可爲延引哉但引上ハ常例候得共延引之例如何佛說も可有之同與寺僧可談申遣

於彼一山中ニ公家佛事之外經營之例幷法則布施物等如何內々可談旨同申遣了

廿八日丁酉晴　日拜如例

岡田式部丞昨夜止宿之間今朝召前言談文書等之事

一賴母爲家計勘定本殿へ遣之入夜大尉替ニ來

一從少將許送書狀將先日參上之節申上居候系圖粗出來候入御覽候猶御紏正希上候閑院嫡流之事弁論猶得与相勘書注候心組ニ有之候細字書認候事ハ無益之事保養之爲ニ不宜以來御止メニ可仕候但家傳相承之儀ヽ大概諳記仕候先々入尊覽候

實房公御居所之事御所見不被爲在之旨御註書有之候フト吉部秘訓抄ニ所有之候併是ハ晩年之御事三條之證據ニハ難相成候偶管見ニ任セ相認置候

謹呈　　　　　　　　　　　　　　　　　　　　　實美

廿九日戊戌雨　日拜如例
先妣例月御忌之從本殿女房代香參詣春野云々
一駿河守來家事相談之別居所雜用料定法之事過日以來取調申付欲年分之法則一帳持參之可爲此分申付了

六月大
一日己亥晴　日拜如例
一自妻室許老女梅か爲尋安否來
一自少將許有書狀
中山被申趣先達も被申候彼家先代感得有之候如花器物於深草帝御廟得之曲玉壺ニモ可有之右之物不慮在當家庫中由從予及談件器物申下度旨被示然而一向搜索不見當之間尋之云々件事先達而予及談之後

彼家先代記文被見當之間引合度旨被示其比混雑未得取出何分庫中ニ
納置了件筥之蓋ニ愛親卿其來由を被記置了定而祖君令借置給歟何分
委遂吟味可返旨申遣了

一大鏡中所見　菅公ノ御歌ゑゝよふ水御名澹ノ字清明之御趣意ニ符合
管見入御覽□（一字不明）

一紙ニ注送

大鏡（菅公つくしにてよみ給へる御歌の中）

はるともとよをおもしめされたるなるへし月のあらき夜
うみならぬたゝよふ水のそこまてもきよき心ハ月そてらさむ
これあしこくあそはしたりあしきは月よりこそいてふし給ふめと

不堪感歎拜吟

二日庚子晴　日拜如例

三日辛丑晴　日拜如例

南禪寺天授庵幷肥後介石〔一向宗僧之文學優長之者之〕來献菓子餡酒等右天授庵ハ細川家由緒之者之先達而來岡崎自分〔マ、〕庵禪尼〔從來懇意之尼之〕口入〔て尙〕信之過日愚筆物送之間爲謝礼旁所來云々予依所勞不相逢之

四日壬寅陰雨風吹　日拜如例

少將來種々談話先日來之時申所見之由法躰之人公事作法指南之事法躰裝束雜事〔類集之麗㽸著欤〕若公所引如左之由覽之珍重々々以後可定覺悟之如當家門弟指南有之間頗疑惑之處右此證文も如練歩物見敎訓有何妨哉爲後覽注左

著聞集　後鳥羽院公事の道を深く御沙汰有けるに菩提院入道殿下に

内弁の作法をなふハをおもしまさんとて瀧口殿よ御幸ありて門みなさしまハされたり入道殿下墨染の御衣もらはよ笏たゝしくて院の御下重の尻をたまハふ（せ脱カ）給て御腰よゆひてさしぬきもきてねふを給ふりたる目も心も及ば目出（らう）ふらりけるおさなき殿上人三人上北面よハ重貧朝臣一人もさをこひたる

五日癸卯

六日甲辰

七日乙巳

八日丙午

九日丁未

十日戊申晴

中山攝津守來診去日來被侵濕邪令平臥之處至今日ハ得快復然ㇾ昨日從少將許申遣云々仍所來之令診察之處已以解熱於今ハ無別義之旨申了但乞藥了

十一日己酉雨　日拜寫經如例

傳聞內藤豐後守（伏見奉行兼ㇾ御所向御取締近比被申付）町奉行大久保左近將監等依招下向于關東云々不知何故關東之地勢不穩之由風聞有之云々巷說コカ子カ原ニ水府勢其他大國之內加勢有之歟凡四万人許立籠之由之云々虛實不分明雖然當今苛政巷談亦非全之虛說歟實說如何先達ㇾ以來之處置總以構虛僞鉗人口暴政之甚天下忠義之士悉幽閉之非頑愚或奸邪媚諂之者ハ不進

之幼若之大樹人何以信台命哉唯一二之權臣專威苟稱台命籠絡　朝廷干城之武夫亦以寃被爲嚴科欤其勢不可當所謂火之燒原不可撲滅不可嚮近トハ今時之謂乎可歎可悲

十二日庚戌朝陰屬晴　日拜寫經如例

唯心院前右大臣殿御祥忌日之拜礼供膳

大尉退出左内來

十三日辛亥晴陰　日拜寫經如例

十四日壬子晴　日拜寫經如例

召大尉談家事

菅家遺戒谷森本新寫之事申付之

大和介爲伺安否來其次申來

三条內大臣殿尊牌新調可納來迎院寸法制作等二尊院所納仁義公之形可模造兼而申付昨日具佛師向彼院令取寸法画様云々則覽之処總而可爲仁義公之形但右ハ四寸（尺カ）余之今減一尺三尺可然欲其分申付了又二尊院料小之方兼在彼院之尊牌是亦模造調進可有之申付了

十五日癸丑雨　日拜寫經如日

十六日甲寅晴　同

嘉祥祝物自本殿相廻如例著之

岡田式部丞來

十七日乙卯晴　同

仁義公例月御忌日供膳
家妻被來訪有盃酌信受院老女來
十八日丙辰晴午後雷雨
十九日丁巳晴　同
少將夕景來談家事
二十日戊午晴　同
十一面観音供如例
廿一日己未晴　同
今曉六時九分土用ニ入

廿二日庚申晴
家來戸田造酒來暑中安否尋問之
言談云　逍遙院筆蹟西山光明寺縁起（画光信土佐）先年來質物ニ出有之（二十兩ニ預ル）
由三條西家ヨリ所出云々先年以來其儘ニ成預主度々催促於今も買拂流
シニ成ルト云々然ゐ何方ヨリモ所望無之抑留有之由殘念之趣語之年來
不聞此事遺憾之旨語合了

廿三日辛酉晴　同

廿四日壬戌晴
駿河守來談雜事彼不勘定之事有之仍加敎戒者之

廿五日癸亥晴　依小恙不能日所作
自昨夜聊有恙但小分之事之

先妣之實母榮林院一條故輝良公妾、年來隨先妣在當家〻中雜事与家女房等共ニ商量有奉公之勞之人之予小年以來預世話有其恩之右今年三十三回忌之寺門一條家之菩提所東福寺〻中芬陀院ニ葬之於彼寺修法會毎事自當家沙汰之先年廿五回忌之度之通令沙汰法事料金二百疋別ニ五十疋備之總而奥向之沙汰之但從表近習一人代香參向自奥老女礒田今一人婦人喜久相伴晩刻歸此亭老女本殿へ立寄從寺門未半刻許歸云〻於彼寺丁寧取扱羞酒飯云〻清泰院予妹先妣之誕生即外祖母專養育之別段被備五十疋附回向被賴云〻於本殿佛間在供養於此別館茂昨夜今日供膳報恩之意有之之

廿六日甲子晴　日所作如例

廿七日乙丑　同

早天少將來此亭家事談合之駿河守不正之義有之過日來戒仰之處恐懼之

趣以書取申出用人三人是亦不取調之趣恐懼申出件書取被隨身事々談合了於用人も專周旋之事ニも無之昨冬以來駿河守一人取扱來儀之仍於用人ハ戒後來可然於駿河守儀も勘考追而可有沙汰申聞候ハヽ可然と示談了

亡娘壽量院三十三回忌於廬山寺修法會如定規

廿八日丙寅　同

廿九日丁卯晴　佛拜寫經如例

今日先妣例月御忌日之供膳從本殿代香之人參向春野昨日送香了

卅日戊辰晴驟雨　日所作如例

名越被菅貫之事此亭不具之間送衣服于本殿令行之餅瓜等之祝著於此所

後案出家之人不行六月祓歟之由存之御記中所見猶廣可尋問之

如形有此義紀川之水從本殿廻之飮之又依例唱式文六月大祓詞了

駿河守來談家事

七月小

一日己巳晴驟雨微雷　同

少將來（昨日駿河守所來申之條事可有面談之間可來申遣了）談家計之事又時事少々內々所承及之儀有密話頃日紛々有沙汰町奉行組与力木村勘助平塚瓢齋草間（間カ）、等從所司代愼之義申付云々然處木村自殺云々强而左程之事ニ不及處肝氣强故相追欤云々自余兩人ハ無異愼居由之世間猶不靜如何々々（子細不及露顯）

駿河守不勘定不正之義彼是恐懼存之自分出仕有其憚惡ク可引籠哉之旨（アキマ、）以傍輩申出候云々愚存今朝少將ニ可申之處即此儀有之最前本人籠居可然申付之旨之其分可然甚々不埒之事共も風聞有之追々可及穿鑿欤不然ハ家計難整甚々不便事之

二日庚午晴　同

過日陽明今度被申付衣体內々家司ニ義爲懇意之間令尋置之處申越由之

御裟袋紗色目香　御袈裟紗色目同斷　文菖牡丹　右黑川丹後調進

夏御道服練羅色目葡萄文菖牡丹

冬御道服織物比曾久色文丁子唐草之丸

右ヒ三上越前調進

三日辛未晴時々雨微雷　日所作如例

大尉左內來爲家事申談也

四日壬申陰晴

自今曉聊不快腹瀉及度々終日起臥不定

五日癸酉曉來甚雨及晡時晴　日所作如例

六日甲戌晴　日所作如例

三條內大臣殿尊牌調進文字書博士調筆自少將爲檢知令義爲持參之能出來可納寺門申答了

銘　內大臣正二位藤原朝臣
裏　公敎公
永暦元年七月九日

七日乙亥晴夜半之程雷鳴　同上

七夕梶葉染筆如例（抛上此屋上）

八日丙子晴　同

明日三條內大臣殿七百回御忌之尊牌奉送寺門（院來迎）從本殿家司持向之於法會ゝ來年可營之但眞實御忌之間於本殿可供逮夜之膳之由申達了於此亭如形供夕膳

九日丁丑晴　同上

三條內大臣殿七百囘御忌正當也法會期來年今日於泉涌寺來迎院行囘向

今朝少將參詣御墓（舊記觀音寺當時爲來迎院領）

此公御記号敎業記今不〻相ニ傳眞御記ㇾ保延七年春御記寫流布于世其外宸筆御八講御記存在之全御記在于九條家之由所承傳之先年來內々申乞之處有許容之越も被示然ゟ其後一向無沙汰以時節重ゟ可申請之天明朔旦旬之比祖公令申乞給公之御自記於九條家有御抄出云々而其御抄出當時不見先達中山家相尋之處如次第物（自先公令借給歟）有之由被爲見之可寫之處其後被取返之間先返進了不日更ニ借乞可寫置之但非御記之躰如何々々公之御記所々可尋求也

於本殿有供養此亭如形供膳拜礼又拜見御記（文永奧書之新寫本持來此亭之間拜覽之）

又愚昧御記（眞記）之紙背古文書之中公之爲別當時糺彈之文書判官連署數枚其中公之御署名有之（廷尉佐大理等之署有之文書も有之）眞筆歟是等尤重寶之件等之文書先達ゟ別抄同拜見之

自少將許送書狀之次示送
御記を拜見して
めくみをもくみて志る哉かしこくも君の志るをし水くきの跡
來迎院ニ詣て
遠祖のめくみもはふよ仰られて昔を志のふ松の下陰
先年六百五十回御忌先考專周旋給其時彼御記御披見令註置御歌給今更（寫之御記之表紙端）
經五十回之星霜奉追慕者之先考御詠
百年を六度の後よ五十へて君のあと〻ふ今日そかしこき
かしこくも日ことよ君の志るしつる
如此御詠欲之由所記憶之萬事追福之儀期明年之

十日戊寅　同上

十一日己卯　同上

十二日庚辰　同上

十三日辛巳　同上
（自今日）盆供於本殿行之此居所如形供養了

十四日壬午
今日中元双親之祭參番少將如嘉例出仕云々早朝出門之間後日可來此亭云々純君被來此所述賀給盃了（里君同伴被來）

十五日癸未　日拜（所作）如例

十六日甲申　同上
今夜此近山當村之男女念佛ォトリ群集云々其躰甚有興云々祗候之輩内々行向見物隨分存古風歟

十七日乙酉　同上

十八日丙戌晴　同上
今夕御靈社神幸之於本殿も近邊爲幸路之間降庭中遙拜此居雖遼遠計程下小庭遙拜敬神之至之

一自少將許進状

一流行病甚敷杈々イヤナ事ニ有之ヒバ抔クスヘ候而宜と申事ニ有之候麝香丁子抔芳香避邪ニ宜と申事ニ候フト存ニ薫衣香ナト座近身躰ニ携へ候てハ屹度避邪ニ宜とも家傳薫衣香方令調合度候一應相伺候思召不被

爲在〔候脱カ〕ハヽ可令調合候云々

薰衣香方 後白川右府調合新作

沈一兩二分又方丁子三分　白檀一分　山橘三朱　藿香二分　欝金一兩　甘松一兩　薰陸二分

右書送之件御方之類家傳樣々薰物數多家方書記祕藏其中件御方も有之之尤可然之間調合可有之旨返答申遣了

十九日丁亥晴時々陰　同上

上津屋村百姓兩人來献桃梨等之實去春在彼村之時花盛之今其實熟成思故郷之感懷且光陰忽移思念更發者也

いよし春住ゐしける上津屋の里乃桃梨實ほくしさりとて里人のもて來りしを

桃梨よをのら盛れ花の時逢し契りを結ふ實なるあ

御記ハ永徳年間常磐宮より被尋与狩衣同色之間可著青紗欤否云々令答給之條之

桃なしれ花咲春に逢しとりかゝるとなる時をこそおもへ

廿日戊子晴　同上

十一面觀音供如例於本殿行之於此亭誦經礼拜如例

室家被來中元祝詞目出〔度脱カ〕互賀之有盃酌

廿一日己丑晴　同上

昨日從少將許尋越

薄色練貫狩衣袖結萌木紗薄平無子細欤事

答　後愚昧御說之趣よてハ青紗不可然欤隨年齡紫淺深之兩段可用但

如蘇芳紗ハ毎度用來桃華蘂葉も年齡次第記之園太曆等ニも粗相見欤

青紗先不可然欤但ハヘ色を用ル說ニおゐてハ如青紗も無子細不可好

用之由兼而所拜知之

薫衣香調合ニ袋持來爲避邪進之云々一ツハ付腰料一ツハタヽノ袋之各青絹袋調之

一申刻許少將被來述中元之賀賜予盃十四日之分之少々盃酌入來歸了
種々談話家計之事等雜事示合者之
少將語云頃日彗星出現且疫疾流行ニ付御祈（七社七ヶ寺）被仰出云々

廿二日庚寅晴　同上

廿三日辛卯晴　同上

廿四日壬辰晴陰頃日殘炎殊甚　同上

一今朝從少將許献書狀家事之此次先達所尋越内弁作法不審条々漸加朱墨
置了之間返遣了

廿五日癸巳雨　同上

今日於此村會所修大般若經六百軸轉讀云々頃日異病流行爲除災村中合力行之由村民申來家來行向見之僧十三口圓光寺導師其他村寺之僧南禪寺之僧等集會爲除災之義之間金五十疋備進之後刻供物幷祈禱之札等献之令押居所之柱了

自信受院方女房波江來爲尋安否云々

廿六日甲午晴陰不定時々雨　同上

廿七日乙未晴　同上

從本殿女房來春野

廿八日丙申晴　同上

八條相國殿御忌日之於本殿奉懸　尊影供養如例年於此居供略饌

押小路後室蓮光院入來

廿九日丁酉晴　同上

先妣例月御忌日之供膳念誦如例余眞實所生之女房華光院祥忌日之備膳供養

八月

一日戊戌晴　日拜日所作如例

上津屋中島等村庄屋上津屋年寄等來（於本殿ㇾ如例云々）獻野菜物賜小物女房面會

（此亭別義之）傳聞爲防流行疫癘市中男女參神社（祇園爲宗云々御靈社御旅中故相兼云々）致千度其粧頗以華麗過差云々最初稱ニトフシマメト提灯數多調之持向且躍云々至今ㇾ種々施

風流以提灯造神輿体或屛障太皷之類造之張絹畫繪居臺舁行之甚以壯觀云々先年蝶々躍之姿不異之婦人擬男子之躰且行且躍希代之義之武邊非戒之隨分相勸趣之一旦疫病流行人氣閉塞弥病人夥仍陽氣一發防邪之術計尤神明ヲ祝禱スルノ義云々所承及異病漸々消散云々

大尉來宿翌朝歸

二日己亥晴　同上

三日庚子晴　同上

當今皇女准后誕生給今年御年二頃日御違例之處昨日逝去云々依之三ヶ日被停物音之由之

少將許ヨリ送書狀武者小路三位被附彼宮云々其間狩衣單等可有著用云々件單白黃之內著用無子細欲之旨被談爲何樣哉之旨問送之答云白黃無

子細諸家多分夏季白生平絹單尋常用候然而蛙抄之趣四月中著之白生單トハ白織物生單之義ニ是ハ壯年人著之公忠公御抄之趣も夏ハ板引於色ハ冬同樣歟但當時板引之單所持多ハ無之歟又冬單宥用可無子細歟之旨示遣了

四日辛丑晴　同上

式部丞爲恭來談話多端其內彼稱神詣市中盡美盡善華麗過差男女群集躍步之事實ニ妖恠之所爲歟此時節長大息之至武門役人共不制之爲之如何傾家產相競出云々當今下民困窮爾後忽可難澀歟云々笑止々々此語尤可然敬神群參ハ神妙ニ托之驕奢之遊戲神之冥鑑如何一旦閉塞之處令人氣發陽一躍不知手之舞足之踏令神明幽感之義も可然ニ於今之所業も方外之事歟如何々々

爲恭發句云　よのなつさころり忘れておとりあな

（夜）（世の形勢難堪ヲ隠ニ含云々）（此節流行病と頓ニ忘ト通フ）

此序一笑々話ニ申聞小子も當今之意詠出ス歌

世のうさをおもひ忘てもむなふハ住よかるふん野よも山よも

爲恭之意とハ違ゐれと小子之身上尚居住之義を思寄セタルト云々

外夷種々難題申出武門役人困苦之沙汰之云々重役も右之事ニ狼狽ニて

東行之人々穿鑿之義勘弁之餘隙無之欤云々實ニ彼ト云是ト云不堪慨歎

事之

五日壬寅晴　同上

自少將許送書狀家事相談之此口事送之九條亞相大所勞危急之由有沙汰

云々

六日癸卯晴　同上

七日甲辰晴微雷　同上

今日先考例月御忌之供養如例

八日乙巳晴　同上

從少將許進書狀今日可來昨日申越之處聊風邪之間今日ハ不來至快次第早々可來尋之由之又尋問條々

一武者三品孫不遠敍爵被申度旨右ニ付名字別帋相談云々實世之字三光院實枝公幼年名之其後改名之間可無憚歟云々

改名以前之名字不及被憚歟被任所存事

然其他實靖實紹等之各無所存可被任所存旨被答可然申入候

實世ハ引書書經　實萬世無疆之休右尙書引書卽余幼年之時嚴公令

撰給此引文熟字等是之

一來十七日佛華光院宮（富貴宮御法號之）御葬送供奉衣体狩衣單烏帽子尋常單著用節ハ掛緒無之方ニ候哉併密々紙捻無子細欤云々（普通不懸紘但鬢髪薄之人以別義用ニ紙捻ニ可無難欤）

一傘袋餝皮先年供奉之節被放之欤敎命由凶事ニハ可相放事欤如何云々尋常吉服ヲ著用之催ニ候ハヽ可爲如常凶服之時ハ餝革無之方可然之由今存知者之其旨申答了

一頃日異病流行ニ付於武邊諸人施藥有之堂上ニも所望候ハヽ可送旨所司代より申來旨武傳示達云々少將申乞當居ニも所相送之召仕之者へも可遣旨申來云々男女面々賜與了（益智散ト号）

九日丙午晴　同上

三條內大臣殿御室入道左大臣殿御母儀淸隆卿女（仁安二年御剃髪之事見愚昧御記）今日御忌日之供出來合之膳了至夕景令精進了

十日丁未晴　同上
此村民習京地之体多點提灯爲異樣之姿ヲトリ廻云々奇恠之
十一日戊申晴時々曇　同上
昨日分
一自少將送狀文化八九年比先考御記被借度旨廣幡被示云々字書奉行之儀云々若爲虫拂之義欤先考其比御商量之事所承置之定而在御記欤庫中納所不知之由申送則大筥黑色日記を先考御張紙被付之其中可有吟味申遣了
又武者小路三位被談薄青二藍等葬儀不可忌哉如何云々薄青ハ可無子細二藍ハ舊證不覺今俗可忌欤之由等之旨申遣了
秋熱殊甚難堪々々

頃日抄出物穿鑿侵炎熱之間疲勞之所致歟及昨寢之比身体相惱腹痛之氣有之

十二日己酉雨　不能日所作

曉天腹瀉今時流行病有恐之間早朝醫師伊佐左右二申遣來診之處格別之義ニハ無之少々食物相中歟云々服藥平臥無指事

十三日庚戌甚雨　不能日所作

今日容躰如昨日猶以爲同樣平日執匕中山攝津守招之夕景來診爲輕症非流行之類暴冷之後炎暑更甚全時候之障今猶便通少分歟下劑可用与則調藥今夜服用之

十四日辛亥今日屬晴　同上

所勞大略同事之度々有便通但不多服藥之令然欤可無子細一体氣力快方之

午後少將被來見訪云々且條々有談話之義

一正三黃門被來極密被示之趣小子愼事際限爲何樣哉少將心得內密彼黃門へ相尋置云々然處內々御沙汰之旨も被爲在武家へ御尋ニ相成有之旨右所司代より返答當月九日ニ申出由其趣ハ去月三日內々御申聞有之候四公愼御免之義無程三ヶ月ニも相成候ニ付御免之御沙汰御座候而ハ如何可有之哉ト之義其節も御答申上候通早速關東へも申遣候處御憐愍之　御思召ハ格別之義ニハ候得共關東差下シニ相成候家來之者共未タ吟味落著も不仕候間此節　御免御座候而モ御不都合之義と存候ニ付　御憐愍之　御思食之處ハ誠ニ御尤之義ニハ御座候得共先其儘ニ被成置候方と存候間其趣御兩卿へ御答申候樣年寄共ゟ內々申越候ニ付此段及御內答候事右之旨申來之由之極內密少將心得迄被示

云々定而議奏承知ニ而被申義歟
右之趣定而可爲此分歟令推量之今時愼御免達速勿論歟唯時勢之令然
不可懷怏々之氣　君恩之厚可仰可喜澹然俟命可然之
依前件之次第小子居所此姿經歲月て家計甚不便今時程克品付歸家之
義勘考可然歟彼是談合少將ニも內考可然申談了
一老中大田備後守退役云々子細不分今時之形勢自身退隱歟將又失錯歟難解者之
一領分中島村（高瀨川堤切）大洪水田稻皆水下ニ相成于今不減水旨今朝辰刻之出狀到來之旨家來申出數十年未聞之大水云々難堪事之
一當村ォトリ連夜騷然爲之如何此住居驚眠不得就寢之
十五月壬子晴　同上
石淸水放生會上卿坊城中納言參儀冷泉宰相弁アキマ、　次將左右公述朝臣　奉行

アキマ、

云々

淀邊大洪水不能通船參向之人難及通路不得止從途中被歸放生會延引之由ニ實以不堪恐怖嘉永元年余參向之時ニ依洪水被延引今度亦如此近年度々延引　神慮難測外夷之處置不叶冥慮哉深可歎可恐武門之輩實可有丹精之秋ニ然而漸々遂外夷之望本邦之衰致奈何可興隆哉巷説云關東津波風水之災殊甚神奈川港商館沈沒夷船傾覆或埋砂底云々爲實説も實是神之令然給歟於爰武士彌可發忠勇之思如何々々猶以苟且之處置有之ハ神之冥鑑可恐可恐但至今時ハ外夷難制之理有之歟仍武門之輩不得止因循從渠之望唯依神助可被退攘之意願亦有冥助者不結怨恨自然彼夷等相憚國威不可渡來も既神國之光輝ニ尤夷情歸化獻貢之意存之者是尤非可退攘所謂八十綱掛天引寄スル如クノ神慮ニ可叶不然如今時輕蔑無賴野心有之も非可親近實可歎慨事ニ彼云是云偏　神明之冥助奉仰之外無之之

十六日癸丑晴　從今日々所作如例

末男(純麻呂)庶孫(里麻呂)來此亭

領分上津屋村之內東上津屋之方木津川堤切損田七十石計云々同村里上津屋(先達來予住居之村)之方ハ無別条云々領村年寄彥右衞門來申云々

所勞全復如平常

左內入夜來宿防州大寧寺々僧上京如左申出云々

右由緒顯然則先年遠忌之時遣使者於彼寺修法會了今度雖少分寄進物可致申付了猶遂評定可申出申聞了上京之僧有別獻物云々

十七日甲寅晴　日所作如例

仁義公例月御忌供膳如例

後三條入道太政大臣殿(實參公)御忌閏月之(此閏月之由有過去帳仍令存其旨之處全爲書損閏十月爲御忌以後以十月可祭奠)

之仍今日奉供養備膳此公御記御抄物作法故實等子孫之龜鏡家門之規模之可仰々々故實御抄拜寫謹讀奉欣慕者之從少將許送書狀小子本殿歸住之一義內々勘考之次第申越不能縷記

十八日乙卯晴　同上
御靈祭也計時刻浴了下小庭奉遙拜從本殿如例祝物相廻盃酌如形

十九日丙辰雨　同上
入道左大臣實房公殿淨土寺太政大臣殿公房公但閏月等御忌日之於本殿奉懸画像近代相整供養可爲如例歲申遣了於此亭も如形供膳

廿日丁巳晴　同上
十一面觀音供如例

廿一日戊午陰晴不定　同上
一老女礒田向南禪寺達中天授庵細川幽齋二百五十回忌昨日於彼寺修行法
會當時細川家有內緣之間兼而有爲知仍昨日從本殿令差向使者備葩云々
件天授庵之僧老女兼而於久我家裏方面識之間先日此居へ來之時乞面會
廿一日可勸非時之間可來由申之云々仍所令行向之幽齋之墓在彼寺今度
和哥追慕詠所々出可贈之旨彼僧老女へ賴越然而當時哥道之義甚六ヶ敷殊先
例從久我家勸進有之云々旁別段詠出等之事難賴之間斷申云々小子以別
儀雖有追福之志當今之爲体難能其儀追而待時節詠出可追福之旨令申此
少將一首懷舊之心詠置之分認之遣之堅固內々之旨令申了
傳聞於彼寺今日非時膳所令喰凡及五百人云々

廿二日己未　同上
亡祖母公御忌之於本殿供養如例歲此居所供略膳念誦

廿三日庚申　同上

廿四日辛酉雨　同上

廿五日壬戌晴　同上

一少將許送書狀
　家妻來訪

一不万御著陣御記書寫越之先日申遣候故之

此次申送云

一純君河鰭へ養子ノ一条所存相伺云々

一正三大納言拜任珍重同慶云々

又云此頃大日本史を閲讀致居候三善清行封事藤原敦光上疏あと時政之

藥石慷慨彌增候只々鉗口眼を典籍ニ曝し古今之成敗を考へ心膽を練磨

致し置候事身分相應之學問と存世事ノ是非ハ不出口外守口如瓶防意如城この通りニ候ハヽ可免害と存過夜もねらふれぬまゝに思ひつゝけ候思國思君思家思親思身五思之心生于胸懷耿々不寐時運難遁只祈鬼神祖靈之擁護冥助而已矣あく思ひつゝけしも夢の中ニてありけりかゝく人ニハ語ふしと思候事ニ有之候何も荒々如此候雜言失敬恐入候御破却願上候也

翌日遣返事書面之趣意尤ニ存之右之分心得有てこそ令安心之旨申遣兎角怨言有之とも不可然家婢等戒仰實ニ時勢難量令口如鼻可然之

先考仰有御所見令記置給其文天下有道與物皆昌天下無道脩德就閑

此日梅原左門來愚孫ノ實母之父之藝州之家人致醫業者之昨年來時勢之義慷慨歎息之輩之來訪献一樽且詠一首隨身之

此秋ハ浮世の外にすむ月を心高くも空にみすふん

甚含意詠之感吟之旨示仰了

廿六日癸亥晴　同上

今日　先帝眞實御忌之仍終日精進如例

廿七日甲子晴　同上

今日少將來談話条々多端里君同伴之然而秉燭之後里磨頓ニ病發引付有之驚動忽用熊膽卽時相開其後漸々明了實可謂幸運是不日風邪未全復之內强而望乞之間今日相伴云々彼是之間食物過多旁以閉悶持病之肝氣發動欤可恐々々但夜中安睡靜謐得順快欤可喜々々少將亥刻許歸了

岡田式部丞來小子本殿歸住之事內々所司代邊便宜之仁へ以彼者令問合置之處其返答申來當今歸殿之義及內談も爲小子惡ク存旨家來奉行之者共も未調濟とも不相成義此內猶此姿別居可然存旨被申由云々困窮難澀之条ハ實ニ所察其儀も彥根へ助勢之義强而賴入候方可然存旨諷諭之趣之

愚管抄車之事未所見可勘見甚々可疑後日勘得之趣愚管抄其外所見申越了猶可勘之

一少將談話日本史所見之由公經公傳公實卿車文之事引尊卑分脉載之且愚管抄同有此事由記之云々然而尊卑分脉公敦公辨論之事不記之甚不審

廿八日乙丑

少々不（マヽ）不快氣終日在臥床孫男病氣至今日彌快愈之体之可喜々々

廿九日丙寅晴時々小雨

後龍翔院左大臣殿御忌日之於本殿如例供養又御筆蹟奉懸之云々少將如每例取行之由申越於此居も如形奉供養之

又少將許ヨリ申送過日言談之內

八条相國殿與賴長公往來之趣在台記文學之御交爲懇切欲此事予未得所見旨申之間書拔送之

台記久壽二年四月四日聞太政大臣疾病由使憲雅向之其次示　贈諡者死後之榮之勿辭官職就中法住寺太政大臣爲光閑院太政大臣（季）季乍居

職（欠マヽ）宜從彼例頃之歸來曰年過七旬身受重病不得存命至于今猶爲希有
抑見諸僧之失者君子我也我將死今唯在君嗚呼哀哉

又日本史中所見不堪感讀令拔書之

實賴公傳

其居私第每出南庭未嘗不冠人怪其故曰稻荷山森然在目敢不敬偶爾遺忘則以袖覆頭急遽趨入其自謹　勅率如此　大鏡

以上予未見之間書記了　（實賴公之所爲尤堪感小子之所爲万緒不違此心子孫可思）

和哥御詠草拜見之儀御請申上居得候共自今日到來月廿八日就所勞淸御詠草以下中務卿宮へ御覧之義相願置候

但し於尋常御詠草ヾ自來月九日可令拜見候間此段申上事　光政

一自烏丸申來趣（申越）小子太閤門弟之處先達而以來被預彼卿歟別段被不被示今以此旨得其意之光政卿內々子細之所勞歟

九月大

一日丁卯晴　日所作如例
少將許へ遣書狀賴母交替歸殿
大寧寺達中寺僧上京之者へ賜物且寄附物等事右は有合之綿二屯銀一枚右用途且又家中森寺其外奉行之者家內難澁之由救急可遣彼是用意金拂底表方ニ而所詮可難整之間
先達而拜領判金今一枚有之間恩澤及于下義も可爲本意之間右判金替へ
可申付其上少將許へ可差出賴母へ附屬了
戸田造酒家人ゝ來先達噂有之候西山國師繪傳一卷一箱總有六卷云々詞逍遙
院筆画土佐光茂光信之子云々當時沽却在他人之手實ハ自三条西所出二十金之品云々爲令見
予持來一覽了隨分珍重之物ゝ於詞も名譽之筆蹟所感ゝ於画も彼衰世之
時風欲不可足爲規範物欲如何

二日戊辰晴　同上

三日己巳晴　同上

少將許申越裏松冷泉等任中納言云々華族一列菊亭三位中將未至昇進時勢難計可歎息之

四日庚午晴　同上

孫男彌快愈令歸本殿了

少將許へ申遣　五日ニ遣ス

一昨日被示候愚管抄之趣公經春宮大夫公―の嫡子ょ立て已の車あと傳しゝりとと有之事右之記文是迄不見當事――先考も此邊之事ハ御談論不伺但愚管抄此文之外〔通季〕嫡室之子といふ事有之欤鼎足抄公廸卿被註候其處ニ被弁置候愚管抄難信趣ニ有之乍然今一段其證不見出候へい公然と他へ難示正史之部ニ人々引事其處說破之論勘度事ニ候ヶ程之あと書記之樣ニも是迄不勘得但先考家嫡論之內ニ御抄出此文も有之

欤と更ニ存出之樣ニ候猶又穿鑿と存何とそせくと勘置度と存
公敦公之御論時代難合不審之事と先考御考註小子幼年之時被爲寫候
半紙帳ノ鼎足抄被見當候哉其中ニ如何被記置哉とも是も被引合候樣
ニと存候
又勘出之道家公と慈鎭と兄弟ニ哉（ニハ不相成）道家公公經公と所緣も有之と存
系圖家傳可被見候且頻ニ公經之事ヲ被引上事玉蘂ニ每々有之欤其
故慈鎭も彼從道家之意專彼家を被引立欤王代記ナトニモ彼是其趣
相見候欤此等之事ハ先考之御說耳底ニ有之候と存但書類如何不記
憶歸家候ハヽ追々可調申聞存候得共猶考捺所祈候
一通季を嫡子と被定事證據何も無之欤但從二位光子御乳母ニ而昇進且
通季實能國母同母之義格別被登用右從二位之邊ニ而嫡妻と見込有之
候續世續ニも有之候愚管抄同樣とも
一巴車を通季へ被傳事有之候嫡家之證とも實ハ難申欤公實卿御記之事

分脉ニ有之候通分明之事ナラハ格別車ハ如何樣ノ車子息へ被讓も難計右ニ付勘合ニも可相成と存ハ古事談欤と存貞信公ヒタ眉車との實行公御相傳之處公敎公薨去之時御葬送ニ被用由父公御聞及ニ而被止之事有之候記文可被見と存是こそ仁義公以來相傳之車（定而自九條殿被讓欤）家嫡相承ニ可有之歟巴車被讓とて嫡家之證とも難申欤但是ハコチラ勝手ノ論ト世間よてハ可申間无ゐと勘考附置度事と存

公實卿御記之事分脉ニ記し候ハ不實と公敦公被記給も無異候も中右記ニ實行公無家日記と被仰事符合と存

右等も思出候間爲心得申進候也

（先日來少將申越且面會候時も有談世上へも流傳）

一傳聞九条家從關東永代千石加增格別之働キ故と申事ト云々且又當職ニ付年々五百石被宛之旨無相違由之

言上ニも及欤人多以恠之實不知其功勞爲朝廷忠義之勞寸分も無之歟昨年以來唯阿諛于關東朝憲蔑如を不被顧不忠不直とも可申然ルニ從東武

受恩賞不知物耻握權柄實ニ不堪歎息事時勢可悲々々有志之人無不彈指者先年政道公多年勤勞ニ付加增事御沙汰再三雖有之遂ニ不相整今非常之加恩不可解莫言々々

廣橋も五十枚賞賜有之云々是亦不知何之勤勞爲之如何

以上之事論時政もと如此之但今時如小子之議之者以私意妬心有之樣人可存之之決而不可口外唯自省可戒愼之

廿七日 一駿河守差扣愼居候樣表向申渡之旨少將申越了兼々所示合之

五日 辛未晴 同上

今曉夢ニ候ニ 先帝御前ニ是和哥當座御會予供進御題進御前欲退之時有 仰于時予詠草愚詠有 敕不可詠之事飛鳥井先代被示于門弟詠草中加筆有加難詞之舊案令見給隆師と名有之詠草之 逐一拜見拜寫之義相願之處被借下于時先考同御出仕一刻參候彼是奉 勅之事談話申居然內院中へ詠草伺參入之支度家

來招寄之處一向不來催促苦心之間夢覺了前後不合無正躰但供御題候御前蒙　仰之間之事ハ慥ニ覺居之且予落飭之体之且於御前有　仰三公之中或公出仕之由被　聞食其人出仕背　天氣不出仕樣可取計有　仰其儀モ自或公申含有之出仕不致候旨言上然之宣旨　御沙汰存于之事夢裏甚奇恠々々但　恩言燎然トシテ覺得之爲希有之事間密々記之了莫言々々

六日壬申時々雨降　同上

後曉心院前右大臣殿眞實御忌日之表向明日爲於本殿奉供養且御肖像奉懸之如例年少將商量之此居如形供膳奉祭奠

明日先考御祥忌日之女房礒田爲令參詣于二尊院今夜遣于本殿明朝可向御寺之由令命之

七日癸酉陰晴午後雷雨

今日　先考御正忌日ニ如例奉供養之義於本殿家室可取行少將爲當番云々仍家妻末男等商量奉懸御肖像祭奠可爲如例下知了女房（織田）代參々向御寺申付昨夜より向本殿今朝本殿之輩（春野且清泰院密々以女中体參詣云々）相伴參詣備献金五十疋於此居如形奉供養念誦數百反女房戌半刻計歸來於本殿供物持歸拜戴之

一先達以女房奉書恩賜判金二枚一枚ハ中元前表手支領中先納重疊聊返弁無之間氣合不宜仍三十金從予手元出遣其節件判金其儘相渡遣之候間更ニ百三十金調達有之中元前凌付了其餘分一枚今度家來東行之者家内極難澀之旨救願出於表方も聊も不相整且定例之給物雖在府中遣之間難澀申出義爲不當由一切難及斷居欤於道理ハ爲其分但實難凌之趣是迄亭主不取締且先達而以來家内之者も不心得勘弁無之段可咎之處何分差向難澀申出候儀不憐愍ニ成之間嚴固内々之沙汰を以可救遣ニ但（マヽ）餘財無之間拜領之判金今一枚分取替之事去日申付其替方金二十七兩二部相調云々

仍先持佛堂本尊以下初穗献備之其外分配遣之　恩澤之餘波可仰々々
金百疋　觀世音菩薩
同　仁義公奉初之御方々　同先考同先妣　同五十疋華光院
同二百疋少將へ遣ス　同百疋清泰院へ遣ス
同五百疋宛森寺丹羽等家內之者　同三百疋富田同上
正忌供養料五十疋今日二尊院へ備五十疋
以上昨夜礒田本殿へ持向少將へ相授宜被取計申含了

八日甲戌晴　日所作如例
早朝浴湯改火如例

九日乙亥陰　同上
一少將來此亭話云東行之家來近々歸京之風聞有之云々且於關東裁斷之事

大略風聞之云々未知實否
後聞彌無相違云々其次第如聞及ハ水戸前中納言於國永蟄居同中納言差
扣一橋刑部卿隱居其他彼是有之可尋記自京地所下向之者鷹司家々司小
林ハ以前後遠嶋池內大學重追放近衞家老女村岡於京都押込之　水府家
來死刑之者不少實可慨歎事之雖巨細不知之忠義之志爲主人而已ニハ無
之天下之有志人以爲暴政爲之如何莫言々々

十日丙子雨　同上

十一日丁丑雨　同上
今日例幣發遣上卿源大納言忠禮卿云々
家臣之世上風聞家來等昨日關東發足預り之大名大津迄送付之由云々是
亦實否如何明日辰刻家來町奉行所へ可差出之旨被達云々然も家來進退

被達之欲如何

十二日戊寅陰雨　同上

入夜自本殿左內賴母兩人來召前申云昨日從町奉行家來招今朝渡邊勇起

青士罷出候處申渡之趣請書之通達有之由ニ其文云

先達而山科出雲守其外ともの共江戶表ㇸ差下候ニ付而ハ差添之者出府之

義松平伯耆守久貝因幡守池田播磨守石谷因幡守松平久之丞より申越候

ニ付早々罷下石谷因幡守御役所ㇸ相屆候樣可被致尤差添罷下りノ名前

幷出立日限早々取極申出へく候右之通被　仰渡奉畏候依之御請書奉差

上候以上

安――九

近衞殿家來

鷹司――

御藏――

此通り差出
歸候趣注進
云々

粟田――
有栖川――
一條――
三條家渡邊勇起
西園寺――
久我――

前件之次第ニ付家來差下人体無人之間伊佐賴母渡邊勇起兩人可下哉他人申付之時忽路用等多分不相渡ゟハ支度難整當方今時之勝手向ニ付甚手支有之賴母ニ候ハヽ精々質素ニ致シ下向可致申云々從少將談越之別案無之其分可然存之間右之兩人可申付申聞了鷹司家來十六日出立之積之由ニ於當家も同樣可致欤云々猶一列西園寺之邊示合可然申聞了

右如風聞ハ從關東送來云々然ゟ不然從是差添罷向之義甚難澀之義ニ雖然今時之形勢定ゟ可爲如此欤不便々々且下向之輩差返之義ハ無沙汰唯

無子細招寄之条意味有之歟但歸京申付ニ相違ハ無之歟然ハ先以各無事歟但面々處置之次第有之歟如何偏ニ無異歸京所祈之

十三日己卯晴　同上

從少將許送書狀關東へ差下之人体賴母又々斷申出候間仍大田左內申付之處受申云々先十六日可有發足云々且下向ニ付支度料表より銀三枚左內同二枚勇起遣之旨但猶可有難澀之間內々本殿奥より左內へ三百疋遣云々餞添給之於當居同可有賜物哉云々

十四日庚辰　同上

從少將許書狀到來

正三大納言拜賀連車兩人之內一人ハ息朝臣今一人三条西羽林可被賴云々無子細旨答了且又前駈四人可具云々六位侍前駈ニ具之事一列差支無之哉當家諸大夫無人今出川へ被相頼云々大尉

なと一列諸大夫立合無子細歟云々
答六位侍前駈具事有舊例當家近來匆々用之桃花ニも毎度被具之前一列無左右之但侍雖位次上臈著諸大夫下舊例之見合記之旨示遣了

十五日辛巳　同上

今日放生會云々去月延引之

家來渡邊勇起關東へ下向暇乞來賜金三百疋綿等別段今度人減ニ付遣暇之間謝前勞賜金百疋

入夜太田左內來同暇乞之金五百疋賜之

東行之家來無異召連歸京所祈之

右上京之路費從關東差行歟一切不弁子細如何々々用意金七十兩持參之

云々爲不足も可申越旨之云々

十六日壬午　同上

今日家來關東へ出立了

十七日癸未　同上
仁義公例月御忌之
家妻來此亭
從昨夜三ヶ日廢朝云々（醍醐前內府薨去之故々去日薨去依御神事延引云々）
十八日甲申　從昨夜有小恙終日平臥
末男庶孫等來
十九日乙酉　今日今少不平愈
先兄侍從殿祥月忌日之
二十日丙戌晴　今日平愈日所作如例
十一面觀音供如例

少將巳刻比來爲尋安否之
正三大納言拜賀廿一日內定之處故宮御百ヶ日相當其餘當月無日次之由
依之來月御懺法講後可被催旨之
一弘法大師眞蹟心經道風同心經　上人同心經以上三卷岡田式部丞祕藏
之拜借送之云々兼而所申乞置之頃日予寫經是亦爲弘法大師眞跡之寫今
所借送眞筆尤珍重々々

廿一日丁亥晴　日所作如例
心經一卷書寫了昨日所借乞大師眞蹟拜寫之今日大師御忌也旁奉謹寫了

三條家藏祕簡

安政四年
嘉永七年

安政五年
文久三年

維新前書類

安政四年丁巳十月

亞人重大之事件申上候書付寫

一日本安危ニ拘リ候重大之事件數ヶ條申立其內大事二ヶ條有之先近年西洋各國交易盛ニ相成都府ヨアゲンド差出官吏之類候處支那と日本計獨立之國ニ而未同盟ニ無之支那ニ而阿片之乱有之候カ北京ヨアゲンド差置不申廣東之奉行英人を輕し候ゟ事起り候間日本ニ而も其覆轍を踏さる樣ニ速ニ江戸ニ商館を建各國之アゲンドを置へし此段ハ英國ゟ彼之使節ホウリンク蒸氣船五十艘引連直ニ江戸ニ參り政府ニ懸合可申旨ハルリス廣東ニ而面會之節話有之其後文通も三度有之候由右故ホウリンク渡來之上御許しより此節御評決之方穩ニ可有之左候ハヽ五十艘之處一艘之渡來ヨて可相濟与云々

一ロシア近年滿州ゟ支那を橫領之意有之東印度英國之領地をも蠶食之勢相見候間夫を防んゟめ英國ともりサカレン蝦夷之邊ニ無數之海軍を渡し

ロシア之巣穴を突キ候謀有之日本と戰爭を深く望處ニ有之候間能々御勘考可被成各國同樣親睦致し太平を御保ち被成候儀日本國中不服之者有之候而も出來申間敷候間得与御評議之上早々御挨拶有之候樣申出候由

一フレシテンドよハ最初日本と條約取結候間最親敷存居候ニ付御國之御爲申上候由右英吉利と交易御開候共阿片之禁を嚴敷可被成候而も其害不可言候戰爭よりも深く可憂事ニ候由英國ニ而も專ら日本ニ阿片口渡之含相見候間右之禁制を初ニ御取極肝要之旨大統領申聞候由

一佛朗西も高麗を取之意アり英國ハ太泥を奪之策アリト云々

滯在之船將士官等其本國より到來る書簡乃新聞を以て小子と話をしを聊聞よ任せて記ものなり

西陲之學士□

一安政丁巳夏六月三日和蘭之商船入津船號ヤンタニヱールと云哇巴より廿二日ニして爰ニ入事を得たりと

一歐羅巴諸州悉不幸ニて我軍艦ヤッパンも既ニ三ケ月前和蘭本國を廢ホ（發カ）ルトカルニ至り直ニ哇巴ニ向キ航せと云此商船ハいまたヤッハンの哇巴至らさる以前出帆せしなり此船主之和蘭本國ニてヤッハン船を親しく見たりと其船長經二百十弗（マヽ）度外板甚厚くして十五拇厚徑なり故ニ甚堅實の船なりと彼國のイーニー船ニ於ても其外板ハ唯十二拇の厚經を有つニ似（マヽ）たるものならん其齎來る武器類洩らすと云事なしと就中近年發明のミニユーヘーウヱール銃數百挺亦拳銃之新製數挺を備ふと爰ニ渡來之候ハ七月中旬の比ならんと云

一英國と支那と戰爭尚結て解けす英國おゐて爲ニ軍艦數艘を整へ支那ニ航せんとす又支那ニ滯船せる所之軍艦を是を待ゐ深く內地ニ入寇せん

と欲すとの勢あり

一支那サンハイの佛蘭亞墨利加両國の商船も此地よ泊り其國商人之爲よ堡塞をして處々ニ築く專防禦の用意嚴あり

一支那之内乱亦漸盛あり故を以て流賊甚盛あり故佛亞等其商館の爲よ非常之備甚嚴重なヿと

一英國附属之東印度領ヘンカラ地一揆蜂起し英國之大官を殺害し頗擾乱ニ及ふと云故よ本國より此地よも軍艦數艘を送ヿ又支那と同所ニ武器を送る事夥敷是ゟ爲よ西洋の蒸氣船甚拂底ニ至れりと云

一ベンガラ國ハ英國の富庫と稱す故よ力を盡して平均せし（め脱カ）むと欲するあらん又支那の戰争も其軍費の出る處多く其東印度よあらん然よ今此近傍一揆蜂起し富庫殆と傾覆よ至らんとすへき也其力を用る事（マヽ）

一又支那ベンガラの軍用其費やす処の國財巨萬あるへし是を補んと欲し又其兵卒の便を頼んて禍塞して東洋近邦及ほさんも知るへからす嗚呼

我大東洋諸島の人主宜敷（以下欠マヽ）

八月廿二日附尊書拜見先以秋冷次第ニ相募候處被遊御揃益御機嫌克被成御坐奉恐賀候去ゟ是ハ御下向御連名帳一冊速ニ御廻し被下千萬難有仕合奉存候藤井々之先觸狀も正ニ落手仕毎々御面倒之御義難有奉存候

一扨當地流行病之義追々御聞及も可有御坐誠ニ以絕言語候次第漸此頃薄らき申候舊來御懇意被成候ハ（マヽ）、土屋謙良も廿四日夫ろりと病死之由誠ニ以驚入候次第書比煩ひ付其夜相果候由誠ニ烈敷事ニ有之候舊來之馴染を失ひ殘念殊ニ御下向之時節ニ向ひ一入樂しミ居候儀之處さそ殘り多ゟらんと別ゟ思ひ遣り申候御察し被遣可被下候先々御蔭ニ寄私方何是も無異乍憚御安意可被成下候

一右ニ付ゟハ一封ハ其儘返上仕候

一佛蘭西仮条約相濟五日ニ出帆仕候魯英ゟ人柄宜全く帝國故大きよ人躰
宜應接も穩り且日本語ニ而通辯致し通辞入らさる之由何方ニ而學ひ候哉
之旨相尋申候處佛國ニ日本之八年久敷參り居候ニ付夫ょ相學ひ候趣段
々其もの様子相尋候處薩州之藩之人之由琉球ゟ清國へ迯ヶ夫ハ佛國ゝ（ゟカ）
參り居今ハ妻を持子も貳人有之趣相咄し候由ニ御坐候
一此頃之御沙汰等之事藤井氏皆寫し參り候ニ付夫ニ而御承知被成下別段
寫上ヶ不申候
一七月廿八日丸之内大混雜ぬゑし候趣ハ御咄申上候こと御もらし□然
るよ右之書もの手ニ入不申處ニ相賴置候處何分もれ不申漸々此節手ニ
入候間寫上ヶ申候少々書損有之哉も難計麁寫を寫候事ニ御坐候誠ニ嚴
かる事驚入申候廿八日夜も徒黨之もの太田間部之屋敷へ押寄せ候哉の
風聞ぬゑし候事と相見へ町奉行與力同心手先等を召連丸之内見廻り居
火方盗賊改も與力同心等を召連自身見廻り居殊之外混雜いたし候趣然

ルニ此程誠ニ大騷動ニ御坐候前中納言樣御中陰明きよ而讃州ゟ人數五十人大學樣播磨樣ゟも十人ツヽ口出紀州ゟ御預ケニ相成候与申義御國元へ相聞候處俄ニ騷き立主人を取口（らカ）れてハ不相成と多人數無願ニ而馳せ付ケ候趣水戸海道登り來候處早くも江戸御館ゟ相聞差押之爲御目付方其外出張被致小金宿ニ而喰留候處十一日迄ニ同處ニ集り候もの凡六百人と申事ニ御坐候依之もはや本海道登り候義難相成と各間道を通り密々出府又小川と申處ゟ船ニ乘り潮來ゟ利根川を登り成田海道木下ゟし等より上り密ニ出府そお三人かしおよ五人と忍ひ隱を居候もの處々ニ不少或而同志討杯と出來怪我人出來十二日之夜ニハ口師家ゟ參り療治受居候もの抔有之申候小金ニ而も一人取昇せ切腹いたし候もの有之名前等も相分り居申候昨今之處ニ而も余程人數相増千人余ニも相成候哉ニ相聞申候誠ニ不穩義詰り如何落着候哉難計事ニ御坐候

○勅諚之趣處々ゟ到來誠ニ恐入候事御坐候水戸之方密々承り候よ水戸殿

ニ而も御受合可相成筋無之与老中ゟ談し付られ多分御辞退ニ相成可申趣八月廿一日太田間部両侯參られ長談有之候趣廿五六日之比ニハ尙尾州紀州水戶御舘ニ御出有之太田殿も被參候由何ら其節書付被相渡候處頭を下ヶ披見ㇾゐし始終頭上リ不申と遠くゟ御坊主密ニ見て咄し候と承り申候廿九日ニも太田間部両侯被參候由全く右勅諚之一条ゟふんと存候

一仮條約之義ニ付而も内々輕き有司之ものゟ内談有之方人御役御免之後彥根に獻策之積ニ而密々私代作いたし候處七月朔日ニ日之頃之もや四日ニ魯西亞上陸江戶著英吉利品川內に乘込大混雜と相成候ニ付如何ともㇾゐし方無之計策も空敷相成殘念之事ニ御坐候されと其後水戶當中納言樣へも御望ニ依て差上申候夫成り恐怖之次第ニ付ひ先置候處今般丹羽豊州下向ニ付寬々面談之折柄入內見候處大きニ感心ㇾゐし吳是非御所樣へ入御覽度と申事ニ付寫し進し度と存候處中々大取込ニ而不能其義候間扣

之儘一冊貸し申候歸京之上寫し候而入御覽候筈ニ付右扣も左候ハヽ尊
家樣へ相廻し呉候樣ニと談し置申候寫し出來次第御廻しニ相成可申間
御內見被下（缺本ノママ、）にも其趣御通し被下御廻し之義奉願上候併恐るへき事を
したゝめ有之候ニ付外々に御もらし被下候義ハ御憚被下度奉願上候
一フラソコ壹本御なくさみニ進上仕度と藤井へ相賴差出申候間御落手被
下候義と奉存候
一亞墨利加行迎之軍艦ゟ多分十二月中旬ゟも可相成趣左候ハヽ早春之出
帆ニ相成候趣御坐候隨從いたし參り度と手を廻し見候得共何分願人多
き樣子ニ而行屆兼殘念之事ニ御坐候依之箱館行と治定仕候蝦夷地在住
被仰付罷越候仁ゟ隨從いたし罷越候積り彼地開拓之折柄故面白き事も
可有之哉左も無之候ハヽ來三四月比奉行交代之節歸り候積
箱館ゟ野馬至而宜敷趣依之野馬仕立旁御用ニ而被參候仁に隨從いた
し參り候ニ付彼地に參り候ハヽ又面白き御咄申上候樣可相成哉と存

候

○愼德院御代南部ゟ名馬獻上相成有之申候右種を取度と箱館へ御廻しニ而女馬ニ逢せ此節懷妊中何卒よき馬出來候ハヽ、くゟしく御咄し可申上候

一箱館行ニ付夏冬の衣服夜具等迄持參いたし候ニ付支度大取込中皆々様御下向ニ付大混雜種田様へも御尋上候も段々延引候内九日ニ御文被成下候ニ付參上仕度と存候處十日ハ御暇終日御留守十一日も阿州へ御出御留主之趣相伺候ニ付十二日早朝參上候處まゝ朝飯御上り中位よ參り漸々御面會仕候御扇子頂戴難有奉存候御序御宜奉願上候今日も加州へ御出之趣ニ而御供相廻り居候ニ付直ニ引取申候

○近衞様御使同御屋敷ニ御出之處昨日晝ゟ下部壹人煩付昨夜中ゟろりとあくあり候由御勝手ニ而承り申候皆々恐怖早々出立いたし度抔御噂ニ御坐候廣幡様其外御供下部之内余程病死人有之申候由あしあふ

ぬ事御坐候
一藤井ゟ御厚意之趣相伺誠ニ以難有仕合奉存候箱館ゟ罷歸り品ニ寄上京
以たし候義も可有御坐候哉左様之節ハ何分無御見捨御眼をかけられ被
下置候様伏而奉願上候
一箱館ヘ著候ハヽ書狀差出候積ニ御座候得共其前御地之御模様御もらし
被下候義御坐候ハヽ矢張是迄之通不相替宅ヘ御差出之義奉願候左候ハ
ヽ月ニ両三度奉行屋敷ゟ便り有之大体之ものハ相達し呉候趣ニ付兼而
屆方引合置候ニ付何卒是迄之通御差出し奉願上候　藤井へも尚其段御
通し置被下不相替御面倒奉願上候彼地ゟも異船珍談申上候事と奉存候
○御地西奉行先年相勤候松浦伊勢守用人本瀬志津摩と申仁旧來懇意ニ而
珍事遣り取り以たし居候義之處是も去月廿九日流行ニ而ころりと遠行
扨も〳〵愁傷之事ニ御坐候珍說家土屋と両人ニ相別を殘念之事ニ存候
（缺本ノマヽ）へも此義御通し奉願上候

○今便同人迄書狀とても出立前間ニ合兼可申間くれ〳〵よろしく御賴申
上度奉存候
○間部も三日出立木曾路旅行十七日京入之積ニ而もや近日着可仕左候ハ
、又々春中の如く非職之堂上方人氣立御混雜之事と存候投文なとも相
廻し申候
先も早々申上度如斯御坐候恐々謹言
九月十五日認　　　　　　　　　　喜內拜
不爭御主人
案下
尙々大坂おゐり流行之趣風聞御地へも此程ハ大ゐゟ移りたりとも沙
汰いゟし申候隨分御用心可被遊候當方六月の天王祭いゟし候處口多
く有之候神輿持出しかき步行申候御中陰中といへ共人命ニ拘る程之
事なれハ更ニ無御構事ニ御坐候

〔朱書〕右飯泉喜内欲

和田謙良様　　　　　　高橋兵部権大輔

七月廿日出之御状八月朔日出之両便致拝見候彌御堅固珍重存候然ㇵ珍事辱奉存候届物夫々相達申候寫物料御落手書正ニ致落手候今日ㇵ取込略文御返答・可被下候以上（御免脱カ）

不争

八月十四日

謙良様

〔朱書〕安政五年戊午

森寺因州座下　　土　佐
密用

春寒之候御無事珍重ニ存候然ㇵ此度松平越前守家來　橋本左內と申者
內大臣殿ゟ拜顏仕度趣願出候右ハ全ク越前守何カ密用申上度由ニ付是非
ニ御逢候義土佐守ゟも奉願候因ゐ其元ゟも右之段賴申候不一

正月念四　　土　佐

森寺因州
座下

〔朱書〕
維新前　勅定水戶御請書寫
〔朱書〕
此書万里小路正房卿筆也
朱書總テ條公親書ニ係ル

謹呈一翰候ゝ（本ノマヽ）（本カ）月八日之　勅諚并御別紙共無相違相達謹ゐ奉拜見候被　仰
出候

叡慮之趣深々恐入奉存候併不肖之身右之
鳳詔を奉受候義誠ニ以一家之面目感激之至筆紙難盡奉存候乍不及幾重ニ
も盡力仕り成否ハ兎も角も追而可奉言上候先御請迄早々申上候間宜　御
奏達可被成下候恐惶

謹言

八月十八日

水戸中納言

慶篤判

廣橋大納言殿

萬里小路大納言殿

〔朱書〕
嘉永癸丑

久不接華翰、渴望日甚、五月廿四日、抵江戸、投梁山泊、即日得家兄書、開封則貴書在焉、喜幸抃躍、急展讀之、未數行、消魂者數、豈圖兄大故相踵、至于此、風樹之感何如乎、至痛々々、向僕疑兄無一書、今讀此書、不覺失聲、但兩尊共高齡、加以兄平生誠孝無憾、則亦可或少慰矣、僕屛居中無可言者、昨年十二月八日、官裁下、削藩籍、早春間、呈書、言其詳、料已達覽矣、僕雖疲駑、有爲之時至、幸勿勞高念、　梁山泊主無恙、有二生從焉、僕亦居所未定、仮居、尊藩佐分利君、亦居所未定、自九日來江戶、徒在旅居、僕以昨日、始相見、恐其旅店闕便、急引之梁山泊、々々光景、頗覺繁殷、佐分利君、有志于洋文ヨシ、僕甚同心、將相與謀之、不似濱田ノ生一人、僕所曾知、此節兵學爲修行來江戶、素〻未熟ナレ𪜈、人物了介、立志甚鋭、亦有學洋文之志、濃人長原生、亦先僕十數日來府、交友不尠、獨恨少老臺耳、然見老臺所善、亦可少慰也、老臺所善三四君三四月之交弊國へ御立寄被下候由僕發程後ニ候甚殘念ニ御座候家兄內々得拜顏（マヽ）種々御高話拜聽仕候ヨシ且不容易御厚情之御傳言も有之恐入候事之由悉悉家兄〻越候僕雖放廢之身、幸有父叔兄弟、得不轉溝壑、而爲所素志、願放念焉、扨四君之內佐分利君之外未タ御到著無之候併近

日御著と相待居申候　水府之事御内慶奉存候一昨年所接之人物も皆々芽ヲ出シタルヨシ尤可喜也　藩人村田ガ書之事奉敬承候水府老公上書得と穿鑿之上可申上候　僕以正月廿五日發、過大和、訪森田謙藏、谷昌平（新助事改名）安元杜預三、留及両月、與森田遊河泉之間、森田頃廢酒讀書、甚勉强仕候、有詩云、落魄江湖卅歲餘、放浪詩酒費居諸、慨然今日碎盃去、欲著人間有用書、過伊勢訪齋藤拙堂美濃ヨリ中山道通りに五月廿四日達江戸廿五日ゟ至鎌府六月朔日帰江戸四日乃聞浦賀之咄々怪事其夜ヨリ至浦賀親見其様子當今列藩之士氣奮起スルモノ甚多シ奈無キハ閣老ノ犢鼻垂ナリ此度ノ一事失國体者甚多有志之士豈堪慷慨之至哉委曲之様子定而御承知可被成候扨尊藩御軍備ノ整タルㇷ聲名噪都下其他越前侯岡崎侯ナト令名アリ佐久間修理口倉外記頻々幕吏に苦口セシヨシ然遂不用修理其藩侯ノ爲ニハ大ニ用ヲナシタル趣僕日夜至其家其詳ヲキク中々長鬚生も慨慷ヲ起シ申候僕以十日帰江戸是ヨリ両三日江戸尤噪シ　九日浦賀ノ隣浦栗濱に両奉行出張夷ノ國書受取之次第僕細カニ見之誰不爲之泣憤哉カノ話聖東國ナルモノ新造ノ陋邦乃以堂々天朝屈而下之如何々々唯所待者秋冬間又來ヨシ此時コソ一當當テ日本刀ノ切レ味ヲ見たき度モノナリ　此度ノ一列藩ノ士及策士論者決打拂者十ニ七八噫惜哉

又有故改名

六月十六日　　　　吉田寅次郎

矩方

宮部鼎藏樣

山鹿素水安全無異僕先書甚無稽之妄說申上甚赧然仕候然都下亦有此風說ヨシ

此已下一覽火之

通高之事僕來江戸始聞其詳鳥山ノ所へも其後両三次來りしよし併昨年失機ヲ甚悔人ニ接スルヲ欲セズ鳥山も亦甚氣ノ毒ニ存候大事ヲ成ス迄ハ暫ク聲息ヲ絶シ交友間へも所在ヲ隱ス位ノヿ之併英氣益勃々タル樣子之下妻邊ニ徘徊スルヨシ僕欲一訪之然春時以來遊テ日ヲ過セシ故未暇及候鳥山井大淵鼎三和田修藏等が周旋千苦万辛甚可感事之森田へ書之一事僕訪森田日委曲申たる事あレハ必シモ事結局ヲ得サルカ僕初訪森田首トメ老兄御出アリタルカト問候處御出無之ヨシニ付僕甚疑之江戸ニテ堅約仕たる樣子相話候處森田大ニ怒ル僕因思兄決無此失信之事料ルニ兄江戸御發迄ニ五郎ノ事不聞故再議論有之タルヿナルヘシト存シ森田ハ其故ナルベシト申候處森田も鳴程夫等之事ナルベシト後ニハ必解申候當時兄重哀ノ御ヿハ夢ニも不知共僕所料即兄ノ所謂大事結局迄五郎書之案頭ニ可被閣ミ申ニ符合仕候然とも右之通僕已言之タレハ鷄肋集五郎書ヲ兄ノ賜レ僕書ト合併メ僕ヨリコノ故ニテ遲達ニ相成タル段ヲ森田へ申越而も如何御同

意ニ御座候へも差急候事ニハ不及共僕迄御遣可被下候已上

二白

南部侯當秋登府奸臣從之ヨシ森田曾而在備中聞母病而帰鄉則母已死矣有歌僕爲兄誦此歌亦一涙也

疾クユイテ家の風ヲも起セヨト云シハ言ノ終リナリケリ

秋色已深矣、伏惟、　王母君綏履倍常、　足下奉養之暇、修文講武近況必有可驚可羨者、山河百里何緣得親視足下之所爲、議論已之所志哉、　足下帰國後、已數月矣、必有執業、經乎、史乎、兵乎、砲乎、民政乎、治術乎、國典乎、洋學乎、抑　足下胸中頗多事、數者皆通習之乎、僕幽囚一室、讀書養志、暇則拔劍跳舞、無日癈焉、氣象勃々磊々比向跋涉奥越之時、（想出東松嶺出羽濱）覺更長數等、讀書不持長知識、又可以發氣象矣、竊自悅焉、曩日聞伊豆琉球之事、更憤激慷慨不得自已、僕每讀國典、謂國威之不震于外、至于今而極矣、而迂儒俗吏、不通故事、徒視今日、揚々自以爲足、噫誠何心哉、極今之弊無他術、無先於便人知古之治体與國威、斷々乎與今日大庭徑也、足下幸語諸從學諸子、僕得幸而免死、放帰山野、將欲與同志謀之、使長防士知所與起也、但長防之風氣習俗、比肥豊、遂讓數等、僕之才學、比　足下、亦讓數等、有二所讓、而其效驗、則欲倍於　足下於肥豊、因更自覺生妬心矣、頃藩人藤井太吉等蒙命遊學、習槍法、兼學文事、藤井槍法不甚高、文事不甚深、然欲有少所進益、以報公家之恩、固其志也、　足下必一與之鬪于槍場、藤井亦必踵高門、候　足下所議論、僕屛居不得面別藤井、而親言、僕與足下交之狀、爲憾、幸賜一二敎、不獨藤井之幸亦吾公家之願也、　貴藩之風氣習俗、天下之所畏、而足下之才學僕之所服、雖欲不讓、得乎、且以託藤井也、

八月念七夜　　　吉田大次郎矩方

再拜

副啓

伊豆、呂宋之事、後害未測、聞夷狠腹抗命、強上吾漂人七名于陸、尙餘三名、在船、將

致之崎其狂悖甚可惡、而官之苟且不斷事、最可憤、呂宋、伊斯巴尼亞之所管、安知不伊斯巴尼亞復生如閣龍墨瓦蘭其人者伊豆代官、聲名藉甚、而僕未能知其爲人焉、　足下以爲何如、　琉球嘆夷之事、風說甚怪、如或未遽結局者、而僕孱居以來（想出豐田面）不接他人不聞輿議、貴藩與薩相近、必有新聞、回答幸甚、僕以甲辰之事、（英、佛ヽ致書家求）推嘆夷之情、所以慮今日之事也、抑肝衝生、拔劍大喝正在此時、不知何如情態、　足下或有所聞歟、按國史、掖玖夜句益久益救蒲生氏職官志云、今定爲琉球國、併諸島也、　菴美、志云、今日大島、度感度久志云、今琉球德島、信覺（信貴）志云、今疏球石垣島、球美（玖美）志云、今琉球久米島日本書紀、崇峻二十四年、掖玖人帰化續日本紀、文武二年、四月、遣文忌寸博士等于南島、覓國、七月多褹夜久菴美度感等人、從朝宰而來貢、授位賜物、度感通于中國始于此、　琉球之服屬于　皇國、所由來久矣、古史載其事者、策相望、而其爲外夷所窺、始于今、安可爲是南海小事而契之哉、（想出桑原幾太郎論）

吾樓之事（僕）翹企久矣、向獲山縣生六月廿八日書云、吾樓在奥路、待賊、一日有輿而過者、其甲櫃牌、見賊姓、喜趨視之則同姓而異名矣、乃仰天大息、徐搜問地方、則賊數日前已過矣、吾樓悵々而去、此事得之土屋生云、僕謂、土屋生多交通仙臺人、則蓋得之彼耳、而此報一發、天下之識吾樓者、意必皆扼腕切齒、而唾罵其怠惰縱賊、雖僕實不免于此、然徐思之、使吾樓發大名者、必在此、則可賀亦大矣、堯舜孔子、均是聖人也、其於人倫、均極其至厚、無論已、而言孝、則人必曰、虞舜々々（想出閑存堂大舜略傳）以其善事所難事也、吾樓之爲國爲家、斃大奸慝、或難或易、其心事一而已、而其發名、則有大異也、吾樓博勞一擊不中、則塗漆呑炭、直突入南部、逢隈河畔之言、　足下與僕、所同聽矣、而當時吾樓之心膓鉄石、著于言于動者、亦　足下與僕所同祝（視カ）矣、然則坐侍其發大名耳、雖然、且疑且慮、不能忘者、吾未達耶、抑朋友之情、不得已也、僕屛居讀書、欲大通古今、樂莫加焉、無所復求于外、獨每憶起吾樓之事、輙揭焉而起、思復爲奥羽之遊、

他可言者、甚多矣、夜已深、投筆而止、徐思之、滿幅皆不必言之事なり

宮部鼎藏君

足下

文久三年癸亥

以別紙奉願候本紙願之通被　仰出被下置候ハヽ目錄之內江戸表ニ差置候
分も今般橫濱ゟ川崎迄之邊御警衞被　仰付差掛り在所表ゟ相廻シ候而ハ
手後ㇾ候ニ付右御警衞向ニ相用ひ申度依而當分拜借仕追而御差圖之御場
所ニ指出可申与奉存候此段奉願候以上

二月　　　　井伊掃部頭

別紙

今般攘夷御一定被　仰出候段奉承知將又夷船何時攝海ニ可乘入も難計風
聞等承り傳へ實ニ一日も不安御時節与奉存候就而も私所持仕居候大小砲
之內別紙目錄之通乍恐　天朝ニ獻上仕聊之御用ニも相立候樣奉懇願候何
卒願之通被　仰出被下置候ハヽ冥加至極難有可奉存候此段奉願候以上

二月　　　　井伊掃部頭

此度御國政之儀不憚忌諱申上候樣厚被　仰出難有次第奉存候間謹ゟ
言上仕候

癸丑甲寅以來夷人渡來跋扈仕候ゟ　御國內不穩未曾有之變事等種々出來
仕乍恐被惱　叡慮候ニ付於　公邊も深御心痛被遊候御儀と誠以奉恐入候
私儀先祖ゟ數代相續仕三百年來蒙莫大之　御高恩殊ニ是迄度々重き御役
相勤候段骨髓徹し難有仕合奉存候然ル處此節外藩國持之衆ゟ夫々御爲筋
建白仕候哉ニ承知仕候全　東照宮樣之御餘德　御家之御洪福無此上御儀
と奉存候私儀御譜代之家筋數代蒙　御高恩乍罷在外藩之衆ニ後れ一廉之
御爲筋不相勤儀實ニ奉恐入日夜苦心愚考仕候得共短才不智之身ニゟ淺陋
愚昧之說奉申上候儀却ゟ奉恐入相扣候處今般　御國政筋之義心付候者申
上候樣被　仰出御達面之趣篤と敬承仕候處　本朝を以世界第一等之强國
ニ被遊度旨誠ニ以恐悅之御儀ニ奉存候然ル上も是迄之通夷人跋扈等も片
時も御許容有之間敷候得共癸丑甲寅以來御親撫第一ニ被遊候夷人之義故

突然と御打拂之儀ニも至リ申間敷通商之利害追々被仰諭候上御謝絶ニ相
成可申右之節万一御教軍〔マヽ〕ニ不隨時ハ御掃攘之御處置ニも可相成其節私義
皇國之御爲抛身命義勇之働可仕儀も常々志願ニ御座候得共右夷人御掃攘
之一擧迄何之御爲筋も不相勤罷在候段背本意先祖以來蒙　御高恩候家筋
此節柄一日たり共空敷相過候而も對公邊奉恐入又外藩之衆へ對し急務ヲ
傍觀沈默仕夷人之虛喝を恐れ候樣相聞無面目儀ニ付種々御爲筋相考候處
當今之急務も士氣振起仕候ヲ第一と奉存候其士氣振起仕候ニハ反始報本
ゟ人情を厚ふし忠孝之道を養ひ立候事眞ニ强國之基と奉存候彼血氣之小
勇ゟ起リ候强者粗暴之所業ニも至リ眞之强國とも相成申間敷右反始報本
之祖先を不遺始本ヲ大切ニ存候實情之厚ゟ溢れ出候忠孝之勇を以振立候
士氣社强國之根元實備と奉存候此忠孝之大切を天下ニ示され御教導被遊
候ニも第一　天朝御代々樣之　御陵多分荒廢ニ相廢居候此儀古來有志之
者憂傷仕候段兼々承知仕候乍恐　萬乘之　玉體を被爲納候處荒蕪之儘ニ

被差置候儀誠ニ無勿躰次第恐懼悲傷仕候事ニ御座候臣子之分ニ而ハ一日
も安心難仕儀と奉存候殊ニ先般　天朝より御縁組被爲在候上ハ猶更御
陵御修補之儀御執行被遊候樣奉存候右樣相成候者乍恐　今上皇帝ニも追
遠莫大之御孝道ニ相成於御當家も奉上廣大之御忠節相立　官武御一和之
御趣意愈以相顯を且官武御一同ニ忠孝之道ヲ以御垂教被遊候得も海内一
般御德化ニ浴し反始報本之情厚ク眞之忠孝之士氣振起可仕且　御陵御修
補之事鎌倉以來數百年絕而無御座候處御當家ニ至リ御修補ニ相成候得も
千万年不朽之御盛功ニ而御忠義之道相立候ゟ　天朝之御氣色ニ被爲叶天
下之人民一統難有感戴仕御武威も無限相輝可申奉存候仍之　御陵御修補
之儀も御强國之基則天下無双之一大盛事と奉存候間近々　御上洛前ニ御
修補之儀被　仰出候得も必御爲筋と奉存候尤此節柄之儀ニ御座候得も万
一國持之衆ゟ右之儀　天朝へ直願之程も難計哉と心痛仕候間可相成も早
々被　仰出候樣奉存候今般厚　御沙汰之趣反復難有奉存候付愚意之趣此

段奉申上候以上

閏八月　戸田越前守

別紙

御陵御修補被　仰付候得共〔もカ〕私儀爲冥加右御用相勤申度全ク數代之御高恩ヲ奉報度微衷ニ御座候尤右御入用筋之儀　公邊御散財不相成樣家來共へ申付工夫爲仕度私義ハ元來勝手向不如意ニハ御坐候得共斯る御時節御爲筋ニ相成候義ニ付如何樣ニも力を盡し一家中粥を啜候共尊敬心切ヲ心懸修補可仕候尤　公邊御役人御出張ニ而ハ彼是御手重ニ相成御入費も不少又　御陵被爲在候國々村里之場所之者共自然迷惑可仕私へ被仰付候ハヽ重役とも先立風雨寒暑ニも苦心奔走仕謹而修補可仕候斯奉願候義是迄之流弊ニ習ひ寸功を以後賞ヲ心懸候事ニ無之又名聞之爲ニも無之全國家之御爲ヲ存此度被　仰出候流弊御一洗之一端ニも可相成哉と存込候義ニ御坐

候尤尋常之御用ニ御坐候而も兼々必至困究ノ勝手向中ニ難相勤候得共別而ニ申上候通國家之御爲筋士氣振起之基とも奉存又國持衆ニ對し候而も御譜代之家筋ニ而此節一廉之御爲筋不相勤義赤面之次第ニ付必至之窮迫不顧奉願候義ニ御坐候且攘夷之節ニ至候而　御陵御用中ニ而も早速先途仕報國之働仕度奉存候何卒微忠之處御賢察被成下　御陵御修補御用被　仰付被下置候而冥加至極難有仕合奉存候尤數ヶ國之御儀ニ付急々修補相整申間敷積年之丹精ヲ以成就仕候樣心懸可申候此段奉願候以上

閏八月　　戸田越前守

○

禁裏御所御守衞之兵士差出方先達而相達候人數之儀十万石ニ而士分六人ニ同心四人又ハ士分四人ニ同心六人と申割合を以都合次第取交差出不苦

候尤其余之面々も右之割合ニ相心得差出候様可被成候
右之趣最前相達候十万石以上之面々ハ可被達候事
四月

一今十八日大樹公一橋參　內ニ付在京之諸大名ニも參　內被　仰付於
御前大樹公列席別紙三ヶ条之御請相濟候上大樹公ニ而節刀を被賜諸大
名ニ而　勅諚被下候樣
但在國之諸大名ニ而末家或而家老之內御呼出ニ而可被　仰渡候事
一軍國之事而大樹公職掌之儀ニ候得而別段被　仰付迄も無之候處事實運
兼被及言上置候破約期限も致相違折角是迄御委任被　仰付置候深き御
趣意貫徹致兼候處より斷然ヾ被　仰出候儀御至當与奉存候事
別紙并右之條々確乎与　宸斷不被爲在候而而　皇國之安危不可言儀ニ

立至可申与奉恐察候以上

一本月廿三日破約期限明十九日中諸大名へ布告可有之事

但事實及遲々候節ハ諸大名御師ひ

御親征被遊旨斷然と可被　仰渡候事

一諸大名朝覲劃今十八日中取調明十九日限一統へ布告之事

一長崎箱舘等開港之場所受持之諸大名ゟ決戰之覺悟布告之事

右之條々從

朝廷も別段

御沙汰可有之候事

四月十八日

久留米屋舖留主居淵上郁太郎等學習院ゟ相招申渡之事

久留米眞木和泉以下嚴刑之處一先穩便所置有之候樣　御沙汰候旨周旋可
致事
一右一條次第柄委細之儀篤と相糺し早々上京可有言上事
歸國之上主人へ對面委細可申通事
右ニ付郁太郎儀急々發京歸國周旋可致申渡之事
〔朱書〕
右條公自筆

今般攘夷御一決御布告相成候處淡島之儀ハ海門之要衝ニ當り候ニ付防禦
策略等種々申立候者も有之候得共畢竟將さるもの得其人候得ハ神筭妙謀
も從て出來仕候義故仰願候も世子淡路守淡州ニ罷在軍事總裁仕候樣被
仰付家老蜂須賀駿河右之補佐被　　仰付候ハヽ爲天下國家於私共も感佩仕
候事ニ御坐候左候ハヽ兼而仕立置候農兵三千人之者一同得力□勵憤發抛

身命忠戰可仕候右も私一人之存意ニも無之天下有志之人々幷淡州闔國之者所願ニ御坐候間何卒草々右樣被　仰付候樣伏て奉內願候以上

亥四月　淡州

田村平一郎

攘夷期限之事來五月十日無相違拒絕決定仕候間及奏聞候猶列藩に☆布告可致候事

四月廿日　家茂

今度東下ニ付奉願候も攘夷之一擧多年被爲惱　宸襟其義ニ付應接戰爭之情實親く奉入　叡聞度候間三條中納言姉小路少將義昨年爲　勅使下向之

事ニも候間一同東下實撿被　仰付候樣致度此段奉願候已上

四月十八日　慶喜

殿下

二白昨日伺出候薩之處御如才不被爲有与存候得共御申入候樣宜希入候也

今日者御不參不得拜謁殘懷存候御不例如何御保護專要存候抑償金之一條相止リ候由從水戶申來候ニ付過日幕府ゟ御沙汰之義も右ニ付被留候邊和泉守召寄可申渡哉義論有之候得共全變算候上ニて關東へ尋問之處被留候事而已之儀ニ付從武傳以書狀被申遣候ニ評決仕最早被申達候且又主稅頭ゟ御沙汰之處御見合ニ相成哉否之邊議論も有之候得共今朝水藩之者執柄家參上ニ而右償金之一條中納言輕忽之取計泥衆議背　勅意候段藩中恐懼仕

候ニ付矢張口日御沙汰書之儀ヘ中納言へ申聞度趣主税頭梅澤孫太郎両人
帰府候由ニ候右ニ付外ニ別帋御沙汰書両人ヘ被相渡候儀御評決ニ相成候
儘此段申上候今日殿下御參委曲申上候事ニ候仍匆々若斯候也

五月十日

三白主税頭孫太郎歸府願候者中納言今度之取計ハ最早相濟候儀故宜
候得共後來又々ケ樣卒爾之儀有之候而も案し候事故右邊口度趣旁相
願候由ニ候不乙

三條殿　　實則

覺

伊勢 △志摩 △尾張 |三河 ニ若狹 一越前 ㊀周防 ○長門 三丹後

四
但馬 □ 紀伊 □ 淡路 | 阿波 □ 伊豫 ㊀ 筑前 ○ 豐前 □ 豐後 攝泉播

右拾七ヶ國海岸防禦手當等之儀紙圖ヲ以至急ニ差出候樣ニ國々へ被仰付候而ハ如何謀ニ可有御座哉と奉存候

四月

土佐教授吉田某謹再拜白

三條少將公閣下伏惟

神州封建之制捌于武熙之世而上古

王室之隆亦有國造之任分封以化民則其所由來尙矣後世所謂武家者正同彼周之侯伯而所謂公家則猶彼有周召二公之職以爲政於內又宜布於外歟而

王室之尊非彼之比蓋我人民皆神代之種

日嗣之在其上以百官萬民之宗家而爲億兆君帥是故君之不可易猶父之不可

改而
寶祚之久與天地期其無窮是所以彼盡善盡美亦未足比其隆也然而周之衰
蠻夷猾夏則諸侯能攘之者有矣
神州近日之事乃不得不恥於彼陪臣專權犯
上以欵蠻夷
聖皇震怒下
勅語之亦能優容有公武合體之語而列國諸侯莫能夾輔之或有建正議者即
見排斥
神州殆釀左衽之禍神明不得措其刑權臣身首異處而天下慷慨之士勃然起
立於是乎幕府始覺昔日之非奮然果斷變法革政將從
皇上之志當是時苟生於
神州者雖浮浪之徒固當感喜泣舞奔走驅馳之不暇矣況諸侯伯乎寡君已襲
封於千乘國又辱四位侍從奉

勅以鎭衞
輦轂之下從敢死數十百人將以勤靡鹽之事而弱齡未更事
閣下其外族而職在議奏英明之資固足獲天下人士之心矣則所望於寡君又
不得不望於
閣下方今物情不安如將有事
諸公卿乃不拘常格雖無位微賤者得拜謁言事草莽微臣如某亦當無所默矣
伏惟古者
王室之隆有宿衞之武士今也亡之
輦下空虛何以戒非常今令外諸侯各撰其士而貢之
賜以衞士之稱使交代而宿直在藩則事其主在京則守衞
御垣雖非
先王遺法亦當不負焉其士之撰不欲多而欲精其一能存大和魂者其次能撰學
術者其次能講武技者蓋人之所得乎天有瑩然燭衆理者謂之明德此德自爲

一身之主唯正唯直愛國忠君自慊不自疑而使人無一毫之疑是所謂大和魂也

皇國之典用夏時讀周經行孔子道蓋道之明有先後之序而無本末之差漢土境壤最大而有聖人如堯舜先明此道敎以人倫使人異於禽獸神州上古風土簡樸熈々浴無爲之化皆率其性而道自存其間隆而至於

神后之時邊境既多事土蜘梟帥之徒往々逞其惡而風土稍變人民將有與禽獸同其類者乃道不可不修而敎不可不立

八幡宮神慮夙及于此而弗敢自作適得孔子論語以爲道之所在也令歸化者講之而傳諸世自是而斯道赫然明于八洲嗚呼堯舜孔子所立之敎而我

神聖所修之道矣孰不崇而重焉哉然而或自稱古學或自稱道學而不知斯所由來蓋彼董劉楊荀程朱陸王諸說皆漢土一宗旨由之而知

神聖微意則可矣否者則徒知信異域聖賢不足用耳武非劍盾也是彼儒生之言不足信古之士皆善射善用劍殺氣常在其手以能防己制敵也今能講武技者

求之侯國濟々然非不多使此輩與學術正者相交以知吾道則可以用也不獨
武門之法如此
神州古有細矛千足之稱而寶劍之德昭々於史乘則可以見
先王用武貴斂盾也今撰此數者以爲衞士武煕封建之士而勤
輦下宿衞合體之効愈著矣衞士之稱在
朝廷最賤而
賜之於侯國之士其榮莫大焉則其來而衞
京豈不固哉伏惟
閣下英果忠憤欲唱尊攘之義以雪
神州之恥寡君之志固不外于此既大開言路不緘微臣口是以愚蠢如某亦不
自揣陳私言亦欲以寡君之志也已閣下寛其狂妄之罪則幸甚瀆冒
尊嚴惶恐無已某再拜

〔以下七行朱書〕
此度之時勢ニ付
堂上方出格之思召を以微賤之者も御目通被仰付上書等も御取上被
爲在候旨拜承感喜之餘本文相認候得共淸書等致表立ゐ奉差上候義
ハ却ゐ多恐奉存候間態と草稿之儘其元迄進申候御用方之御序を以
可然御取計若御一覽被遊候樣之事ニ相成候ハヽ本懷之至難有仕合
奉存候以上

吉田文次

原四郎殿

大急用以密書奉呈上候今般於御國近海異船御打拂相成候段御屆出相成候
由然處右異船ハ亞墨利加國商船之由ニゐ其儘逃去り候由ニゐ怪我ハ少し
も無之帆柱綱損し候由佛國船海中ニゐ行逢困難船と見受候ニ付聞候へと
長州海ニゐ打候由政府ゟ屆出候樣子就夫早速同國軍艦英國軍艦昨朝出帆

仕候昨日亞國人開港以來居候異人三十三番同居ウユンリツト、申異人ハ
日本語能分り私共所勤所ハ異國改處ニ而候間毎事色々物語申候ニ付昨日
上役之者右異人ニ樣子承り候ヘハ長州毛利ニ而被打候旨誠ニ長州ハ相包
ゐふに早速私國軍艦差向候而先達而買入之軍艦奪取候而乘組之人々柱へ
引上橫濱に連來りさらし候而其上談判仕候由手ニ取候樣譜ニ咄申候若左
樣之事も有之候而ハ殘念奉存候縱令間ニ合不申共此趣御國元へ御知仕度
色々思案仕私罷越候而ハ尙又延引相成何卒先達而申上置候ハ、御不覺有
之間敷と奉存候虛實ハ難計候得共いゐよも難打捨置　御國恩之少志迄申
上度既ニ存立候丈ケ兎も角も申上候間不惡思召候ハ、御聞取他國外夷へ
御面目相立候樣乍恐奉祈候間是式ニ而も申上置候ハ、御武威彌增被遊何
卒御國へ異艦御奪取ニも相成候樣奉祈候政府役人共中々夷人强く候間長
州公軍艦取られ候樣口々申候間私口丈ケ申上度態々飛脚仕立差上候前後
不文御汲取被遊候而少シ成とも御用ひ相成候事も御坐候ハ、偏ニ宜奉願

上候此段桂公へも申上候間幾重ニも奉恐入候得共難捨置如此御坐候後日
御答之段を不顧恐惶敬白九拜々々
五月廿九日
遠　太一尊君
密用御火中
二艘横濱出帆之軍艦も一應地理爲心得參候と申說も有之候

傍註朱書
校訂者識

十ノ月五日自前田孫右衛門差出
今般　勅使御下向攘夷之儀被　仰出於關東御遵奉（決定有之候而天下江布告）有之候上ハ外夷何時西（近）
海（九劫掠し）を衛（南海を掠め北陸東海ニ跋扈シ）「畿內ニ闌入致候も難測既戊子四月三（之程）（候間禁闕御守衛被仰出）
度（思召候）
日　神宮井京都御警衛之儀被　聞食度段被　仰出候儀も有之誠以平常之
如く御手薄ニ而も不相叶候「然處海國も夫々之防禦向も有之海岸ニ引離候

諸藩（も）救援之手當等有之候事ニ付邊鄙ゟ畿內御警衞自然不行屆之筋も出來（多人數差出候而ハ自國之兵備自然ニ相成且國力之疲弊も）
可仕（可至候）歟恐多も京都ハ　神器之所在　列聖山陵之所在ニ候得ハ早速御親兵
とも申へき御（警衞之）人數御置（不被差置）不相成候而ハ實以宸襟御安被爲遊（たとも不被安候間）候期無覺束奉恐
察候往昔ハ大伴佐伯を以內兵とかし又武勇之者を撰ひ內舍人と被爲成且
六衞府之御禁衞御嚴重被　仰付候等之儀有之候事ニ付古今を御洞觀時勢
ニ隨ひ御舊典を御斟酌被爲在（禁衞之）御親兵之儀（たと被爲置度思召候）急度關東に被　仰出諸藩ゟ身材
強幹忠勇氣節之徒を令撰募其上往昔兵部ニ而試練被　仰付候如く於　朝
廷御精選被遊度奉存候右御親兵被爲置候ニ付而ハ武器食糧等準之候間是
亦關東に被　仰出諸藩ゟ石高相應貢献仕（致）候樣被遊度候是等之儀ハ制度ニ
渡候事ニ付委曲之儀ハ關東に被　仰付天下之公論を以早速取調へ諸藩傳
達有之候樣被　仰出候（度）儀今日之御急務と奉存候（思食候事）

松平肥後守
松平越前守
宗　對馬守
松平飛驒守
松平稠松

右ゟ御達洩之分

加藤山城守使者
松井衞門

御請書

今般
御守衞兵士差出度段願之通被

仰出冥加至極難有仕合奉存候猶上京之上御禮可申上候得共不取敢以使者

御請申上候以上

五月朔日

加藤山城守使者

松井衞門

別紙

御守衞兵士願之通被

仰出候付左之者共差出置申候

長尾鷹彌

水口端治

以上

五月朔日

加藤山城守內

松井衞門

山内兵之助

今度御守衞兵士諸藩〻差出候ニ付右御用掛被　仰出候事
松平余四丸長岡良之助江茂同樣被
仰付候間申談可有勤務事

有馬中務大輔家來眞木和泉以下禁錮被申附彼是紛亂嚴重之所置とハ可相成趣相聞候右事情難相分候得共兼而正論有志之輩ニ有之候何分一先穩便之取扱相成候樣鎭靜之義周旋有之候樣　御沙汰候事
五月六日

戊午己未以來官武降黜幽閉等之輩追々再出ニ相成候處於地下之輩者今以

其儘之分ニ而有之候間早々赦免可有之樣　思召候三條故入道内府儀者被爲
慰忠魂被贈右大臣候ニ付而者於水戸故前中納言以出格之儀被贈大納言度
思召候且往年來長岡驛等ニ而横死候者共より始り其餘安島帶刀鵜飼吉左
衞門列以下諸國之士於關東死罪且牢死致し候者又者流罪幽閉等ニ而死亡
候者共或櫻田東禪寺又者坂下等之一件其餘國事ニ死候輩靈魂招集以禮收
葬令子孫祭祀候樣被　遊度尤現存之者共者夫々如舊相復候樣との
叡慮ニ被爲在候不拘存亡預是等之事候輩姓名其向々取調不洩樣早々可申
上候其上前條之趣御處置被爲有度
思食候事

水戸殿家老
武田　耕雲齋

明後廿一日一橋中納言殿帰府被致候ニ付其節差添罷越候様相達右之趣中納言殿へも可申越候事

四月廿一日

備前守

余四丸　書狀

以書附申上候先刻ハ參　殿種々蒙　御懇命難有仕合奉存候然ハ此度武田耕雲齋東下之儀　御沙汰御坐候處同人罷下候而も以後昭訓周旋方ニも必至とさし支候間是非御さし留被下置候様仕度奉存候右之儀若不相叶筋ニ御坐候ハヽ最初一橋へ隨從罷登り候原市之進梅澤孫太郎梶淸左衞門三人當地へ御さし殘しニ相成昭訓周旋方之儀も補助いたし万端骨折候様何と歟　御内沙汰被下置候様相成間敷哉内情實以てさし支候筋御坐候ニ付此段不顧恐懼申上候事ニ御坐候よろしく　御聞取可被成下候恐惶謹言

四月廿一日　　　　　　　　　　昭訓

上　　　　　　　　　　　　　　茂政

口上之覺

今般此方ニ御預相成居候仁禮源之丞義昨朝晝兩度之食事無之依而手醫師
を以爲致診察候處全ク暑邪之氣味ニ而氣分ニおゐても相替儀無御座候尤
昨夕より今朝ニ到而も平食ニ御座候由申出候間此段爲念御噂仕候事

六月三日

外夷拒絶期限之事先達而天下ニ布告相成候上者於列藩夷船攘斥之心得勿

論候處傍觀ニ打過候藩有之候趣深被惱　宸襟候既於長州兵端相開候就而
ハ　皇國一体之儀ニ候間互ニ應援掃攘有之
皇國之恥辱ニ不相成樣闔藩一致決戰盡力
叡慮貫徹致候樣　御沙汰候事

攘夷之儀被　仰出御一定之上ハ御實備不被具候而ハ難相成儀追々御手當
ニ而有之候ニ付於松平淡路守ニ而兼々京都御警衛被　仰付置候儀尚又阿州者
近海渡口之要處ニ而有之候間其邊守衛ニ而被　聞召度旁此頃早々上京可有
之　御沙汰候事

十一月

〔朱書〕
文久三年癸亥

晋呈仕候雖甚暏〔暑カ〕之時御坐候先以　天朝益御平安乍憚恐悦奉存候御次愈御
安全奉珍重候然ハ去月廿六日坊城卿ヨリ慶徳來夏京地御警衛と過日被
仰出有之候處他事御用も有之ニ付當秋加賀中納言と繰替勤仕之樣被　仰
出畏入奉存候右ニ付内々詰之家來來爲心得參殿御樣子奉窺候趣ニ御坐候
處當秋就御用被召登又來夏相詰候而ハ都合如何と被思召ニ付繰替御沙汰
之趣不肖之身分過當之義實以超仰候次第重々深恐惶至極奉存候十日期限
相延候ニ付而ハ一橋退職被　聞食届尙又尾張水戸ニも其廉相立老中以下
償金相渡候罪御糺明之上改而期限被仰出大樹歸國之御暇被仰出候ニ薄々
奉伺候處右事件ニ付而ハ貴地滯留之老中以下幕吏共種々申立之趣も御坐
候哉ニ候全輔翼と同意と計ニも無之歟ニ遠察仕尙姉小路朝臣之義ニ付く
有志議論も御坐候趣ニ相聞え候得共大樹去就ニ實ニ　神州安危存亡之機

會ニ〻不容易事柄ニ御坐候處天下之勢追日切迫之時ニ御坐候間乍恐格別ニ御勘考被有之何卒攘夷之期限相立候迄之處も暫大樹ゟ被留候樣有之度奉至願候尤隨從之老中以下不被爲叶　叡慮衆心ニ背き候者ハ退職被　仰出可然御義且償金相渡候罪を糺明仕候義ゟ敢而大樹之去就ニ拘候義ニゟ有之間敷大略分明之義ニ候間　宮中ゟ被召寄斷然と其罪を被糺以　嚴命夫々所置御沙汰ニ相成候得も　天威之光被仕隨而期限も相立可申欲覚〔マヽ〕畢是迄於　御所御斟酌被爲有候故万事貫徹仕兼候義と奉存候尤大樹ニ於而ハ弱年之義ニテ幕吏ニ〔ノカ〕不行屆ニ御坐候間大樹輔翼等親ク於　宮中御決議被爲有候樣奉存候右邊之處乍恐御採用無之而も譬下官上途仕候而も前日滯留罷在候と同樣之義ニ候時勢及切迫候而已ニ候却而促動乱候筋ニ相當何とも恐入候ニ付御用之御模樣も不奉伺卒爾ニ中上候段ハ重々恐入存候得共敢而不憚忌諱心中有之儘吐露仕候何卒御用之程相伺度書ハ不盡言委曲備前守ゟ申入置候間御聞取可被下希入奉存候誠恐誠惶頓首

慶德

六月五日

三條中納言殿

內呈

〔朱書〕癸亥文久二年

六月九日已後之世界

一攬攘夷之權之事

宜以深遠不可測之言怖彼

遣勅使于赤馬關以攘斥之命布告未及之藩國

一標

親征部署事

下令算在京之兵卒造錦旗革車

假更服色用戰袍圭冠

一置攘夷使諫官事

選公卿三人侯伯三人以正司馬之名各進爵位

選天下聞人十餘人爲各官之貳

一新天下耳目

一收土地人民之權事

投機遽下詔々辭最用意

仮滅税則二等重戸部之選

一移

蹕浪華事

嚴兩灘兵備

置關于扼塞十所

造無數舟船無數炮礮

〔朱書〕
文久三年癸亥

去八月十八日脫走人ニ奸計之虛說專流言之由右等之儀尓來決而不信用妄說樣一同可相心得御沙汰候事

別紙之中奸計虛說トハ

一脫走人ニ於防刕三田尻邊此迄三條實美へ天下之事惣而御委任有之抔申觸シ有之由

一去八月十八日已後被惱　宸襟之由以女房之文三條實美被　仰出候抔ト申觸シ有之由

右者決而無之事爲奸說之虛說之事

〔朱書〕文久三年癸亥東久世通禧卿ヨリ條公へ書翰

唯今寺島忠三郎出頭大樹明朝下坂候處明朝之處被指留奸吏之一件嚴重ニ御沙汰可然哉存候旨申出候全去一日赤間關乱防倭人乘組在之一条不審之第一御坐候ニ付右之邊親ク大樹へ御沙汰相願度旨定而佐々木男也ゟ御聽込ニも相成有之候トハ存候得共如何之御処置ニ相成有之候哉明朝之處御指留之義御六ケ敷義とハ存候得共如何之賢慮ニ御座候哉相伺度早々如此候也

六月八日

尙々忠光朝臣今日上洛ニ付右之邊議論も有之趣ニ御座候復任之義明朝長藩ゟ可願出存候其義も男也ゟ言上候ト存候何も早々如此候也

生野表風聞書

一去ル十一日晝九ツ時森垣村延應寺に浪人三人罷越城崎へ湯治ニ罷越候ものニ付壹宿相願度旨住持へ被申聞候ニ付承知仕候引續廿人計生野播磨口番所へ罷越私共儀も追手相懸候ものニ付暫身丈かくし申度御通し被下候旨申聞罷通銀山丁太田次郎左衞門方へ罷通り一ト泊り相願度旨申聞無據承知いたし一泊罷在候處同夜八時比甲胄著込等着し立出是ゟ陣屋へ罷越候樣申聞相圖之螺イヲ吹鳴し候處延應寺ニ罷在候浪士當但馬口ゟ人數不相分一時ニ押寄御陣屋內へ入込武井正三郎殿御應接ニ而今般依　勅命不當之族爲征伐罷越候ニ付陣屋貸渡し候樣强勢ニ申聞尤御代官樣ハ倉敷表へ御代檢見御越御留守中ニ候御奧方幷次男樣御身之上之處も如何と御安事無據御承知之趣ニ而御明渡し奧方樣初御一統とも無御別条町方へ御立退尤諸色類ハ無滯御持寄ニ相成候趣承知仕候

一銀山附地役人不殘浪士之者ゟ呼出し夫々皆役目丈申付指圖丈請手下之

如ク遣候由
一御陣屋向武器類ハ不殘浪士ゟ引上ケ候趣ニ御坐候
一生野御番所ニハ浪士与銀山方役人与立合ニ而相詰出入共差止候事
一大將ハ姉小路公達五郎麻呂殿之由當時人數三千人計相集り諸大名方へ
浪士ゟ掛合文通ハ澤御殿御内何之誰と申名前ニ而諸大名方へ文通有之
候事
一去ル十二日夕生野陣屋澤主水正姉小路五郎麿人數召連罷越候趣相聞候
ニ付同十三日早朝人數差出し候處其後右陣屋引渡シ相成候趣生野表ゟ
別紙之通申來候處不取敢此段御届申上候處（本ノマヽ）
仙石讃岐守家來鹿見四郎兵衛生野御代官手代ゟ書附
一以手紙致啓上候然も八月中旬京都宅（本ノマヽ）幸被致七卿之内澤主水正事姉小路
五郎麿京口内願之筋有之惣代ニ被登候趣ニ而俄ニ逗留之儀申込有之直
ニ陣屋中借受ニ相成候旨申候何分（不カ）由慮之儀及懸合候間合も無之誠ニ猪

太郎殿備中國大竹左馬太郎殿支配所代官所檢見留守中ニ有之誠ニ差構
候得共暴發之趣申聞不得止御事陣屋中之本陣方へ成丈ケ申候趣追々長
刕幷京師ゟ加勢人數到著いたし候趣相聞申候右之次第ニ付早々御人數
御繰（出脫カ）・方御取計有之候樣（脫アルカ）度乍去口々彼も嚴重ニ致手當候趣ニ付右之御心
得ニ而御出張有之候樣奉願候右可得貴意如此御座候以上

岩佐幸四郎
京川惠三郎
武井正三郎

十月十五日

京都
御奉行宛

〔朱書〕文久三年癸亥

昨日も賜華翰薫手拝讀仕候如亭喩時下秋氣□[冷カ]然先以客館無御礙御興居之
御容子不堪欣躍奉•存候小生共去ル廿三日歸宅仕翌日御賁臨之御由傳聞仕
候得共今般も重大之御使節ニも御坐候上兼而ハ國有成法即時拝□[趨カ]難相調
遺憾千萬御打過候此段不□[悪カ]御汲取被成下度候弊藩御取扱向定メ踈慢ニ可
有御坐候所却而御挨拶致仰聞□然仕候扨京師ニ而も厚御寵遇相蒙頻々弊
寓へも御來駕被下候段々御禮も不申被盡不本意ニ罷在候内彼十八日之事
變何とも絶言語候次第折角之　聖裁御盛擧一場之所夢惶悚歎惜之至諸有
志士之衷情ニ深想像仕候而ハ實ニ□ニ不安候　轉法輪公御初メ西州御
下向之御趣御義氣彌御勃興可被爲在　先生御忠殉之尊慮盎然紙表ニ相溢
一同感激仕候尚爲　皇朝御盡力無御滯様奉敬禱候心事不□[能カ]縷述只々拝復
旁積候御礼申上度草々如此御坐候乱筆御恕讀奉希候恐惶謹言

新居與一助　應

日比野六大夫　範

八月廿八日

宮部鼎藏様

侍右

再啓喜之太儀此頃上京仕居候尙帰後拜見爲仕可申候難波傳次郎ゟ之御狀早々相達候福居定哉儀も此節帰國仕罷在候御傳語被下候旨ニ御[坐]候御礼厚申出候以上

皇國之御爲二州も如何樣相成候共是非其職を盡候積リニ付天下之人吾を知らさるも無是非事ニ而是亦吾精神之足らさる所人を恨むへきにあらさ

るにや此等之旨趣兼而申聞候通ニ候條詰合之者共自己之了簡よりして自然暴動ニ涉り候義有之都而父子之誠意を妨け候而ハ奉對御先靈候而も其分不相立深恐入候條此旨厚く相心得候樣精々可申聞候也

十二月十二日　宰相

少將

當月廿四日夕七ッ時過長門國豊浦郡府中沖合ニ異國船壹艘上筋ゟ乘來候ニ付赤馬關砲臺ニ而相圖兩度打揚候處右船無沙汰ニ而夜ニ入五時比押而砲臺前面ニ乘來候付急襲と心得及砲擊候然處右船上筋ニ乘去候段彼地出張之家來ゟ注進候此段不取敢御屆申上候樣宰相ゟ申付越候間申上候以上

十二月

長崎製鉄所拜借蒸氣船爲修復長崎へ差越度旧臘廿二日兵庫致出帆廿四日
夜五ツ時過小倉領田之浦致碇泊候處長府臺場より致砲發候ニ付如何樣異
船ニも見違候哉兼而夜中ニハ帆柱每ニ燈爐を懸國印と致候段前以致條約
置候付猶又爲念燈爐差出候得共無躰ニ打懸候付早々同領田之口村青濱へ
引退候處無程發火不殘及燒失候此段御屆申上候以上
但乘組人數之內士官九人機官之者以上十九人行衞相知不申候

松平修理大夫內

正月

內田伊之助

◎

與蜂駿河書

谷田城子

癸亥八月廿八日於德島城萬代新田客舍艸之未時使小吏町方天野彥次
郎兒島太郎左衞門致之

一書拜啓仕候朝暮不揃之氣候御座候處乍恐

君上御所勞如何被爲在候哉と奉存候然ハ頃日來度々御面會被成下殊ニ一
昨夜爲
君上御名代三條殿御直翰御請取御口上被仰含候御儀ハ大略御聞取被成下
定而
君上之御聽ニ御達被下候とも於下走先々難有安心仕候事ニ御座候然處今般
之儀外面一ト通之御模樣を以相窺候得も諸卿方御一統先ハ
勅勘之御姿ニ被爲在候ニ付世上之議論嘸々紛々と喧く定而無實奇怪之造
言申觸逆賊之名を蒙らし次候も必定ニ有之候得共右ハ先夜事情之大概言
上仕候通之儀ニ而全以好賊黨與讒誣之妄言を以て奉刼
朝廷忠誠無二之御方を離間し前ニ姉小路殿を奉暗殺候同轍ニ而此度三條
殿を奉初正義之諸卿を慘毒之所行ニおよひ遂ニ挾
朝廷令諸侯と欲もる逆謀顯著明白ニ御座候然處天日以まゝ地ニ墜給八も
於三條殿極密々ニ

叡慮御奉承之御儀も被爲在候ニ付斷然御奮勵從西國忠義純正之御大擧御
心算御決定ニ有之曲直順逆明瞭之儀御坐候間顯密之機宜ニ應し南海西海
山陽山陰有志之列藩ニ御赴告被爲在且又艸莽齋志之者共ニ之飛檄ヲ以御
召募ニ相成候間忠誠同志之向々上ゟ上之下ハ下ニ而彌以合體同擧仕候之
必定ニ御坐候於　尊藩之從來
勅意御遵奉之御儀之不及申先達
世子君御上京
叡念御貫徹之御周旋中今般之大變ニ付而之別而被爲遊御苦辛候御儀就夜
難有奉敬戴候御事ニ御座候得之乍此上猶眞之
叡旨御遵奉之御誠實被遊御一貫内チ奸邪之者を歸順せし祇外醜夷を萬里
之遠ニ攘逐シ
天朝於富岳之安ニ被爲奉置候ハヽ中興之御大勳中ニ不及實以天下蒼生之
幸福不可過之於三條殿此儀を御依賴被遊度深被思召上何卒

尊藩大義擧之首唱を被遊候樣御懇望之御趣意ニ御座候於　執事ハ無比類
御寵異被爲蒙候程之御高義倶瞻之御事ニ御座候間固より御踈漏ハ被爲在
間敷候得共右御依賴之旨巨細拜唔仕候樣呉々仰含ニ付不顧忌憚露呈仕候
將又下走此節之御使柄誠以至重至大之命を蒙候儀若愚昧之誠心不行屆ニ
而御懇望之御事體御聞濟不被下儀も御坐候ハヽ不容易御密事御目鑑を以
被仰付候詮も相立不申候而ハ復命之致樣も無御座候進退誠ニ困窮士道相
立不申候間此儀も深く御照察被成下如何躰ニも大義御合體
皇運御挽回之御籌策御確定之御報答被爲在候樣御厚配被爲成下度偏ニ懇
願仕候尚巨細之儀ハ御間暇之節拜趨吻上可奉罄先ハ右概略艸々如斯御座
候恐惶謹言

宮部鼎藏

八月廿七日　　　　　増實　花押

蜂　駿河様

下執事

佐々木源太郎様

河村半藏様

朝倉惣助

本山七郎様

極月十日認

於貝津驛

一翰呈上仕候嚴寒之砌御坐候處御一同御萬福恭賀之至奉存候滯留中ハ時々御來訪御清話本懐之至御坐候さてハ當節之相庭（マヽ）ニ付例之荷物速ニ指登セ候義段々御内話申上候通何分盡力可仕覺悟ニ御坐候處當年格別之大雪とハ承リ候得共實ハケ程ニも有之間敷存居候處途中存外成深雪ニ而木戸小松邊ゟ馬足相立不申尤宿駕すら通行六ヶ敷今津貝津邊ニ而夫両掛荷脊

負候程ニ而此邊ニても雪七八尺壹丈計も有之隨而越前路より北路ハ彌增之
容子既ニ前月廿三日國許出立之飛脚漸ク昨日小松驛ニ而出逢申位所詮此
都合ニ而如何相働盡力仕候共例之荷物彼是与駄數多ニも御坐候間正月下
旬ニ無之而ハ指登セ申義可難相成然ルニ其地之相庭ハ時々之變動一刻之
違ニ而本店身代之存亡ニも可拘之勢實ニ途中之模様ハ如斯之次第此處ニ
おゐて如何手段可仕哉最早不能思慮只歎息之外無他事尤海路之義も考見
候得共是亦北海如月中旬迄ハ出帆も難叶當惑而已ニ御坐候乍併只此上一
事可頼ハ東之店より之登セ荷其地到著一日ニ而も延引相成候得ハ相庭之
むらき變動も少ク可有御坐候間何分ニも此筋ニおゐて可然御盡力被成下
候様達而相願申候國許問屋ニおゐてそも早春ハ是非登セ荷可致手圖りニも
有之哉此節途中之運送方種々引合もいたし居候体昨日承リ申候右等之次
第ニ御坐候間此許荷物指立方之儀ハ隨分示談も相調可申哉与奉存候間前
条之東荷之一条幾重ニも御配慮被成下御盡力之程奉希候右乍途中要用ま

ゝ如斯御坐候尙國許荷物認方之通速容子柄歸鄕次第委細可得貴意候頓首

臘月十日　　　　總　介　花押

於貝津驛認

源太郎様

半　藏様

七　郎様

追啓御示合申上候通尙又登セ荷之義其地本店ゟ國許店方へ向ケ早々沙汰有之様御取計何分相願申候尙更時々相庭變動之模様是又御通達相願候以上

當節東路より登り候去ル一番頭のおゝ候を苦勞させ候いく候うもせ候以ソシテ浮氣も出來ふ皇ひ

御一笑々々

備州

御家老三万石
用老 伊木若狭
伊木右京亮 用老千俵
同 三万石
用老 池田出羽
同 二万八千石
池田伊賀
同 二万六千石
日置數馬 三十日
同 一万石
池田隼人
同 一万石
土倉彈正

同　五千石別ニ二千俵
池田兵庫
御中老四千石
池田外守
御番頭四千二百石
土肥典膳 三十七
同　三千石
瀧川縫殿 十八 御着 廣丸
同　三千石
池田要人
同　二千石
池田波門
同　千石
下方平馬

△上京ノ印

同　三千石
池田造酒○上ル
同　千石
上阪多仲
同　千石
服部賴母
同　千石
池田蔀
同小仕置千五百石
岸織部
同　千二百石
伊庭求馬
同　二千石
中村主馬

同△——千石　池田貢

同△—上ル　千五七百石　伊木杢

周旋方

下　成田太郎兵衞

上　江見陽之進

河合源太郎

井上千太郎

因州ノ人備前ニ度々來ル人

河毛文藏

久保助太郎

久保孝太郎

○

今様

尖粉しいきせしぬ𛂞衣のうふみこゝろいおく〳〵もなを九重乃ことを
のミ思ふ人こ𛀙哀れ𛀙𛂁

○

口演

返上金漸三十四圓二錢相整候處無據諸拂ニ差泥候ニ付又九圓二錢押而拜
借殘二十五金返上仕候間御落手可被成下候猶委細も吉山先生より御承知被
下度奉存候實ニ御蔭を以又一年を流るニ至萬々忝奉謝候右御禮御挨拶旁
如斯ニ御坐候恐々謹言

本山七郎拜

佐々木先醒

侍史

三條家藏祕簡

文久二年

○申渡案

水戸家家老
安島帯刀親類
同　家來
新家半之允
同　家來
鵜飼吉左衛門
同人悴
鵜飼幸吉

右兩人共身寄無之

水戸殿家來
川又友三郎

同　家來
芋根伊豫之助親類
同　家來
大内市五郎
御小姓組
仙石右近組之節
曾我權右衛門家來
醫師
春堂養父
飯泉喜内悴ニ而
當時
淺草陸尺屋敷義三郎地借
町醫

右

春　堂

松平越前守家來

橋本左内弟

同　家來

橋本琢磨

松平大膳大夫家來

杉百合之助に被引渡

蟄居申付置候浪人

吉田寅次郎親類

同　家來

幾度一郎治

右安島帶刀鵜飼吉左衞門同幸吉茅根伊豫之助飯泉喜內橋本左內吉田寅次

郎儀先達ゟ御仕置被仰付候處　京都ゟ被　仰出候厚キ御趣意有之候ニ付
此度御免被仰付候墓石等取建候共不苦候依之其方共へ申渡候間一同難有
可奉存

右之通被仰渡難有奉承知候仍如件

右
新家半之允

右
大内市五郎
春堂

同
橋本琢磨

同
幾度一郎治

春堂家主
義三郎
彌兵衛
名主謙吾煩ニ付
代
新助
前書之通水野和泉守殿依御差圖申渡候間得其意家老中ゟ可申立旨被　仰
渡奉承知候以上
水戸殿家來
藤田傳八郎
松平越前守家來
島崎勘右衛門
松平大膳大夫家來
末岡又左衛門

曾我權右衞門家來

本木新八郎

〔朱書〕文久二年幕府へ御達書寫

〔朱書〕非藏人日記文久二年十月十二日

攘夷之儀先年來之　叡慮至方今更　御變動不被爲在候於柳營追々變革新政ヲ施行シ　叡旨遵奉ニ相成候條不斜　叡感被爲在候然處天下之人民攘夷ニ一定無之候テハ人心一致ニモ難到且國亂之程モ如何ト被惱　叡慮候間於柳營彌攘夷ニ決定有之候樣被　思召候尤策略之次第ハ武將之職掌ニ候間早速被盡衆議候テ至當之公論ニ決定有之醜夷拒絕之期限ヲモ被議奏聞之樣　御沙汰候事

今般攘夷之義決定有之天下へ布告ニ相成候上ハ外夷何時海岸刧掠シ畿内
ニ闌入之程モ難測候間　禁闕之御守衛嚴重ニ被　仰付度被　思召候然處
海國ハ夫々防禦向モ有之海岸ニ引離レ候諸藩ハ救援之手當等有之候事ニ
付邊鄙ヨリ畿内ニ警衛指出候テハ自然不行屆之筋ヲモ可出來且自國之兵
備手薄ニ相成國力之疲弊ニモ可至候間京都守護之儀ハ御親兵トモ可稱警
衛之人數モ不被置候テハ實以　宸襟ヲモ不被安候間諸藩ヨリ身材強幹忠
勇氣節之徒ヲ令撰募時勢ニ隨ヒ舊典ヲ御斟酌ニ相成御親兵ニ被遊度被
思召候右御親兵被爲置候ニ付テハ武器食料等其レニ准シ是又諸藩へ被
仰付石高相應貢獻イタシ候樣被遊度但是等之義ハ制度ニ相渡候事ニ付於
關東藩へ傳達有之候樣被　仰出候最即今之急務ニ候間早速評議可有之御
沙汰被爲在候事

艸莽臣藤原梓誠惶誠恐頓首々々謹テ
三條公閣下ニ白ス臣ハ西海南筑ノ鄙夫ニシテ肉帛ノ齒驅ノ技有ルニ非
ス乳臭ノ少年白面ノ書生ヲ以テ一旦卒爾叨ニ　尊嚴ヲ犯シテ親シク
明德ノ餘光ヲ仰ク剏ヤ　至誠ノ恩敎ヲ忝クシ竊ニ區々ノ志ヲ勵スヲヤ
言ヲ不盡ハ更ニ辜ヲ重ネムヲ恐ル故ニ敢テ萬死ヲ冒シテ愚瞽ヲ布ク
七五天統ヲ垂レ玉ヒシヨリ
列聖相承ケ
天業ヲ經綸シ給ヒ禮樂隆ニシテ
王室尊ク武威嚴ニシテ四夷賓シ細戈千足ノ國巍然トシテ天地ノ間ニ獨
立シテ萬國ノ綱紀タリシハ嗚呼
先皇至治ノ世特リ何ソ盛ナルヤ中葉以還禮樂衰ヘ武威弛ミ政武門ニ歸シ
テ名分遂ニ亂レ以テ今日ノ勢ニ馴致シ夷狄ノ禍ヲ引ク名分ノ淆亂生民
ノ塗炭極レリ矣夫亂臣賊子命ニ方ヒ民ヲ虐スル者世固ヨリ或ハ無ニア

ラス唯夷狄ノ凌辱ヲ受ル今日ノ如キハ部剖カ判以來イマタ曾テ之有ラス因テ不改ハ數千載禮樂ノ邦相率テ禽獸ノ域トナラムトス嗚呼普天ノ下率土ノ濱苟モ人心アル者誰カ安然坐視スルニ忍ムヤ然ル所以ノ者ハ他ナシ古ハ大權上ニ在リ名分內ニ正クシテ外夷ヲ馭ス今ヤ大權下ニ移リ名分內ニ亂テ夷狄之ニ乘スルナリ故ニ古ノ治ニ復セムト欲セハ豈先ツ內ヲ正シテ外ニ及ハサルヘケムヤ幸ヒニ方今

天子神聖英武夙ニ寢食ヲ廢シテ內生民ノ塗炭ヲ哀ミ外夷狄ノ猖獗ヲ憤リ給ヒ

天意ヲ

宗廟ニ承ケ人心ヲ天下ニ監テ

乾斷大ニ攘夷ノ計ヲ決シ給ヒ實ニ中興ノ

聖主ナリ天下欣々焉トシテ太平ヲ翹企ス故ニ今夏五月大ニ

詔ヲ幕府及ヒ諸侯ニ下シテ夷狄ヲ攘ハシメ玉ヒ今又一時ノ盛撰ヲ窮メ

特ニ　閣下ヲ擢テ再ヒ
詔ヲ幕府ニ傳ヘテ速ニ大事ヲ決セシメ給ヘリ群諸侯ノ其間ニ周旋輔相
スルモノ敢テ啓處スルニ遑アラス夙夜
王事ニ從ヘリ然リ而シテ幕府大將軍幼弱大吏ハ因循小吏ハ姦宄朝夕令
ヲ易ヘテ事情紛々タリ且夷奴ヲ待ツ愈優ニ夷法ヲ奉スル愈深シ遵奉ノ
實イマタ知ルヘカラス是寔ニ危急存亡ノ秋ナリ臣危懼ニ堪ス敢テ愚意
ヲ以テ今日ノ要務中興ノ基本ヲ計ルニ大ナル者三アリ曰本ヲ固クス曰
機ヲ視ル曰威ヲ養フ何ヲカ本ヲ固クスト謂フ天下ノ本ハ
朝廷是ナリ本不正ハ固カラス不固ハ動ク以テ天下ヲ治ヘカラス之ヲ正
スノ道ハ正人ヲ進ルニ在リ小人ヲ退ルニ在リ官屬ヲ和スルニ在リ風俗
ヲ正スニ在リ
廟謨ヲ定ムルニ在リ五者擧リテ後本正シ正クシテ不變ハ則固シ以テ天
下ヲ治ムヘシ今

天子夙ニ夜ニ乾々トシテ
誠ヲ抽キ
精ヲ勵マシテ治ヲ求メ求メ（マヽ）玉ヒ群卿大夫心ヲ同クシ力ヲ協ヘテ輔弼贊
成シ給ヘリ然リ而シテ
叡旨イマタ行ハレス大事イマタ決セス徒ニ此紛々ヲ致ス者ハ何ソヤ臣繇
ニ本ノ未固ヲ恐ル夫群卿大夫ノ誠忠明哲ト稱スル者ハ世常ニ多カラス
而ルニ猶或ハ未進モノ有カ其姦佞邪曲ト名ツクル者ハ世常ニ少カラス
而ルニ猶或ハ未退モノ有カ正人進マサレハ下情達セスシテ
天子孤立シ給ヒ小人退カサレハ姦計行ハレ易クシテ
叡旨下ニ徹セス上下否塞スルハ危亡ノ道也故ニ正人ヲ進ルニ在リ小人ヲ
退ルニ在リ名ヲ好ミ功ヲ妬ムハ人情ノ免レ難キ所ナリ故ニ丞相公平ナ
ラサレハ百官廷ニ和セス公卿偏頗ナレハ掾屬家ニ相傾ク官屬已ニ不和
且相傾レハ細大擧ラス論議黨ヲ成シテ遂ニ天下ヲ破ルニ至ル故ニ官屬

ヲ和スルニ在リ風俗不正ハ禮讓止ミ廉耻亡テ士氣振ハス以テ無事ヲ保
ツヘカラス況ヤ中興ノ業ヲヤ
輦轂ノ下ハ民親ク
皇化ニ浴ス風俗ノ美ナル宜ク他ノ郡國ニ殊ナルヘシ而ルニ中古以來淫侈
遊惰ノ風獨リ盛ナリシニ猶或ハ未復カ故ニ風俗ヲ正スニ在リ凡事計前
ニ定マラサレハ後ニ踣ク踣テ后計ヲ求ルハ已ニ晩シ故ニ君子ハ必ス始
ニ慮ル今幕府能ク攘夷ノ
詔ヲ奉シ斷然夷戎ヲ拒絶シテ之ト戰フ所以ノ略ヲ請ハ則
朝廷何ヲ以テ之ニ授ケ給ハムヤ若シ幕府終ニ奉スル不能シテ天下
親征ヲ請ハ則事何ニ出ムヤ計前ニ定ラサレハ幕府ニ命シ給ヘハ幕府信セ
ス
親征シ玉ヘハ事踣ク其弊終ニ時ヲ見勢ニ從テ苟且ノ計ヲナシ朝夕政ヲ異
ニシテ天下所從ヲ知ラサルニ至ルモノ古ノ中興ノ君ニ惜ム所以也故ニ

廟謨ヲ定ムルニ在リ五者已ニ立テハ本固シ太平因テ致スヘシ若シ猶未ナラハ本固ラス天下ノ事臣イマタ底止スル所ヲ知ラス遠ニ往クハ必近ヨリシ高ニ登ルハ必ス卑ヨリス未ソノ本立タスシテ能ク天下ヲ治ムル者ヲ聞カス何ヲカ機ヲ視ルト謂フ凡事勞シテ不成モノアリ不勞シテ成ルモノ有リ人與ヘテ不悅モノアリ奪テ不怨モノアリ是豈事物ノ情然ラムヤ機會ヲ得ルト不得トノミ故ニ事ハ機會ヲ得サレハ成スヘカラス且人窮スレハ則動ク已ムヲ不得ハ則聽ク唯聖智ノ君能ク大義ヲ秉テ機會ニ投シ天下ヲ擧テ不得已ノ地ニ置ク故ニ功成リ名遂ル速ニシテ人其然ル所以ヲ知ラス伏テ惟ミルニ今
朝廷立錐ノ地持戟ノ兵ナク坐ナカラ
神器ヲ奉シテ天下ノ諸侯ヲ驅テ之ヲ用ムト欲シ玉ハ能ク機會ヲ視テ之ニ投シ給フニ非レハ勢ヒ大ニ不可ナルモノアリ今春三月伏水ノ事未發ヤ實ニ千載一時ノ大機會也此ノ時ニ當テハ天下無事ニ慣レ般樂怠敖シテ

曾テ干戈ヲ慮ラサル者滔々トシテ皆是ナリ士氣大ニ下ニ振テイマタ甚タ上ニ動カス

朝廷若シ一タヒ計ヲ決シテ九天ノ上ニ動キ給ハ則諸侯倉皇シテ所出ヲ知ラス唯驚懼跼蹐シテ命ニ奔ルノ暇アラサラムトス通邑大國之ヲ左シ之ヲ右シ之ヲ西シ之ヲ東スルモ唯

朝廷ノ欲シ給フ所ノ儘ナリ曾テ尾大不掉ノ患ナキ者ハ機會ニ投スレハナリ所謂天下ヲ擧テ不得已ノ地ニ置ク者是ナリ故ニ臣竊ニ以爲ラク

朝廷必ス大ニ計ヲ決シ給ハムト甲ヲ擐キ糧ヲ裹テ日ニ

大命ノ下ルヲ待テリ而ルニ事破レ勢變シ機會已ニ去テ今日ニ至リ漸ク割據ノ端ヲ開ク者臣深ク

朝廷ノ爲ニ之ヲ恨ム天運循環シ事機往來ス一タヒ去テ還ラサル者ニ非ス故ニ大機ノ至ル亦必ス日アラム而已伏テ冀ハ

朝廷再ヒ失ヒ給フ勿レ然リト雖トモ計ヲ決スルハ難ラス機ヲ視ルハ實

ニ難シ能ク天下ノ形勢ヲ詳ニシテ人情ノ理ヲ盡スニ非レハ能クスヘカラス伏テ冀ハ
朝廷亦能ク之ヲ愼ミ給ヘ彼ノ徒ニ形ヲ見テ勢ヲ詳ニスル能ハス成功ヲ急ニシテ人情ニ達セス輕擧暴動シテ一敗地ニ塗スルカ如キハ臣亦甚タ取ラス何ヲカ威ヲ養フト謂フ今
朝廷立錐ノ地持戟ノ兵ナク坐ナカラ
神器ヲ奉シテ天下ノ諸侯ヲ驅テ之ヲ用ムト欲シ玉ハ威重厚ク上ニ積ム有ルニ非レハ則何ヲ以テセムヤ嚴刑峻法イマタ以テ威ヲ養フニ足ラス重門深宮イマタ以テ威ヲ養フニ足ラス名分ノ大義生民ノ始ニ定リテ天壤ト終始スル者アリ君臣賴テ以テ定リ父子賴テ以テ安シ天柱賴テ以テ立チ地維賴テ以テ張ル之ヲ守テ失ハス而シテ后以テ威ヲ養フヘシ之ヲ失ヘハ則不可ナリ昔シ南北ノ時芳野ノ山ハ彈丸黑子ノミ兵衆地利ノ阻ル（ムカ）ニ足ル者ナク大援應救ノ恃ムヘキ者ニ非ス而ルニ嚴然トシテ數十年ヲ

持テ不動モノハ豈能ク名義ヲ守ルヲ以テスルニ非スヤ其後ニ及テハ足利直義其兄ヲ討ムト請テ之ニ從ヒ直冬其父ヲ弑セムト請テ之ヲ許シ以テ其勢ヲ助ク然而シテ遂ニ南風不競ヲ致ス者ハ豈名義ヲ失フヲ以テスルニ非スヤ夫强ヲ使フ弱ヲ使フカ如ク難ニ趨ラシムル易ニ趨ラシムルカ如ク能ク人ノ死力ヲ盡シテ以テ其功ヲ成ス者ハ賞罰是ナリ故ニ威ハ名義ヲ以テ立チ賞罰ニ依テ行ハル、者也是ヲ以テ

聖王ハ必ス名義ヲ正シテ賞罰ヲ愼ム故ニ能ク經綸ノ業遂テ覬覦ノ禍止ム日暮途遠シテ倒行逆施スルハ亦人情ノ不得已モノ也故ニ撥亂中興ノ主ハ必ス其賞罰ヲ易クシテ其成功ヲ急ニス之ヲ易クスルノ極ハ必ス賞濫シテ罰當ヲサルニ至ル賞ハ常ニ兵强ク功多キ者ニアリテ罰ハ常ニ兵弱ク功少キモノニアリ復其義ト不義トヲ問ハス故ニ賞シテ下勸マス罰シテ下畏レス賞罰ハ人主ノ大柄以テ其威ヲ行テ而テ其下ヲ御スル所以ナリ而ルニ勸ミ且畏レスハ何ヲ以テ其威ヲ行ハムヤ何ヲ以テ其下ヲ御

セムヤ威權上ニ廢レテ豪傑下ニ跋扈ス中興ノ業遂クヘカラス所謂其入ヲ欲シテ之カ門ヲ閉ル者也是臣常ニ竊ニ憾ヲ延元ノ朝ニ遺ス所以ナリ故ニ曰豪傑職ヲ秉レハ國威乃チ弱シ殺(マヽ)生豪傑ニ在レハ國勢乃チ竭ク豪傑頭ヲ低レハ國力安シト古ヨリ大業ノ成ラサル職トシテ此之ニ由ル是朝廷最モ憂ヒ給フヘキ所ナリ之ヲ憂ヒ給フハ無他務メテ名義ヲ正シテ賞罰ヲ愼マムノミ夫本固ラサレハ事立タス本已ニ固シト雖トモ機會ヲ得サレハ功成ラス機會已ニ得ルト雖トモ威ヲ養ハサレハ終ヲ能クスヘカラス三ノ者一ヲ闕ハ不可ナリ故ニ臣謂フ今日ノ要務中興ノ基本トス伏テ願ハ

朝廷少ク意ヲ留メ給ハムヲ且夫創業ト守成トハ共ニ人主ノ難スル所ナリ中興ノ業ニ至テハ又二者ヲ兼ヌ事ノ最モ難キ者也

天子自ラ非常ノ艱難ヲ上ニ嘗メ給ヒ群卿萬死ノ力ヲ下ニ盡シ給フニ非ル自リハ未俄ニ謀リ易カラス謹テ惟ミルニ

天祖天下ヲ以テ
天孫ニ授ケ給ヒシニ寶劍與リテ三器ノ一ニ在リ故ニ
太祖始テ東征躬カラ堅ヲ蒙リ銳ヲ執リ荊棘ヲ蹈ミ風雪ヲ侵シ數歲ニシテ
葦原ヲ平定シ給ヒシハ
天祖ノ遺訓ヲ奉シ給フ所以ナリ自是ノ後
景行襲ヲ誅シ給ヒ
仲哀韓ヲ征シ玉ヒシノ類ノ如キ中興ノ主皆必ス親ク自ラ苦ヲ嘗メ難冒シ（チ脫カ）
テ
天業ヲ經綸シ玉ヒシハ亦一ニ
天祖ノ遺訓ヲ奉シ玉フ所以ナリ此ノ時ニ當リテ
天子自ラ武將トナリ給ヒ公卿武臣タリ兵馬ノ政之ヲ下ニ委ネスシテ大權
上ニ在リ故ニ能ク
王室ヲ尊クシ四夷ヲ賓シテ萬國ノ綱紀タリ中世以降

天子深宮ニ垂拱シ玉ヒ公卿唯文弱ヲ務テ兵馬ノ政ヲ擧テ之ヲ將士ニ委ネ
命テ武門武士ト曰テ
朝廷事ヲ與リ知リ給ハス大權從テ移リ形勢一變セリ其後千有餘載ニシ
テ
後醍醐帝アリ深ク其弊ヲ憤リ大ニ恢復ヲ圖リ亦能ク自ラ武將トナリ公卿
ヲ武臣トナシ苦ヲ嘗メ難ヲ冒シテ
天業ヲ經綸シ給ヘリ其北海ノ狩南山ノ幸ノ如ニ至テハ則實ニ臣子ノ言
ニ忍ヒサル者アリ故ニ能ク累世ノ弊ヲ除テ中興ノ基ヲ開キ玉ヘリ其後
又數百載ニシテ今日アリ
聖天子深ク
天祖寶劍ノ遺訓ヲ體シ迹ヲ
先皇ニ追ヒ親ク躬ツカラ憂ニ當テ武將ノ任ヲ甘シ大ニ中興ノ業ヲ圖リ給
ヘリ公卿豈獨リ文弱ニ流テ武臣ノ責ニ任シ給ハサルヘケムヤ故ニ公卿

固ヨリ文ナカルヘカラス亦一日モ武ナカルヘカラス公卿ノ文武ヲ兼ルハ上古ノ盛ナリシ所以ナリ其武ヲ忘ルハ中古以來ノ衰ヘシ所以ナリ其極終ニ武門亦武ヲ忘テ夷狄ノ禍ヲ引ニ至ル何ソ衰ヘタルノ甚キヤ臣思テ此ニ至ル毎ニ未嘗テ悲憤痛哭セスハアラス且古ハ亂臣賊子命ニ方ヒ民ヲ虐スル而已今ヤ之ニ加ルニ夷狄ノ猖獗ヲ以テス力ヲ用ル古ニ倍セサレハ功之ニ半ナルヘカラス嗚乎豈強メ玉ハサルヘケンヤ元弘ノ時藤納言公ノ善導明監アリテ大業ヲ播遷ノ際ニ贊テ天下ニ大勞アリ

閣下　明誠沈斷ヲ以テ

聖主ヲ

廟廊ノ上ニ輔ケ玉ヒ上下依賴ス卽チ亦今日ノ藤公也況ヤ非常ノ盛撰ニ當リ天下ノ大任ニ任シ遠ク幕府ニ莅テ大事ヲ決シ玉フヲヤ天下ノ安危實ニ　閣下ニ係レリ故ニ臣敢テ三事ヲ以テ　閣下ニ望ム竊ニ願クハ

閣下能ク三事ヲ務テ　盛勳更ニ古昔ニ高ク終ニ能ク名分ヲ正シ塗炭ヲ

拯ヒ禮樂ヲ隆ニシ武威ヲ張リ四夷ヲ賓シテ萬國ノ綱紀タルモノ再ヒ上
古
先皇至治ノ域ニ至ラシメ玉ハムヲ唯　閣下幸ニ諒察シ給ヘ臣愚妄言僭踰
ノ辜萬死逃ル所ナシ且方今ノ務未必シモ三事ニ止ラス大典ヲ擧ケ
皇都ヲ定メ土地ヲ經シ兵食ヲ備ルノ類以テ尊攘ノ大義ヲ明ニシテ太平
無窮ノ基ヲ成ス所以ノ者尠カラスト雖トモ臣謂ラク三事立テ而シテ后
萬功施スヘシ故ニ此ヲ先ニシテ彼ヲ後ニス草莽臣藤原梓誠惶誠恐頓首
頓首謹言

島津久光上書

去ル丑年亞米利幹人渡來諸夷來船種々願望申出候處乍恐於　公邊
叡慮御伺ニ不被爲及條約御取究相成終ニ　公武之御間漸御隔意被爲成一

統之人心も是ゟ爲ニ不穩趣傳承仕甚危急至極御座候三百年來御代々樣之
御累恩を奉蒙且當時　御內緣も有之儀ニ御座候得ハ旁傍觀難仕殊ニ亡兄
薩摩守平素　公武之御爲抽忠勤度存慮ニ御座候處不平(幸カ)ニして志を空し遺
憾不少儀ニ御座候臨終之節私一人江委曲遺命之趣も有之候ニ付其以來忘
寢食朝夕苦慮罷在候處去々春以後變故不一方其儘　御改轍無御座候而者
如何成場合ニ赴候も難量家督ニも無之身ニ而甚僭越之至ニ御座候得共是
迄之　御政事振觀察仕候處
天朝御尊崇之道不相立正邪之辨致表裏冤魂之愁聲草野ニ滿御外政ニ於て
ハ因循苟且之四字を不被免故を以虛實之不奉存候得共乍恐被爲惱
宸襟候御模樣も奉傳承外患も扠置內憂日ニ迫り變端墻下ニ生スル之勢顯
然ニ御座候間舊職家來差出久世氏へ存慮之趣致獻白候得共迚も御取用相
成候御模樣無之遷延之中不可救之勢ニ罷成も難量奉存此上ハ是非出府仕
存慮十分言上仕度含ニ而修理大夫申談去ル三月中旬國許發足仕候折柄京

攝邊へ諸浪士蜂起且家來之內私趣意心得違候者共致與力不容易形勢相成
無事通行難仕候付無據一往大坂屋敷へ取押置四月十六日　近衞家に參殿
成行入御耳候處恐多も達
叡聞當日浪士鎭撫之儀蒙　御內命誠以冥加之至恐入難有奉存御請申上滯
京罷在候內浪士共推而上京仕騷亂企候段相聞得候付早速家來差出取押方
精々申付乍漸靜謐之形ニ相成申候然處於
朝廷
思召之御譯被爲　在
敕使被差立候付私ニも引續出府周旋可仕旨別紙之通被　仰付重疊恐入難
有奉存五月廿二日京地發足先月七日出府仕候付而者直樣表通形行獻言仕
度奉存候得共此度者非常出格之
叡慮ヲ以　敕使被差向候御事故　敕使之奉　命不被爲濟內私よ里獻言仕
候而者　敕使を差置候場ニ相當り越阼之罪と奉存態と差扣罷在候處內々

承知仕候得も　敕諚御奉行被爲在候御內定之由無此上御慶事恐悅至極ニ
奉存候從來私持論ㇳ天下之人心歸嚮仕候御方要路ニ御出職　公武之御間
大道相立無內外表裏眞實之御一和ニ被爲成邪正明白下草莽之匹夫ニ至る
迄　御盛德ニ敬服仕候御政事之基本定𪜈上下一致　御國體堅實之上
叡意ヲ被爲伺時世ニ應して天下之公論を以外夷　御處置永世不朽之良法
被召建度存慮ニ御座候處於　公邊早其邊へ御著眼被爲在先月朔日之御書
附拜承仕誠以感佩之至ニ不堪儀ニ御座候乍去實際施行之處古來より難し
とする事ㇾニ御座候得も非常之時節御實事不致齟齬樣能々　御了得要路之
御役々正邪綿密ニ御評議ニ而黜陟被爲在度奉存候是迄　御威光と欲申候
而善惡無御構御壓服之御手段も乍恐近來之御弊政ニ而彌人氣激發之基と
奉存候間右等之御氣味御一洗寬永已往之御政事ニ被爲復　公武御合體之
大基本被爲立候上義理上より生し候眞實之　御威光被爲在度偏奉懇願候
右申上候如く內外非常之世態殊ニ當時　御賢明ニ被爲在候由も粗奉承知

候得者愚考之趣胸臆ニ秘し候時節ニ無御座とも奉存不肖之身を不顧虚飾を去り忌諱を犯し奉獻言候若　御採用之儀ニ御座候者猶又存慮之趣可奉申上候以上

七月　　島津三郎

中川家ゟ議奏方へ差出候下書之由彼藩熊田蔦八ゟ薩邸本田彌右衛門に相見せ候分十一月八日會議へ彌右衛門持參ニ付寫取之

當春私家來小河彌右衛門与申者同志之者引經京攝之間へ罷出居去ル九月歸邑仕候其節薩邸島津三郎を以て右彌右衛門始家來共尊　王之志　御感被下置且私國政行屆候段も奉蒙　御賞詞冥加至極難有仕合奉存候猶又先月廿日家來之者正親町三條大納言殿に被　召出　御內敕御書附御渡被成下於兵庫頂戴仕重疊難有仕合奉存候此節上京右御禮奉申上候心得ニ御座

候處同廿九日大坂滯在中薩長土三藩を以右彌右衞門儀
天意御感之　御移付而も私儀も奉蒙　御賞詞候儀も不容易御事柄仮令國
法ニおいて故障之儀御座候共奉對
天朝赦罪可仕筈猶難捨置儀ニも御座候ハヽ一應奉伺候上兎も角も可申付
處其儀無之一己ニ咎申付候段畢竟
天朝を奉輕蔑候所行不束至極ニ被　思召候段青蓮院宮樣　關白樣　御移
之趣奉敬承誠ニ以恐縮之至吐口之申上分ヶ無御座奉恐入候右ニ付不取敢
右彌右衞門始咎筋差免候樣在所表へ下知仕置候儀ニ御座候然ニ私儀奉對
朝廷不臣之心底ハ毛頭無御座乍小藩相應之　御用度相勤度兼々心掛罷在
候處此節之不束實ニ　御移之程深奉恐縮候何卒廣大之　御仁惠を以此度
之罪條格別ニ奉蒙　御寬免候ハヽ重疊難有仕合奉存候此段偏ニ宜敷御執成
之程奉願候以上

月　日　　　　　　　　　　　　　　中川修理大夫

掃部頭樣此度京都御守護御用御免之儀於江戸表被　仰出誠ニ以一藩中驚
入候義ニ付一同段々与評議仕候得共　台命之儀外ニ致樣も無御座恐畏罷
在候義ニ御坐候尤先年異國船渡來之義ニ付而も所々御固御用も被　仰付
被成御勤候處寅年右御固御免兼而被成御心得候　皇都御守護御用一際御
手厚ニ被成候樣被　仰付一藩中領民ニ至迄別而難有奉存殊ニ掃部頭樣御
代々之御規模も相顯を一同擧而大切ニ可相勵心底ニ而人數爲御詰追々御
手厚ニ可被成御心得ニ御座候處去ル午年先掃部頭樣御大老被　仰付御繁
雜中不行屆之儀も有之哉心得違之役人共出來引續當掃部頭樣御若年之御
義ニ付彌我意を募り御家政をも亂し候樣相成候間右心得違之者共も先般
被相除掃部頭樣ヽ勿論兼而御守護大切与一途ニ心得候へ共精々乍恐
叡慮ニ相叶候樣勵精仕度と深く心配更張不仕候内今般右之御用御免被
仰出實以歎ケ敷殘念至極ニ奉存候右樣一旦被蒙　台命候上之儀强而御歎
願も難被成御辨ヽ御座候得共　權現樣ゟ御格別之御趣意を以被　仰付置

候御守護筋之儀ニ付難默止御歎願被成度何卒可相成御義ニ候ハヽ御憐愍を以御手切ニ相成不申樣一廉之御用被　仰付被下置候ハヽ一藩ハ勿論領民ニ至迄冥加至極難有奉存拋身命專忠勤を勵度念願ニ御座候得共何分御歎願方之義御心配被成候折柄今般　中納言樣關東御下向被爲在候趣被成御承知不外成御懇緣樣之御中誠ニ以御家ニおゐて天幸与奉存候ニ付奉恐入候得共掃部頭樣初一藩之者共今時之赤心　御憐察を以御執成被下置候樣伏而御歎願奉申上度依之在所表ゟ上京仕極御內々御願可奉申上樣被仰付候事

〔朱書〕
五月朔日披露

方今實々重大之事件切迫之時勢重職不堪其任失錯有之候而者　朝威茂不相立申　皇國之人氣ニ茂拘深恐懼旣當春豪　御內慮候節茂至愚短才非其

任暫時二三ヶ月之處御請申上候儀何卒辭職被　聞食候樣願存候事

關白

辭關白內覽氏長者隨身兵仗等之事

職事經之朝臣

文久二年壬戌十一月七日相模守ゟ差越

一ッ橋殿春嶽殿御登庸之御沙汰被　仰出候義ㇵ云々之事

攘夷御日途之事

右諸藩へ布告之事

公武名分相立尊王之義專らㇳ有之事

家康公以來之鴻業被　思召候　叡慮ニ出候事

征夷二字ニ被爲對候ても斷然と攘夷ㇵ有之度事

水戸藩之事
尾張殿之事
一ッ橋殿閣老以下心得方之事
右關白家之御咄也

關東に急々以　敕使可被
仰下候大意
先達而　敕使を以被　仰下候御主意遵奉相成一段之事ニ　思召候尙新政
不容易義ニ而孰も千思百慮盡丹誠候旨　叡感思召候扨當秋越前前中將上
洛致候樣　御內意被　仰下候得共新政相整候後國是之議論をも盡し致上
京度ニ付御猶豫之儀申出ニ相成尤ニハ候得共左候而ハ更ニ多少之日月も
費可申近年彼是行もつれ候も外夷に之處置　叡慮と致齟齬候より之事ニ

候得は此節ニ至候而もともかくも夷狄攘斥ニ決策して幕廷始列國萬事非常之處置を以進退有之候樣　思召候依之別紙之通毛利[松平カ]大膳大夫松平土佐守島津三郎へも被　仰下候此旨も被心得攘夷之　叡慮致貫徹候樣處分可有之　思召候事

近日毛利山内ゟ參　内被
仰付可被　仰下大意
外夷ハ愈猖獗國内ゟ益衰弱之趣相聞候ニ付而ハ夷狄攘斥ょ決策して万事非常之處置を以進退可有之　思食候其旨關東へも被　仰下候間列國諸藩へも申談　叡慮貫徹攘夷成功を遂候樣盡力可有之　思召候事
但土佐守へハ
父容堂儀早々致上洛候樣可申遣
思食候事

如斯端書を添被下度事
島津ゟ先日參　内之事ニ付爰ニてゟ不及參　内學習所ニ而右之旨を以
參　内之時之　御直命ニ照し程よく可被　仰下候事

又

細川黒田伊達蜂須賀鍋島之類追々少々ツヽ御聲かゝり又ゟ彼より申出
ふり聊ニても有之國々へハ三藩へ被　仰下候御書付寫を被下右之通ニ
付三藩と幷心戮力攘夷成功を遂候樣盡力有之度旨殿下ゟ之命を國々夫
々の御親類堂上方より被仰遣候而可然哉之事

此度　　敕書之通被　仰出候ニ付而ハ銘々之策略被爲　聞度被　思召候
間見込巨細相認來二月　御上洛前迄ニ早々可被差出候依而も御國內之人
心一致ニ無之而も難相成儀ニ付兼而も申達置候得共尙此上別而入念武備

嚴重相整候樣可被心掛候尤委細之儀ハ衆議之上

叡慮御伺ニ相成候間方今無謀之所行無之樣銘々家來下々ゟも屹度可被申

付置候事

太田誠左衞門

久木直次郎

橫山甚左衞門

桑原治兵衞

笠井權六

國友與五郎

右等之者共午年中水戶家　勅諚被下候節諸向へ傳達之義專相支へ其後

安藤對州等之意指を受　勅諚返納候儀を致周旋奉對

朝廷不相濟所業一ト方ならに一藩之名義を取失國家を誤候罪魁ニ相聞候今度嚴重ニ不被申付候而ハ不相濟儀且其餘黨類之者ニ至夫々退斥可有之事

此寫最早御覽之分も有之哉二重ニ成候も難計候

右附箋ニ而

嵯峨實愛卿之筆

十八日於武傳（黑田）松平美濃守家來へ達

今般以　敕使攘夷之事被　仰出候ニ付而も諸蠻へ漏聞難計　帝都非常之御備無之候而も御不安心之儀ニ付御備之儀關東へ被　仰出候右等之御時節幸通行ニ付暫滯在可有之樣被遊度思召候事

十月

廿日於　宮中武傳ゟ相模守へ達

攘夷之儀被　仰遣候　勅使不日著ニ付　叡旨委曲申達且談判等可有之就而者速而も速ニ遵奉之儀与ハ　思召候得共彼是異論等難計候間相模守へも出府候而程克大樹へ直談周旋可有之

思召候事

十月

同日同上

於關東周旋之儀ニ付依事馳走所へ行向　勅使と面談可有之　御沙汰之事

爲　帝都御警衛可然家來人數等可殘置被　仰下候事

十月

十月廿五日於武傳亭被渡

攘夷之儀被　仰遣候　敕使不日著府　叡旨委曲申述談判有之候就而
ハ速尊（遵カ）奉之儀トハ被　思召候得共彼是異論等モ難計候間美濃守ニも
早々出府周旋可有之　思召候事

十月

右一紙

爲　帝都御守衛可然家來人數等可殘置被　仰下候事

右一紙

廿六日

爲　帝都御守衛可然家來人數等可殘置被　仰下候段御別紙御達被下
奉畏候且又此節も差急出府被　仰付候付參　內も不被　仰付候此後
上京仕候節も參　內被　仰出ニ而可有之旨御口達之趣奉承知難有仕
合奉存候以上

松平美濃守留主居

十月廿五日　　　　　　　　　　藪　幸三郎

十月廿九日

今度以　勅使攘夷之儀關東ゟ被　仰出候ニ付而も蠻夷漏聞難計候於

藤堂ハ兼而御警衛も被申付候儀故此比上京豫防禦之心得方等も被

聞食度候此段被

仰出候事

十月廿九日

右關白殿ゟ御達

細川越中守上京之事先達被　仰出候處同家老長岡監物儀亡父幷當監

物共國忠盡力之趣兼而達

叡聞候間越中守同時登京猶又丹誠有之候樣被遊度若々越中守發足後

ニ候ハヽ自跡引繼上京可有之御內々　御沙汰被爲在候事

十月廿九日

右殿下ゟ桃花ㇸ御達

蠻夷渡來以後　皇國人心不和ヲ生シ當時不容易形勢ニ致リ（到カ）深被惱
宸襟候ニ付　皇國之御爲ハ勿論　公武猶々御榮久之樣去五月關東ㇸ
敕使被差下被　仰出候御旨趣有之候處於大樹家も去七月一日　叡旨
御請被申上　御滿足之御事ニ候近々追々制度改革之旨　叡感候猶又
叡念彌以速ニ被行候樣被遊度　思召候將今般以　敕使攘夷之事被
仰出候ニ付而も諸蠻ㇸ漏聞難計　帝都非常之御備無之候而も御不安
心之儀ニ付御備之儀同關東ㇸ被　仰出候得共猶又於遠江守ゟ防禦之
心得方有之度　思召候父伊豫守ニも先年以來殊ニ國忠丹誠之趣兼達
叡聞候上京も有之正論被　聞食候ハヽ可爲　御滿足　御沙汰候事

右殿下御達

同筆

○

一皇國ゟ開闢以來君臣主從之分明ょして諸家之陪從といへとも皆衣冠を朝廷ニ受候事今猶如古ニ御座候然ルょ往々此義忘却候處より僭上之意萌し其身其家を危ふめ候事間々有之候願ハ此度此義いよ／＼分明ニ相成候樣被爲在度候

附御威光ヲ以下民を虐し〻事一々御沙汰被爲在候　御所と唱へ還御と云類を推而御禁止被爲在度候　親王と稱へ候事ハ古來　皇子之御事と存候處數世を經たる御方も有御座候樣奉伺候是迄之所ハ致方ぁく候得［共脱カ］・已後御改被遊可然樣奉存候若此事難被行候ハヽ夫ハ其儘ょし置諸王之如被思召上古之稱謂之如く　皇太子を日嗣之御子　皇子を日並之御子と申候樣有御座度候委敷ハ其道委敷者に御質被遊被爲行度候但諸王も限り可有之候此ニ付ても　皇子數多被爲在候樣有御座

度奉存候
惣而虚稱僭上等ゟ弊之大なるハ無御坐候刀鍛冶鏡屋菓子司迄國名官名用候類ハ勿論何守何介等も權とし准として名分相立候樣有御坐度候一みちと申候事ハ血筋之外無之事ニ候付雲上方ハ歷々なるを以貴き御事ニ候何卒御正敷御家ハ格別ニ御一等を御進め被遊御家名ニ違候御筋も可成丈本ニ復し候樣御世話被遊いよ〳〵血筋失候分ハ實家之血筋ニ候へハ其姓氏ニ可被遊候不得止事義ニ候古昔ハ姓氏をもて貴賤を分候事ニ候得共猶諸國ニも古風を存候血筋分明之者も有之乎ニ候御吟味之上是等も等を賜り度候此事行れ候ハヽ自ら諸人も古道之在所を知風俗厚きよ歸し人心を維持し候基本ニ候然候ハヽ夷風ハ入申間敷候且
皇祖天神之典故ニ候へとも御追孝之第一義と奉存候己ニ有て不責人と欲申古語も有之候由ニ候へハ何卒此等之事並ニ國主家々事等も相當ニ被仰出其上是等も僭上之事無之樣被爲在度候

右之趣位徳無之者申筋ニハ無之候得共上下之分ハ昭然として又相親候
情も深く候　御國体ニ御坐候得ハ不顧分奉言上候決而名利之念ハ毛頭
無之唯々御取用ひニも相成候ハヽ我々奴之悦不過之候天地ニ誓ひ草稿
ハ留不申候口外も致間敷候惣而
御上より出候様被爲在度候
九月
〔以下三行朱書〕
右上包ニ
此上書も文字扱等上書之体ニ不仕候義ハ不敬之至候得共文字等餘り
拘り候得も意味不通候ニ付此義ハ御仁免奉願候

或問曰
敕使御東下攘夷之御趣意幕府ニ於テ御請ニ相成其令海内ニ示サレシ時ハ

戎夷必ス其機密ヲ推知スヘシ夷情ニ於テ豈之ヲ知テ甘テ互市ヲ可務哉不退則必禍ヲ生センヿ三港斷商ノ事ヲ不待ナリ我所恃ノ要港彼素リ諳知即チ浦賀浪華ノ如キ

皇國ノ喉咽夷艦是ニ碇泊烈(列カ)國出産ヲ横奪スルトキハ京攝江三都會ノ民失産無頼即餓ノ慘ヲ蒙ルヿ必然ノ勢ナリ此時ニ至リ吾レ海軍ニ拙ク征之小舸紛渾蟻附ノ外他ノ術ナシ尤無算ノ軍ナリ如之何セハ可ナラン

答曰凡軍事神密ヲ主トス幕府竊ニ機密ヲ言上　叡慮ヲ安メ奉リ密檄ヲ諸侯ニ下シ三季ヲ期シテ拾萬石ニ軍艦一隻ノ課役ヲ命シ陰ニ兵備ヲ嚴ニシ陽ニ互市ヲ務ルヿ往日ト異ナラス殿山土木ノ事モ如約變セス彼ヲシテ駸々乎シテ我謀ヲ知ラサラシメ三季ノ密期ヲ待テ幕府竊ニ告夷曰吾邦人氣固陋交商ヲ不歡者既ニ久シ兵庫殿山等ノ乞ヨリ人心沸騰不可制ノ勢有之トイヘトモ漸ク鎭定ス今日ニ至リ又々激發所謂手ヲ以テ河ヲ防カ如ク如何共不可爲猶切ニ鎭撫シ暴擧アラサルヲ致スヘシ然ルニ勢不容易ニ付萬々

異事アルモ不可測唯一信ノ重ヲ以テ告之ノミ願ハ速ニ退ヘシ時情實ニ不得止ナリ請之ヲ熟思セヨ而テ其夜乘闇一軍園殿山下田ヲ衝キ一擧之ヲ可盡而テ唯二三名生テ本國ニ歸スヘシ是兵法所謂致人ノ術海軍ヲ不用シテ我カ長ヲ以テ彼カ短ヲ擊ツ乃チ無算ヲ轉テ勝算トナス如是初我有利𪜈ハ他日兵勢ノ盛ナル知ヘシ策ノ上ナリ

或曰上策得聞タリ請聞中策

答曰幕府斷然攘夷ノ決心ヲ天下ニ示シ諸侯ヲシテ各其國ニ著カシメ控海ノ國ヲシテ其邊備ヲ嚴ニセシメ中土ノ侯伯ヲシテ轉輸後援ヲナサシメ將軍親ラ闔八州ノ諸侯ヲ率ヒ下田夷館ニセマッテ曰先年ペルリ來船ノ𪜈吾幼若是非ヲ不辨俗吏私ニ互市ヲ聽ス天皇聞之逆鱗猶忍テ吾カ長スルヲ待チ頃余ニ命曰交商頗國害ヲ生ス速ニ斷之テ國體ヲケカス勿レト君命不可辭今親ラ于此來リ天皇ノ命ヲ傳ナリ事破ル、𪜈ハ兩國千万ノ生靈水火ノ苦ヲ被ルヘシ亦不忍ノ至ナリ然トイヘ共君命與國害ノ重キ敢テ因循致カタシ斷然意ヲ決シ棄利取義リ唯一死アルノミ唯々退則兩國ノ福ナリ而テ彼カ答ヲ待チ驕色アルトキハ鳴鼓進テ討之策ノ中也

或曰中策得聞タリ願クハ下策ヲ聞ン

答曰決策ヲ神密ニスルヿ如上策然リ而テ我謝彼曰通商頃ロ我ニ利アラス根源邦内不廣ヲ以テ其弊萬民ニ及ヘリ然トイヘ𪜈一度信ヲ結フノ上ハ更ニ盡ク開港ヲ鎖セントニハアラス兵庫殿山兩條ヲハ請變約ノヿヲ聽スヘシ下田長崎箱館三港ハ前日ノ如クスヘシ彼若シ不聽𪜈ハ戰フ願ニ蓋我請ヲ聽ナルヘシ然𪜈ハ三季ヲ待テ再謝彼曰下田開港猶我害ヲ生シ邦内疲弊如何共スヘカラス請崎陽箱館ニ於テ交商セン不聽則戰フ若聽之時ハ我利權ヲ取リ彼ニ役セラレサルノ條約ヲ定メ金銀衣食等ノ品皆之ヲ禁シ調度翫物ノ類ヲシテ專ラ金銀藥種等ニ交ヘシ我其弊ヲ蒙ラス眞ニ利アル𪜈ハ兩港必不絶シテモ可ナランカ策ノ下ナリ

本山茂任再拜頓首

謹而上言仕候伊勢　神宮御守衞之爲御暇之義先般申上候處是非とも滯在仕候樣被　仰出難有奉謹畏候然處今般猶又礒部　神宮實備之義ニ付御沙汰之趣有之折柄英船申立之次第も不容易應接之都合ニ寄直ニ兵端を開可申左候時ハ何時右　宮々へ侵寇之程も無心元且江戸表人心不穩候處當代大納言留守之任ニ當り居候付深く心痛之趣申越候付而ハ又候人數繰出可申國内空虛之勢ニ御坐候右之通根本之自國を守候儀ハ無覺束次第ニ付右　神宮御守衞方之儀別而心配仕候付而ハ再應申上候段何共奉恐入候得共時勢一變ニ付不得止御暇之儀奉願候尤萬一急御用等有之節ハ迅速罷出可申候間早々御許容被成下候樣仕度奉存候誠惶誠恐頓首伏陳

三月　　　　尾張前大納言

○

當七月一日

聖意御遵奉之御受ニ相成候上ハ屹度誠實恭敬より出候而君臣之分儼然相立候樣萬事被爲行候樣有之度奉存候

一勅使等之節ハ大將軍樣御直ニ御郊迎被成御送りも同然御登城等之節も大手御門外御送迎被成候樣有之度候

一登城ハ　勅使之御思召ニも可有之候得共江戸御著之卽日ニ而御遵奉之上も早速御發輿ニ可相成御暇等之舊例ニ拘り候樣之義無之樣譬堂上方ニ而も私之出府之節も大將軍樣ニも三公之御任ニ被爲在候得ハ御暇も御尤ニ奉存候　勅使ニ御暇等も御無禮御不敬之限りと奉存候

一是迄　勅書拜受之節御手長と欤ニ而御三家方之内御取次ニ而大將軍樣

も御上段ニ被爲在候由　敕書ノコトあれハ御直ニ膝行頓首稽首ニ而御
受有之度候
附り御禮相濟候上御饗應等之節ハ御對々之御禮ニ而可然歟
一三公之人ニ無之候得も中雀門ニ而下乗之舊例之由　敕使　院使ニも其
例ニ拘りあく御玄關ニ横付ニ有之度候
一是迄御往復御文言之内ニハ被仰進等之文字相用來り候由　御兩敬同様
之御取扱ニ而年始御祝儀等も頗ル無禮ヲ極め候由向後屹度相改メ君臣
之分不相亂様有御座度奉存候
一傳奏御役成之節ハ所司代ニ而誓詞有之其文ニも不臣之言も御座候由向
後屹ト相止候様有御坐度奉存候
一此節宇都宮に　御陵御普請奉行被　仰付候義千載之一時御忠節ニ御座
候得共　天朝へ御願被仰上　敕許之上堂上方ニ御奉行之御方御立被
遊候様有之度其上諸國之人士も有志之處も與り候様被　仰付度奉存候

一山陵之儀ニ付而も千載有志之もの悲傷仕候義ニ付此節も　天朝及幕府より公ニ天下ニ號令ヲ御下し有志之ものハ上京仕其儀ニ與り候舊記等も持參仕候樣或上京難成ものハ其姓名等一切不洩樣申出候樣被　仰出度右之義ハ天下之公論ニ定而千載之遺憾無之樣仕度就而も成功ヲ御急き不被遊樣奉存候

右ハ當今之急務と奉存候ニ付奉申上候名分等ニ拘り候儀ハ譬小事たり共舊例ニ御かつみなく御改正被成候樣奉存候若其義なく大將軍樣御上京被成候共天下之人心一致仕候義無御座と乍恐奉存候以上

九月

右之趣江戶へも密々申立候得共可然と　朝廷よりも被　仰出度奉存候

傍書ハ朱書ニシテ草稿ヲ訂

内府以下人々事專不宜風聞不容易儀ニ付臣等（微臣輩恐入存候得共痛心之餘難默止）不顧死罪存意之儘令言上候

正シタルモノナリ今原文訂正共ニ原形ヲ存ス　校訂者識

尤曖昧（不文明）之箇條者不申立候得共衆口之所起甚（相考ぇ）大要ヲ論候ニ外夷事件ニ付而
も戊午（先）年間（來）深重被爲盡　叡慮　聖明至當之御趣意被　仰出屢關東ヘ御沙
汰被爲在候儀も實ニ　國家安危ニ拘候御大事ニ候間三公始朝議贊謀之人
々同心合躰ニ而被輔佐　叡慮飽迄御趣意御貫徹之樣可有周旋之處其節内
府公儀者議奏第一ニ而前殿下与同腹被致候事抑　朝廷御多難ヲ釀候濫觴
ニ而其後追々關東違　敕之所置ニ相成終ニ正議之大臣方落飾青蓮宮幽黜（太閤并三公落飾青門）
等之御混雜到來（ニ相成）候節内府公專所司代若狹守ヘ被内應右等之御變動ヲ坐視
傍觀被致一旦　叡慮之御趣意隱沒ニ成行候ヲも曾而盡力周旋不被致も全
不忠之所爲顯然ニ候己（其）未以來關東益暴政ニ相成毫釐も　朝廷尊奉之道不
相立事ニ被惱　叡慮候時節機密無大小千種少將岩倉中將等ヲ以悉皆若狹
守ヘ相通シ　朝廷之御失體ニ相成候ヲ不顧偏ニ關東ヘ阿諛而已ヲ被爲主
与候心底專奸惡之臣魁与相唱候衆口難遁哉ニ存候先達内府已下增祿之沙
汰有之候儀も全ク從來關東ヘ内應之廉則增祿之多少ニ而周旋之輕重自ラ

分明ニ有之候方今天下一新之大機會已前幽閉之大臣親王夫々(等)再職(被免)被仰出
追々　朝議御挽回ニ相成於關東モ是迄暴政之筋悔悟可有之哉既ニ若狭守
當役不任之趣ヲ以所司代退役被命候上モ右若狭守ニ内通同被致候内府公
已下阿黨(故)之人々速ニ貶黜(嚴重之御沙汰)(内)ニ不相成候ハテ者乍恐　朝憲モ不被爲立哉ト奉
存候先年前菅亞相武家通同之罪狀(風聞)ヲ以　勅勘被　仰下(出)候儀モ有之其節天
下一同御嚴正之　朝憲ヲ奉欽仰候於内府(公故)者故前菅亞相比較候得ハ一層(倍)之
奸罪十目之所視ニ候此節速(旁以)ニ不被正　朝憲候ハテハ天下不服之人心ヨリ
如何体之事端相開候哉モ難計左候時ハ自然　朝威之御陵遲(夷)ニモ可相成ニ
付臣等不顧死罪(恐懼)令言上候何卒嚴重至當之　叡斷被爲在候樣伏奉願候事

月　日

忠禮卿　實德卿　光愛卿
重胤卿　隨資卿　信篤卿
公誠朝臣　實在朝臣　公述朝臣

實美　　公董朝臣　　公知朝臣

〔朱書〕
文久二年壬戌

實美不顧非分　朝廷之御政務を議候者誠僭踰之至深不堪戰慄候得共
心情切迫之餘難默止候間不憚恐寸心內密申上候此度島津和泉上京言上之
次第委曲之義者不存候得共勤王之志ハ感賞仕候建策之事件被爲適　叡念
候ハヽ何卒以英邁之聖斷御採擇被遊無御疑念御信任被爲有條々迅速ニ被
仰出候ハヽ國內一致人心協和之場ニも可至被安　宸襟候樣可相成与存候
方今之形勢を考候處　朝廷之御所置神州之安危國家存亡ニ係り候間偏ニ
正大之公論を被立剛直之御所置ニ相成候樣奉仰候自然因循苟安之御事ニ
相成候而者變異難測有志失望候而も暴發之程不被量候於京中動干戈之事

ニ相成候而も國內潰亂ニ可及候方今夷狄猖獗之折柄ニ候間內亂ニ乘し外寇一時ニ起り候而も　皇國之維持ハ無覺束程之勢ニ至候義ト不堪恐歎存候當今　朝廷之御急務ハ以賢良之人執柄輔弼ト被遊候義緊要存候當殿下御辭表ニも相成候由承候何卒以非常之御所置不拘先規舊格速以　叡慮被聞食他之大臣を以被補當職候ハ、國內人心ハ協和ニ可相成ト奉存候前件被運　叡念候樣爲國家奉仰候偏公武御合躰御和睦之御情實眞實御通徹ニ相成候ハヽ　皇國理治之期ニも被爲至哉ト存候實以不顧恐猥濱　天聽候條恐入候得共冒萬死內密言上仕候也

五月十日　　實美

〔朱書〕文久二年壬戌

四月十五日堀次郎持參一紙寫

大意

一閣老久世早々致上京候樣屹与被仰渡候而如何可有御坐哉

一粟田口宮鷹司太閤樣近衞左府公鷹司右府公御愼解被爲在候而如何可有御座哉

一於關東一橋殿尾張前中納言殿越前々中將殿土佐御隱居宇和島御隱居御愼解在之如何御座候哉

一九條公幷所司代御退去之御處置被爲付候而如何可有御座哉

右ニも御罪科之有無ハ全不奉存候得共天下之風評且此節難波邊處々ニ致充滿候諸浪士之說ヲ承候處此御方々ヲ奉恨衆怒之歸スル所ニ御座候間此等之御處置無御座候而も暴發目下ニ起人心一和と申所ニ迚も至り申間敷奉存候存慮之程叩心膽奉申上候

一於關東安藤對馬守速ニ退役被　仰付候樣無御座候而も人心潰亂之基と

も可罷成奉存候
一御愼解之上一橋殿御後見越前前中將殿御大老職ニ被爲任候而も如何御座候哉右等之處人心一和之基本与乍恐奉存候
一前件之儀被　仰渡候ニ就而も乍恐　朝廷之御威勢不被爲立候而も關東有司急速被取用候義如何と奉存候間一二之大名ニ御內　勅被下結局見屆候樣被　仰付候而も如何可有御座候哉
一越前在職候ハヽ上京被　仰付　朝廷御尊奉之道相立邪正之辨明白ニ罷成候樣被　仰聞度奉存候事ニ御座候
一公武御合躰上下一致之上異人之所置天下之公論ヲ以永世致貫徹の明制被爲定　皇威諸蠻ニ輝候樣罷成度奉存候
右も近頃僭踰之至固不免鈇鉞之罪奉恐縮候義ニ御座候得共近來之世態ヲ觀察仕候處綱維日々廢弛人心不和衰委〔萎カ〕之極變故四出終ニ夷人之正朔ヲ奉候樣罷成も難計乍恐　玉體モ不被爲　安樣ニ承り且本文之

件　叡慮ニ被爲　向候處哉ニ夙ニ奉伺候間到底　叡慮ヲ奉補佐　公
武御合躰人心一和之道ヲ御成就被成候樣在御座度一二件國論ヲ交へ
內々奉言上候恐惶再拜
戌四月

〔朱書〕文久二年壬戌

愚昧輩不憚　朝議　猥申上候段深恐入候得共今般島津和泉上京內々言上
之次第巨細之儀者不承候得共風說傳承候處實國家之大事ト存候最　朝議
御精密之儀者勿論ト存候得共方今御所置如何可被爲在候哉自然因循時日
相移萬一生異變候節者不容易御儀ト深痛心仕候既去月下旬於伏見驛有志
之輩忠憤之餘不慮變動有之趣寔不堪感激候自然往々右等輩追々有之候而

者實悲歎之至存候間何卒此上者萬事島津申上候通迅速御所置專要之儀ト
存候最　廷議無御油斷ト存候得共當今執柄御辭職御上表ニ而有之候趣若
敕許之思召ニ而被爲在候者々非常之御時節故不拘關東御往復之先規以臨機
之御所置速被　聞召更被補其任候者々益　朝政被爲立人心協和可致ト存
候間何卒英明之御裁判被爲在　朝憲不虧樣伏テ申上候事

公誠
實在
公述
公知

十月五日會藩へ内達寫

敕使下向登城

一是迄中雀門外ニテ下乘有之候以來書院大門（玄關前之門）内玄關下座敷前ニ而
可下乘事
一是迄馳走大名計式臺出迎有之候
以來老中以下各式臺迄出迎可有之事
一是迄於殿上間授御目錄等之節
敕使老中一時ニ昇上段候
以來　敕使直ニ坐于上段老中中段ニ而一禮請目　敕使目許之後老中可
昇上段（勿論對座有之間數事）事
一對顏之節大樹公被坐于上段　敕使昇上段傍ニ坐逑　敕命退去之節大樹
公見送無之候
以來大樹公出迎被誘引中段ニ被留候　敕使直ニ昇上段氣色之後大樹公
昇上段奥端對座可被奉　敕命退去之節大樹公前行大廣間迄見送可有之
事

一右之後自分對顏之節も奉　敕命候御使身分之儀故前條ニ准シ厚取扱可
有之事
一公卿聽帶劍候輩者　禁中御對面之節も帶劍候間大樹公對顏之節も聽帶
劔之身分束帶之日者帶劍狩衣之日ハ帶刀可有之事
一能井　敕答御暇等登城之節可准前條事
一今度副使殿上人候得共正使同格取扱可有之事
右登城之節之儀猶亦
年々
敕使武家傳奏下向井臨時　敕使等下向之節被附馳走大名候處今度改革
ニ付自來年被止旨ニ候事省略國力疲弊ヲ被補候趣意一應ハ尤之儀候得
共元來自昔年格別尊敬之譯柄候間是迄通馳走之儀大名へ可被申付
　但虛餝無益之費等ハ精々省略可有之事
一旅宿〻城使之節も奉　敕命候　御使之儀故是迄之振合可相改事

一御禮等廻勤之事是迄若年寄亭迄廻禮有之候
以來後見政事總裁職老中計月番等亭廻禮自余不行向事
自余去夏左衞門督下向之節　御沙汰之旨申述候通從來君臣名分不相立僭
上不敬之廉々以來改革万事尊崇之規矩屹度可有之關白殿被命候事

十月

右同樣一紙ニ左之書取添武傳ヨリ　勅使へ被渡
今度御改革ニ就而者別紙之通被改候ハヽ彌　公武御一和可然存候間御執
計有之候樣可申入旨關白殿被命候仍申進候事

十月

徳川刑部卿殿
松平豐前守殿
水野和泉守殿
板倉周防守殿

〔朱書〕右三條公直書之

〔朱書〕別紙甲号

○

十一月五日武傳ヨリ被達

刑部卿并春岳共所勞籠居之由風說被及　聞食候　敕使無恙過日著府專對談可有之折柄出仕無之而者事件因循可及延日哉且事々差縺動者異端ヲ開候次第ニ及候ゟ難計日夜被惱宸襟候刑部卿春岳儀ハ去夏以叡慮登用可有之　御沙汰之處大樹速御請被申上其後追々精勤　御滿足彌御倚賴之事候如風說所勞候ハヽ不及是非候得共精々加保養一刻片時も早出仕爲國家彌盡忠熟談等可有之〔樣脫カ〕被遊度御沙汰候事

十一月五日
徳川刑部卿
松平　春岳

右一紙

同日同上

一橋刑部卿松平春岳等頃日所勞蟄居之由風聞候右ニ付而ハ彼是時日押移
朝命遵奉も及延日候而ハ有志之輩切歯暴發之程難計方今右様之儀ニ及候
而ハ國内混亂自然夷賊之胸算ニ可陷實以不容易儀与
叡慮不安候猶精々存穩便國益之心掛專撫馭有之候様被遊度　御沙汰候事
十一月五日
松平土佐守容堂等江

右一紙

同月八日同上

叡慮徹底候可有周旋且自國政務をも掌り益武備充實畿內　神宮等御守護向厚被心懸
皇國御爲筋可有盡方尾張大納言慶勝卿へ御達有之候樣去月三日　御沙汰之儀申入候處今以御返答無之候且來春大樹御上洛之節隨從上京有之候樣御沙汰之旨爲申入候右等未御達無之候ハヽ早々御達之樣關白殿被命候事
追而御達相濟候ハヽ其旨早々承度候也

十一月八日

徳川已下連名

右一紙

同月九日藝州へ武傳ゟ被達

今般以　敕使攘夷之事被　仰出候ニ付而ハ諸蠻へ漏聞難計　帝都非常之

御備無之候而ハ御不安心之儀ニ付御備之儀同關東へ被　仰出候右等之御
時節幸通行ニ付暫滯在有之候樣被遊度　思召候事

十一月

右一紙

同文三百十九頁ニアリ然レドモ缺字別行ニ細書等互ニ異同アリ今暫ク各原形チ存ス　校訂者識

同月八日　自中川以三使差出

白分今夜子半刻過伏見著之由有屆

當春私家來小河彌右衛門与申者同志之者引纒京攝之間へ罷出居去ル九月歸邑仕候其節薩州島津三郎を以右彌右衛門始家來共尊　王之志　御感被下置且私國政行屆候段ゟ奉蒙　御賞詞至極難有仕合奉存候猶又先月廿日家來之者正親町三條大納言殿へ被召出　御内敕御書付御渡被成下於兵庫頂戴仕重疊難有仕合奉存候此節上京右御禮奉申上候心得ニ御座候處同廿九日大坂滯在中薩長土三藩を以右彌右衛門儀　天意御感之　御移付而ハ私儀も

奉蒙御賞詞候儀ハ不容易御事柄假令國法ニおゐて故障之儀御坐候共奉對
天朝赦罪可仕筈猶難捨置儀も御座候者一應奉伺候上兎ゐ角も可申付處其
儀無之一己ニ咎申付候段畢竟
天朝を奉輕蔑候所行不束至極ニ被　思召上候段　青蓮院宮様關白様御移
之趣奉敬承誠ニ以恐縮之至吐口之申上分無御座奉恐入候右ニ付不取敢右
彌右衛門始咎筋差免候様在所表へ下知仕置候儀ニ御座候然ニ私儀奉對
朝廷不臣之心底毛頭無御坐乍小藩相應之　御用度相勤度兼々心懸罷在候
處此節之不束實ニ御移之程深奉恐縮候何卒廣大之　御仁惠を以此度之罪
條格別之奉蒙　御寛免候者重疊難有仕合奉存候此段偏ニ宜敷御執成之程
奉願候以上

十一月　　　　中川修理大夫

右一紙

一有馬中務大輔今十日巳刻參　内
一松平安藝守明十一日巳刻參　内
右被　仰出候事

〔朱書〕
別紙甲号添

十月廿九日戌刻御認之貴狀一昨七日朝相届令拜見候追々寒氣相加候處
御所々々御機嫌能被爲渡候御安心之樣存候彌御安全廿八日ニて御著府之
旨珍重安悅仕候然ハ御日記御拔要其余御別紙並御細翰等各逐一拜承候先
以　敕使御取扱舊來之弊習改正專被盡尊崇候趣意品川驛以下夫々手續全
上下之分君臣之別相立先以恐悅追々御都合之御事と安心仕候此比ニあハ
幕議一定攘夷遵奉之由第一　御安心一同安堵候事ニ候其他万般宜敷御都

合之旨奎　叡慮貫通之儀ト實ニ御洪福恐悅之至ニ存候是以段々御盡力之
儀と御苦勞存候猶々御吉左右相待申候大樹痲疹之旨致方も無之候乍去議
論正義之上ハ延引ニ而も無巨難と存候御長逗留ニも其御苦勞存候淸水邸
へ御移轉ニも相成候ハヽ御都合と存候會津周旋阿波守ニも此節每々登城
幕政關係ニも相成候由重疊御都合と存候何も御示之條々委詳令拜承候猶
追々御盡力御左右相待申候先ハ早々御報耳如之候也

十一月九日申刻於

鳳闕認

二白倘々追々嚴寒相成候折角御用心御周旋之樣と存候多忙紛々亂書可
被免給候也

忠能

實愛

三條殿

忠熙

新中納言殿

姉小路少將殿

尙々御道中寒氣專御用心と存候也

今晩も寒氣ニ候彌御安康珍重明朝者御發駕目出度存候寒氣之時分御旅行別而御苦勞ニ存候扨今日於　省中色々申承候幕府之事情等實ニ御心配と御察申入候右ニ付而ハ御應答振如何相成候哉与甚以掛念申候ハ今日　御沙汰モ在之候儘呉々激烈ニ不相成樣此處ニ而ヤフレニ成候而ハ實ニ不宜今一段之上ハ此邊迄ニ可到儀も候半何分此度之所無御如才事ニ候得共偏ニ々々御深考可有存候儘爲念右之段申入置度荒々如斯候也

十月十一日夜

御承知ニ候ハヽ別段不勞御答候也

○

三條中納言殿　　實愛

追々寒景加候へ共益　御所々々御機嫌能御安心之樣奉存候愈御平安御逗留恐賀奉存候過日十一日御答書差出候趣御覽被下候事と存候其後其地如何御模樣哉と存候當地御靜安之儀爲御安心申入候先便申入候通

十一日有馬　十二日淺の

右參　內有馬滯在淺野出府仕候

一中川御詫も相濟未滯在仕居候

一島津三郎京師守護職之事去十二日夕方頓ニ被　仰出候旨武傳ゟ達書被爲見候事ニ候右御趣意ハ御達之字面ニ相見候通りえ　御趣意之旨跡ゟ殿下御談ニ承候寫掛御目候會津へも爲心得其段被　仰下候其寫手元ニ無之候跡ゟ可差出候會津ニハ段々周旋も候處右島津へも被　仰下候段少々不服哉ニも承候御含可給候小子も心配殿下に相伺候處御達書面通

り之事ニ而何も會ヲ御危ミ或ハ役ニ立ぬと申事ニ而ハ毛頭無之只親藩一家ニ而ハ衆心不服故外親兩藩へ被　仰下候譯島津御拔擢ハ全書面通り之事と承候三郎家督ニも無之處守護と申事如何と申論有之是も尤ニ承候へ共前文之通り旣ニ相成候而十二日武傳ゟ被達候左御承知可給候其外先々差而申入候事無之候明曉此便り有之旨只今承り早々一書相認大亂書麁紙略札重疊御斷申入候也

十一月十六日夜四ツ半過認

尙々御入城其外御他出途中井食物等深御用心可有之樣可申入旨靑門被示候無御如才候へ共申入候其餘時氣御保養專一奉祈念候

一世古氏も著と存候其比ハ甚苦心候へ共追々御便りニ而ハ右苦心ニハ不及先々安心仕候其後如何と存候

一返々亂書御推覽御用心等專一存候也

十一月十六日夜

三條殿　　實愛

別紙

十一月十二日武傳被達

松平肥後守儀京都守護職被申付御警衞も行屆御滿足被　思召候然處一藩奉職ニ而ㇵ人心居合も如何可有之哉　御懸念被　思召候依之島津三郎儀今般　公武御一和之基本ヲ致周旋爲　皇國大ニ忠誠候者ニ而此末　公武之御爲別而可然被　思召且同人儀家督ニも無之候得ㇳ京都守護も專一ニ可相調候義与被　思召候ニ付右旁別段之叡慮ヲ以斷然守護職被　仰出度於大樹家も猶又叡慮貫徹候樣肥後守申談相勤候樣被申渡度　御沙汰候事

別紙之通被　仰出候ニ付而も島津三郎儀早々上京被　仰下候間父子一時
發途ニ相成候而ハ難澀ニも可有之故修理太夫出府之樣暫猶豫有之候樣被
遊度　思召候事

別紙前通之趣被　仰出島津三郎へも申達候旨宜申進關白殿被命候仍申入
候事

十一月十二日

野宮――
坊城――

徳川刑部卿殿

御所方益御機嫌克被爲渡御互恐悅存候可爲御安慮候貴卿御道中以後御滯
留中御勇健之由珍重存候追々寒威候尙御自愛專一存候長々御滯留嘸々御

倦勞恐察候段々御盡力之由御苦勞存候乍此上御勘考御成功偏冀願仕候將
乍御面倒御內談申試候從來之流弊被相改以來
君臣名分禮節等可被正之儀會藩周旋之處程克承伏相成候旨傳承仕候然處
今以老中奉書抔文躰聊も改正無之候間何卒貴卿ゟ表向一越又ハ閣老へ被
仰渡給間敷哉溜改正之義承伏候ハヽ當役ゟ老中并所司代等ゟ相達候書狀
類も總而流弊相省名分相正度右ニ付而ハ改正之儀關東ゟ所司代ゟ心得ニ
申來候樣致度存候尤當役ゟ所司代ゟ申聞候而も宜儀ニハ候得共風与心配
候より彼是不伏之次第ニ相成候而ハ會藩之周旋無益ニ成行候而も殘懷之
至候間前文之振合ニ成候方至極穩便を（とカ）存候間先々御談申試候去月比以來
之書翰寫別紙入御覽候尤古來之例文ニハ候得共法外之文体甚以不得其意
候乍去改革治定無之內改候而も落手無之与存候ニ付無據今度之處ハ返書
も任先例置候事ニ候多端之御配意實以氣毒存候へ共御勘考希入度存候仍
如斯候也

追啓過日小生轉役被　仰付不存寄儀恐入候得共元來愚昧疎漏之質殊方今時勢旁以恐懼且無覺束存候猶萬事御心添希入置候時候呉々御自愛候樣存候急亂毫可被免給候

十二月五日

三白

姉小路殿ニ而愈御淸榮候哉別段不令捧書候乍憚宜々御傳聲願入存候也

新中納言殿　　定功

內啓

封中別紙

一筆致啓達候尾張前中納言以

叡慮從二位大納言任叙被　仰出候ニ付位記　宣旨相調御滿足之御事候此
由可有
奏聞旨依　御意如此候恐惶謹言

十一月十三日

井上河内守
正直判
板倉周防守
勝靜判
水野和泉守
忠精判

坊城大納言殿

一筆令啓候就入寒　禁裏御機嫌被　聞召度旨御意候隨而塩鮭十尺被遊御
進獻之候右之趣傳奏衆迄可被申入候恐々謹言

水野和泉守

忠精判

十一月十八日

牧野備前守殿

貴翰致拜見候　公方樣　和宮樣御痲疹之段

禁裏　親王　准后被　聞食御輕症之由ニ候得共猶又御豫躰被　聞食度由

及言上候處厚

叡慮之程忝被　思召候追日彌御順快被爲

在候間此由宜被達　叡聞候恐惶謹言

十一月廿五日

板倉周防守

勝靜判

水野和泉守

忠精判

坊城大納言殿

寒氣之節　禁裏御機嫌之御樣躰被

聞召度　思召壚鮭十尺御進獻之候遂披露候處　叡感不斜候女房奉書被出
候間進之候猶宜有言上候恐々謹言

十二月朔日　定功
俊克

松平豐前守殿
水野和泉守殿
板倉周防守殿
井上河内守殿

○條公御自筆

一和宮樣御上京之儀何ゟ中納言春嶽上京之上委細可申上候事
一故薩摩守贈官位之事も去月十二日申達候事

一修理大夫御推任敍も早春參府之上相達候心得ニ候事
一尾張前大納言ゟも早々相達可申候事
一傳奏衆誓詞之義是迄古來より之法ニも候得共今度以　叡慮被　仰出候事故以來相改可申候事
一島津三郎ゟ守護職被　仰出候段畏候事
一九口固御廢止之儀も取調追而可申上候事
一町奉行御附其餘之者禮節之儀も傳奏衆より被申越候通可取計事
一外夷取扱振主客相反候趣被　仰下此儀も畏候事

十二月四日於營中總裁春岳ゟ相渡書取

○

尙々呉々相模守ハ賴母敷人物ニ候間能々御つゐひ可被遊候時候御用

心專一と存候也

追々寒氣相催候愈御旅中御當もなく哉恐悦候陳ハ道中と申者ハ無事なる様て何欲心せ包敷事ニ候宮宿之御飛札昨拜見候御無事之御様子も承知仕安心仕候扠御發足前錦鷄前廊下ニて掛御目候細書之一紙追々御覽と存候誠ニ差出ヶ間敷事耳ニ候得とも御心得之一助ニも相成候ハヽ重疊畏存候猶御賢考希入候且又松平相模守事至極勤王心屯_{純カ}一ニて小子等感心之至ニ候斷然タル所存赤心故愚家ニも來臨被致種々心底申述候事ニ候歌ヲ被贈

玉の緒いたしゐゆるとも一筋ニ我　おゐきミのミこゝをさゝきむ

又歸ルニ臨　勤王之事思程成就不致ハ再面會いふさぬと被申候なと實ニ朝廷之御依賴此人と存候關東へ罷り下り周旋可致　敕定ハ勿論馳走所へ參り御面談可申樣との御沙汰書も被下有之候左なくとも被召寄御相談不苦と存候へとも右様之事も有之候間幾度も被召寄御談合專一と存候至て手輕クシテ實ノ有人物故御手輕ク御居間へ被召寄候樣ニと存候登城之登

之字改事ニ存候初入城對顔之御禮後見總裁職老中月番へハ可行向其餘ハヤメとの御沙汰之事御發足後一覽大ニ驚キ申候小子問合候處後見總裁職へも不行こともよしと申事故不行向老中以下例之通り之事ニ候間此度御改あをれ總て御行向あき樣被成度旨相模守へ周旋可致と被仰候と〔ミカ〕御宜と存候小子面談之砌申聞置候將幕役御往復之儀ニ付御伺被成候御次第も出來候節ハ時宜ニ付御返事ぬるくてハ御都合あしき事も可有之候間其節ハ御返事の案文ヲ御添被成ケ樣々々と御申上被成候樣ニと存候是ハ小子一存ニ候へともケ樣ニ不被成てハ御困り之儀存候故ニ在〔マヽ〕樣申入候能々御勘可被成候又々後便可申入候得共差當用事耳如此候御旅中隨分々々御用心養生ハ食物ニ有之候精々御心得可被遊候也

十月廿日ゟ廿一日朝認　重德

新黄門公

内々

○

甚寒之砌
御所方益御機嫌好被爲渡恐悦萬々御安慮可有之候其後御無沙汰無申條候
去十日出之御狀十九日ニ拜見いたし候乍寒中殊外寒氣其地ハ如何哉何ノ
御當りも無之恐悦併御旅情何欤と御不自由御察申入候先々御平穩珍重存
候陳ハ其節御示之御入城廿日ニ相濟候御事哉廿五日卽昨日之樣ニも申候
麻疹ニて大延折惡事（併其間ニ篤と内々御取調も好哉）猶其御樣子承度事ニ候扠又關東之模樣
種々申候へとも取留ぬ事計ニて不安心ニ候此兩三日前薩ノ家來吉江（井カ）忠助
と申者歸國仕候ニ付當地立寄候て一寸面會仕候此人咄しニハ甚々宜旨申
候餘り宜過候故何欤又案し候へとも此人も慥なる人故相違なき事と存候
へハ至極之御振合御安心と存候攘夷御請ハ勿論尊　王ハ向方（幕ノ事）致シ候由只
今迄ノ關東ニてハなし必御疑有間敷と申事ニ候左候へも御親兵邊も御心
配なき御事と存候此上ハ期限謀略御聞取ノ御手續と存候左候へハ彼違

敕邊之場合ハ無之と存候ハ御互ニ御案し申候處最早懸念なくと存候自餘
只今ノ形勢も承り候處中々違印ハ無之と思合候事ニ候（併萬々一ノ節違心無迄）扨當地ニハ關白御
辭退之御模樣扨々歎ケハ敷存候只今御重職御動搖ニてハ世界ノ人氣ニ拘
り何とも申上樣なき難儀ニ候故小子も兩度御諫申候へとも御聞入も無之
御樣子此比ニハ御辭表又被出候樣ニ被存候深御子細も有之歟ニ候へとも
先表向御ケンヌン御所勞故之御事ニ小子拜承仕候只今之時節ニ御所勞と
て御辭退ニてハ人氣ニ拘り諸藩も疑念ヲ可生幕府ニも何と歟可存候隙ヲ
伺候へハ異說も可生哉と甚苦心心配仕候併只今ニ相成いさし方も無之貴
卿とても被遊方も有間（敷脱カ）ニハ候へとも歎息苦心ノ餘り幸便故申述宜御勘考
も候ハヽ御施し行所祈（マヽ）ニ候小子も加勢去五日ニ被免候併國事ハ不相變可
申上蒙仰畏候へとも　御所之御樣子ハ分りかね心配いさし候
一因相模守追々御面御咄しとも可有之と存候御論談如何哉定し益正議屹
度周旋ノ廉相立可申と賴母敷存候事ニ候乍憚宜御申傳願入候容堂儀も

大勤王實ニ感服いたし候毎々御面會と存候乍未相見是亦宜御申願入候
扨何欲と申入度事も候へとも便宜差急要用耳如此候大亂書御分りあね
失禮可被免候也

十一月廿六日曉天書了

二白土州家老フカヲ丹波ニ候（部此人來客）初て入來何欲咄し申候火急ニ（赤心と見込候）下向と
承り直ニ相認候へハ宜候處大草臥故ニ左様ニも不相成候故大ニ切迫
ニ相成殊ニ御分りあね御推覽可給候也

十一月廿六日朝

重德

新中納言殿

內啓

○

自三島驛被差遣候後藤小藤太廿八日著之處參　內中ニ付廿九日得面談御
書令拜見猶又同人ゟも委詳談話之趣承候先以御旅中御平安恐賀安悦仕候
扨水口井宮等ゟ被出候御答夫々早使差出候追々御覽給候事と存候廿四日
ニ函領御越廿八日ニハ御著府と存候最早初度御入城も相濟何樣之御都合
哉と千思万慮不逮ありふ致し居候事ニ候
一世古氏遈敷人物事々明燎承知仕候先此段可給候
一因筑久留米宇和島等之儀ハ夫々別紙寫之通御沙汰ニ相成候久留ハ滯在
居候宇和島ハ歸國仕候因筑著府斡旋と存候
一一橋之處於當地も種々傳聞苦心仕居候水源烈公未亡人ゟ奸毒を一へ流
し込候趣ニ付右防禦筋專勘考先有栖邊ゟ被申遣候樣ニも可相成哉殿下
深考中ニ候
一公武御間名分不正之儀御示承候殿下申入相役邊ニも申談候處先差當分
和宮大樹天璋院等ゟ獻上物ハ各　進獻

和宮へ御贈ハ　御贈物
大樹天璋院へ被下ハ賜物
右之通可然旨ニ候自余名義之事ハ一々其廉を立て申入候而も際限も無之事故ヶ條不申入候本根君臣之分上下之別相立候得も自然と萬事改正ニ相成候儀故其含ニ相成候樣可申入旨殿下被示候左御承知御懸合可給候差向御掛合ニ相成候事ハ夫々申入置候御尤之儀ニ存候

一關東之形勢御心痛之趣於當地も追々令承知何レも苦心勞思仕候事ニ候御內示御狀之趣猶又後藤氏ゟ演舌之旨等相役示談殿下へも申入候右御答も筆舌難述候間右ハ後藤氏へ委曲申入置同人ゟ申陳候樣相含置候同人義も再出府申談先明五日出立と相定候同人府中相憚候旨ニ候へ共何卒勘考仕御直談ニ相成候樣申聞同人ニも其手段可仕旨申居候間是ハ何辺ニも御直ニ御承知可被下候

一前條之趣ハ殿下ゟ御內奏ニ相成候事ニ候且又前條御心勞血氣ニ被乘候

義ニ相成候而ハ御心配之旨御尤ニ存候返々殿下へ其旨申入相役中ニも
申談置實ニ今日之形勢不可得止事之段何レも篤と含居候乍去申迄も無
之候へ共尚又御愼所祈候旨申入殿下初被示候
叡慮不貫通ニ而ハ何分難相濟義其節長土御談合御進止ハ御委任之事ニ
候間可然御盡力之樣と存候
一今一段之處御見居之事も精々評論も仕候へ共何分今一左右御懸合之模
樣ニ可寄と申殿下御見込ニ有之相役各同論故先此旨御心得可給候
右等先御答申入候委細ハ紙上難盡候間後藤氏へ申含候御聞取希入存候御
發途比とハ六ヶ敷時勢ニ相成御互ニ苦心別而御心痛實ニ奉遠察候巨細ニ
可申上之處昨夜來風邪頭痛甚困苦當用計荒々如之候也
十一月四日午刻認
尙々實々御大役御察申候京師格別變り候事も無之中川修理太夫家來
小河彌右衛門禁錮之事

朝廷ヲ輕蔑之事ニ付三藩ゟ中川へ申談中川恐縮悔悟御斷申出候此義

一兩日混雜候へ共先多分無異ニ相成候其余所々及傷亂行暴客徘徊候

へ共瑣末之事ニ而有之候也

一自今御用談御文通ハ何卒御相役連名ニて御差越可給候極機密ハ又別

段と存候此旨願置候也

霜月四日未刻封

御覽後丙丁

三條黃門公　　實愛

極內事

一大樹痲疹之由言上候是も一ツ御手障り哉と案痛候一越會等出仕候哉如

何色々風說實ニ苦心仕候

一殿下辭職大急キ扠々困物跡職人体混雜先ヤハリ前右ニ八分ハ御內決候

一青門も所労未被出仕扠々掻痒之思共ニ候
一武傳ハやハり野相公ニ御内定候
一大原青門邊大不ハマリ加も可被免勢ニ成候困入候

〔朱書〕
○本書條公自筆
一敕使下向候ハヽ將軍自郊迎之事
但シ此儀ハ御宥豫候ハヽ殿上間迄出迎候カ又ハ廊下又ハ大廣間迄出
迎候事
可相成城門外迄出迎セ度候事
一傳奏屋敷著玄關平付之事
一歸京之節郊勞之事
同上

一下向傳奏屋敷江老中高家等爲伺御機嫌參候事如例
此余三家三卿在府者ハ著翌日爲伺御機嫌參候事面會之事
但不在府者以使申置所勞者ハ當分ハ全快後長病ハ使ヲ以申置猶其余
在府大小名伺御機嫌同上之事但申置三家三卿ハ以使挨拶自余大小名
不及挨拶之事
交替旗本小役人迄同上伺御機嫌之事多人數差支候ハヽ著翌日ゟ三ケ
日ニ可割付候事但御機嫌ハ
天朝之御機嫌故輕身者ハ却テ恐多候故三家三卿大小名總高家一同是ハ寄
旗本中ノ格ノヨキ者ニ候合旗本迄ニ致候カ御勘考ト存候猶又不在府大小名家來ヲ以伺候も亦
恐多故在府者計ニ致候カ御勘考
一下向之日老中上使之事
此上字去リ只使ト計ニシ　敕使ハ先達て上段ニ居老中膝行伺御機嫌
候事以後送迎無之事攝家諸大夫使位之取扱ニ致度候

一登城之日之事
玄關平付之事
登城之登之字去度存候以後入城トカ御入とか申樣ニ致度候
入城直ニ殿上間上段著座茶煙艸盆火鉢可出事
老中御口上和宮等ヘノ御口上承リニ參候ハヽ膝行上段ヘ上リ候事
休息所攝家取次之通之事
敕諚被下候時將軍自　敕使ヲ殿上間ゟ誘引此時上段ヘハ將軍直ニ上リ禮節致シ其後先ニ立誘引之事
白書院（黑カ不存候）中段ニ止リ　敕使直上段ニ上リ一目禮將軍直ニ膝行　敕諚拜受シ少シ退テ披見了テ口上云々申述御用濟候ハヽ　敕使其儘少シ下リ自分禮節寒暖了起座但此節總テ對坐將軍先立送テ休所ニ到ル休所殿上間上段又大廣間可然事
饗應萬端攝家宮方ニテノ通之事　殿上人と雖　敕使ニ付三寶ヲ可用事

下城ヲ御敕使御立御歸りと可唱事

禁中ゟ被下物被下と可稱候和宮モ以後臣下ノ妻ニ候へハ是も被下と
可申事

敕使ゟ贈物進上と可稱事將軍ゟ之贈物モ同上被進ト可唱事

敕答歸京饗應之日御暇と不可稱只御返答日と可稱候事

此余公方公儀上使之号出御入御等之稱右樣之類書狀往復或口上書ニ
至迄見當リ次第ニ被改正候樣存候

日光宮歸京ニハ不相成候哉　天子御廟ハ地下僧御守申居將家廟ヲ親
王ガ守トハ實以不都合ト存候可相成何カナシシ（マヽ）ニテモ先歸京之取計
沙汰有度事ニ候尤　敕使輪門へ行向候事モ止度候輪門ゟハ御機嫌伺
自被來候カ又ハ使ニテモ被越候カ之事
老中へハ月番ニテモ不及行向止度候事併老中五軒高家一同へハ以使
城中世話萬端之挨拶被申入度候事

○鍋閑叟へ御達

被　仰出候演說別紙之通ニ候於鍋島前中將者兼而英名達　叡聞御感之御事ニ候且老練之儀ニも候間別紙御沙汰之趣奉爲　神國御都合能盡力周旋之樣宜申述別段　仰被爲在候事

別紙

今般攘夷之　敕諚於關東彌遵奉且又策略等諸藩へ布告建議之上可有言上旨　敕答之趣粗相聞不日敕使上京言上之事と　叡念御徹底　御滿足ニ候兼々　御沙汰之通只々　神州之御瑕瑾深以被惱　宸襟候御儀ニ候尤此上於幕府者無怠慢奉行と被　思召候得共尙諸藩之面々も右之　思召格別ニ拜承有之不泥累年之弊風早武備等心得有之因循遲滯無之速攘夷拒絕之談判ニ可相成樣出府厚周旋之儀賴被　思召候由　御沙汰之事

○

一勅書御請上られ候御筈なからんまゝ御湯も御出來かね御筆も御取かね遊はし候故恐入らせ候へ共御口上にて何かの御請仰入られ候御事

一勅使三條中納言殿差下させしニ付　勅書御いん領遊はし何か御委敷御伺遊ハし忝思しめし猶又御言傳もあらせられ大樹公天璋院御かたへも御重寳の御品々給り深く御うれしこなりの御事にそ和宮御方ニ置られ候ても深く忝思しめし候和宮御方へも御見事々々の御笙火もち一もこ御文この内色々御取揃御うるはしき〳〵御品々御拜領遊はし是又深く忝かられ候厚く々々御禮仰入られ度思しめし候御事

一異國之事彼是御ふあき御心配御方之御沙汰共毎々御伺遊ハし實々恐々られ候何と御程よく思しめし通りニ相成万事御安心御方の御さた御早く御伺遊はし度と御時節を御まち遊はし候御事

一此後又々　勅使御下向之節もし〳〵　御勅書進られ候ハゝ御渡し方之

事御大切の御用柄ニ而　勅書の外ょ御口上ゐての御用もなふせふれ候節ハ宰相典侍行向ひ　御口上も伺　勅書も御うけ取申候様申〻候様遊さし度ぞせん又格別の御用ニてもあらせられず　勅書計御渡シニ相成候時ハ宜るしあふば候ハヽ何と卒〳〵　和宮ゟ御附上﨟之内行向ひ御渡しょ相成候様御定御願遊さし度思しめし候儘御勘考御願遊さし候事子細ハ宰相典侍ゟ御咄し申入候事

一先達而御願もし丶御稱号之御事御願通り此御地ニ而も改　和宮ゟと稱せられ忝思しめし御禮仰入られ候御事

一ら示ての御願明秋御上洛之義幾重ニもよろしく〳〵御ねあひ遊ハし度種々御心配ゟの御中彼是毎度御願遊さし候御事實々恐入られ候へ共何と卒〳〵其邊よろしく御願遊ハし度思しめし候御事

一敏宮ゟ御事此度桂御所ゟ御相續之義願出候よしふて御委敷仰られ忝思しめし候　和宮ゟの思しめしも御尋ニあらせられ扨々恐入られ候此程

御返事ニ仰入られ候御通り後々人口ニかゝり御双方様のふあた御心配様ニ成らぬ様呉々と〳〵御評議之上御子細もなくあらせられぬ御事ニ候はゝりあらは〳〵　和宮様への御えん酌なさせられはじめて度御治定なさせられ様候ニと思しめし御双方様の御安心様ニ成られ候御身御治り遊もし候へは　和宮様ニも御安心忝く思しめし候御事

一此御品々誠ニ御麁末の御事ニあらせられ候へ共　勅使上京之御言傳迄ニめて度　和宮様方御獻上遊はし候御品は御跡方御まゝしあるへく候御事

一御拝領の　勅書よき御便り故先々御返上遊はし候御書箱もなしあふなしあよ御返上遊はし候御事宰相典侍へもま事ふ御細やあ様ニ御さゝふて早速御伺はを遊はし候へは恐入々々深有難り猶又よろしく御禮申上度申出候事

右之由よろしく御沙さ御頼遊はし度思しめし候

〔以下六行朱書〕
上包條公自筆

御上京の事御内儀ゟ文ニ而上﨟ゟ被仰越候樣左候ハヽ萬里小路ゟ表ヲ以而御申立之事

御獻上〔本ノマヽ〕冩司事

敕點御詠草幷御清書も年頭使城番交代臨時ハ別段家司ゟ御稽古人

御取調相濟候事哉

宰相典侍添使使番替止之事

〔朱書〕
文久二年壬戌

容堂儀先達明春將軍上洛之砌上京可致御沙汰有之卽通達仕候然處當今形勢ニ而も少ゟ早々上京之方國家之爲可然存候ニ付兩人發途之砌左之通以書取申通候　　明年正月上旬發足上京之儀可被仰出候間此段申入置候也

十一月五日　實美

容堂殿　公知

然ル處實々時勢相迫候折柄ニ付年內ニも發足上京有之度事ト爲朝家奉存候間何卒左之通ニ仰出候義も相成間敷哉

松平容堂明春大樹上洛之砌上京可有之旨被仰出候處當今之時勢ニ付而も少ニ早く被　召登度思召候間急速發途早々上京有之候樣被　仰出候事

甚匆卒之內篤ト熟慮も難付書認候一應御相談申上候無御遠慮御加筆可給候也

實美

姉小路殿

甚寒之砌益　御所方御機嫌克被爲渡恐悦存候貴卿彌御安寧珍重存候一昨
五日　勅答有之追々布告ニも相成候猶萬々歸京言上可仕候（策略并之義も明春上京迄ニ諸衆議言上）
勅諚遵奉之處も先以宜姿ニ候得共策略期限等ニ至彌實地ニ施し候處も如
何之次第ニ可有之哉兎ニ角惣躰之事情も痛憤無限愚存仕候

〔朱書〕
文久二年壬戌　條公直書

攘夷決定布告之事
此儀早々評決ニ相成候樣尤評決之上急速諸大名ニ下知ニ相成候樣思召
ニ候
策略并拒絕之期限之事
此儀者早々列藩之衆議ヲ被盡候而奏聞可有之候併暫日數者可相掛候間

敕使ニ卽答ニ不及候間衆議一決次第早速言上

叡慮可被伺定事

別段列藩衆議之上至當之良策一決之處ハ追而言上之事ニ候得共差當於征夷府廟筭見込之處拒絕期限之遲速緩急大概見居之内々（込之大概）承度事

〔朱書〕
文久二年壬戌

自營中一書呈上仕候益御安泰奉賀候今日參上之義申上置候處會津參上之由於營中承知因而僕參上ハ他日ニ仕度御斷奉申上候先ハ右而已匆々如此御坐候頓首

冬仲念日　容　堂

黄門閣下

〔朱書〕
文久二年壬戌

華墨拜見仕候于時御安泰恐悅之至候皆々樣ニも御同樣可被成御坐候萬々
奉賀候僕先日自幕府御不興悉皆御宥免相蒙難有奉存候此外別楮ニ認置候
御覽後宜奉冀候猶奉期後音候也恐惶謹言

初秋二日　　　　　　　　　　　　松平容堂

豐（花押）

三條少將公閣下

拜復

尙々時下之自至（玉カ）專一奉存候

〔朱書〕文久二年壬戌

一書呈上益御安泰奉南山候昨日ハ入城萬事無御滯奉賀候幕府御尊奉筋之義如何御取越關心之至內々光景御敎示被下度奉存候且又昨日　敕書大樹公へ御渡之後再書付御渡御口上も被爲在候由右ハ謹聽ハ被致候得共尙又御口上振り書取拜受被致度趣內々春岳ゟ申越候間何卒乍御筆勞一寸御認御廻シ奉懇願候右之段奉申上度例之以麁楮如此御坐候頓首

冬仲念八日　容堂拜

三條黃門閣下

〔朱書〕文久二年壬戌

追申本文之趣尤極御内々之義ニ候間必々他漏無之樣御取計御含可給
候亂書々々

彌御安全珍重存候抑内々御尋申入候土州當主今歳出府年ニ候處因所勞延引被願候歟之說有之候右も實事ニ候哉内實ハ伏見通行も有之候ハヽ京都へ立寄とも有之候樣被遊度御内々　叡慮ニ被爲在候尤兵なとを被召動候与申樣之義ニハ一切不被爲在候へとも方今世上之形勢何共深被惱　宸襟候就而も薩長兩藩厚周旋之次第粗御承知之通ニ候土州も御内々御依賴被遊度御事も被爲在候ニ付通行之便思召之邊も被　仰出候へハ至極穩ニ而宜与被　思召候處先文所勞延引之由被　聞食深以御殘多被　思召候凡いつ比出府通行ニ相成候哉御内々被　聞食度との御沙汰ニ候仍此段密々貴公迄御尋申入候御内調之上否御答可給候也

六月十一日　　忠能

三條羽林公
内用

從忠能卿御内東匆卒不克寫得送土州之寫借乞彼卿草案書寫之畢　文久二
六十一於　御前書試草　六十三 實美
案卽日御内定實美朝臣へ遣ス同日同朝臣參　内示談下官正三
○島津ゟ容堂ノ事被示六十二本多彌右衞門へ示

○

松平春岳松平肥後守松平豐前守板倉周防守等小笠原圖書頭入來大樹對面之儀折惡痲疹ニ付被恐入候得共難相整如何哉示談有之候所勞之義も無據候間快方迄可相待候何分　敕諚も直ニ大樹へ可相渡候間延日之義不苦旨令返答候間此段言上候御序宜預御沙汰候也

十月廿八日　實美

權大納言殿

三條大納言殿

〔朱書〕條公自筆書翰草案

彌御安寧珍重存候然者昨日令著府候處大樹痲疹ニ付對面之義示談有之別紙之通相答申候就而も內々以高家日數之處凡何日計相立候ハヽ對面ニも可相成哉內密尋問候處從高家老中へ打合候今日水野豐前守返答有之大樹痲疹も輕症ニ有之候凡廿日計も相立候ハヽ對面ニも可相成哉之旨從高家申答候此樣子ニ而も滯留彡餘程長ク可相成与存居候

一極々內密言上候此頃幕府之情實相勘候處五六日以前之頃迄も甚一定不仕一橋越前等引入議論不居合樣子土州容堂大ニ憤發種々周旋盡力有之候一橋越前等へも讜論有之候處一異論被唱老中其外等も因循之說等相立容堂ゟ一橋老中へも每々談論遂ニハ余程激烈之場ニも至候趣然處漸一モ

屈服改心之事ニ相成老中抔も遂ニ先々一定之姿ニ相成攘夷之　叡命遵奉
之義粗決議之趣極密ニテ承候此樣子ニ而ハ此度　御沙汰次第速被行至極御
都合宜義与令愚察候何卒御安意可給候併未何共難定候得共定而追々御安
心之場ニ可至申哉与存候且此度下向ニ付而ハ於柳營取扱振萬端余程尊崇
之筋厚相立十分之都合幸甚之至存候過日春岳老中ゟも此度　勅使之儀於
大樹も被相待居候趣申居候總而打和候模樣ニ候間大ニ都合も宜候馳走所
も甚狹少ニ付清水屋敷へ近日引移候樣從高家掛合有之候
一松平阿波守入來先達父子御內沙汰被蒙候義深以畏候趣被申述候

先達テ以　勅使ヲ被　仰出候後追々改革新政被行候事故攘夷之所置勿論
之儀ト存上候得共公武御一和之基本ハ攘夷ニ在之候間少シモ早ク其沙汰
諸藩へ被觸候樣就而ハ今度別　勅使三條中納言副使姉小路少將下向被

仰出候事ニ候速ニ　勅答在之候ハヽ　御安心可被爲在若自然難行屆候ハ
ヽ當年中一橋上京之砌又ハ來春將軍上洛之節可被申上樣一同存上候事
一勅使副使等心得之事精々平穩之儀勿論　叡慮貫徹可有之候事

忠香上

齊敬

熾仁

輔熙

忠房

十一月廿七日

御對顔之次第

勅使副使入城之節玄關上拭緣迄　將軍家衣冠被出迎　勅使副使之前ニ被

立被誘引　將軍家ニ者大廣間中段上より一疊目ニ被留座　敕使副使捧
敕書上段被著座　敕使氣色之後　將軍家上段江被著座此節　敕書被頂戴
中段元之席へ被退座御禮有之此時老中罷出　敕書三方ニ載下段ニ持罷在
敕使副使被退去最前之通被送
一敕使副使入城之節春岳老中玄關式臺迄出迎高家其外役々ハ下座敷へ出
迎退出之節も同所迄送之
一禁裏より　將軍家へ賜物　和宮へ被進物天璋院へ賜物並御目錄　敕使
副使入城以前於傳奏屋敷高家請之

廿七日品川驛著
夕景爲城使松平豐前守入來當驛旅中見舞杉折一組從大樹被贈候同時松
平春岳入來有之候尤旅中爲見舞入來候事

松平長門守入來伺　天氣旅中有尋問
廿八日巳半刻著馳走所
城使水野和泉守土岐出羽守入來從大樹下行大儀ニ被存旨申述候
松平春岳松平肥後守松平豐前守板倉周防守小笠原圖書頭入來伺　天氣
候事其外高家各入來候
廿九日無事

追而大亂書粗答可被免候也
拜見候過刻者拜面畏入存候爾來益御安泰恐悅存候抑明日於馳走所城使入來事濟私之挨拶有之由右之處老中於下段挨拶邊之儀矢張於上段仕候方哉と愚案仕候互ニ私之儀故右ニて八如何候哉尙賢慮相願入候得共無服藏存付之儘言上候何も拜顏萬々可申上候也

十月廿七日

二白明日御出門御刻限之儀段々御念示畏入候萬端如命治定可仕候間左
御承知相願度候過時春岳老中入來之節進退如命越ハ至極おと

しき模
樣却而俗吏漫心相見候是等可否何共不相分候
過刻進物之儀御念命御尤奉存候尙拜顏萬々可申伺候重々御丁嚀御示命
深々恐入候也

三條黃門公　　　　　　　　　　　　　　　　公　知請

〔朱書〕
別帋條公御自筆

初下段上之方ニ兩人列座城使參進之時同時ニ上段へ昇挨拶了下段ニ降リ
述自分之口上事

勅答寫

勅書謹拜見仕候

勅諚之趣奉畏候策略等之儀者

御委任被成下候條盡衆議上京之上委細可奉申上候誠惶謹言

文久二壬戌十二月五日　　臣家茂（花押）

御親兵一件
勅答寫

今度被

仰出候攘夷之

叡慮天下へ布告候ニ付而者　御親兵之儀

御沙汰之趣奉拜承候就而者家茂　征夷之重任ニ膺リ且右近衞大將於毛兼

任候上者御守衛之義者職掌ニ候間乍不肖堅固ニ　御守衛等之手配可仕
尙不足ニ茂被爲
思召候者〆諸藩与利召登毛可仕候得共一体外夷乎攘候ニ者
皇國全地之警衛肝要ニ付列藩之義ハ國力乎爲養九州者誰々奥羽者誰々登
申如久藩鎭之任於專仁爲仕候者〆可然哉登奉存候仰願久者此旨被爲
聞召分候樣仕度奉存候猶明春早々上京之上警衛之方略具ニ
奏聞乎可奉經候恐惶謹言

八月廿五日

○

一松平容堂も周旋有之候樣可達　御沙汰候事
後八月十七日

一島津三郎賞讓修理大夫御推任叙之事十月三日催促

一仙臺已下九藩周旋御沙汰有之趣之事

同月十九日

一皇國人民夷族有故障時主客相反事

九月二日

一和宮御臺稱号被止之事

同廿四日

一和宮來秋必御上洛之事

十月十日

一松平故薩摩守贈官中納言之事

同日

一武傳誓書止停

同日

一尾張大納言自國々政周旋事
〔朱書〕
右本書大原重德自筆之

○

乍恐奉申上候前内府公始先千種岩倉富小路三朝臣等戊午年以來酒井若狹守奸計ニ與し候歟或ハ欺れ候歟何れにも　主上之英明を汚し奉られ候との　御旨ニ而先頃御咎被爲　仰付候四海之人民擧て　聰明睿知之臨ませ玉ふ處好惡之至公民之父母と成らせ玉ふ之御仁德誰か感戴奉らさらん哉然るに右一公三朝臣之御方々も實ニ衆怨之歸する所甚しき事ニ御座候へも譬御落飾等ニ而も　御座近き地ニ被居候而ハ天下之人心いまさいへ不申忠直之士も何時餘燼も燃候ハん哉と日夜痛心ニ不堪奉存候娼疾によして彥聖ニ違之人すら放流し四夷に迸そふと同

△印同筆
◎△印同筆ト
アルモ△印是
マテナシ

(原本頭註)
迸ハ屏の誤歟

中國与欲況や
聖明を蔽ふ之人ニおゐてをや又退而不能遠過也と申訓も有之候由誠恐多
き御事ニ御坐候得共今一等之御處置被爲加遙々之國へ御遠け被爲遊候而
ゟ如何可有御坐哉左候ハヽ正議といひ遠國といひ薩長土之三國へ一二人
ツヽ御預け流罪同樣之　御處置ニ被爲在候ハヽ天下之人ますく　聖德
神慮之程可奉感戴候自ら忠良之人も進ミ奸邪之黨退き可申候忠良進み奸
邪不退而も國天下之安寧ならさる事ゟ奉申上迄もなく方今夷狄外ニ迫り
奸邪四方ニもひこり候節別而　御座近き御事ニ御坐候得も是より始そ
神慮不測人意之計らまさる處非常之御處置被爲在度伏而奉願候且前殿下
ニおゐてゟ御辭職近日御咎も被　仰出候欤ニも風説承候追々御家來之内
橫死之者も御坐候由下々ニ而も　上之御事ハ難伺御坐候へとも乍恐前之
御方々御同樣之御事と奉存候就而も御同然流罪之御式ニ而右三國等之內
ま御預け被爲在度然る時ハ彌以一人を刑して千萬人懼ると欲典刑之正し

きこと海外ニも輝き候半奉存候古典ニも罪之輕重ニもより候得とも流罪之御式も數多可有御坐奉存候往々も復古之御大業も被爲行すしてハ叶さる今日ニ而御維新之御處置非常之御事ニ無御座而ハ難叶事ニ御坐候此二公三朝臣御遠け之御事尤急成義と乍恐奉存上候右も草莽より難申上御事ニ御坐候得共痛哭長大息ニ不堪奉言上候高明之御取捨非常之御英斷伏而奉祈上候勿論奉申上候事天地神明ニ誓而他言仕間敷下書等も一切留不申候御取捨被爲在候ハヽ恐多も　御上之思召付と御定被爲遊度伏而奉願上候誠恐誠懼頓首死罪々々

後八月

△印同筆

乍恐奉申上候今度　御座側もやゝ清まり征夷府も追々改り可申實ニ千載之一日と奉感戴候それ物も成るよはやまて多き者ニ御坐候若今日ニ當り

聊御氣ゆるまり御猶豫も被爲在候ハヽ是迄折角之御勤勞忽ち水之泡と相成候半歟奸邪之輩隙を伺ひ其事を成とする事甚密にして其奸曲無所不至いよ〳〵巧みに益甚しく遂ニも不可謂事ニも至り可申歟且富國强兵と申議論有之候藩も御坐候由當時泰平之流弊人心驕奢に流れ居候得も富强なとの事ハ人心を一新もるる之後に無之而も出來不仕事も顯然ニ御坐候既ニ癸丑甲寅之頃征夷府ニおゐて阿部故伊勢守執事たりし時富强之上からでハ攘夷之事ハ難成とて屢其命を命し質素節儉之令も有之列國ニも各其令を出しもや十年ニも及候得とも其功相見へ不申人心も却而撓ミ義氣もます〳〵くしけ士風愈弱廉恥拂地奢侈一日々々よりも甚しく增長仕候事ニ御坐候萬一格別之御世話被爲在譬一旦富强をなし得候とも其富ハ奢之種よしさ强ゐ驕之基となり可申哉あをもまさ因循之説ニ而御猶豫と同しく奉存候俗ニ寸善尺魔と申候通若萬一今日御苟且之御説行れ候ハヽ必ス間言黨論忽ち起り或ハ忠良を害し或ゐ勿体なき御事迄も如何あらんやとい

さゝゐも忠實を存る者之痛心不堪得時ニ御坐候世ニ賢多く愚少く忠多く邪少く候ハゝ御猶豫も可然欤富强之策も可ゐらん欤是ハ万々ゐき事と奉存候夫機會ハ實ニ得らゝく失易く決ゐ再ゐしかゝきをのゝて候下駄かゝしニ草鞋片足ニてもゐゆまハ歩まゝを可申候迚も人情死地ゝ不陷まてハ定まり申間敷候古より事之成否ハ断と不断とニ可有之断ゐ行之へハ鬼神も是を避と欲ひとへゝ當今之御策も非常之　御英断果敢之　御處置ヲ以上下一心億兆同力ニ相成候様人心を維持もる之御事ニ可有御坐と奉存候もとより　聰明之照させ給ふ處　睿智之察せられ玉ふ處明謀良圖も可有御坐候得共千万歳待ても得ゐゝきハ實ニ今日ニ御坐候得も若一日之御猶豫も千載之遺憾ニも可相成と痛哭流涕ニ不堪奉存候

一諸大名追々上京仕且密旨をも玉ハり候由然るゝ中ニハ　御旨ニも違候輩も有之此等ゝより候故ゐ今以何をも參　内も不被爲叶候由乍恐如何ゐる御事ニ御坐候哉と奉存候既ニ　御國體を傷賊もる佛徒もふ恐多も

天顏を拜セる事を得候由大名ハ皆藩屛ニしそ多分之土地人民をも　御
任せ被遊殊ニ此度憚所も憚らるら　王事ニ勤勞セる事もとより其職任
よしそ當然とハ申なるら御賞詞被遊參　內も御許し被　仰付夫々　皇
祖天神ニ御告させられ御典禮行され度事と乍恐奉存候其上よて　御旨
ニもかあわさるものハ　神慮不測寬大之御處置ヲ以　御敎諭被爲　仰
付度且國老陣代等も皆其禮式被爲立夫々御あしらひ被遊度然る時ハ大
名等も不及申上天下之人士擧そ感佩　王事よ從ひ奉ゐるく万一參　內
等之義ハ江戶ニ御憚と申樣之御事ニ御坐候ハヽ本より　密旨あと玉ハ
り候御事ニゐ今之御處置之如きハ
朝廷を自ら小ニ被爲遊候と申者欤と奉存候如斯よてハ向後之處甚以覺
束あき樣ニ奉存候是ハ戶孜とぢて入ぬと申樣ある者ニゐ御坐候中人以
下之者ハ恩遇よ感激しそ從事仕候義ハ古今一轍ニ御坐候君々たらすと
いへとも臣々たらざんハ有へゐふらとハ下たるものヽ敎欤と奉存候

一諸大名上京仕候ハヽ盟約を立誓書を作り互ニ取かハし候上　天朝へ奉り江戸ニも差出候樣有之度奉存候其文ハ三ヶ條ゟ五ヶ條位ニて名分義理を慥ニ正し君臣之分主從之別內外華夷之辨儼然大義之在る所赫々明々と天下之士民ニも知らし𛀁候樣有之度事ニ奉存候

右三條何𛂞も今日之急務ニ御坐候速ニ御評定被爲在候上江戸へ命をられ候ハヽ正議一決可仕候樣奉存候勿論是等も定ゟ是迄御議論も被爲在候處と奉存候得共下々ニゟも　朝議之處難相窺乍恐奉言上候若未被爲及此議候事も御座候ゟ御取捨も被爲在候ハヽ誠以恐多御事ニ御座候得共　御上之思召より出候と御定被遊被下候ハヽ千万難有奉存候草莽小臣より申上候抔と申事も天地神明ニ誓て申間敷候勿論草稿等も燒捨留不申候申上候迄もなく候得共明ハ君德用ハ臣德ニて申上候をのハ幾等も有之候得とも高明之御取捨甚六ヶ敷奉存候乍恐御虛心ニゟ御照察被爲在候樣伏ゟ奉願上候言ゟ臣之事ニして行ゟ君之事と欲知そ行さるハ知らさるとひとし

くひとへよ　御英斷之上斷然明ゐよ命令を御下し被遊候樣奉願上候草莽
小臣實以奉恐入候得共痛心之餘り難默止奉言上候誠恐誠懼敬白
閏八月廿八日

△印同筆

兵馬之權武臣之手ニ墜ち候以來も天下之大政出る處を失ひ既ニ
皇室之衰微とも相成候儀も今更申上も恐多御坐候得共往々も復古之御大
業も被爲在候も難叶御時節ニ相成候得[illegible]とひ萬事江戸へ御任せ与ハ
乍申向後も大政之義ハ
神器之在る處より出候樣有御坐度勿論其時々
皇祖天神ハ御告させらせ候上被　仰出度奉存候
一人心を維持し上下一心億兆同力諸侯を御駕御被遊候御良籌被爲在度奉
存候其第一も參　內を御許し被遊候義ニ可有御坐第二ニも是迄國守ニ

而も私之國守ニ御坐候得も此節眞之國守ニ
朝廷より被　仰付筑前國守ニも筑前守ト賜り薩摩も薩摩守ト夫々其名ニ國名ヲ以致し他人も決而其名を禁られ候樣有御坐度第三ニも正税として祭祀等之御料ニ壹萬石ニよし百石ニ而も十石ニ而も其國守領主より上納仕候樣被　仰付度右三事行ひ候ハヽ諸大名感激從事可仕候維持駕御之術數多ありといへとも此三事尤急務と奉存候追々御內　敕賜り候諸大名上京之上誓詞盟約相互ニ取らハし候義も戮力同心之一策と奉存候

一當夏一橋越前登用之　敕使御差立被遊んとすれハ彼ニも越前を出し續て大赦之令も稍行ひ候其後諸大名ゟ御內　敕賜り候得も彼ニも參府をゆるめ妻子等迄在國在邑之令を出し候（病中ニ而參府延引之輩此節途中之ものハ直ニ引返候樣是上京ヲ留ノ策之）此節猶又　敕使之御沙汰あれハ一橋上京之事申出萬事彼ハ皆先するの術を行ひ候向後ハ屹ト彼ニ先て制もるの御處置被爲在度奉存候

一此節攘夷之儀幕府ニ被　仰出候ハヽ
詔書等之御文言を始メ萬事君臣之名分明ニ而相成儼然たる御處置ニ被爲
在度奉存候
一凡物事ハ世之衰ニ隨ひ名實相離れ候ニ付名と實と不相離分明ニいたし
度別紙之趣も御處置被爲在度偏ニ奉祈候
右ハ草莽之者可申上義ニ無御坐候得共痛哭之餘り不憚恐奉申上候勿論天
地神明ニ誓て他言仕間敷草稿も留メ不申候ニ付自是申上候樣之義御沙汰
あく萬一高明之御取捨も被爲在候ハヽ御上之御思召付と被遊候樣伏而奉
願上候恐懼謹言
九月

一此節大改革之際其上格別大節之

御敕使柄ニ付而ハ諸事猶更是迄之御振合ニハ不被爲拘君臣之大義名分
判然相立候樣乍憚肝要と奉存候
一第一御著府之節將軍郊迎御座候而
御敕書御渡之節將軍下座ゟ膝行拜跪恭敬之誠屹度相立候樣有御坐度事
但シ此事ニ限らす稱呼等瑣細之義たり共逐一御改正有之度尤是迄
朝廷ニ而誤稱來候儀儘有之哉ニ御坐候間先御手元ゟ御改正有之度儀ニ
御坐候
一攘夷之　叡旨此度ハ奉　敕相成候樣可有御坐候得共彼是緩急之差ひ落
合兼て申候最初御著眼之通斷然御勇決可被成寸步も御引被遊候ハヽ終
ニ因循之事ニ相成候も必然之勢ニ御坐候
一攘夷愈奉　敕相成候ても早々破約申諭之儀有之直ニ焚盟書毀夷館等ニ相
成候樣有御坐度候是北條氏使節之首ヲ刎候手段ニて天下數百年之眠ヲ
醒し何方も必死之勢ニ相成防禦之事共節始而眞ニ相立可申候泰之九二

用馮河とハ卽此事ニ御坐候

一攘夷之儀相立候ハヽ第一　御手元ニ土地人民無御坐候而ハ不相濟事ニ付此儀急ニ被行候樣有御坐度（脫カ）土地之儀ハ先ツ幕朝ゟ畿內御差上ニ相成候ハヽ諸侯領分之儀ハ　御膝元懸離れ居候へハ是レハ夫々高ニ應し貢稅可仕候親兵之人數ハ古貢士之例ニ從ひ是亦高ニ應し爲軍役差出置候樣御坐候ハヽ其調度養育等ハ右　御手元之土地又貢稅ニて十分ニ可有之候然時ハ防禦等之儀餘り天下を煩さすして嚴然相立可申候此儀御手續早速被行候樣肝要ニ可有御坐候

一此儀申上候迄も無之事ニ候へ共是迄　敕使多く臧財ニ敗ル其內末々ニ至候而ハ御道中ハ勿論府下御旅館ニ而も無理無躰之事ヲ申候而も當然之事と相心得又先方ニ而も元ゟ虎狠之樣ニ相心得當然ニしそよく通し申候實ニ此節ハ御大節之御儀ニ付末々迄も左樣之事決而無之樣ニ有御坐度候此儀瑣々きる事之樣ニ候得共實ハ人心之向背ニ係り候儀ニて是

亦不輕事と乍憚奉存候
一此節之御大任實ニ天下之一大機會ニ而
神州安危存亡之所係也依是草莽之狂愚不堪綣々之情兼而御懇命ニ任セ
不顧罪戾ヶ條書ヲ以申上候恐懼頓首

十月　　西阪野叟
　　　　池尻始再拜稽首

三條黄門公
　　閣下

攘夷之儀先年來之　叡慮至方今更　御變動不被爲在候於柳營追々變革新
政を施行し　叡旨遵奉ニ相成候條々不斜　叡感被爲在候處天下之人民攘
夷ニ一定無之候而者人心一致ニ茂難至且國亂之程茂如何与被惱　叡慮候

間於柳營彌攘夷ニ決定有之速諸大名ぃ布告有之候樣被　思召候尤策略之次第者武將之職掌ニ候間早速被盡衆議候而至當之公論ニ決定有之醜夷拒絕之期限をも被　議奏聞之樣御沙汰候事

攘夷之念先年來到今日不絕日夜患之於柳營各々變革施新政欲慰朕意怡悅不斜然擧天下於無攘夷一定人心難到一致乎且恐人心不一致異亂起於邦内早決攘夷布告于大小名如其策略武臣之職掌速盡衆議定良策可拒絕醜夷是朕意也

水戸表之事情并志願之大意先般内密奉言上候向も御座候處早速御周旋可

被成下旨厚く御領掌被下置別て難有仕合ニ奉存候先寡君ヘ　御贈官位之
儀當月五日以　叡慮被　仰出國家之御爲盡力卓越之段厚キ蒙　御褒賞
殊ニ先志致繼述　皇國之御爲可被在丹誠旨別段御沙汰被成下一家之面
目千載之榮耀誠ニ以て本懷至極難有仕合ニ奉存候かく厚キ　天恩相頂
キ臣子積年之志願一時ニ貫達仕候段全く　聖意赫々忠邪御辨別被遊積
弊御一新被爲在候　思召ゟ被　仰下候御儀ニ而御座候得共偏ニ　明公厚
く御周旋被下罷候ニ付速ニ御評決ニ罷成候と國中一統乍恐奉感佩候尙又
幕府ニ於ても先寡君之儀厚く被相含三回忌ニ付候而も墳前へ御代拜被遣
往年之國寃洗雪之意を表し幕命を以て幽屛罷在候良臣共赦免之儀も閣老
ゟ指圖有之其外之都合悉皆相改り一藩之本意無此上相達候段御滯府中無
御打捨夫々御盡力被下候ニ付別て果敢取り諸事一洗仕候儀と一統不堪感
激尙此上之儀深く御依賴申上候事ニ御座候然ル處　御發駕後　幕府二三
之奸人被致外轉候得共兎角俗論難破越前家も何欲不都合ニ而此程不參罷

在り前文御贈官被　仰出候翌日ゟ出仕被致候よし傳承仕候右ハ如何なる
內情欤其段ハ難計候得共兼て以　叡慮御下知被爲在候御大赦一件此度
譯て　御沙汰も被爲出候哉ニ薄々洩聞仕候處其儀今以て相障候者御座候
哉ニて急々表發之模樣も無之夫等之形勢を以て相考候得バ未た姦人共之
手段行れ居り越前家もじ先正家之議論十分ニ廻り合兼候都合ニも可有之
左すれハ折角長々御滯府ニて挽回之御施策御盡し被遊候御儀も萬一因循
ニおち入無其詮事ニ成行候程も難計何共痛心至極奉存候從て弊藩俗有司
共何分正邪之辨別難相立此度出格之　御褒典相蒙り先志繼述之儀迄厚く
御沙汰被成下候儀を如何相心得候哉深く感銘仕候容子も無之夫のみなら
ㇲ家中之族此度之慶事ニ泥ミ　天朝をのみ奉戴候而ハ心得違ニ有之と
の意を以て認取候文面之觸渡し仕り總て本末取失非常之御時節忠勤を盡
し可奉安　叡慮とハ不心掛何欤是迄之儀を御察當相蒙候樣之心地ニて
後々盤結之手段專一ニ相施候策と相聞候既ニ前文良臣共赦免之儀も去月

（原本頭註）久世安藤ノ┐

十一日閣老よりさし圖御坐候處彼是遷延仕り居り當月朔又々催促御坐候ニ付不得已事其内國脉（マヽ）ニ預り不申輕き立場之者三四人相赦し家老立場ニて愼罷在候者ゟ今以て沙汰無之甚しきニ至り候而ハ往年奸人共悖逆之所行有之嚴命ニて愼申付置候者も一同ニ可致赦免と及評議先志繼述之儀第一之大眼目ニ御坐候處却而遺志ニ戻り候周旋仕候是迄久世安藤之仕向け十分深入致し居り此上末永く押し張候底意と相聞へ其外巨細之儀ニ至候而ゟ筆頭ニ難申上盡總て絶言語候内情よて扠々難下手事共痛嘆之至りニ奉存候就てゟ再應奉煩　左右候段呉々も恐入奉存候へ共前文之形勢ニて變革不仕候而ハ第一　叡慮ニ相當不仕のミニ無之天下一新之折柄弊藩のみ右之都合ニて國家之御為何一ッ御盡力も難仕先志空敷仕候段臣子之身別て遺憾至極且おゐ〳〵因循仕り居候内ニゟ意外之事情を生じ詰り弊藩ゟ天下を誤候樣成行候も難計過慮仕候ニ付尚一應之　御賢慮奉願度申上候前段之形勢ニ罷成候儀畢竟年來久安之頤使ニ従ひ意ニ先て迎合能在

候者共のみ要路ニ先ち居候ニ付自然相生じ候弊ニ御坐候へバさし向キ正
邪明白ニ相分ち候儀第一之急務ニ御坐候間何卒先般委細ニ内情奉言上候
旨趣得と御酌取被下置先年　勅書返納之一件ニて不相濟周旋ニ及び安
藤等へ取入候家老をもじめ四五輩之罪魁嚴重申付正議相唱へ其爲ニ　幕
命を以て退廢罷在候良臣共其他死生ニ懸ケ盡力仕候者悉く舊ニ復し相果
候者ハ跡式を遣し禁錮罷在候者ハ相許し忠邪之辨儼然と相立諸事先代之
通り厚く被心得家政向ハ勿論内外共盡力いたし奉安　叡慮候樣可仕旨
全く　御内沙汰を以て　前輪王寺宮樣御東下之節被　仰下候欤若又急々
御東下之御都合ニ無御坐候ハヾ　御同所樣又ゟ　有栖川宮樣ゟ御内書ヲ
以て右之段被　仰遣候欤兩樣之内よろしく御賢慮被下可然御周旋被成下
候樣仕度不堪至願奉存候　前輪門樣ニゟ　勅書之儀厚く御含被下置危
急之砌全く御周旋ヲ以て返納ニ不及相濟候廉も有之殊ニ弊藩末亡人之御
續き柄ニ被爲入候得ハ　御同所樣ゟ末亡人まて内密　天意爲御響被下

萬一心得違候而ハ當家之爲筋以て之外不可然旨聢と被　仰下候方至極之
御手筋ニて左候ハヽ不日ニ正邪之辨別も相立國脉一時ニ挽回先志相繼候
樣可相成ハ勿論乍不及諸藩ニ先て勤　王之微衷相盡し上奉安　叡慮下
幕府を輔け親藩之重寄ニ當り越前家其外へも弘く申合內外一新仕候樣
幾重ニも盡力可仕奉存候同志一統兼々御依賴申上候ニ付此儀誓て奉嘆願
候事ニ御座候間臣子之至情難默止場合厚く　御憐察被下置何と欤御周旋
被成下候樣偏ニ奉至願候尤此儀奉內願候段　前輪門樣其外へも堅く御洩
し被下間敷萬一ニも弊邸之有司共ニ洩聞候ハヽ必定意外之變ヲ釀成候都
合ニて先般內願書奉呈候も一橋家ゟ此許未亡人まで申來候儀有之自然俗
有司共承り付ケ探索ニ及ひ當惑仕候事御坐候間此段も御含迄ニ申上置度
旁々よろしく御聞取可被下候已上
〔朱書〕
閏八月

謹而　三條公閣下ニ奉言上候閣下御義御俊英ニ被爲在今般攘夷御決定重大之御　勅使を被爲蒙候段誠以奉景慕感佩候扠當今之形勢大原公御下向之節とハ變革致し於幕府も越前春岳之如キ良弼も有之大政更張ニ赴キ候間　叡旨を奉遵奉候ハ無疑義と奉存候然る所御承知も被爲在候半要路ニ姑息之有司蘭癖之小人共英斷大計を妨ケ候ものも有之候故自然事々遷延致シ候釣合ニ相見候間縦令攘夷之御廟算ハ決定致候とも急々拒絶之義ハ六ケ敷罷成候半と過慮仕候實ニ此度之斷不斷ニ而　公武御合体之御成否ニ拘り　神州之御安危ニ係り候御場合と奉存候間申上候迄ハ無之候得共何卒閣下御精誠を被盡幕吏之膽を被破　叡旨御貫キ被遊候樣奉懇祈候依而ハ卑賤之我々共憂國之餘り僭踰之罪を不顧愚存之趣左ニ箇條書ニ仕り奉洩　尊覽候

一攘夷御決定之義ハ宜敷樣御請申上候半乍去今日ゟ一切拒絶と申事ハ六ケ敷御坐候故期限を定メ三五年之間ニ愈封港之令を下し候外無之候間

其內ニ專ら武備を更張致し精々守禦之策略を施し候樣可仕と申上候ハ眼前ニ御坐候處當路之有司姑息之庸論多ク戰を主と致シ候決心之者ハ至而少ク御坐候故春岳殿容堂殿の如キ賢豪之英斷をハ妬害仕一橋殿ニも種々入說仕聰明を妨ケ不斷ニ導キ候樣ニも相見候間今般先ッ期限を定メ置候て追々ニハ時勢ニ依而遷延致候事も出來候半と僥倖之心を挾ミ候義と過憂仕候間年月を限り拒絕致候義ハ詰り姑息ニ陷り易ク罷成候故少も早く御拒絕被成必死を究メ防戰之手段致シ候處を御主意ニ而御論判被遊候樣仕度奉存候實ニ年月を限り武備を整へ候上拒絕と申樣ニ而も次第ニ猶豫手後レのミニ罷成天下苟安ニ陷り其內ニハ小人共奸謀を廻し大計を妨ケ忠臣を傾ケ候憂も出來候半と奉存候將又拒絕之期限至り候迄ハ長崎筥館橫濱之三港ハ交易差許シ置可申との議も起り候半尤右三港之外江戶大坂兵庫新潟迄も相開き候期限迄權奸共旣ニ條約指許シ候義殊ニ兵庫等ハ催督被致應接も難物之沙汰も御坐候折柄ニ候

へハ右三港許し置ハ無據相聞候得共小人僥倖之心を展へ英豪有爲之氣を沮メ可申加之三港を許置候迚も兵庫新潟等を今日ニも相斷候へとも夷輩憤激致し戰艦指向ケ虚喝を以て宿志を遂んと存候ハ眼前ニ御坐候へハ兵庫御拒絶之上ハ三港を許候とも兵端を開キ候ハ五十歩百歩之譬ひニ齊しく候へハ廟議斷然戰を主と致し天下を死地ニ陷レ防戰之策を施し義勇を皷動致候外ハ有之間敷奉存候攘夷之廟議三ヶ條別紙ニ辨論仕候而呈覽仕候

一小人闌癖家抔ハ夷狄戰艦火技等之精藝ニ畏服之餘贔負致候而國體大義をも別却致し戰を惡ミ正人君子を擯廢致候事故萬一夷人ニ内通致し公武之間實ハ御合体六ヶ敷候處强而取成置候釣合ニ有之天下之武備ハ更ニ整ひ不申候處於　公邊も無據攘夷と御内決ニ相成拒絶之期限を定メ候義故今之内戰艦を以て近畿ニ押寄せ或ハ江戸を亂妨致候得とも有司恐怖しテ廟議も相破レ可申抔奸計を廻し候程難測奉存候實ニ小人共夷

狄之手を假り誤國家殺忠臣候ハ古今之通患ニ御坐候間只今之内小人蘭癖之徒をハ痛ク御退斥ニ相成候方可然奉存候我烈公ニ而も蘭學者をハ痛ク被惡候處洋法頻ニ開ケ候ニ付戰艦火技ハ勿論彼の兵制形勢等をも審ニ致し我益ニ供シ候爲人を撰ミ蘭書を爲讀候事ニ御坐候然る處無識之徒蘭學致候へハ前ニ申上候通之弊風を生し大害を引出し候間要路ハ勿論姑息之小人蘭癖輩ハ速ニ御擯斥被遊他日之憂を緩メ天下之賢才をハ破格非常ニ御拔擢被爲在候義御急務之様奉存候

一攘夷御決定之上ハ第一京都御守衞堅固ニ被爲成候様仕度奉存候追々知名之諸侯へハ御内　勅も御下ケ被遊御守衞且御偉業周旋之義も被　仰付候處此上ニも御手段相立候様仕度右ニ付而も萬石ゟ何人と相定メ成兵を被召總括之將をも御撰(マヽ)ミ被遊候様仕度且三家始メ重役壹人ツヽ壯士を引連上京罷在候様被　仰出候ハヽ如何可有之や水戸之義ハ先祖以來尊攘之大義を守り別而烈公ニ至り厚く繼述被致諸藩ニ冠絶とも可申

當寡君不肖とハ乍申繼述之　命を受候義ニ御坐候へハ何卒御守衛人數
爲指登候樣被　仰付候ハヽ難有奉存候將又　伊勢之神宮初メ海島ニ被
爲在　山陵等にも戍兵配當夷人ニ汚穢不被致樣仕度其他要衝之場所ハ
土壘を築き陣營を建屯戍之兵を備へ臨時應援之策略無之而も不相叶御
義と奉存候是又急務ニ御坐候間早速御決議被爲在候樣奉祈念候
一御大赦之儀幕府へ被　仰下候ニ付幕府ニ而取調　叡慮を奉伺候段承
知仕候處右取調之人員ハ四十餘名計ニ而櫻田坂下兩度之斬奸東禪寺斬
夷之者抔ハ相省キ候樣相聞候へ共右樣ニ而ハ第一　叡旨ニも不被爲
叶事と被存候閣老板倉等之意ニ而ハ櫻田等ハ國憲を破り東禪寺ハ條約
を破り候者故大赦ニ入を兼候と可申候得共是ハ庸陋之説ニ御坐候左樣
申候ならハ故元老井伊掃部頭儀ハ私權を恣ニ致し奉違背　叡慮夷人
を親ミ跋扈爲致不容易事件迄指許シ候大罪人ニ候へハ其罪を唱へ斷頭
被致候處封爵も無恙病死ニ而相濟安藤對馬守も愼隱居のミ相濟候故天

下之御政道とハ難申奉存候間櫻田一件之者國憲を破り候事計咎候筈ハ無之一体此度之御大赦と申ものは平常之例ニハ有之間敷從來尊攘之大義を主と致し發憤殉國之者共暴政慘刑ニ罹り候事を叡念深ク御憐被遊候より被　仰付候義ニ御坐候へハ實ハ賞罰を正敷被遊候御儀と奉感泣候依而ハ櫻田坂下等之者迄大赦之數ニ加ハリ且戊午以來暴政ニ而愼又ハ預ケ入牢或ハ潛匿致居候忠士之士民ニ至る迄速ニ御大赦ニ預り候樣幕府へ屹度被　仰付候樣仕度奉存候扠又幕府ニ而預り不申分ハ國々へ御任せニ相成候迄ニ而ハ弊藩之如く未タ復古不仕處ニ而ハ下々之分ハ打棄置候而大赦ニ洩レ候樣之義も出來不申ものニ無之心配仕候右樣御大赦被　仰出候上ハ井伊安藤ハ勿論堀田間部酒井水野竹腰等之巨奸罪魁ハ重御追罰被遊候樣仕度左候へハ賞罰正敷罷成天下之忠臣を勸メ奸賊を懲シ候事ニ而攘夷御決定之御場合と申一段正氣を增シ候半と奉存候

一今般　鳳詔遵奉之上ニハ一橋殿御上洛之義と奉存候間其節ハ後見之寵命をも蒙り居候へハ爲副將軍京都ニ御留置被遊候樣ニも仕度萬一戰端相開ケ候時ニも相成候ハヽ　公武之御間御隔絶之憂も生シ候半歟と過慮仕候間右樣申上候事ニ御坐候春岳殿ハ關東第一之英明ニ候へハ實ニ幕府之良弼ニ御坐候故天下之事ハ御任セ被遊候而宜敷御坐候半然處閣老初メ有司共兼而知名之人物を以て御撰擧ニ相成候處失望之ものも多くとかく姑息之舊習ニ泥ミ春岳殿之英志を妨け
叡慮を奉遵奉候事も自然遲々ニ仕候姿恐入候次第ニ奉存候春岳殿ニ而ハ實ニ尊王之志厚ク感激忘身候而誠忠を被盡候樣承知仕候一橋殿義も左右附屬之人さへ撰ミ候へハ流石聰明ニ御坐候故烈公之遺志をも繼述被致忠勤を抽而候半依而ハ御上洛在留之節ハ其人を撰ミ候而被付置水戶有志之內ニ而も人物を被撰候而被付候樣非常之擧無之候而も非常之功を難建歟と奉存候將又寡君御留守被　仰出候義ハ殘念至極ニ奉存候間

烈公之忠誠を被　思召是非供奉被　仰付候樣奉懇願候右ニ付而も烈公之信用被致候大場武田等片時も早ク復職被　仰出復古之政を輔佐致し上洛之供をも仕候樣奉願候恐々頓首百拜

右之外申上度義も御坐候得共指當先務之事計不取敢奉言上候涓滴之御裨補ニも相成間敷汗顏之至ニ奉存候處弊藩有志一同過慮罷在候微衷寸誠之程御亮察被下置候樣奉祈候

十一月十五日

住谷寅之介信順

下野隼次郎遠明

上

別紙

廟議三ヶ條辯

其一曰參勤交代之期限を緩め候計ニ而武備未整之處攘夷之令を下候得ハ夷狄忿激俄ニ兵端を開き候節も狼狽難拒人民塗炭ニ苦ミ小人共ハ釁を伺

ひ和議を主張致し國家を誤り候憂も有之り故攘夷之事をハ急ふ御決著無之追々ふ夷人傲慢之所爲を取縮め候樣致し置數年を經ふ富强之實相見候節封港之令を下し候方可然との義一ヶ條ニふ御坐候有志一通り之說ニ有之苟安之計を不脫と奉存候其二曰他年封港攘夷と決し候ふも只今斷然と号令を下し候義ハ姑く見合セ置此度大改革被遊候ニ付ふも條約指許シ候諸蠻ニふも國体ニ於ふ居合不宜事ゟ拒絕不仕候ふハ不相成而已ならす交易迚も利益無之物貨ハ次第々々騰貴致し人民難澁之者多く相成候旁實ハ封港被遊度思召候得共數年指許し來り候義故御仁慮を以長崎箱館下田之三港ハ此迄之通り御許容被遊置江戶兵庫新潟等ハ一切御斷りニ相成候旨被仰出候方可然との義是又一ヶ條ニ御坐候前說ニ比し候得ハ一層高く相聞候得共三港而已ニ限り候へハ御殿山之普請等ハ御廢しふ相成ミニストルも指出不申登　城ハ勿論閣老衆御役宅ニ罷（出カ）在應接等之義迄夫々御禁シ被來候事件も御座候ニ付夷人狡黠貪婪之性兵庫等開港をも指急き候砌故

俄ニ引違ひ一時ニ阻斥被致候事を憤り虚喝を以宿志を遂んと欲する程も難測候得ハ我亦不虞之備無之候而も不相叶さもなくも此御達を被出候而も第一戰を主と致し不申而ハ相成間敷奉存候處恐らくハ當路之人々も必死をハ不究先ツケ樣致候得も夷輩も我國勢之强く相成候事を窺ひ且數年交易致シ來候事故一旦大利を失ひ候義を計り候旁存之外唯諾致候半萬一彼ゟ兵端を開クの色相見候節ハ臨時之計略ニ而忿怒を慰候廉も可有之抔今シも鄙劣不決心之事有之候樣ニ而も是亦姑息之擧ニも陷り易く矢張夷人ニ侮慢被致候半と奉存候其三日數年之内ニ攘夷と御廟算相決候處今般ハ先ツ長崎箱館之二港のミ御許し置被遊其他ハ一切拒絶之旨諸蠻へ大號令を被下候ニ付而も二港迚も全ク武備整ひ候迄之　思召ニ被爲在候間明日ニも禍變出來候程も難計候得共片時も防戰を不忘參勤期限御緩メ之內富强之術精勵致シ必死を心懸而御國恩を奉報候樣可仕と厚ク御示敎ニ相成又諸蠻共へも御布告被遊候樣ニハ最初開港交易指許シ候義ハ全ク奸臣共

奉達背　叡慮奉蠱惑　台聽候上之所業ニ有之候故國体ニ於テ居合不宜候ハ勿論交易之弊も不少詰り神州之衰靡ニ相成候事ニ付神人同憤之時節到來既ニ奸臣を斬除之始末ニも及ヒ候義故此度大御改革被遊中興之業御建ニ罷成候ニ就而ハ奸臣共指許シ候義ハ一切拒絶被仰付筈之處數年指許シ置候事故寛大之思召を以姑ク之内二港ハ是迄之通りニ被遊其他ハ一切御斷ニ相成候旨公然被　仰出專ら昔時之威武御興復被遊候而　公武合体之御大業を海外迄御輝シ被遊候方可然との義是又一ヶ條ニ御座候前之二説よりハ超出しそ當今採用し而も可なりと可申候得共熟考仕候得も遺憾も不少様奉存候於是右三説を辨別しそ豁眼遠覽之上確乎不可動之大議を陳述仕候半夫淸蘭二虜長崎通商之外（淸蘭ハ祖宗之時より許し來候事故暫指置金銀銅錢を渡し候義ハ拒絶致し先賢之論ニ從ふ可し）諸蠻共一切封港礮攘之御廟算御決斷被遊候方可然たとへ姑之内一港さり二港なり指許し置候ニも致セ　叡慮を伺ひ　敕許を得不申候而ハ相成間敷

抑　敕許被爲在時勢不得已事候間前説之如く二港のミハ年月を限り御指

許被遊 烈公戊申之封事中ニハ二港ハ御指許被成候而も耶蘇寺建立ハ御嚴制被仰付候趣抔建白被致候得共是ハ全ク時勢不得已事与姑ク志を被枉候事ニ御座候半一体烈公積年之持論ハ洋夷ハ一切擯斥と決居候義ハ著述ニも相見得臣下へも被申聞候事ニ御座候處彼砌も時勢ニ於而被行不申故無據右様申立候半只今ニ相成候而ハ天朝ハ不及申上於公邊も御盛事被行候上ハ烈公存生ニも候ハヽ戊申之前議ニ泥候次第ハ有之間敷天地活物人亦活物英雄之事臨機應變運用之妙存乎一心と可申奉存候 其内居合不宜義も有之候ハヽ封港可致と被 仰出候而も横濱 己未之條約書ニ下田ハ神奈川開港後六ヶ月ニ而封するしと相見得候へハ下田ハ既ニ封し今ハ横濱交易ニ御座候 も商館廣大ニ造營打續交易致候へハ俄ニ癈し候事ハ甚難物ニ御坐候半然ハ一港を封し候而も夷人忿怒兵端を開き可申二港三港ニ限り候而も亦必も兵端を開き可申と奉存候如何と申候ニ條約ニハ江戸大坂兵庫新潟をも年月之遠近を有之而已にて皆是開港と相定メ兵庫等ハ勿論其期限ニ至り候處ハ俄ニ右四ヶ所の勝地要港を封し候上ニ横濱一港をも癈候得ハ兵端を開クハ眼前ニ御坐候間敢而二港三港之間を論シ可申哉詰り遲速ハ有之候とも驅除鏖戰之外ハ有之間敷たとへ一旦敗衂ニ及候共満清之覆轍を踏ミ金幣を貪和を議候様之事ハ神州赤土ニなり候共決而無之古來之武威を振ひ士氣を作興被遊候様仕度奉存候

十一月廿三日

松平讚岐守

名代

小倉新右衞門

養父玄蕃頭儀　思召旨も有之ニ付蟄居被　仰付候

松平伯耆守

名代

小野喜一郞

寺社奉行勤役中飯泉喜內初筆一件吟味取計方不宜不束ニ被　思召候依之急度も可被　仰付處格別之御宥免を以溜詰格御免雁之間席被　仰付差扣可罷在候

松平和泉守
名代
萩原近江守

勤役中飯泉喜内初筆一件吟味取計方之儀ニ付井伊故掃部頭之意を受御制典を紛亂致し其後同人横死之節奉欺　上聽候段御後闇御役柄不束之至ニ候依之急度も可被　仰付候處格別之以　思召先年村替被　仰付候
一万石舊地戾被　仰付且又隱居被　仰付候

松平主水正
名代
萩原近江守

同文言其方養父家督之義ニ無相違其方へ被下候

脇坂淡路守
名代
小野喜一郎

養父揖水義先年勤役中井伊掃部頭横死之節奉欺　上聽候段御後闇取計
御政道も不相立次第御役柄不束之至ニ候急度も可被　仰付處格別之以
御宥免揖水義急度愼可罷在旨被　仰出候

水野出羽守
名代
永見健次郎

養父左京大夫義勤役中井伊故掃部頭ニ阿諛致し勤柄不似合之事ニ候依
之左京大夫差扣被　仰付候
右今晩於周防守宅六度ニ申渡老中圖書頭列座大目付岡部駿河守御目
付塚原平右衛門相越ス

神奈川奉行
淺野伊賀守
名代
松浦平吉郎

御目付勤役中不束之儀有之趣達　御聽候依之差扣被　仰付候

右於同人宅申渡列座無之大目付岡崎〔部カ〕駿河守相越ス

御留主居

松平出羽守

名代

松　平　伊　織

其方義御目付勤役中飯泉喜内初筆一件吟味之節立合被　仰付候處不束之次第も有之候間急度も可被　仰付處格別之以　御宥恕御役御免差扣

被　仰付候

講武所奉行

大久保越中守

名代

永　井　佐　渡　守

其方義京都町奉行勤役中事實不分明之義取計御制度紛亂を生し候段不

束ニ付御役御免差扣被　仰付候

御小姓組番頭
松平式部少輔
名代
本多一學

其方義御勘定奉行勤役中不正之取計有之趣達　御聽候依之御役　御免差扣被　仰付候

同

駒井山城守
名代
德永鑄次郎

其方義大目付勤役中不束之義有之段達　御聽候依之御役　御免被　仰付候

同

黒川備中守
名代
藤堂將監

其方義御目付勤役中飯泉喜內初筆一件吟味之節立合被　仰付候處不束之次第有之候間御免被　仰付候

西丸御留居
石谷長門守
名代
小堀靜太郎

其方義町奉行勤役中飯泉喜內一件吟味之義取計方不宜不束ニ被　思召候依之御役御免隱居被　仰付急度差扣可罷在候

御小姓
石谷鐵之丞
名代

仁賀保安五郎

同文言其方父長門守義家督之義ハ無相違其方へ被下候

御検奉行（槍カ）

岡部土佐守

名代

江原桂介

其方義京都町奉行勤役中事實不分明之義取計御制度紛亂を生し候段不束ニ付御役御免差扣被　仰付候

中奥御小姓

久貝相模守

名代

畔柳銑五郎

其方義養父遠江守大目付勤役中飯泉喜内初筆一件吟味之節立合被　仰付候處不束之次第有之段達　御聽候勤柄別而不似合之事ニ候依之其方

高之內二千石被　召上遠江守義差扣被　仰付候

寄合肝煎

池田播摩ﾏヽ守

名代

池田彈正

其方義町奉行勤役中飯泉喜內初筆一件吟味取計方不宜不束ニ被　思召候依之急度も可被　仰付處格別之御宥恕を以肝煎御免差扣被　仰付候

奥醫師

伊東長春院

名代

林洞海

思召有之御匕　御免差扣被　仰付候

右今晩於稻葉兵部少輔宅十一度ニ申渡若年寄中列坐御目付杉浦正一郎澤勘七郎相越ス

三條家藏祕簡

文久四年
慶應元年

勅翰寫

朕不肖ノ身ヲ以夙ニ天位ヲ踐ミ忝モ万世無缺ノ金甌ヲ受ケ恒ニ寡德先皇ト百姓トニ背ンヿヲ恐ル就中嘉永六年以來洋夷頻ニ猖獗來港シ國體殆云ヘカラス諸價沸騰シ生民塗炭ニ困ム天地鬼神夫朕ヲ何トカ云ン嗚呼是誰ノ過ソヤ夙夜是ヲ思テ止ヿアタハス嘗テ列卿武將ト是ヲ議セシム如何セン昇平二百有餘年威武ノ以テ外寇ヲ制壓スルニ足ラサルヿヲ若妄ニ膺懲ノ典ヲ擧ントセハ却テ國家不測ノ禍ニ陷ンヿヲ恐ル幕府斷然朕カ意ヲ擴充シ十餘世ノ舊典ヲ改メ外ニハ諸大名ノ參勤ヲ弛メ妻子ヲ國ニ歸シ各藩ニ武備充實ノ令ヲ傳ヘ内ニハ諸役ノ冗員ヲ省キ入費ヲ減シ大ニ砲艦ノ備ヲ設ク實ニ是朕カ幸ノミニ非ス　宗廟生民ノ幸也且去春上洛ノ廢典ヲ再興セシ事尤嘉賞スヘシ豈料ンヤ藤原實美等鄙野ノ匹夫ノ暴說ヲ信用シ宇内ノ形勢ヲ察セス國家ノ危殆ヲ思ハス朕カ命ヲ矯テ輕卒ニ攘夷ノ令ヲ布告シ妄ニ討幕ノ師ヲ興サントシ長門宰相ノ暴臣ノ如キ其主ヲ愚弄シ

故ナキニ夷舶ヲ砲撃シ幕使ヲ暗殺シ私ニ實美等ヲ本國ニ誘引ス此ノ如キ狂暴ノ輩必罰セスンハアル可ラス然ト雖皆是朕不徳ノ致ス處ニシテ實ニ悔慙ニ堪ス朕又オモヘラク我ノ所謂砲艦ハ彼カ所謂砲艦ニ比スレハ未タ慢夷ノ膽ヲ呑ニ足ラス國威ヲ海外ニ顯スニ足ラス却テ洋夷ノ輕侮ヲ受ン歟故ニ頻ニ願フ入テハ天下ノ全力ヲ以攝海ノ要津ニ備

山陵ヲ安シ奉リ下ハ生民ヲ保テ又列藩ノ力ヲ以各其要港ニ備ヘ出テハ數艘ノ軍艦ヲ整ヘ無飽ノ醜夷ヲ征討シ

先皇膺懲ノ典ヲ大ニセヨ夫去年ハ將軍久シク在京シ今春モ亦上洛セリ諸大名モ又東西ニ奔走シ或ハ妻子ヲ其國ニ歸ラシム宜ナリ費用ノ武備ニ不及コト今ヨリハ決シテ然ルヘカラス勉テ大平因循ノ雜費ヲ減省シ力ヲ同フシ心ヲ專ニシ征討ノ備ヲ精鋭ニシ武臣ノ職掌ヲ盡シ永ク家名ヲ辱ムル事ナカレ嗚呼汝將軍及ヒ各國ノ大小名皆朕カ赤子也今ノ天下ノ事朕ト共ニ一新セン事ヲ欲ス民ノ財ヲ耗ス事無ク膺懲ノ備ヲ嚴ニシテ祖先ノ家業

ヲ盡セヨ若怠惰セハ特ニ朕カ意ニ背クノミニ非ス
皇神ノ靈ニ叛ク也祖先ノ心ニ違フ也天地鬼神モ又汝等ヲ何トカ云ンヤ
文久四年甲子春正月

去月廿七日拜見被
仰付候
宸翰之
叡旨者
御卽位已來
皇國之災禍ヲ悉ク
聖躬之御上ニ御反求被爲
在候
敕諭ニ而誠以恐惶感泣之至奉存候倩幕府從前之過失ヲ自反仕候得者多罪

之至奉存候臣家茂不肖之身ヲ以徒ニ重任ヲ辱メ紀綱不振内外之禍亂相
踵頻年奉惱
宸襟候而已ナラス去春上洛之節攘夷之
敕ヲ奉スト雖其事遂ニ難被行横濱鎖港之談判スラ未タ成功之期限モ難量
折柄再
命ニ依而上洛仕候上者極而逆鱗ニ觸レ嚴譴ヲ可相蒙者素ヨリ覺悟仕候處
意外之
宸賞ヲ奉蒙候而已ナラス至仁之
恩諭ヲ以臣家茂竝ニ大名ヲ赤子之如ク
御親愛將來ヲ御勸誡被爲在候條臣家茂一身之上ニ取リ海岳之
鴻恩實以可奉報答様モ無之候自今以後万事ノ舊弊ヲ改メ諸侯ト兄弟ノ思
ヲ成シ心力ヲ合セ臣子ノ道ヲ盡シ勉而大平因循之冗費ヲ省キ武備ヲ嚴
ニシ内政ヲ整ヘ生民ヲ蘇息致シ攝海防禦ハ勿論諸國兵備ヲ充實仕洋夷

之輕侮ヲ絶チ砲艦ヲ嚴整シテ遂ニ膺懲之大典ヲ興起致シ御國威海外ニ
輝耀スヘキノ條件等彌以勉勵仕乍恐
宸衷ヲ奉休憩度奉存候事ニ御座候乍併膺懲妄擧仕間敷トノ
叡慮ノ趣者堅ク遵奉仕必勝之大策相立候樣可仕奉存候尤横濱鎖港之儀者
既ニ外國ヘモ使節差出候儀ニ御座候得者何分ニモ成功仕度奉存候得共
夷情モ難測候得者沿海之武備ニ於テハ益以奮發勉勵仕武臣ノ職掌固守
仕大計大議者悉ク國是ヲ定メ
宸斷ヲ奉仰
皇國之衰運ヲ挽回シテ外ニハ慢夷ノ膽ヲ呑內ハ生靈ヲ保テ奉安
叡慮上ハ
皇神之靈ニ報ヒ奉リ下ハ祖先之遺志ヲ繼述仕度奉存候是則臣家茂之至誠
懇禱ニ御座候依之此段御請奉申上候臣家茂誠恐誠惶頓首謹言

臣家茂

御請

○

加判

宍戸備前

毛利筑前

益田右衞門介

福原越後

浦靭負

根來上總

國司信濃

清水清太郎

當役用談役

前田孫右衛門

麻田公輔

中村九郎

藏元役

村田次郎三郎

竹内正兵衛

山縣彌八

政務役

渡邊内藏太

楢崎彌八郎

天野謙吉

渡邊伊兵衛

中村文右衞門

藏元役

山田七兵衞

湯川兵馬

波多野金吾

加判萩城代

毛利出雲

藏元役

福原口〔マヽ〕兵衞

山縣吉之助

用談役

田上右平太

側用人

萩

和々羽直衛

毛利登人

大和彌八郎

宰相樣番頭

土山縫殿

榎本猪右衛門

井原隼人

長門守樣同

香川半介

八木隼雄

小澤伊織

外國奉行
池田筑後守
河津伊豫守

御目附
河田貫之助
松平敬三郎

大目附長崎奉行兼帶
大久保豐後守

講武所奉行
澤　右近將監
河村順一郎

○

十二月廿七日

紀州　里見次郎

水府　芹澤七左衛門
　　外三人

尾劦　遠山彦次郎

御旗本　高橋伊勢守
　　山岡鐵太郎
　　松岡萬

十一條諌疏

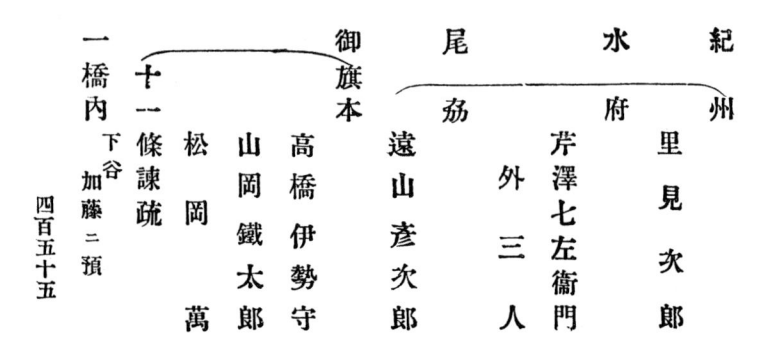

一橋內
　下谷　加藤ニ預

脇坂又三

同　某

苅屋藩

濱田新之丞

遠藤木工

大野某

奉願口上書

不辨前後を不顧私共ヶ樣之儀奉願上候次第疊々奉畏入候儀ニ御座候得共先達而より

條公を始奉り存付候追々次第有之候節も何時ニ而も可申上樣被　仰聞置候ニ付乍恐奉言上候私共不肖微賤之身分ニも御坐候得共聊報國之志より

世々鴻恩之主ニ後を向ヶ脱走仕候も昨年八月十八日不計之變動相生候よ
り以來誠以天下之形勢内患一時ニ差迫リ候處ゟ　宰相樣御父子之御正義
奉慕是非不日御進發も可有之と存込馳集仕候處至今日候而も其機會無御
坐實ニ眞情ニ安兼上も奉對
天朝下對萬民而も今日之形勢一日片時も傍觀難仕且ハ故主墳墓ニ對し候
而も脱落之趣意相立不申誠ニ以日夜寢食不安次第ニ御坐候付而も此迄舊
國同志之者共ニ事情相通候道も一切絶果居候ニ付彼等も只徒ニ苦心仕居
候事と實ニ同志之眞情難堪　今度潛ニ故國罷歸助彼共ニ天下之爲ニ盡力
仕度左候ハヽ今日坐視仕候ゟも報國之一端とも相成可申と存込候ニ付何
卒同志之深情御憐恤を被爲垂暫時之御暇被下度奉懇願候此段宜敷御執達
奉願上候恐惶敬白

條　公

○

上包
口上之覺
山中嘉太郎

乍恐歎願口上之覺

今般從　三條實美卿爲御密使日谷十寸見を被爲　進候ニ付私共付屬仕候
樣被　仰付去月廿日防州出帆仕同廿八日内々　御國表ゟ參著仕候處既ニ
御上京被遊候後ニ而不得止直ニ上京仕過日各樣迄御内談申上十寸見拜謁
之義を奉願置候處其後水野助太夫殿十寸見ニ御對面被下　侍從樣　御口
上之趣御申聞被成且拜謁も不相叶候旨被　仰聞候由右も　御國禁御法令
も有之候故一應御尤之御義ニ奉存候得共今度之　御使節　實美卿御一己
之御義ニ而も無御坐乍恐當時右樣之御身分ニも候得共天下國家之御爲晝
夜御苦心之余り乘而　侍從樣御誠忠之御實意を深御感佩被遊候御誠實よ

り　御使被爲進候　御深旨十寸見よりも奉申上候義と奉存候尤御文之義
も過日奉申上候通無據　御深慮ニ而態と御差扣被遊候義ニ御座候得も何
分十寸見義も御次之間迄ニ而も被　召出　拜謁被　仰出　御直ニ御聞上
被遊篤と御情實貫徹不仕候而ハ十寸見ニ於而も復命之道を失ひ深苦心仕
候義と痛察仕候別而私共ハ決心之上御請申上候而參上仕候義ニ御坐候得
も内外之事件如何哉と苦心之餘進退相迫り實ニ苦心仕候前條奉申上候通
御密謀之　御盟約ニ而も無御坐天下之大義御勤　王之御誠實を以御賴被
爲　進候義故十寸見ニ被　仰含候御深旨も天下之公論ニ御坐候得も後日
聊他ニ洩候共格別恐懼と申程之義も有御坐間敷候尤御情實貫徹不仕候而
も　御使之趣意不相建候故此段篤と御汲取被下萬々御執成奉願候私共未
御國禁無御免身分ニ而不省恐參上仕候も重々奉恐入候得共古今未曾有之
大御變革之御時節ニ候故下賤匹夫之微忠蒙御哀憐願之通被　仰付候ハヽ
重々難有奉存候間此段各樣迄内々奉願候以上敬白

三月十六日　山中嘉太郎

江陽之進様

河源太夫様

成太郎兵衛様

荒三介様

花虎太郎様

○

湯田瓦屋ニ賴置候

宮部鼎藏様　宮部春藏

要用啓上御秘披

於松田屋別亭相認

三月廿五日

一翰奉啓上置候奉拜別爾來音信ゟ無御座事ニ付如何被爲在候哉と猶更懸念仕居申候處昨日於氷上山土方楠左衞門ゟ御登京ニ相成申候越（趣カ）承り申候間猶亦於當所眞木泉州ゟ土肥典膳御同行被爲在候次第承り申候間聊心安く奉存候得共當時節柄如何被爲在候哉と奉存事ニ御座候於私義ゟ追々奉歎願置候未彼是六ヶ敷相成申候處一昨廿一日上京御免被　仰付一同難有奉存候昨日ゟ當所ニ御暇乞爲可申上罷越今朝早々引取今夕ゟ出帆と奉存候處案外之風雨ニ付暫見合罷在候間過日來之始末相認奉入御覽候尤於上國懸御目候半とハ奉存候得共右之次第ニ御座候間左ニ相認申候

一御出帆後廿七日高木元右衞門三田尻ゟ罷越彼ノ地ニ而奉願置申候次第宜敷御許容被　仰付度奉願候處山口ゟ申向之趣御坐候間暫く見合を候樣御沙汰有之續而當月朔日小坂河上岸上私儀四人於當所ニ御召被　仰付候間則一同八ッ時分來著仕候ニ付直樣御殿ニ罷出候處折節三ノ宮へ

櫻御覽直樣山口御殿へ御入被爲在候御模樣ニ付二日ニ奉拜謁候處當時
勢淵上都太郎野瀨辰太郎申來候通ニ付暫く上京見合候樣尤閣中ゟ他出
仕候而も諸方之聞ヱにもかゝわり候間見合候樣山口ゟ御賴ニ相成候段
被　仰聞候得共元來願出候儀も昨冬當正月十二日從一同死所之御指揮
奉願猶廿四日御廟算密々奉伺候節之御沙汰猶更二月三田尻に御入被爲
候砌之御沙汰ニ付銘々死所之決著所を申出候ニ付御沙汰之通尤之儀と
御許容被　仰付候樣奉懇願候處　　御上ニ而猶御再考被爲在候段被　仰
聞退席仕候折節其砌氷上山ゟ　　東久世樣壬生樣之御兩卿御入來被爲在
則御同坐ニ被爲在候右御兩卿樣に山口表に之御相談乍恐　　條公ゟハ些
御申兼御心配ニ被爲在候ニ付御兩卿を初諸卿樣ゟ今一應御相談ニ相成
候樣　　條公ゟ御賴ニ付同四日ニ前田孫左衞門竹内庄兵衞今一人都合三
人氷上に被召寄御申向被爲在候處願出之趣尤之儀ニ付如何樣とも取計
可申段猶山口一決之上可申上旨言上仕引取被申候由ニ付其後日々御模

様奉待候得共兎角押移同十日　條公氷上ニ御成被爲在其節山口　御兩
殿様同氷上ニ御出會被爲在御會議も被爲在候由返々奉恐次第ニ御坐候
然處十日之夜從土方水野師取次ニ而被　仰聞候次第も願之筋ニ付而ハ
難相叶別ニ御思召を以四人御免可被　仰付と御沙汰ニ相成候間猶考候
得も畢竟死所之決著存意之旨申出候様尤之儀も御許容被　仰付候様追
々之御沙汰ニ付銘々覺悟之筋申出候處尤ニ被思召候段被仰聞御許容無
御坐旨御沙汰之趣本末相違ニ相當り申候間如何様ニ欤御趣意も可被爲
在と相心得如何之御次第ニ候哉奉伺候處別ニ譯ハ無御座候得共後々闇
中沸騰仕筋を以願出候ハヽ其節御心配可被爲在との事柄ニ御坐候間其
儀も追々辨解仕置候通を以其儀無是旨申出候得共歎願之筋ニ付而も難
爲叶陰ニ御取用イ被　仰付候との模様ニ付猶篤と相考候處前文申述候
通銘々死所決心所之歎願不相叶同様之儀他人ニも被　仰付若被取遣候
ハヽ武士道信義相立不申候ニ付後々も愈屹と覺悟も可仕奉存候間左様

相成候而者返而恐多く罷成候ニ付無據御暇願出候處御沙汰も延引仕居
候内三田尻閣中ゟ伍長幷田所荘助當所江罷越申候其譯ハ十一日ニ佐々
木男也三田尻江罷越右之趣被爲申通候趣ニ付私共一同之議論をも承り
彼ノ方ニ者議論可有之との趣ニ而罷越候模様相聞江候而哉被差返候途
中氷上ニ而彼ノ伍長中田所江行逢申候間引返し於此許此節願出之次第
御沙汰之趣一々委細相噺申候處田所ニも誠ニ同意ニ而伍長中申談私方
赤心相違候様一同甚周旋仕候而其砌御暇願出候義ハ引戻し以前之通被
仰付此節出京御免ニ相成候間一同申談御暇乞ニ罷出申候猶委細ハ眞木
水野ゟ御聞取可被下候様奉願候乍併殊之外ニ重大ニ罷成返々者恐多奉
恐〔存カ〕候御序之砌御前江者宜敷被仰上被下候様奉願候
一國許之事承り申候得共更ニ新聞者無御坐候乍去松村書翰差上申候是ハ
清水源左衛門ニ相賴置申候間御覽可被下候
一宿許　御姉様を初御無事ニ被爲在候由御同様ニ大悦仕候風雨も相止ミ

早々出立仕候間巨細ハ三田尻ニ而相認可申置と奉存候乍此上御自愛被
遊候様奉祈候艸々以上謹言

三月廿四日認

宮部春藏

増正（貫一と相改申候）　拜

尊大兄様

尚々
早々認御免許奉願候
又以上

別帋
文を殘しおきなて海ほる迚おもふたゝ你状
なよ事をなも業もなくさら〳〵とかき殘もなりもしを艸の南
濡衣をほも日間もなく浮雲のたちとさる世そうら沁しき哉
あしたなや一ト筋の道ぬみとあて迷ふもおなし大王のなみ

右三ッ歌なれもふ志ゝ徐をかきあらはし男ゐは只志のみ拔見そなは
しりしをと仰き願ふ已

弟増正百拜

中島小室露木一條　三月十七日記之

京師浪人儒者
中島永吉
丹後宮津產京師居住
中島永吉門人
小室力藏

右兩人儀去八月下旬阿劦德島ゟ罷越同志之者正義之筋及論談居候由之處
無程幽囚いたし候由尤兩人共足利木像梟首一條ニ付潛匿之身柄ニて御座

候得共全忠實正義之人物ニ御座候

阿刕產京師居住

露木恒之進

右ハ去十月　三條樣御內丹羽出雲守阿州表爲御使者被差越候節同道罷越

歸途讃刕引田浦ニおゐて阿刕役人共押捕德島ゟ連レ歸候由是以正義之者

相違無御坐候

右之通御座候間何卒　尊藩ゟ御說得被成下幽囚を免し候樣御救助奉仰候

以上

三月　日

谷十寸見

轟山田一條　三月十七日記之

細川越中守內

轟　武兵衛

右同

山田十郞

右ハ去夏以來御守衛人數ニ差出置武兵衛儀も姉小路樣御一件御吟味懸被仰付十郞儀ハ探索方被　仰付相勤居申候處同八月十八日　三條樣中國筋御下向被遊候ニ付御同卿ニも寡君御親緣之儀候間御落著御見屆申上候而歸國いたし度其節京師詰合候一門之者長岡内膳ゟ願出候處差免し候ニ付同月下旬京師出立防刕三田尻罷越　三條樣御旅館へ滯留御模樣相伺居候處稍御居合ニも相成候間一ト先歸國右之次第逐一申出度九月下旬同所出立歸國仕候途中筑後國久留米領府中ニおゐて國元奸吏手先之者同所役人共相賴不意ニ仕懸ケ相捕へ國元ゟ押送直ニ下獄仕十郞儀も於獄中死去ニおよひ武兵衛儀も于今幽囚罷在候由右ハ國法を亂り脫走仕候譯合ニハ無之儀ニ御坐候處無躰ニ差押へ入獄ニおよひ候段愈以奸吏之誣告寃罪ニ相

達無之候間何卒　尊藩之御餘光を以武兵衞儀も速ニ出牢十郎ハ寃魂相慰
氿候樣御救助被遊被下候樣偏ニ奉懇願候右ニ而國惡相顯候躰ニも相聞ヘ實
以不本意之至御座候得共兼而御懇命ニ任セ無伏臟御內々拜陳仕候情緒御
憐察被成下候樣奉仰候以上

三月　　　　　　　　　　　　　　　日谷十寸見

○

過日願出候事件熟考候處孰ゟ報國盡忠之志不堪感迫切之心情令體察候當
時有志中他出六ヶ敷事情探索可致樣無之時々觸耳之事も浮說風聞而已ニ
而疑惑を生し候義苦心之趣尤至極ニ存候於一同も相談從吾等之指揮決而
一己之進退不致申當藩之害ニ相成候樣之擧動無之義も安心致候間決而右
等之疑を以而差留候譯ニも無之候得共當時當藩ゟゟ上京之人ゟ有之宮部

鼎造ニも在京探索盡手段居候得も京師義擧之機會も有之候ハヽ必内應可
致存候乍併孰も自分ニ周旋不仕候而ハ不安申義ハ尤之義ニ有之候得共京
攝ハ勿論諸國共探索嚴密之折柄既追々有志正義之輩執縛之覆轍も有之ニ
付而も甚以懸念不少候一人ニ而も旗下羽翼之志士を失候も吾精氣を減損
之譯故殘念之義ニ有之候尤孰も熟慮之上願出候義ニ有之候得共猶小子之
心情ヲ體認し而再應深慮賴入候當國へ來集之志士京攝ニ追々入込候事多
人ニ相及候ハヽ益敵をして警戒をしむる之譯ニ而寸分之虚隙も生不申却
而機會を閉塞すは之形ニ立至り可申欤虚實之妙用を審ニするも用兵之大
本ニて古語ニ所謂致人而不致人トハ可心得事欤ニ存候抑今日回天之大業
ニ當り小義擧小暴發を爲さハ恐くハ敵の術中ニ陷り始終之勝算如何と苦
心ニ存候尤死生之間諜を放ち敵之情實ヲ伺ふも急務ニ候得共自然囚縛之
禍ニ罹り候而も有害無利有損無益のミならも彌天下之正氣を削き後日義
擧之爲ニハ甚以遺憾ニ有之候因循固(姑カ)息ニ涉り候得共孰も上京之義今暫見

合候ハヽ京師之消息も可有之來春ニ至り發行するも亦不晩事欤孰も身命を死地ニ投し爲國家周旋致候至情も萬々相察申候得共先小子輩之愚慮する所を申聞候乍併右樣申聞候而も自然失望解體之事茂可有欤と苦心致候得共大略前文申聞候通決而一同之志ヲ沮却すへれ譯ニ無之候間右等之所熟察有之度猶再考可申候

〔朱書〕右本書條公親筆

子正月十八日三條殿諸大夫丹羽出雲守三條西殿右同河村能登守被差立

朝廷江六卿方ゟ御建白之寫

臣等分外之知遇ヲ蒙り莫大之鴻恩ニ浴候處去年八月十八日參　內他出等

被止候節　敕命違背脫走仕候次第　朝廷之御變事ヲ不顧　叡慮之
御深旨ヲモ不奉窺國家多難被惱　宸襟候折柄於　闕下微忠ヲモ相勵可
申之處不束之進退不憚　朝憲不敬之擧止其罪不輕　宸衷之程爲如何被
爲在候哉ト恐縮仕候於一同鈇鉞之誅ヲモ可蒙之處僅被止官位候段　仁恩
之厚不堪感泣候自元攘夷之儀者年來之
叡慮ニ被爲在候處膺懲之事業難被行
宸念貫徹不致義不堪慨歎悲憤之至不顧身力外夷掃攘盡微忠聊奉慰　宸
襟國忠萬分之一ヲモ報度志願ニ有之候處却而嫌疑ニ相觸奉對　朝廷懷
異心候風說ゟ有之候由鄙情貫徹不仕候段不堪悲歎罷在候前條之次第上京
哀訴仕度存慮ニ候得共當節身分其恐不少ニ付以書取奉申上候仰願　聖
明仁憐ヲ被爲垂候樣伏而奉願候死罪頓首謹言

右表向一書

臣等　勅勘犯罪之身ヲ以國家之大政ヲ猥ニ奏言候者不憚　朝憲儀戰栗恐
懼之至ニ候得共攘夷之儀者外夷蠻之叛服ニ相響内内〔國カ〕脉之盛衰ニ相係候事
故臣子之情分難忍沈默敢犯萬死鄙衷建白仕候抑外夷拒絶之儀去年以　叡
慮不拘幕府之示令可掃攘之旨　御布告被爲在候處於關東鎖港談判取掛候
ニ付應接中輕擧暴發無之樣更列藩ニ御布告有之候ニ付追々攘斥之御所置
可有之義与存候處至今日未御實效ニ不被爲立如何被爲在候与奉窺望候處
當節大樹公ニ茂上洛列藩參集國是御一決膺懲之　御廟算被爲在候儀与恐
察仕候得共万々一茂期限御遷延ニ相成候者々掃攘之機會茂被爲在間敷積
年　叡慮御貫徹之時無之且人心之方嚮茂不相立加之萬民之疾苦ニ至り邦
内疲解与相成候ハヽ禍亂不可謂逐夷賊術中ニ陷振古所無之大恥ヲ被爲受
神州腥羶之汚俗トモ可相成与泣血悲歎仕候蒙昧愚陋之身天下之重事ヲ奉
議仕候者多罪之至ニ候得共區々之情難默止冒瀆　天尊言上仕候不敬不憚
之罪御仁宥被爲垂寸志之程　聖察不堪仰願候死罪々々誠恐誠惶頓首謹言

右四ッ折上包六名

〔朱書〕長州ヨリ
〔朱書〕條公獻言案カ

臣等　敕勘犯罪之身ヲ以國家之大政を漫ニ奏言仕候者不憚　朝憲義戰栗
恐惶之至候得共攘夷之義ㇵ外夷反服ニ相響內國脈之盛衰ニ相係り候事故
臣子之情分難忍沈默敢犯萬死鄙衷建白仕候抑外夷拒絕之儀去歲以
叡命不拘幕府之示令可有掃攘之旨御布告被爲在候處於關東鎖港談判取掛
候ニ付應接中輕擧暴發無之樣更ニ列藩へ御布告有之候ニ付追々攘斥之御
處置可有之候義と奉存候處至今日未御實効も不被爲立如何被爲在候哉奉
窺望候處當節大樹公上洛列藩參集國是御一決膺懲ニ廟算被爲立候義与乍（恐カ）

察仕候得共萬々一ゟ期限御遷延ニ相成候得ハ御掃攘之機會も可在〔御座在カ〕間敷積年之
叡念御貫徹之時無之且人心之方嚮も不相立加之萬民之疾苦ニ至り邦内瓦解ニ相成候ハヽ禍亂不可謂遂ニ夷賊之術中ニ陥り振古所無之大恥を被爲受候　神州腥羶之汚俗とも可相成泣血悲歎仕候蒙昧愚陋之身天下之重事を奉議候ハ多罪之至候得共區々之情難默止冒瀆
天尊言上申仕候不敬不憚之罪御仁宥被爲垂寸丹之程　聖察不堪仰願候死罪々々謹言

〔朱書〕
元治元年甲子七卿獻言案

臣等分外之知遇を蒙莫大之鴻恩ニ浴候處去年八月十八日參　内他出等被

止候節　敕命ニ違背シ脫走仕候次第　朝廷之御變事を不顧　叡慮之御深旨を以不奉窺國家多難被惱　宸襟候折柄於　闕下微忠を以相勵可申之處粗暴之進退不憚　朝憲不敬之擧止其罪不輕　宸衷之程以如何可被爲有哉ト深恐縮仕候於一同鈇鉞之誅を以可蒙之處纔被止官位候段仁恩之厚不堪感泣候自元攘夷之儀者年來之　叡慮ニ被爲有候處膺懲之事業難被行　宸念貫徹不至義不堪慨歎悲憤之至不顧身力外夷掃攘盡微忠聊奉慰　宸襟國恩萬分之一を以報度志願ニ有之候處却而嫌疑ニ相觸奉對　朝廷懷異心候風說以有之候由鄙情貫徹不仕候段不堪悲歎罷在候前條之次第上京哀訴仕度存慮ニ候得共當節之身分其恐不少候ニ付以書取奉申上候仰願　聖明仁憐を被爲垂候樣伏奉願候死罪死罪謹言

大谷仲之進

右之者事去冬泉州堺より長崎運送として莫大之綿油其外買得積下り候趣
相聞候ニ付此度於周防國利府浦マヽ嚴重之及糺明候處外夷与交易之ため積下
り候段逐一及白狀豈計薩劦藩順聖公以來尊攘之大義を被唱天下之人心致
奮起候程之處唯今ニ至り先公之深志を忘却シ外夷与令交易候段全ク諸役
人貪欲無恥之取計ニしく上も十余年來日夜被爲惱　宸襟候を斷然　聖衷
を蔑如し下ハ諸品拂底物價騰貴ニ相成人民次第ニ困窮相迫るとも不顧内
ハ　神州之國力を疲弊をし况外も豺狼をして夷賊之術中ニ陷り神州有限
の品を夷賊無厭之欲ニ充んとす其罪惡天地不容神人共ニ怒ル依之其品燒
拂於船中居合奸吏を誅し世間交易をなすもの族戒めんか爲如此梟首をしむ
る者也

二月

大君の皇座の山の櫻花八重九重ふ咲初ふけり
雨風ふ散ともよしる櫻花君の爲なら何の厭ハん

中國ノ浪士
水井精一
山本誠一郎

○長刕侯ゟ藩中ニ御沙汰之寫

當今　皇國多難ニ付志氣正敷者處々ゟ奮發いたし外患を攘ひ　皇運御挽回を相謀る折柄於國中有志之者不少正氣團結要地ニ屯いたし候ニ付隊中規矩嚴密ニ相立國力衰弱ニ至られ國政益興起いたし宿志之通　天朝江之忠節相達候樣いたし度事ニ候依之於諸隊此度申付候條令堅く相守各抽忠勤者可爲本懷候也

亥十二月十一日

○

長崎製鐵所拜借蒸氣船爲修覆長崎江差越度舊臘廿二日兵庫致出帆廿四日

夜五時過小倉領田之浦致碇泊候處長府臺場ゟ致砲發候ニ付如何樣異船ニも見違候哉兼而夜中ニハ帆柱毎ニ燈爐（マヽ）を懸國印と致候段前以致條約置候ニ付猶又爲念燈爐（マヽ）差出候得共無体ニ打懸候ニ付早々同領田之口村青濱ニ引退候處無程致發火不殘致燒失候此段御屆申上候以上

但乘組人數之內士官九人機官之者以上十九人行衞相知不申候

正月二日

松平修理太夫內

內田仲之助

○

微賤愚蒙之私共奉冒　尊嚴上言仕候義重疊奉恐入候得共舊冬來猶更不容易蒙御懇命非常之場合ニも至候ハヽ御高恩之萬一をも奉報度祈願此事ニ御坐候處近日上國之形勢承り申候處甚以奉恐入候御場合ニ御座候趣言語同斷歎息之至御坐候實ニ薩會越等を初逆謀奸計彌增逞しく罷成候而已ならずられ最早大樹ニも上洛之模樣ニ有之京師之地正義有志之士手を容身を置

ニ處なき次第ニ相成正氣復古之目途も立兼候樣子ニ傳承仕候返々も驚愕之至ニ奉存候加之京師滯在之侯伯大樹著京之上盡衆議開鎖之決斷仕候義哉ニも御坐候由萬一矯　敕條約之場ニも立至候ハヽ誠ニ赫々タル　神州日月落地星辰失光之時節ニも有之間敷哉慨歎至極ニ奉存候畢竟愚智短才をも不顧乍恐　皇朝御危難之御時節と一向存込抛身命御鴻恩ニ奉報度去舊國捨憤(墳カ)墓罷出居候間前條奉申上候通萬一矯　敕開港之義ニも被爲至候而も深奉恐入候間如何樣ニも速ニ粉骨碎身仕候而御恢復之寸助ニも相成申度奉希願候ニ付萬々恐多奉存候得共右心情乍恐御憐察被爲在何分得死所候樣御下知被　仰付被下度重疊伏而奉歎願候恐惶頓首謹言

正月十二日　浪士共

愚蒙之管見を以每々奉言上候段奉恐入候得共時勢愈切迫ニ相成最早累卵之危至其極候哉ニ承候間難默止去ル十三日一同書取ヲ以御下知奉願候處難有御懇諭被　仰付猶又愚意決著之次第奉言上候樣被　仰聞偏ニ難有仕

合奉存候附而ハ嗚呼ヶ間敷奉存候得共又々愚存之趣乍恐奉伺度奉存候畢竟此節之儀ハ君臣上下之名分明義卓立仕候而從來之衰世復古之大政ニ御挽回被遊候御大擧ニ付微賤草莽之私共重大之御機會奉伺候義奉恐入候併篤と愚考仕候得も義之當前と事之成敗とニ御座候間一擧兩全も重疊之懇望ニ御坐候得共方今事情切迫深被爲惱　叡慮候儀も如何被爲在候哉乍恐難譬次第ニ奉恐察候加之以前を〔ヨ欲〕も奉言上候通矯　敕開港ニも相成候ハヽ畏も　皇國之大瑕瑾再ヒ不可贖正氣之斷絕此節ニ御座候間空敷坐視傍觀仕居候而ハ臣子之節義決而相立申間敷奉存候ニ付事之成敗ハ差置忠節義理之來ル處隨其則守其道之外有之間敷奉存候然處上國之形勢賊兵亦夥敷奸賊誅伐之軍機未タ無之模樣ニも御坐候得共如何樣と欲非常之英斷果決を以迅速ニ御恢復被爲在度奉懇願候右ニ付而も乍恐深重之御廟算被爲在候事ニ奉仰候實ニ重大之兵機御廟算奉伺候次第重疊奉恐入候得共事も益艱難義も愈切迫如何處分仕候哉返々も疑惑至極仕居申候何卒此變艱御處

置御廟算之概略愚意御憐察被成下奉願候通御内示被　仰付被下候ハヽ、一同死所之決心目途をも盡涯分申度奉存候間幾重ニも大基本御廟算御内示之義重疊伏而奉懇願候頓首々々恐惶謹言

正月廿一日　　　　　　　　　　伍長中

名　　前

〇流行ぬし

なれハいやなり　ふ（マヽ「思」カ）ゑなふぬほんまこんくの苦のたねなれ

都　屋　お　君

いはと酒をままよはぬ中（うち）ハたんな人でそなあつたま

お　中

人ハともなくおまひの事でくはふせぬ日ハないもいな

はもまゐお國

おしだしそはよひよふでも品玉男替るこうちがふくらしひ

鹿兒島屋 おさつ

おくれなからもゆふ此よ飯ハよほと目をたも冬のうち

金澤屋 お梅

よほと手を出しさよねのよたつ氣かねたらけのあしだふけ

熊本屋 細の

ぬしも男じやそんなによやほなゑんぞよもるよもほどがある

土佐屋 お高

九重に雲か垣しそ隔てゝいるよぬしか出なけりや夜かあけぬ

周防屋 お長

はるかなかにも延立枝を見てもゆかしやよとし竹

阿波屋 お徳

おきのどくだよ野中の柳なされ次第の風しだい

唐津屋 お笠

なみに鐵砲などのよおしてもまとにあたらぬものなひ

奧州屋お相

ものかはるさのみいはねと都の人をはいそがはも嬉しく梅

はなた屋お筑

○因州侯上書

微臣慶德去冬奉蒙　勅命候ニ付而も速ニ登京可仕筈候得共傳奏迄及言上候通痛處今以荏苒罷在迚も旅行仕兼出京及延引候段恐入奉存候折柄御下間も無之義猥ニ及建言候段其罪不輕候得共昨夏上京以來實ニ蒙非常之恩寵每々參朝　御直命を辱畏候義尙更日夜九重之御義不堪杞憂區々之愚慮寢食をも不尙尙[マヽ]又申上候抑去秋以來何と無億兆之心　朝議御動搖被爲在候樣奉疑模樣無之共難申於臣慶德者　朝議今更御動搖ハ無之御事とハ奉存候其譯ハ先達而在京之砌參　朝之節度

々大臣兩卿にも親しく奉伺候處於攘夷之義も
叡慮確然無御撓趣尙一橋中納言に八月十八日以前　御沙汰之通攘夷之義
精々盡力之樣可申通旨以傳奏被　仰出之趣も奉畏且勤　王之諸藩憤發不
待幕命可及掃攘等之　敕命を蒙其後阿波侍從等詰合之諸藩に每々東下攘
夷之義尙又御催促御沙汰等も有之引續有栖川宮御下向之御內意も有之候
得共其內於關東攘夷之談判取掛之趣言上ニ相成るよ就ゐも暫時其義を被
止之趣幸老中酒井雅樂頭上京ニ付ゐも尙又嚴重之御沙汰ニを相成候欤ニ
奉伺一橋中納言登京之義被仰下候節を攘夷談判之模樣被爲聞食度ト之
御趣意且又大樹上洛被　仰下候節を萬一留守中鎖港攘夷之談判相弛候ゐ
も以之外之義と被　思食候ニ付可然人體致委任置攘夷之　叡慮ハ必貫徹
被遊度樣　御沙汰之趣も奉伺候得共　叡慮御動搖無之義も深奉畏候然處
前文之通御動搖被爲在候樣紛々傳聞仕候是全不知實者之妄言とハ奉存候
得共萬一右等聊ニゐも　朝議御動搖御座候ゐも自然天下之士民九重之深

淺を窺解體仕既奉疑者益疑ヲ生迯ニ不信　朝命樣可罷成畢竟列藩より草莽之士ニ至迄踊躍奮勵仕候儀故　至尊之盛德を奉感戴補相之賢德ニ鼓動せられ候義御座候處此節ニ至り攘夷變ゐ若開港と相成候樣之義有之候ゐも乍恐天下之鋭氣此より相撓候事と深恐入奉存候是迄每々言上仕候義改ゐ申上候ニも不及候得共民無信不立一旦攘夷之義期限迄も布告ニ相成加茂八幡江　行幸御祈願被爲在程之義且攘夷之義被　仰出候已來入水火踏白刃其爲ニ殞命者幾千人ニ及り左もまも萬一　叡慮御動搖ニ相成候ハヽ　神怒り鬼怨ミ隨ゐ間闕流離之者故亦慍之可申迯故人心居合候期有御座間敷奉存候間何卒攘夷之　叡慮貫徹相成天下之人心一和一致仕候樣不堪至願候人心一致仕候得も武備不整御坐候共　神州擧ゐ焦土と相成候迄も是非夷賊掃攘と覺悟定候ハヽ必々　叡慮貫徹ニ可至候間尚又御發揮被爲遊多年之御宿志を被爲遂候樣就ゐも海內之人心一定仕候樣之御處置無之候ゐも不相成樣奉存候萬一海內之人心錯亂仕候得も忽其間隙ニ乘しそ

夷奴逞志仕候義ハ必然之義ニ付先達而も申上候通り三條家以下之人幷長
州父子之御處置甚以不容易御大事之義ニ奉存候一旦錯亂仕候而ハ迚も一
致之期ニ不可至實ニ　神州之御大事ニ付何卒
御心を被爲留度奉存候三條家七人幷長州蒙　敕勘候義其罪可有之候得共
攘夷之
叡慮遵奉苦心仕既ニ掃攘之魁をも仕候程之義若寛大之御處置ニ不相成而
ハ攘夷之先鋒たる長州もら　御嚴罰を蒙ニ至ル唯因循姑息之優るニ不如
と人々存込天下之鋭氣相撓可申欤尤家來之者共ニ於而ハ粗暴過激之振舞
も有之哉ニも相聞候得共畢竟父子攘夷決心仕候より領内之人民相化奮勵
決死中ニも少年客氣之輩間關流離之徒ニ至候而ハ粗暴之所行ニ茂相及候
義欤と奉存候勿論可有之候得共前文申上候次第旁去秋之始末辨疏之爲此
比家老近畿迄差出候得共入京堅御差留之趣ニ而進退實ニ極り候趣承及候
右等之御處置相成候而ハ大膳大夫父子ハ恐入候而も領内之人民痛憤難默

少年客氣之輩間關流離之徒如何樣之變動相起候義も難計自然紛亂候而も御取鎮も中々不容易且内地之變ハ夷賊之素より待處ニ御座候得も求而彼の術中ニ陥り　神州をして渠ゟ有とならしむる樣ニ當り可申欤と憂慮仕候乍恐萬一　皇國中内亂起り候而も攘夷之一條如何可相成哉攘夷之義より事起り却而攘夷之妨と相成候而已ならも益　皇威之御衰微と可相成候間三條家以下勝手次第出奔之罪長州之藩過激之科ハ一應御正し被遊候と雖何卒攘夷先鋒之功を以寛大之御處置ニ相成り三條家以下歸京長州入京被免候ハヽ人心居合可申欤と奉存候右言上之趣必しも曲而彼等を相救候ニ而ハ毛頭無之候得共實ニ天下安危之機と奉存候ニ付難默止不顧不肖言上仕候臣慶德前文之次第不幸病褥ニ罷在上京難仕無據以書取奉申上候微衷之旨御採酌之上可然執　奏奉希候恐惶頓首

謹而呈　執事

正月十日　　慶　德

○

謹上

紀伊殿家來

里見二郎璽夫

水戸殿家來

芹澤又吉孝幹

菅原八郎明聰

高木内藏太正路

黒澤仙次郎盛茂

外臣璽夫孝幹明聰正路盛茂昧死百拜謹而書尾張大納言殿下ニ上(マヽ)而臣等竊ニ天下之勢を達觀仕候癸丑以來朝廷外夷之　神州を覬覦致候義御憂慮被爲在幾度と無之蒼生之爲ニ哀痛之

詔を被爲下攘夷之義を　尊論被爲在候得共幕吏兎角遵奉不致和親交易相續而日々盛行し國力疲弊民心怨離仕り實ニ奸雄黠賊之隙を窺之場合ニ差至候然處癸丑より今年八月至迄も　朝意攘夷ニ御一決確然不拔之御論被立有之候ニ付幕吏内實和議相好候得共陽ニ無據攘夷之議を唱へ彼是周旋之振相示し且奸雄之徒表正議の名を借而己之欲を逞可致樣相謀候得共去ル八月十八日京師之變より長藩君臣多年勞苦一朝空シク相成賊名被負候次第ニ相成正義忠臣之公卿方ハ不殘譴黜被致攘夷之論追日國是一變仕候而も　神州挽回之期ハ何を而可望哉と痛哭泣涕ニ不堪次第ニ御座候當時在京諸侯松平春岳殿島津三郎宇和島伊豫入道肥後白河等追而土佐容堂も上京可有樣子ニ候都而一体開港和議を主張致首シ而彈正尹親王を語らひ碌々具位之公卿ハ唯利を以て其心を相惑し

朝廷の上をして鎖港攘夷之義ハ恬然置而不被爲聞候〔樣カ〕仕向候と奉洞察候就而も大樹將軍も速ニ御上洛被爲在樣取拵和議一定之策を彌縫委曲周旋可

中心中ニ而可有之候若公卿異論も有之候ハヽ必罪名を羅織致し貶黜幽閉等を可被加乍恐

聖上之御位ニも被爲係候も難計尤先日小栗豐後守小笠原圖書頭之擧ニ而も姦吏之意ハ相知可申候松平肥後守樣ニも決而御別條無御座候得共浸染之術終一ハ不覺其中御引込レ被成候も無覺束奉存候何分德川叛朝不義之責相重り海內人民靡（ママ）額しく幕政を相怨候樣成行候而も薩之姦謀始而相遂へく候嗚呼可惜可怨之至ニ而ハ無御座候歟左候ハヽ此度大樹將軍御上京被遊若も薩賊之邪謀ニ被爲陷候ハヽ益々多日（他カ） 神州之大邦を擧而忽ち犬羊左衽之俗ニ相變可申事目前ニ相見候左も無之東照宮之御遺澤必地ニ墜御血食之程無覺束成行可申候臣等一念此ニ至ル每食不下咽座不安席候前々申上候通當時勢

朝廷外藩を合せ力弛ミ氣屈し候樣相成候事故是非此上ハ德川氏內より振起不致候而も 神州挽回之期とてハ更ニ有之間敷候幸ニ殿下三親藩之首

被爲備大德高明憂國之意殊深く夙ニ醜虜之害を被爲憂慨然御身を以天下
之事御任被遊或ハ姦議之爲ニ被爲妨御幽閉迄も被爲忍候ニ付
聖上之深ク御倚賴被爲在近年大將軍御輔翼之任も被爲蒙東西御周旋被遊
候十餘年之御功勞可奉恐可奉感言語之盡所ニ無御坐候伏而願ハ不日御乘
輿を西ごらゑ御上京被成下一橋中納言にも御熟論被遊
聖上ハ勿論諸公卿迄も和議邪論ニ御惑溺不被爲在候樣斷然　神州之安危
生民之利害を以御說得被遊續而諸侯を會集被遊在邑諸侯ハ追々御招登セ
被遊攘夷速決之儀を御主張被遊愚人之惑を解姦人隱謀を被爲折正議一致
皇威相振候樣必死御盡力被成下度謹而奉渴望候是臣等之獨渴望而已なら
ずも天下士衆も奉渴望候所ニ而候然處臣等殿下之前ニ於而申上兼候二事有
之候是を申上候得も左右之意ニ忤ミ恐不申上候得も忠と信とを相失可申
寧左右之意ニ忤ふるとも忠と信と不可失と相心得不憚忌憚奉申陳候殿下
紀伊中納言殿御相談之上十月二日攘夷

敕使御猶豫之御願立被遊關東ニ御使を被馳攘夷御周旋相成其後殿下御歸藩被遊候而今日迄も何之御沙汰も寂然と御控ニ被遊候ハ全ク深々御趣意も可被爲在候得共今日之事決而一介之使之可辨所ニ無之唯虛飾之御所置と而已訛り候道路之說も傳承仕候此暴〔マヽ〕一度耳ニ至而實ニ口惜奉存候內實事情探索仕

敕使猶豫之義全ク島津三郎等宿謀ニ而已ニ九月晦日內議相決し有之候哉ニ而幕府之攘夷を遲緩ニ爲致其罪名德川氏中相歸候樣相仕向候策とも相見薩州之奸なる事鏡ニ懸ル如く候薩州之賊之勢を弱兌候ハ第一殿下卓然たる正議を御主張被遊正議之諸侯因幡備前阿波上杉等之族を引而應援被遊續而在京諸侯就邑諸侯を交代招集被致一藩ニ而も邪議を去候而正議ニ就き　朝廷之上も因循之論相絕候樣被遊候ハヽ薩州ハ孤立と相成其勢何ともなく相折可申欤是臣等之難言所一ッ也松平肥後守樣元來幕府之爲ニ御信義を被爲立別而春來數百里之路を不被爲遠厚く御國力を守京之路ニ被爲

用奉敬服候乍去幕府之處置縱令俗論ニ而も邪議ニ而も唯々隱(マヽ)惑相助幕府ニ相張り候得𪜈御忠節と御心得被遊候ゟ八月十八日之一擧も薩州を被助長藩を被斃之義も全く薩之驅役と被成我掌中之物之樣ニ思召込被成候義ニ候得𪜈反而薩之奸計ニ陷り幕府を不義ニ引入行々奉斃手引ニ被成候と同然ニ相當り如何も殘念至極ニ奉存候殿下も肥後守樣御實兄ニ而被爲在候得𪜈猶御上京之上薩之姦計を深く御辨說被遊肥後守樣も御發明會得被成御舊惑被爲解共ニ御合力奸賊等被爲斃候樣一際御盡力被爲在度奉歎願候是臣等之難言所二ッ也誠ニ卑賤外臣不省身分天下之重事を僭議仕候義恐縮奉存候得共　神州之御落錄(マヽ)ハ勿論德川氏之御命脉ゟ今日ニ至而差迫り日夜痛心之至各其義奉願候周旋可仕候𪜈必當時機切迫處置遲緩ニ相成候而も難得之時機終ニ相失尊藩ニ罷出萬死を犯し上言仕候萬一臣等之情御憐察被成下御採用ニも相成候ハヽ死とも遺憾無御坐于冒威尊無堪戰越皇恐之至

文久四年甲子春三月寫

戰越皇恐ハ僣越惶恐ノ借字カ　校訂者識

野州太平山義擧紀事

檄文
將長名錄
水戸侯御屆書
上書
常劦潛伏人數書
懸令
日光道中石橋宿新右衞門書達

太平山義徒檄文之寫

尊王攘夷者　神州之太典なる事今更申迄も無之候得共赫々たる　神州開闢以來

皇統御一姓天日嗣を受繼せられ四海ニ君臨ましまし／＼威稜之盛大なる事實ニ萬國ニ卓絕し後世ニ至迄北條相州之蒙古を鏖にし豐太閤朝鮮を征する皆是　神刕固有之勇氣を振ひ

天祖以來之明訓を奉せしものにして大猷公ニも別而深く心を被爲盡數百年太平之基を御開た被遊候ハ必竟尊　王攘夷之大義ニ本つき候儀ニ而

德川家之大典尊　王攘夷より重きハ無之樣相成候も實ニ勇敷事ならすや然るに方今夷狄之害ハ日ニ甚敷人心ハ目前之安を偸ミ加之姦邪勢ニ乘し

天朝之

叡慮御貫徹之程も無覺束　祖宗之大訓振興之期も無之　神州之地ニ生れ

神刕之恩ニ浴しるもの只おめ／＼と傍觀坐視しるに忍んや我等幸に　神

州之地ニ生れ又幸ニ危急艱難之際ニ處し候上も乍不及一死を以て國家を
裨補し鴻恩萬分一ニ報し奉るへき覺悟ニ候依而熟慮致候處必死之病ハ固よ
り尋常藥石之療する處ニ非す非常之事を爲され非常之功を立る事を得
す況や今日ニ當而上も
天朝之
宸襟を奉慰下ハ幕府之武斷を助け從來之大汙（汚カ）辱を一洗するニ於ておや是
ニ於て痛憤難默止同志之士相供ニ　東照宮之神輿を奉し日光ニ相會候而
誓而　東照宮之遺訓を奉し姦邪誤國之罪を正し醜夷外窺之侮を防き
天朝幕府之鴻恩を報せんと欲するニあり嗚呼今日之急ニ臨ミ誰か報效之
意なからんや又誰か夷狄之鼻息を仰き正朔を奉するニ忍んや既ニ報效之
志を抱き又夷狄之狡謀を憤なからんお先〳〵として因循姑息ニ日を送り徒
ニ神風を待候ハ實ニ　神州男子之耻る所ならすや冀ハ諸國忠憤之士早く
進退去就を決し同心戮力して上ハ

天朝ニ報し奉り下ハ幕府を補翼し　神刕之威稜を萬國ニ輝し候様致度我徒之素願全く此事ニあり　東照宮在天之神靈御照覽可被遊夫將タ何をか陳せん

太平山義擧人名

中堅總帥　田丸稻之右衞門

輔翼　齋藤左次右衞門

岩谷敬一郎

評定衆　藤田小四郎

根本新平

沼田準次郎

軍正　竹内百太郎

參謀

監察

內藤文七郎
島田帰吉
權藤眞卿
山田一郎
川俣茂七郎
中村親之介
黑澤新七郎
笹目小平太
大久保恭助
中山小三郎
廣瀨善介
飯村儀十郎
常井廣松

島田文衛門

溝口太平

川澄鬼平

小橋新作

瀧平主殿　使番

池尻岳五郎

伊藤益荒

千葉小太郎

松脇俊左衛門

山口儀八

大石重太郎

畑筑山　斥候

梅村眞一郎

朝倉晉四郎
石田總介
横田藤四郎
渡邊霞湖介
室町竹三郎
長谷川信十郎
田上彌三郎
吉田新藏
谷村與衞門
鈴木恒之介
大久保七郎左衞門
三浦龜次郎
宇佐美宗三郎

武器調方

大友圭介
大久保半七
青山巳之吉
普請奉行　栗田源左衛門
書記　服部本永
二木清左衛門
柳生郁之介
高野矢太郎
神衛軍將　田中愿藏
隊長　東直三郎
檜山三之介
服部熊五郎

濱野松次郎
藤田芳之介
川崎忠兵衞
猿田忠夫
高橋上總之介
鈴木寅次郎
西重次郎

天勇軍將　高畠孝藏
隊長　佐々木雄藏
伍長　五島大三郎
前田俊之允

木村新之介
黑澤勝之介
小林好右衞門
船橋甚之允
小田部重平
石橋榮次郎

龍勇軍將
隊長
伍長

沼田準次郎
須藤敬之進
芹澤介次郎
木村久之允
鈴木猛
千葉貫一郎

中村保次郎
木村秀之介
倉上五郎
羽生宗十郎
石川忠右衛門
鶴田彌平次
阿久津內藏之介
木村元次郎

地勇軍將 根本新平
隊長 中野連
伍長 川畑新兵衛
同 毛利藤右衛門

高田與助
十津川誠一郎
横田藤十郎
海野昇藏
西山常藏
濱田貞介

虎勇軍將　横田亮之介

隊長

伍長　豐田彥之允

同　渡邊剛藏

松延忠次郎
井川小左衛門

瀧口六三郎
淺川平三郎

輜重隊將　水田謙次
同　　　　長谷川勝七
伍長　　　室町樂三郎
川崎謙之介
初島平司
鈴木重五郎
長谷川勝次郎
關口啓藏
齋藤辰次

奇兵軍將
乾武軍准正　藤田小四郎

書記　後藤亮次郎
隊長　三橋半六
伍長　小林幸八
同　岩岡武志

眞塚元右衛門
岩間久次郎
桑屋元三郎
樫木平太郎
西　庸太郎
市毛孝之介
大谷包太郎

渡邊金吾

淺野善十

奇兵軍將

神武軍准正

飯田軍藏

隊長

大幡外記

原　　勇

江木戶良平

藤田中務

大和田秀九郎

木村甚吾

遠藤彌介

深谷四郎

瀨尾內藏之介

横田藤三郎
堀　兵助
渡邊矩之介
飯田作三郎
大池熊之介

以上百四十七人

右者野州太平山ニ據居候義徒頭分人名ニ御座候面立候者三百人計九分ハ水戸人他國人ハ僅四十人程のよしニ御座候此已前ニ書附有之候ヘ共此ハ役割改正ニ相成候書附ニ御座候人數ハ日々馳加り候趣誠ニ盛なる事頼母敷候

水戸公御届書

弊藩脱走之人數之儀ニ付相考候處彼者義全く勤　王攘夷而存込候而已ニ

御座候私ニ於而も鎭靜方致兼候尤攘夷御一決ニ相成候へも如何樣共手を
盡し鎭靜仕候以上

四月　水公御名

水戸正義士上書艸稿之寫

一某等謹而松山矦閣下ニ奉言上候閣下御賢明被爲渡候段兼々累（景カ）慕仕罷在
候處一昨年幕府御大政ニ御預り被遊候以來御中興之御新政ニ追々被仰
出我々ニ至迄實ニ大旱ニ雨を得る心地ニ而祖宗以來尊攘之大典振興し
夷狄積年之大汚辱を洗雪仕候機會到來致候得も乍不及抛身命　神州之
御爲も勿論幕府之御爲身分丈ヶ之御奉公可仕奉存候處其後次第ニ時勢
之變革も有之一昨年復古之尊業も半途ニ而相止候姿ニ相成而已ならす
却而一層之大害を生し世之所謂四奸と唱候越前家保科矦伊達春山島津
三郎等宮方堂上方を邪謀ニ引入上下を壅閉し　天朝を奉欺罔未タ外夷

も一掃不仕候ニ却而內亂之基を醸し候義大變中之大變ニして天下之安危德川家之存亡今日ニ指迫候上ハ仮初ニも　神州ニ生レ候者一日も傍觀可仕場合ニ無之況や天下之御大政ニ御預り被遊天下國家と共ニ存亡被遊候御立場ニ而も尙更之儀と奉存候乍恐旣ニ閣下ニ者深く　東照大猷二公之御明訓御遵奉被遊夫々御恢復之御事業御施行ニ相成候程ニ御座候得も今日ニ至り空敷沈默被遊候筋決而無之候得共全く時勢不得止義ニ可被爲在候哉一體時勢を計らされハ功於成難ハ勿論ニ候得共方今危急之場ニ臨ミ時勢而已致懸念尊攘之大義御遵奉不被遊候而も　天朝之　叡慮ニ違ひ祖宗之大典を壞り眼前ニ天下國家之覆滅を招候儀ニ而誤國之罪御遁レ難被遊筋ニ御座候得も閣下御賢明ニ而決而時勢ニ御泥ミ被遊候義ハ有之間敷と奉存候然ル處只今以一號令之擧天下之耳目於一新致し候御事業不被爲在候段如何御懷合ニ有之可申哉彼是苦慮痛心仕候へも實ニ骨身於碎く計ニ而至情難默止同志之者共申合日光山ニ相

會し申候御法度ニ觸候段ハ幾重ニも奉恐入候得共斯る御時節ニ候へハ
寧鎖（マヽ）細之御法度ニも觸候へとも祖宗之大典遵奉仕候得ハこそ名義も相
立可申

宸襟を不奉慰候而ハ三千年來之御仁恩を如何可仕哉と存詰候儀ニ而毛
頭他念御座候譯ニ而ハ無之候得とも一同山内ニ相愼罷在り一書を以御程合
奉伺候ニ付不日姦謀誤國之罪を御正し被遊斷然として攘夷之令を布き
叡慮御奉し被遊候事業天下ニ顯れ候ハヽ我々共如何成重科ニ被仰付候
をも聊御恨ミ不申上候若又右之儀御六ケ敷御義ニも御座候得とも不得止
東照宮之神輿を奉し微忠相盡し候心得ニ御座候間此段宜樣御披露可被
下候恐惶謹言

四月　日

甲子四月七日頃水へ潛伏之人數概略左之通

湊ニ四百人餘　　小川千七百人

鹿島三百人餘　　　小金六百人餘

野州太平山義徒之懸令

一民家を放火し貨財婦女を侵掠せる事

一猥ニ隊伍ヲ離るゝ事

一首級於爭ひ功を貪る事

一守攻之令既ニ定り候之上私ニ是非利害於論し惑人心候事

一不依何事兩三人打寄密談致候事

一殺無罪事

一陣中猥ニ噪く事

一逢雨之節不待將命猥ニ雨具於取出候事

一鐘鼓貝之御合圖行軍臨時之進止約束違亂有之支

一臨戰之節噪亂金鼓旗之令を不辨事

一刻限之觸ヲ不待寐起ニ有遲速事
一飲食順序ヲ亂る事
一屯營中深く不禁酒候併高聲喧嘩ニ及候事
右之條々堅く可相守事

甲子夏四月常州義擧旅行之概略
野州御代官日光道中役人總代
新右衞門奉申上候

水戸田丸稻之右衞門樣當四月四日小栗村出立ニ而宇都宮御泊り之先觸ニ御座候處俄ニ當宿御泊りニ相成り同勢百七拾余人御本陣其外下宿五軒表門ニ而白地之御紋付御幕玄關ニも紫御紋付之御幕内玄關ニ而白無地之幕下宿之内山田市郎樣木村久之丞樣白地無地幕ニ而張り御著之砌御行列眞先切火繩鐵炮左右二十挺程外ニ種ケ島所持之御方五六人鎗貳拾壹本長刀貳

挺中央ニ従二位大納言源烈公神輿と申札相懸ヶ白地之揚輿何レ茂白丁人足ニて相待（持カ）し鞍置馬六疋宿方ゟ差出し荷物之儀も御長持壹棹凡九十貫目位乗物壹挺引戸駕籠壹挺垂駕籠四挺人足五十一人馬二十疋不殘賃錢御拂ニ而其余四十九人槍鐵炮笠持手替等之者も無賃ニ而差出し田丸稲之右衛門様旅軍（本ノマヽ）惣將山田市郎様木村久之丞様其外何連も白胴著ニて袗ヲ懸ヶ割羽織袴著用中間體之者壹人も無之不殘白木綿ニ而鉢巻致し陣笠幷冠むり帯刀ニ而鐵扇鐵棒幷持行軍錄と申帳面を所持百七十余人之内全く侍體之者八拾人程其余も俄ニ雇入新入之體ニ相見へ何連も御旅宿中權威振ひ同五日當宿出立ニ而宇都宮通り白澤宿泊り御先觸差出尤御旅籠料ハ壹人前ニ付銀二匁五分外ニ辨當八分都合三匁三分御拂ニ御座候間此段御訴奉申上候以上

當御代官所日光道中石橋宿

役人惣代

新右衛門

福田所左衛門様

御役所

元治紀元甲子夏五月十八日於鳥取城下何外金剛樓旅亭謄〔マヽ〕錄

無名居士

口達

此度某名様方ニ得御面語可議之大事件ニ付五隊之支配頭カションと申者ニ先其趣意ヲ逐一申上候様申付候就而も同人演述中ニ萬一申落シ等も可有之哉と心付別紙之通則書取ヲ以差上申候御熟覽之上可然御存意可被仰聞候以上

慶應元年丑九月

佛蘭西全權

ミニストル

御老中様

口達書

佛蘭西全權ミニストルレオンロセフ申上候我政府大君殿下ニ於テ長州之重罪ヲ猶預スルヿ更ニ其趣意ヲ不知大君殿下ニヲイテ近日迄急度其罪ヲ不責只彼レカ自ラ過ヲ悔テ降參スルヲ待テ追々日數ヲ費シ給フトモ今日ニ至迄其詮ナク或ハ僞リ降參ノ約條ヲ申立或ハ餘人立入テ終ニハ大君殿下ノ御進發徒ラ事ニ成ランカト某頻ニ此事ヲ掛念シテ推參いたし候抑國

民ヲ哀憐スルコハ專ラ人君ノ所務カトイヘトモ併シ　天子ヨリ預リ先祖ヨリ受嗣スル處ノ天下泰平ヲ亂サハ仁心却テ不仁ト成ヘシ倩方今日本ノ形勢ヲ考フルニ上ハ　天子ノ叡慮不定次ニハ非義ナル謀反アリ貴國ノ泰平ニ禍スル者ハ外ナラス此兩條ニアランカ故如何トナレハ素ヨリ政府ハ　天子ヨリ國政ヲ委任セラレシコナレハ世界之變ヲ見テ時宜ニ從フ故ニ各國ト交易條約ヲ取結ヒシナリ素リ條約取結フコハ日本ニ於テモ天子及諸侯方モ政府ト同意不成時ハ却而不慮之擾亂ヲ釀スヘシ既ニ政府ヲ背キテ內亂ヲ爲ス所ノ逆徒ヲ日本政府ニ於テ速ニ鎭靜方不行屆ハ各國ヨリ其逆徒ヲ擊ント議言シタリ左スレハ其期ニ及ンテ貴政府ヨリ如何制シ給フモ不可從就中英吉利政府之所爲ヲ考ルニ交易ヲ專トシテ自己ノ利益ノミヲ先トシ追々疑念ヲ生シ彼ノ心大君ハ最早無實意專鎖港之思食ナラント思ヒ居ル所ニ薩摩長州ノ大名英吉利ニ密ニ使者ヲ遣シ何時トナク二ケ國ニ於テ開港可致之存意ヲ顯シ候故ニ却テ諸大名ト外國ト睦敷交ルト獨リ政府ノミ鎖港ノ志アリト英ノ政府深ク疑居候事實ハ貴政府ニ於テ

モ未タ疑ヒ給ハサルカ右ハ篤ト覩定タル處アリテ斯申候故ニ英公使ハ是等ノ疑念ヲ晴サンガ爲メ上坂シテ右ノ實否ヲ自ラ辨明致サン存意ニ候得モ過月某熱海ニ於テ山口駿河守栗本瀨北ヲ以テ大君殿下ハ何レニモ武威ヲ振ヒ給フ樣ト閣老衆迄申上置候其比英ノ公使頻リニ上坂セントスルヲ延日爲致又ハ前ニ述ル如キ大名ノ甘言ニ不都合ナルヘシ併右モ如何ナル不都合ナリトモ各國ト兵端ヲ開カハ猶又禍大ナルヘシ亦日本ニテハ發明シタル武器モ未タ少ク西洋ニハ大國アッテ兵士年々ノ戰場ヲ經テ新ニ發明シタル武器モ多クアレハ日本政府ノイマタ西洋ヘ敵對スル心ナキハ必定ノ理ナリ既ニ條約書爲取替セシ上ハ妄ニ發スルヿ叶フヘカラス且鎖港セントニハ武備イマタ不調各國ヘ使節ヲ差遣シ屢鎖港ノ談判ニ及フトイヘ𪜈各國ノ政府敢而不承引左スレハ戰爭ノ外他ノ策略不可有依テ右等ヲ貴國ノ泰平ヲ害スル者ト申ナリ昨年毛利大膳意恨ヲ含テ外國船ヲ妄ニ擊惱シタル一件ニ速ニ僅ノ軍艦ヲ差向テ憤ヲ晴サント欲スレハ大君殿下之制止ニ付默止無余儀軍艦引上ケ候ヒシガ長防二國ヲ攻擊ンヿハ素ヨリ各國

政府ノ嚴令ナリ但貴政府之主意ニ不戻ル爲メ各軍艦ヲ引上ケテ防長ヲ撃
事ハ止メタリ依テ思フニ所詮外國條約之儀ニ付テハ不惑樣篤ト日本之事
情ヲ説示し候故英公使今日マテ出帆延引致シタレトモ最早待チ兼頻ニ上坂
センヿヲ望ム若シ一人ニテ大坂ニ至リナハ如何ナルヿヲ申立候哉又ハ如
何ナル所業致サンモ難計ケレハ猶又英公使ト會議シテ某ノ意見ヲ説シ故
英公使ハ某ト同意シテ何事モ卒爾之擧動無之樣堅ク約シテ横濱ヲ出帆セ
ント爲ル日阿部豐後守樣松平周防守樣ヨリ御書翰ヲ得タリ就テハ此度某
推參セシヿハ各樣方ト格別之御配慮モナク盡力モナキニ於テハ無余議某
モ英公使ト同意シテ不日京師迄モ推參可致候就テハ佛公使至極ノ實情ヲ
以テ申進スルノ條ハ萬一條約ノ議ニ付テ　天子大君ト永ク不被爲在御同
意ニ於テハ進テ四公使上京ノ上推テ　天子ニ可奉謁ト公使等ノ衆議ハ既
ニ決セリ素リ於　京師條約許容アラセラレサレハ自然各國ノ疑心モ不解
シテ總テノ交際大ニ親睦スルヲ不得然ル時ハ近來新ニ發明シタル武器及
セ戰爭ノ珍書奇術等モ不可傳授左スレハ日本堅國不得貴國不得貴カラハ

天子及政府モ不貴就テハ大君　天子ヲ貴セントシ給ハヽ　天子暫ク各國
ノ條約ヲ被爲有　敕許テ交際ノ親睦ヲ結ヒ給フ様貴政府ニ於テ宜シク御
盡力肝要ニ可有之候又暫ク各國ヲ親睦シ給ハヽ多年ヲ不經シテ貴國實ニ
堅撫スルヲ可得若極メテ堅撫ナルノ後ハ譬ヒ一二ノ外國ヨリ異論ヲ發シ
テ貴國人情ニ逆ヒ若クハ貴國ノ境界ヲ犯サントスルマテ理不盡之所置致
ストモ其期ニ及ンテ大ニ防禦ノ力充ナハ各國ノ人心其時實ニ貴國ノ　天
子ヲ可貴又可恐且貴國ノ形勢ヲ篤ト案スルニ諸侯不忠ノ働アリテ表ハ鎖
港ノ議論ヲ立　天子迄モ奏聞シ裏ハ開港ノ志ヲ抱キ薩州長州ノ如キ密ニ
英國ヘ使者ヲ遣シ英政府ト熟談シテ右二ケ國ノ內海島ニ可然地ヲ擇テ一
ケノ港ヲ開カンヿノ情ヲ顯ハセリ然ハ所願兵庫ヲ速ニ開港被成英吉利政
府ノ疑念ヲモ解カシメ不忠ナル諸侯ノ邪謀ヲ可挫之御處置無之候而も夥
多ノ不都合ヲ可釀モ難計ケレハ此說篤ト御賢察ノ上速ニ御明斷被爲在度
存上候拜具謹言

慶應元年丑年九月十九日

○

亞米利加合衆國

シヤルセタフヱルキセルレンシーアルセ

ホルトメンへ

一過月中ヨリ度々之書翰被差遣其都度回答ニ可及處我事多端ニ而延引相成氣之毒之至ニ候右回答旁左ニ申述候間可然了解有之候樣致度存候

一條約之義我大君格別ニ（條約之儀御許容云々ノ文ノ了）御盡力ニ而京師ゟ被仰出別帋之通御許容相成候

一兵庫開港之儀直ニ談判致し兼候固ゟロントン之約定ニ極る日限ニ開く積りなりといへとも萬一事情ニ依而早く開き候樣相成候節ハ可開右之一件早速ニ難定候間我等ゟ江戶へ申遣し下之關償金之儀三度可納ハ約定之通日本十二月可相納樣申遣其外ハ千八百六十四年十月二十二日之條約通り執行可申候（千八百六十八年正月朔日ヨリ開クトノ答體ニ老中ノ約書有之由之）

一税改方之義委細承諾セリ其段早速水野和泉守井酒井飛驒守へ申遣猶江戸表ニ於テ談判候樣爲取計可申候此段申入候拜具謹言

慶應元丑年十月七日

松平伯耆守 花押

松平周防守 花押

小笠原壹岐守 花押

○

英人所持書面寫

條約之義

御許容被爲　在候間至當之所置可致事

家茂に

右之趣此度被　仰出候付萬石以上以下向々江不洩樣可相達候尤御觸之義も於江戸申述候此段申入置候事

丑十月七日　　松平伯耆守

○

左之文ハ京都之薩摩邸高官兵庫開港之義ニ付

天子へ建白之飜譯なり

臣等夷船兵庫渡來之次第委細ニハ存不申といへとも右外夷と阿部豐後守松前伊豆守と應接之後兵庫開港之義談判相整十日之内如形執行るへき約定相濟此節大君上京ニ相成然るに兵庫之義ハ

王城ニ近ク殊ニ内海切要之港なる事

陛下能く知玉ふ所なり願くハ兵庫開港許容之義ハ敢テ欲せさる所なり一とひ亞墨利加我國ニ渡來倨傲ヲ働きし以來今ニ至る迄

陛下の英斷不變を臣等殊ニ能知之思ふよ此事深く患トスルニ足ふにも然り

といへとも建白れ事
叡慮を動し剰愈戰勝ニ至るまて
皇國ヲ容易ニ危急損亡(存カ)乃中ニ在らしむるに似さり熟々是の如く大患トナ
ル基ヲ考ルニ唯人心之向背死ヲ懼るト不懼とに在るれハ由テ臣等謹テ
陛下乃速ニ諸侯ヲ召し此事ヲ議シ一ゑひ
皇國の威を輝し玉もん事を冀ふ然といへとも如此事速ニ成へかふに況外
夷等必其強抗を以て
宸襟を惱すへし然して若彼等輕擧することあられ素より
陛下之を掃攘し玉ふへし今弊邸人少しといへとも臣等修理大夫大隅守の
命を受先鋒となりて死力を盡し以て國恩を報すべし願くれ
陛下臣等か妄狀を許し之を聽け

此文ハ外國ヲシテ薩州ヲ惡マシメン爲メ幕吏ノ認テ佛等へ渡セシ由(マヽ)
其後〔岩下ノ〕薩人か幕吏へ詰問ニ及ヒシ所佛國姦物「カシヨン」ト云者ト魂意ノ

吏人等退ケラレシ由也右文ヲ作渡セシ罪かるゟし併シ表向而已之事ニ而薩ヘハルケノ爲メノ由也

○

此度兵庫表ゟ夷舶來着之事柄詳ニ承知不仕候得共過日阿部豐後守樣松前伊豆守樣御應接之上開港且十日之期限被相究右ニ付大樹家不日ニ御上洛右事件奏　聞被爲在候哉ニ内々承知仕候就而ハ兵庫表之儀　帝都近く殊ニ海内之要港ニ而素ゟ

敕許可被爲御儀ニハ不奉存墨夷初而襲來後積年確乎不被爲在　御動御儀ニ兼而拜承仕候ニ付乍恐聊苦心仕候儀ハ無御坐候得共自然依申立之趣ニ御動搖　御許容被爲在候而ハ

皇國存亡未曾有之御永耻千載御取返之期有御坐間敷實ニ人心之向背ニ相拘莫大之御後難此一擧ニ奉存候ニ付諸侯方急速　御召相成建言被　聞召上　皇威顯然相立候樣有御坐度奉存候左候ハヽ日間も相掛儀ニ付强情

申張萬一彼より輕擧之振舞も候ハヽ速ニ御打拂被　仰付度左候ハヽ弊邸當分人少ニ付御座候得共修理太夫大隅守兼而申付置候趣も御坐候間盡死力御先鋒相勤聊奉報
御國恩度御坐候間兼而被　聞召置被下度　段遮而奉願候樣重役共申付候事
別紙鄙賤之身甚恐多奉存候得共言上仕候間宜敷御執達被成下候樣重役共申付候以上

御名內

九月廿九日

內田仲之助

此薩州眞建白也

○

一昨四日夜半比藤井宮內ゟ近衛樣ゟ以御使周旋方御用有之候間非藏人口迄兩人罷出候樣被　仰遣候ニ付則宮內井上大和罷出候處夷船攝海へ

渡來之儀ニ付事情切迫ニ相成武邊ゟ彼是申立趣有之候付諸藩御撰之上
應接被　仰付哉も難計於其儀ハ御請可申上哉何分致吟味可申上との趣
内府公ゟ被　仰達候付早速重役共ニ申聞候樣可仕旨御請申上罷歸御吟
味之上以書面御受申上ニ相成候處追日傳奏ゟ御呼出し可有之との御沙
汰ニ而五日未明大和罷歸申出候然處　御所諸大夫間御仮建ニ罷出候樣
兩傳奏雜掌中ゟ之切紙到來私御差出各藩も追々罷出一同相扣居申候處
御仮建御上之間兩側ニ兩傳奏衆議奏衆一橋樣會桑侯小笠原壹岐守樣御
列席ニ而御次之間ニ各藩御呼出傳奏野宮樣ゟ此節夷船攝海へ渡來兵庫
開港之儀願立候得共先夫ニハ不及横濱箱館長崎之三港表立　敕許相成
候樣との願ニ付各藩存慮之趣も被　聞召度との
叡慮ニ付存慮申上候樣との趣被　仰聞候ニ付兼而御吟味之趣も承知仕
居候間夷船攝海へ相廻り幕府是迄夫々御應接之上最早此上ニ御應接之
御手相盡鄙賤之我々ともまて存慮被　聞食候御儀難有次第御坐候就而

ハ右三港之儀ハ是迄幕府御手限を以數年御開相成居候末之儀ニも御座
候得共更ニ
朝廷ゟ　御許と申儀ハ初而之儀ニ被爲在候ニ付而も第一只今則　勅許
と被　仰出候而ハ是迄御立詰被爲在候御廉も氷解仕且亦海內人心之居
合も別而御掛念之御譯ニ付日數遷延之儀御利解被仰達急々候伯方　御
召之上不易之國是を御立其上
敕許不被爲在候而ハ無之上御國体之御永耻可相成哉と深く遺憾ニ難堪
奉存候尤應接之次第前件通り幕府ゟ御盡爲有之末ニハ御坐候得共兎角
是迄談判之次第順序を不踏强情申張候へハ末ハ其意を被曲候樣之儀も
不少哉ニ兼而奉伺候儀ニ付幕府此上ハ被成樣無之と御斷相成候ハヽ
朝廷ゟ斷然可然御方御差向ケ御利（マヽ）解被爲在候ハヽ土地遠隔之夷情ニハ
御坐候得共誠實至情條理を相盡申候ハヽ遷延迄之義ハ同日月之下ニ生
を受候者ニ御坐候へハ夫ニ而も不聞是非々々と相迫り兵端相開候儀も

有之間敷哉ニ奉存候趣とも旁取繕申上置候各藩之儀も大同小異ハ御坐候得共都而同樣之趣ニ御座候然處先本席へ相下扣居候樣との御事ニ而相開候處日入過都而御用無之薩藩之儀ハ居殘候樣傳奏衆ゟ御沙汰之趣非藏人ヲ以被仰聞候ニ付相扣居申候處暫間有之飛鳥井樣御仮建之間へ御下り御挨拶共被仰聞遲刻相成候最早御用無之相下候樣被仰聞候付罷歸申候

一會藩廣澤富次郎ゟ小笠原壹岐守樣御論於津藩も至極至當之儀ニ存候間承候樣との儀ニ付因備外一二藩ゟ御逢相願折角御口發涯各藩遲參之面々には前件之趣被達候付御列席相成候間罷下候樣申來御趣意承不申候へ共廣澤ゟ井上大和には大意申聞候趣も御座候付同人今日罷下申候間御聞取被下候樣仕度候

一佛國ゟ申立候書面各藩可致披見との事ニ而武邊ゟ被相下候右書付今日桑名へ談合仕候處寫取可相廻との事ニ御座候得共寫取候儀不相成斷申

來候ニ付探索上寫取差上候樣可仕候右書面之內薩州長州ハ密商いたし使節をも差立候右樣邪義相計候者御國內ニ罷居候而も御政道之御差障ニ相成何樣妨可相成も難計事ニ付御政躰御改なく而ハ不御宜と樣ニ申立候ヶ條御座候目前ニ而備藩ゟ廣澤富次郎へ右之趣とも膝を合候位隔候處ニ而咄掛申候付何と欲發言不仕候而ハ不相成勢ニ付不得止事廣澤ニ私ゟ申聞候も佛國ゟ申立候薩州長州云々之一條申開ニ而ハ更ニ無御座候得共申置度義御座候夫ハ弊藩之儀武備充實何時ニ而も彼ゟ兵端を開候勢有之候今彼ゟ輕蔑ヲ不受　皇國之御武備海外ニ轟候樣可致との趣兼々主人共配慮いたしいつも武備を張候ニハ軍艦大小之砲器なくてハ不相濟處ゟ幕府ニ奉願既ニ當分蒸氣船并同軍艦都合七八艘も取入且砲器等も追々調（註カ）文致し御存之通大砲十二挺獻砲も仕置候仕合ニ御座候就而も差知たる領國　公武之勤役ハ勿論國民扶助方又も砲臺築造等此近年莫大之費用ニ相及迚も現金を以惣而取賄候義ハ不相叶國産之品彼

是術ヲ盡彼へ相渡右蒸艦砲器ヲ取入候儀偏ニ　皇國ノ御爲ニ而品相渡候義ハ一國之爲メハ勿論彼ゟ現金を渡ス方御惣國之爲如何計之强も有之實ニ公然とる義ニ御座候尤英夷ゟ惣而引結とる義ニ付佛夷ゟ色々申立候儀ハ夷情之鄙劣ある惡臭さも可有之義ニ付此御席ニ而可申譯ニハ無御座候得共默止之義も無御座候付一通咄申義と申切り候處廣澤も御尤之次第於弊藩ハ實ニ御深意御察申上兼而羨敷奉存との挨拶ニ御坐候付形行之儘申上置候

一內府公大原樣ゟ大久保一藏承知仕候趣ハ同人ゟ可申上と奉存候

右之通御坐候付別紙相添此段申上候以上

丑十月六日　內田仲之助

伊勢樣

兩御丸

御側役衆

○

一兵庫開港三港

敇許之儀不容易　皇國之御重事ニ而輕卒ニ御評決相成候而も天下之人心不居合

皇威相廢候御場合ニ付有名之侯伯御召之上天下之公議ヲ以　御評決相成右會迄時日遷延之爲應接從

朝廷可然御方樣御差向相成薩藩ゟ隨從被　仰付候ハヽ盡死力十分差もゟり十ニ八九ハ遂成功度奉存候事

○

一此程不料外國船兵庫港ゟ渡來條約之義改而

敇許有之候樣申立若幕府ニおゐて取計兼候ハヽ彼

闕下ゟ罷出直ニ可申立申張種々力を盡し應接仕來七日迄も爲相扣候得共何連も

御許容無之而も退帆不仕去迚無謀ニ干戈を動し候得も必勝之利無覺束
假令一時も勝算有之候共西洋萬國を敵ニ引受候得も幕府之存亡ハ姑く
差置終ニハ　實祚之御安危ニも拘り万民塗炭之苦を受可申實以不容易
儀ニ而
陛下萬民を覆育被遊候　御仁德ニも相戾り假ニも治國安民之任を荷其
職ニ於而如何樣御沙汰御座候共施行仕候儀何分ニも難忍奉存候ニ付右
之處篤ト
思食被爲分早々
敕許被成下候樣仕度左候得ハ如何樣ニも盡力仕外國船退帆仕候樣取計
可申奉存候

十月五日

小笠原壹岐守
松平越中守
松平肥後守

一橋中納言

飛鳥井中納言殿
野宮中納言殿

○

一此度兵庫〻異國船渡來ニ付昨四日大樹ゟ一橋中納言松平肥後守松平越中守小笠原壹岐守等ヲ以段々遮而言上之次第有之徹夜到今晩追々議論今日諸藩士をも被爲召御諮問之處十ニ八九　御許容ニ而も可然と衆議暗合誠不被爲得止別紙之通被　仰出候事

一　條約之儀
御許容被爲　在候間至當之處置可致事
大樹〻

○

一別紙之通被　仰出候而ハ是迄之條約面品々不都合之廉有之不應
叡慮候付新ニ取調相伺可申諸藩衆評之上御取極可相成事
　兵庫之儀ハ取止候事

○

一今度外國船兵庫表ヒ渡來中立之趣何分切迫之次第時勢不得止儀も有之
外國條約　御許容之義御願被　仰立候趣被　聞召候ニ付至當之處置可
致旨被　仰出候就而ハ一應見込も候ハヽ承候間先年相觸候條約書之內
異論有之面々ハ無腹臟以書面可被申聞候事
　丑十月廿九日　　　　　　　　　　　　若老ゟ達し

○

　十月二日御達
一方今內外御事多之折柄　宸襟を不被安御次第柄も有之御職掌ニ於て御
痛心之餘り御胸痛御鬱閉被爲在候就而ハ一橋中納言殿永々京師ニ被在

之事務ニも被相通候儀ニ付中納言殿へ御相續御政務御讓被遊度旨　御所ゟ御願出被爲在候此段內意申達候樣ニとの
御沙汰候事
十月

○

一別帋御直筆之御書付溜之間諸侯方拜見被　仰付候を內々寫取極々祕事之由昨日私宅ゟ來人之手より承候付寫取入御覽候
右津輕藩ゟ大坂留主居付役へ十月七日來書
一臣家茂幼弱不才之身を以是迄切(叨カ)ニ征夷之大任を蒙り乍不及日夜勉勵罷在候處內外多事之時ニ膺り上宸襟ヲ安シ奉り下(脫アルカ)民ヲ鎭むる不能加之國を富し兵を強して　皇威ヲ海外ニ輝し候力無之竟ニ職掌を汚し可申と痛心之餘り胸痛強鬱閉いたし罷在候然處臣家族之內ニ而慶喜儀も年來

闕下ヽ罷在事務ニも通達仕り大任ニ堪可申奉存候付臣家茂退隱仕慶喜
ニ相續爲仕政務相讓候間臣家茂時ノ如く諸事委任被成下置候樣偏ニ奉
希上候尤當今時務之儀ニ付而も以別紙奏　聞仕候間右慶喜ヽ御沙汰奉
願置候

一臣家茂謹而宇內之形勢ヲ熟考仕候處近來追々變遷いたし和親を結ひ有
無を通し互ニ富强を計候風習ニ推移り候上ハ是天地自然之氣數不得止
之勢ニ可有之奉存候就而も　皇國ニ限り一向外交不被爲在候而も卑怯
退縮之姿ニ相成　御國體御國威とも却而相立申間敷既ニ先年於下田亞
墨利加使節と和親條約取替相成候も右等斟酌之上遂　奏聞御容許相成
候而其以來追々鎖國之舊格ヲ變し富强之基漸々相開候處其後外夷拒絕
之義被　仰出候付可成
聖諭遵奉仕度志願ニ御座候得共無謀之掃攘ハ致間敷旨被　仰出之趣も

有之候間何ぢよも富國强兵之策相立候上ならてい膺懲之典も難被行就
ゐも彼之所長を採り貿易之利を以多く船礟を設備以夷制夷之術を講し
候事當今第一之急務と奉存候是迄種々苦心罷在候折柄防長之事件相起
り終ニ大坂城迄出張仕候處不計夷船兵庫港へ渡來條約之廉々改而
敕許有之候樣申立若臣家茂ニ於而取計兼候得も彼　闕下ニ罷出直ニ可
申立旨申張種々論談を盡し應接仕候得共何分承諾不仕去迚無謀之干戈
を動し候而ハ必勝利無覺束縱令一時も勝算有之候共環海之御國柄東西
南北旦暮攻掠を請候而戰爭無已時も　皇國生民之糜爛此時より相始可
申不仁不慈此上ハ有之間敷誠以歎敷儀臣一家之存亡ハ姑く差置
皇祚之御安危ニも關係仕實ニ不容易儀ニ而陛下萬民を覆育被遊候　御
仁德ニ相悖り可申也臣家茂於ても職掌も相立不申候間右等之處篤と
思食被爲分乍恐衆議御動搖無之斷然と　御卓識を被爲　在〔マヽ〕何卒改而條
約ニ付・〔去脫カ〕虛存實至當之談判仕候義判然と　敕許被成下候樣仕度左候へも

如何ニも盡力仕外夷制礮（馭カ）之實備を立內ハ防長追討之功ヲ遂上
宸襟を奉安下民ヲ安堵せし処臣家茂祖先之志ニ報ひ可申志願ニ御坐候
皇國如何樣英武之　御國ニ候得とも萬一內亂外寇一時ニ差添（マヽ）ひ西洋万
國を敵ニ引受候而も終ニハ
聖體之御安危ニも拘り萬民塗炭之苦ニ陥り候ハ必然之儀と誠以痛哭慨
歎之極仮ニも治國安民之任ヲ荷ひ候職務ニ於てハ如何樣　御沙汰も御
座候共施行仕候義何分ニも難忍奉存候仍而前文申上候通速ニ　勅許御
沙汰被成下候ハヽ萬々
皇祚之無窮萬民之大幸無此上千々萬々奉懇願候寔ニ不能悲歎號泣之至
奉存候尤外夷
闕下に罷出候樣相成候而（支脱カ）・深奉恐入候儀ニ付精々盡力遂談判來ル七日迄
兵庫港ニ爲差扣候間成丈ケ早々　御沙汰被成下候樣仕度此段奉
奏聞候

○

松平伯州ゟ今度横濱談判之趣意

一外國和親實正ニも候事

一右實正ニも候根本ハ公武御一和之事

一商法嚴格ニ立候事

一萬事誠實ヲ本とし互ニ公明正大ニ可處置事

一兵庫ヲ鎖し外ニ代港不開事

一京師ニ居留地之願被差止事

一長州ニ相廻り候儀も以之外不宜此外之儀も御一和ニ障候義致間敷事

十一月十八日

○

大樹ゟ

一一橋中納言中立候書面之趣ニ御座候得共差向同人之外攝海防禦指揮可

仕者無之奉存候間中納言願之趣も御聞濟無之樣仕度奉存候此段　奏聞
仕候

私儀昨春中當地御守衞總督被　仰付候節攝津防禦指揮之儀被　仰付候
處多端之時勢此上實備行屆候見据も無之萬一非常之節御手薄之義御坐
候而も恐入奉存候付何卒前顯攝海防禦之儀御免被成下候樣仕度此段奉
願候以上
十一月　一橋中納言

○

一九月十六日英佛蘭三國軍艦九艘兵庫港に來り在坂之幕吏に不取敢及應
接處兵庫開港懇願且品々申出閣老之內阿部侯へ出會相望ミ依之廿二日
阿部侯下坂應接旁兵庫へ出張右開港之儀獨決ニて聞濟然處證據書相望
候ニ付廿六日迄ニ幕吏連名之書翰持參之旨ニ而廿四日歸坂廿五日右ニ

付大樹公ゟ一橋殿御呼下し即夜騎馬ニ而御下坂晩華城へ御著之處昨廿五日最早決議相濟今晩松平周防守ヲ以右書翰兵庫表へ御差立ニ相成候趣ニ付一橋殿驚歎直樣周防守呼返し之上廿六日終日華城ニ而評議之上一橋殿より右書翰取扱ニて阿部松平二閣老登營御差止置直樣同夜急上京此事件ニ付書翰渡シ方日延之義大坂町奉行井上主水正引受及應接談判之處主水正申ニも日本ニ而もケ樣之誓約致スニハ血判可致事ニ候得とも此度之大事件ハ夫等ニ而も濟不申指を切留置候半と小柄を拔き小指ニ而擬し候處夷人差留め候て速ニ日延之處許諾以爲し案外手輕ニ相濟ム（但廿六日より廿七日迄）廿七日幕吏等奸計を以阿部松前之二閣老共今度征長御進發ニ付而ハ万端御用掛り之事故登營御差留と申ニ相成候而も當今御不都合之儀品々有之候條群議沸騰宮津棚倉も元ゟ同屈（窟カ）之事故遂ニ廿九日出勤被仰出候而二閣老奸謀相募り大樹公ゟ尾玄同公ヘ御使被命候樣取計御封書一通御托し二日朝尾玄同公御上京ニ相成直ニ二條殿ヘ御出之處

右奸謀之處置粗御承知被爲在候哉玄同公ニ御逢御斷相成候處推而御面
會之儀御願込有之處幕用ニ無之候ハヽ面會可致と被　仰出玄同公も無
詮方私用ニ而御逢願度旨被申上候而御逢相成候處彼封書御差出有之殿
下ゟ是も公卿其外一會桑衆會之上可相開と御預り相成御打寄之上御開
之處
　大樹公辭職之書之
文面ハ前ニ出ル方今内外云々と有り
　十月二日出ル
右之次第故殿下御始一會桑共大ニ御驚ケ樣相成候而も以之外之事殿下
ゟ御奏聞ニ相成候處
主上ニも東下差留上京爲致候樣被　仰出發坂無之内ニと一會桑も勿論
玄同も急々御下坂御引留之筈ニ而會侯牧方迄御越之處海上ハ止ミいよ
〳〵伏見ゟ東海道通りト相決し守口宿迄御發ニ相成注進有之ニ付會侯

も伏見迄御戻り桑候も直ニ御上京右御模様ニ付而も伏見ニ而尾橋會ゟ
强而差留上京爲仕可申旨被仰上大樹公ニも今朝引明け伏見御著議論云
々有之終ニ過午御上京ニ相決一橋公ニも今朝御上京又伏見へ御越御同
道ニ而黃昏二條城へ御入會候ニも過午上京二條へ御登營
一主上ニも二閣老之中御逆鱗割腹とも之御命ニ候處橋會桑ゟ足而御詫申上
候て十月二日左之通り　御沙汰有之

阿部豐後守
松前伊豆守

叡慮之趣爲　在候付官位被召上且於在所謹愼　御沙汰相待候樣
御所ゟ被　仰出候依之役儀御免在所ゟ罷越愼可罷在候
右之通昨朔日被　仰出候間爲心得向々ゟ可被相達候以上
一右兩人守護職所司代兩所ゟ御預之義從
御所被　仰出候事

一松平肥後守事兼而御政事御相談之義被　仰出有之候處當今不容易御時節ニ付猶又厚申談無伏藏十分ニ取計候樣被　仰出候事

十月七日

○

佛朗西ゟ外國奉行へ建議

丑四月二十一日佛朗西公使ヨリ極密申聞候も此度　御進發之儀ニ付私日本臣下ニ代りて篤と勘考左ニ申上候間其御心得ニ而御聞取被下閣老方并飛驒守樣ゟも徹底御領悉相成候樣ニ被仰上可被下候

一此度長州御親征之儀御成功ハ速ニ可有之候得共一体四國九州大諸侯之內長州同意之者も難計御猶豫相成候得ハ右大諸侯之內如何樣之儀相企候哉も難計誠ニ御大切之御場合ト奉存候

一一体先比中ゟ申上置候制[マヽ]鐵器械之儀御使節ヲ以本國政府ゟ御賴被遣ト申ハ表向ニテ內實ハ長州叛逆之始末并夫ニ付御征伐之御趣意等御懇親

を以巨細之事情大君之御口上ニ而右使節より本國政府に被　仰遣候事ニ有之夫故一日も早く使節出立ニ相成表向本國政府に被仰遣候樣仕度候

一當時御國在留各國公使之內私共ハ右等之義內實御國之臣下同樣ニ存し御心添申上候儀ニ付其思召ニ而諸事無御心置御同府之臣下ト思召表向も極疎被遊候方外公使に被對御都合宜候尤外公使ハ如何樣ニ而も宜候得共萬一只今英國之氣配を御取失被成候而ハ誠ニ一大事ト存候間當時之英公使にも格別ニ御厚御取扱御坐候樣仕度其仕向ニ依而味方トモ成り又敵とも相成事ニ御坐候佛國ニ於而ハ大義ヲ辨御爲第一ニ存居候間如何樣之儀有之候共決而敵ニハ不相成事と存候間私共ハ御疎遠被遊候而英公使を御立被成候方却而私共ニおゐても都合宜敷御坐候

一右ニ付此度長州御親征之義も大君御發程前早々英公使計江戶へ御招被成御老中方御逢之上御懇話有之候樣仕度其懇話之次第ハ長州叛逆ニ付

此度御親征被仰出候就而ハ前任公使コツク同樣我國之爲格別ニ被盡心力候ニ付極密事情打明ケ相賴候も右逆反之長州ヘ外國ゟ密交致し候旨萬々有之間敷候得共萬一外國商船等長州海岸ヘ船を寄セ密商ハ勿論如何之所置有之候樣ニ而ハ甚不安心ニ有之候間諸事心付右樣之義無之樣取計呉候樣致度尤英國政府ヘも使節御遣し右等之義申入候得共其元ニ而當時在留ニも有之候間厚心添賴入候旨御賴被成候方も奉存候右御賴御座候得も佛公使ヘも御話被成候哉ト可申上候間未同人ヘも何ともマヽ不申聞旨御答可被成候左候ハヽ佛公使ヘも御相談被成候樣ニと可申上候間然ハ其元ゟ佛公使ヘも可然話呉候樣御賴被成候も表向私ゟも御相談ニ加可申候

一右之通英公使御呼寄之上御老中方直ニ御懇話之上ニ而各國公使ヘ改而長州御親征之義御書翰を以被仰遣候樣仕度候

右之通於幕府御所置相成閏五月十日出帆柴田日向守殿英佛ヘ爲御使

節被遣之

一佛國右通盡親切候義大ニ故なる事之由英國等ハ支那邊ニ領分有之候得共佛ハ未タ能地ヲ不得夫故各國之內第一佛ガ日本ヲ望居候由遠略實可恐

○

外夷申立事

一將軍樣長州御親征として御進發之處今ニ御滯坂之御樣子如何之御樣子マヽ如何ニ御坐候哉

一長州御征伐ニ付而も若兵器等御不足ニ候ハヽ何成共御用被仰付度猶又應援ニ而も被仰候ハヽ早速援兵差出可申事

一兼而御願申上候通兵庫開港之義此度御願濟被　仰付度事

一長征ニ付御混雜ニ而被爲在候ハヽ追而御成功之上ニ而宜敷候間開港之義是非共願御許容度事

一長征ニ付御混雜ニ候ハヽ罷歸國王ヘ通達申度候間此地ニ停船御成功之義拜見仕度事

右兵庫ニおゐて申立候大意

一江戸表ゟ來書略

九月七日酒井飛彈守應接之節夷人申立候ヽ大樹公御滯坂之事故是非大坂ヘ相廻体ニより關白殿下ヘも拜謁相願度との事

一薩長人英船ニ乘組居事說

右者京師ニ而書集め候而差上候事

三條家藏祕簡

慶應二年
慶應三年

幕吏監察下向一件扣

慶應二丙寅
三月ヨリ

本陣
樞府

丙寅三月十九日

一午時前御用辨方寺田嘉兵衛高井義兵衛（高井事森三右衛門爲交代一昨夕罷越候由森事今日所勞ニ付不參）溪雲齋下宿江入來内々拙者迄申入度事件有之其事ハ昨冬御達ニ相成候公儀御目附（此節之御目附ハ御達ニ相成候小林甚六郎ニハ無之候由）恭氣船ゟ近々博多表江下向ニ相成候趣福岡政府ゟ申越候事ニ付而也其砌もし五卿樣御身上洛外迄一旦御登リニ相成追而御歸洛と共申入ニ相成候節ハ五卿樣方之思召如何可被爲在候哉尤下向之上重役共應接ニ及可申候得共左樣之節ハヶ樣ニ有之度抔樣之思召ハ被爲在候ハヽ右寺田抔當處御用辨方共限リ承知罷在候ハヽ其思召相含罷在四藩江申談且應接ニ相携候重役共江申入方も可有之森三右衛門幷而三人共ゟ相伺置度拙者迄申入候間五卿樣思召篤と相伺呉候樣との事ニ候併相伺候御趣意自分共相含居候迄ニ而其含ヲ以重役とも外三藩江も可申談自然御打合申候義相知レ候而ハ嫌疑之基ニ可相成奉存候得共薩藩之義ハ是迄彼是御世話も申上來候事ニ付右之思召ヲ以申

小林甚六郎之

談置度然處肥後直次郎義要用有之歸國之筈ニ而明後廿一日發足之模様ニ付願クハ今夕迄思召之旨相伺直次郎歸國前遂相談度段申聞候間必思召も可被爲在早速申達相伺可申及返答候處五卿様思召ハ勿論右之通之義拙者共存寄も可承との事ニ候兎も角も申達候上委細可申聞及返答置候事

但本文之次第極密之義ニ付萬一洩泄も仕候而ハ不相成義ニ付於御内も何卒御人限リ御承知被下度旨再三申聞候間是亦承知之旨相答置候事

一右之次第即刻參殿委細申上候處御一大事之事件ニ付御一統様御相談被遊拙者共御前ニ被爲召候而御評議有之昨春御渡海之砌美濃守殿盡力ニ相成候旨趣薩藩周旋之深意も有之事ニ付則御評決左之通書取通返答可然御沙汰ニ相成候間今晩迄可及返答寺田抔ニ申聞置候得共彼是御評議ニ相成候間明朝書取を以可及御返答段今日之處以書中斷置候事

一薩藩肥後直次郎明後日歸藩發足之由被爲聞召候處ニ而前条之事も有之

候間御逢可被成明日中參殿候樣可申遣との御沙汰ニ付掛合令承知候事

口述

五卿方御渡海ニ相成候儀ハ美濃守樣爲天下厚御盡力被爲在薩州ニも周旋有之義ニ而御進退之義ニ付而も御渡海已前美濃守樣御約定も有之今更別段不被申入候且薩州周旋之役ニ西鄕吉之助吉井幸輔等委細事實相辨居候ニ付御聞合被下度事

同廿日

一朝辰刻右之書取持參大一郞溪雲齋同道應接方寄宿溝尻永昌屋長右衞門方ニ罷越候處寺田嘉兵衞義も昨日掛合置候間參合森三右衞門義所勞快由ニ而三士一同ニ一ト通リ演舌之上書取相渡候處委細致承知全ク三士限リ申合候事ニ付猶又御書面ニ付申談否之義可申達旨相答候事

右應答之旨參殿及言上候事

一同日薩藩肥後直次郞ゟ昨日書狀遣候事ニ付致面會度段申遣候間溪雲齋

連歌屋へ參候處昨夜寺田嘉兵衛罷越昨日拙者ゟ申向候旨委細令承知就而ハ如何返答ニ相成候哉返答前參殿仕候ハ、何欤御內談申候樣相聞候而も不相成候ニ付一應申談度由ニ付則別帋面通今朝及返答候段申聞候へハ同人義も右之趣意初而承知之事ニ而如此御趣意相立候ハ、至極可宜自分義も此節歸藩之節此御書面持參重役共へも可申聞同意ニ而有之候因而幕吏下向之事ニ付而內〻右之趣意柄を以申談候筋も有之尙歸藩之上此節之義兩君侯重役ゟ五卿樣思召も可相尋候間拜謁仕相伺可申由ニ付其上猶可承筋も可有之旨申聞候間令承諾罷歸リ直ニ參殿直次郎ゟ談話之次第委細申上候事

同廿一日

一肥後直次郎參殿御一統樣ゟ拜謁委細之御趣意昨日溪雲齋ゟ承知仕候旨兩君侯ゟも可申達段申上一ト通リ之御沙汰承リ御暇乞申上引取候事

但廿三日爰元出足歸國候事

同廿五日

一森三右衛門寺田嘉兵衛高井義兵衛參殿溪雲齋ニ面會申入候而申達候義ハ幕府目付一昨廿三日博多表ニ蒸氣船ゟ着岸之旨昨日郡奉行手筋ゟ代官元ニ申達候由ニ付委細之義ハ政府ゟ可申越候得共不取敢右之段及内達候間宜御取成被下候樣申聞候間御一統樣ニ申上候事

但幕吏著岸之義内外上下一統へ可申達御沙汰ニ付役場ゟ申達候事

同廿六日

一明日各藩ゟ壹人宛參殿拜謁奉願御直ニ申上候趣有之候段周旋方ゟ役場へ申出候事

一此節幕吏一条ニ付周旋振等爲問合溪雲齋連歌屋へ參リ伊集院伊膳所勞ニ付丸田彥十郎へ面會件々相尋候處曖昧之應答振ニ付遂論判尙伊集院等打合置呉候樣申聞明朝可申答との義ニ付罷歸リ客屋ニ而高田平次郎ニ令面談情實相糺候而直ニ參殿右之次第申上候處明日各藩ゟ申達候ヶ

条書等御逢前手ニ入候様との御事ニ付如約諾明朝連歌屋ゟ罷越候筈之事

同廿七日

一今朝連歌屋相尋候處孰も留守ニ付不得止昨夕之事全虚言と相成候得共無致方次第候事

一午後肥後古閑富次肥前愛野忠四郎筑後渡邊吉大夫當藩寺田嘉兵衛高井義兵衛（薩州ハ高田病氣ニ付不參）拜謁之上此度幕目付致下向候趣申上追ゟ書面森寺大和守迄差出候ニ付致評議候處御謹愼ト申事ハ不被爲在候得共當時之御身柄ニ付被爲對朝廷ゟ御謹愼ヲ被爲加候御事ニ付乗ゟ下々迄心得方之義被仰聞置候義ニ御座候依ゟ亡此度幕吏下向ト申ゟ殊更ニ取締向被仰出候ニハ不申及譯歟ト被存候若も此節殊更ニ被仰出候ゟハ是迄御不謹愼ニ付彼是御取締ト申譯ニ相當尊藩ニ於テも不被爲濟譯ニハ相當申間敷哉將又宿外徘

迴之事も無據譯ニ而致遠足節ハ御通し致御足輕御付添も有之事ニ而亦矢張是迄通ニ而宜かるへく欤宿外と申候而ハ人家ヲ離候ハヽ直ニ宿外ニ相當リ御旅館外極近傍ト雖モ寸歩も往來不相成譯ニ而右ハ決而被行不申候間篤ト御勘考被下度事

一他方文通面會等於五卿樣方ニハ是迄トテモ不被爲在候得共於下々ハ不得止筋有之候ハヽ、決而不致共難被申候

一酒宴之儀ハ勿論當時勢之儀ニ付惣而遊慰ニ流候樣之儀無之樣トハ兼々御沙汰之事ニ付尙又可被申聞置候事

一文武之儀ハ精々御沙汰ニ相成居儀ニ而忠孝ヲ旨トシ研窮〔究カ〕いたし候事柄ニ付御目附下向致候ト申候而取止メ候儀も決而有之間敷譯と被存候

一乘廻之儀ハ當時見合可申候事

右之通ニ付今更此御書面御受取致ニ不及依而五卿樣方江も不及入御覽段大和守諫尾大一郎ゟ寺田嘉兵衞江申聞候處尙篤と三人申談御答可致

候併此書面ゟ各藩共ニ差出候義ニ付御受取置被下候樣ニと申候事ニ付
森寺手許ニ預リ置候事
但本文相認答書ニ致し彼方書面一同寺田へ森寺ゟ相渡申候尤書取ニ
致呉候樣申向候ニ仍而之
各藩ゟ差出候書面寫左之通
今般關東ゟ御目附爲御取締御著ニ相成候ニ付左之廉々之通五藩打合
仕候事
一五卿樣御出門之事
但御謹愼中之儀ニ付御社頭御參詣之外御遠慮被成度尤御參詣之節ハ
各藩ゟ士外壹人ツヽ御附添可申事
一御家來並隨從之面々宿外徘徊遠慮之事
但御謹愼中之儀ニ付身柄之衆ハ勿論下方迄宿內たり共酒宴等遠慮之
事

一五卿樣幷御家來隨從之面々他方御文通御面會等御遠慮之事
一五卿樣幷御家來隨從之面々是迄之場所ニ而御責馬之外御乘廻等御遠慮之事
一御家賴幷隨從之面々武藝稽古遠慮之事
一御住居所御門法之事
但出入等彌嚴重ニ相改候事
以上
右半帋相掛
四月朔日
一此節罷越候幕吏共昨日二日市ニ參候由今日社參撿校坊立寄休息酒飯有之由之事
一同日晝後周旋方大岡寺田高井之三士參殿申達候ハ幕府監察ニ申聞候ハ御一同樣ニ拜謁御直ニ申達候義有之趣今日ニもとの事候得共差向候義

ニ付程克申達置明日迄ハ彼是手數も有之事故其後御逢被成度申出候間委細令承知申上候而可及返答旨拙藏直ゟ相答置候事

但五藩同意之上申達候段尋ニ遣返答ニ申參候事

此一條ハ薩藩堀直太郎內話ニも今日撿校坊ニ於而各藩周旋方ニ（薩ゟ高田平次郎出會）幕吏ゟ當藩周旋方を以申達候ハ三條殿御初先年來公武間ニ御盡力も被爲在無據次第ニ而御西下ニ相成候之義今般自分へ幕府ゟ周旋方委任被候事ニ付屹度盡力可致心得ニ而兎も角も此節御同道致し大坂迄罷越其上御復位御復職等之義周旋可致候間御面會申候而誠意ヲ以右情實申入候ハヽ兼而發明との事も承及候間承引ニも可相成仍而御直對致度段申聞候由ニ付各藩ゟ其御周旋振如何之結局御見居ニ而可有之哉之旨當藩周旋方ニ右返答旁尋出候處小林甚六郎ゟ各藩一同ニ面會ニ相成云々申述候上ニ而いつれとも當藩抔と申談周旋振も可有之曖昧たる事之由仍而今夕五藩會議之上決定与申ニ相成候處當藩ゟ今日御逢之義申出

候義ハ甚不審當藩と申合御承之處ヲ以四藩ヘ押付候含ニ候哉との直太郎内話有之候事

同三日

一連歌屋坊ヘ參呉候樣堀直太郎申越候付溪雲齋參候處昨日二日市ヘ各藩參リ幕吏ヘ及應接候處當藩与之申談方一圓不相分深淺之程も難測候間一應歸藩可致且黑田嘉右衛門も無程可罷越途中ニ而逢候ハヽ委細可申談夫迄ハ御逢之義御延引ニ相成候樣有之度との義ニ付令承知則具ニ申上候事

一幕吏ヘ御逢之義一兩日御差支ニ付返答可及延引旨御沙汰ニ付役場兩人ヵ周旋方ヘ掛合候事

同四日

一今夕刻薩州交代黑田嘉右衛門初三拾八人且堀直太郎途中ヵ引返シ一同到著之事

同五日

一今夕黑田嘉右衛門ゟ南水野一同寄宿迄參吳候樣申越候間即刻同道參候處黑田嘉右衛門川畑伊右衛門堀直太郎三雲藤一郎（高田原次郎右衛門）も參り合候面會黑田ゟ申聞候者先月廿八日鹿兒島出足罷越居候處幕吏愈到著之義承り候間差急肥後瀨高ニ而堀ニ行逢爰元情實幕吏之樣子承り甚驚入候次第ニ付陪道候而昨夕著直ニ途中幕吏宿所ニ立寄面會申入候處寶滿山參詣留守ニ付面會之次第委細申入置候間今朝可致面會掛合來候ニ付黑田川畑堀三雲罷越面會兩主人ゟ被申含候趣ヲ以及應接申向トモ今般御下向ニ相成候御旨承知仕候處ニ而モ甚驚入候御次第五卿衆ニ御直對御說得ニ被及候而御同行御上坂被成其上御復職等之旨御周旋可有之旨ヲ被任候ニ付五卿衆ニ御信義可被相立との御儀一圓合點不參最初天幕之命ヲ以五卿衆御渡海ニ相成候上ハ五藩ニ御預被成候義ニ付主人修理太夫大隅守ニも　天幕之命ヲ重シ大切ニ御引請御取扱申旨ニ而家

來一統其心得可罷在樣申達ニ相成當處へ爲守衛相詰候面々にも別而厚被申含置候旨趣も有之孰も以死力守衛可相勤覺悟ニ罷在申候間仮令天幕之命たり共主人ゟ屹度申達無之候得ハ御渡申上候譯ニ無御座爲天下五卿衆之御身上ニ付御周旋御盡力可被成御趣意も於私共も難有御同意仕候義ニ付其思召ヲ以　朝廷へ被仰立　御勅裁ニも相成其　御旨趣主人共に　朝廷ゟ御沙汰立之主人共拜承仕候旨御請申上候次第當所詰合之者に相達有之候ハ、主命之義無異議承引可仕僻境頑愚之者只管主命ヲ重シ臣子之分を相盡候心底ニ御坐候間御恕察被成下度萬一御直對ニ相成御説得之上仮令五卿衆御承知たり共主命無之内ハ決而御渡不申覺悟ニ付御説得中ニも壯年鋭氣之者ハ被奪取候樣相心得如何之沸騰ニ及可申哉眼前珍事出來可申其節ニ至何分鎮靜方行屆不申則天下之乱階ヲ釀候ニ立至可申義必然御坐候間篤御了簡有御坐度喋々申述候處幕吏ニも大ニ當惑之模樣ニ而且恐怖之態々相見へ更ニ返答振も碇と無之左

樣之次第ニ候ハヽ無理ニも處置難致猶勘考之上可申聞旨應答有之由ニ
而引取候也

一右之通小林甚六郞江應接後幸ヒ當藩周旋方寺田大岡之兩人且徒目附江
用事有之趣ニ而外三藩方も二日市江罷越居候間右國論之次第幕吏江申
入候義前以及御相談可申筈之處昨日參掛リニ申込候程之評合ニ而間合
も無之旨夫々江申談候處孰も同意之由（肥後抔ハ薩藩ニ而左程確說相立候得ハ以後周旋ニも都合宜尤雷同之由之）
當藩江も別而同意之上ハ右之趣意貫徹候樣尙又小林甚六郞江申入吳候
樣賴置寺田抔至極同意ニ而早速可申入との事之由就而も五卿樣方ニも
萬々御安心被遊候樣此上ハ薩州一藩ニ而も御引請申上候義ニ付何卒御
內ニ而疎暴之事共無之候樣拙者共方精々心を付吳候樣申聞候間委細令
承知五卿方ニ而も今更事新らしき義ニ候得共御決心ニ而も相成候次第ニ付
被對天下大義名分上ニ於而御失着無之樣相心掛罷在候段及挨拶去ル廿
五日御直書ヲ以被仰出候寫內々相示し置候事

一右黒田ゟ談合之次第兩人同道直ニ參殿委細申上候事
同六日
一川畑伊右衛門三雲藤一郎山田孫一郎伊集院直右衛門松岡善助今日拜謁之事
同七日
一黒田嘉右衛門川畑伊右衛門堀直太郎別段參殿拜謁條公久世公御逢ニ而國論等之義且又小林甚六郎應接之次第委細御直聞ニ相成候事
同十七日
一大脇正之介朝倉喜右衛門前田圓節並卿士（マヽ）三十八今日拜謁之事
同十八日
一薩藩ゟ幕吏到著之報知有之候付別段爲守衛大山格之介引卒シ鹿兒島壯士都而三十五人野戰砲三門蒸氣ゟ昨夕博多へ着岸今日宰府入込候事
同廿一日

一先達而中黑田嘉右衛門被爲召居候處風邪氣ニ付今日月代候間土持兵太
三雲藤一郎一同參　殿御二方樣ゟ拜謁之事
一同廿二日薩藩大山格之介始三十五人今日參　殿拜謁有之候事
各一統拜謁後大山格之介壹人別段拜謁今般幕吏下向ニ付爲其守衛人數
增被差出候旨兩君公ゟ御口上之趣申上候事

五月七日

一夕刻黑田嘉右衛門義長州處置振書付ヲ以去ル朔日被仰出候趣今朝來肥
後藩古閑富次ゟ承リ候ニ付一應歸藩致度明朝發足之積ニ付拜謁之義申
聞候間同道參殿御二方樣御逢ニ相成候後長州處置振之義ニ付思召之次
第御書取南ゟ黑田ゟ相渡候事
一頃日福岡表ゟ士卒繰出兵器等澤山持運宰府中警衛向兩三日別嚴重ニ相
成候趣也

同廿一日

一幕吏小林甚六郎初二日市滯在之處今日博多ゟ引取候事

六月七日

一薩州吉井幸助去ル朔日出足ニ而昨日到着黑田義所勞之由全快次第再來之由 昨日南面會

同八日

一吉井幸輔義此節兩君公ゟ美濃守殿ゟ御直翰被遣持參之由ニ付今日三雲藤一郎一同出博之事

但歸宰後拜謁無之南方へ參り談合ニ而吉井歸藩之

同廿三日

一薩藩大山格之介ゟ通達ニ付黃昏ゟ撿校坊ゟ南水野同道罷越候處薩大山格之介肥後古閑富次當藩宮本權八寺田嘉兵衛大岡勘之丞參會一同ゟ申達候ても博多滯在之幕府監察小林甚六郎殿ゟ五藩周旋方ゟ相賴被申聞候ても五卿樣方御進退之義幕府ニ於而も厚キ御周旋ヲ以寬大之御處分ニ可相成是非御復位御復職之一段ニ而立至不申而も不相濟義小林殿ニも

専ら盡力ニ相成る含ニ候處此頃長州ゟ小倉ヘ乱入田之浦ヘ上陸之人數
中行方不相知分有之趣ニ付自然宰府之樣入込候義も難測精々心を付候
樣との事小倉出張之小笠原閣老ゟ小林殿方ヘ通達有之候由就ゐも五卿
樣方御身上大切之御場合ニ付此節右長州人入込之防として宰府宿外下
筋博多ヘ之往來口二日市ヘ之往來口溝尻出口石坂往還筋右五ヶ処ヘ番
所取建爲相改候由右ハ必竟五卿樣ヘ相逼リ取締可申与之譯ニ者無之御
聞得次第ニゐ者右情實行違候事ニ付其邊拙者共兩人之處ニゐ篤と承知
罷在候樣有之度小林殿ゟ賴被申候ニ付申達候段大山格之介發語ニゐ古
閑富次一同演舌ニ相成候間承之兩人答ニ小林殿心入之次第且各樣ゟ縷
々御申入之趣五卿方之御爲との御義我々共於ゐも忝委細承諾仕候右番
所御取建之義外ゟ入込之爲ニゐ御内出入ニ關係無之義ニ候ハヽ幾所御
出來ニゐも更ニ疑惑も不仕旨及返答候處又候申聞候も其事ニゐ御坐候
必竟外ゟ入込候長人之爲与も乍申もし御内人番所外ヘ出長人ヘ面會等

致候樣之嫌疑も相立候而モ右寛大之御處分ニも可相成樣御周旋中之義
第一五卿樣方之御爲ニ不相成且銘々共之爲ニも不宜義ニ付暫時之處御
內人右番所外ニ出入無之樣有御坐度との趣意ニ而も有之候旨演舌ニ付
両人答ニ御趣意モ去事ながら其義ハ萬々難被行義ニ御坐候其譯モ廿日
三十日之間与申樣之期限ニも候ハヽ如何樣ニ茂可仕候得共只暫時与之
御事際限も無之勿論番所內外ニ而胡乱成者ニ面會等致候御不審も有之
譯ニ候ハヽ其邊ハ精々爲申聞方も可有之候得共宿外出入不叶と申義モ
萬々被行不申小林殿之心入ニ寄各樣御心添之厚ニ從ひ候迚我々共御談
合申候而も不被行義ハ都而小林殿御各藩ニ御對し申候而信義も不相立
此一条ゟ事起彼是不都合之筋出來候而モ甚恐入候事ニ付此義ハ各樣ニ
も御了簡被下度且行否を不差構權威ニ申聞候而ハ表向承服候而も銘々
疑惑を生し平常ハ兎もあれ此節長州家ニモ四境ニ敵兵を引請實ニ國家
存亡之際一人たり共軍事ニ無之臣子之身として境を越候場合ニ無之義

ハ顯然之義ヲ右長人宰府ニ入込候爲与御申立候ハ全ク口實ニ而幕吏之辭ヲ仮リ矢張リ内端御取締ニ相成候事抔と疑惑中ゟ相心得候而も壯年之者如何之物議ニ陟リ候も難計御穩便ニ有之度御趣意却而風波生し可申候間此節柄之義ニ付番所通行之節姓名申入出入丈ケハ各藩も御同樣之義如何樣ニも取計方も可有之何卒右之情實相通候樣御取成被下度旨再三申入候處尤之御事不被行義を強而申達候ハ小林殿主意ニも無之候間孰も得と熟慮も可仕幾重ニも小林殿被相賴候意味不違樣ニ有之度殊ニ御處置振右藩ニも安著ニ相成候見込も被相尋只今壹人宛歸藩國論伺越中与申御運ヒも付居候間其邊も篤と致承知呉候樣との噂も有之候而後御宴ニ相成候事

一右談判之次第翌廿四日出仕之上及言上候處外ニ思召も不被爲在候事

一右之一条七月五日大山格之介ニ溪雲齋參候節話ニ肥後久留米ゟ出博之節檢校坊ニ而御談合之次第幕之徒目付迄委細申入候處一々尤之次第聞

受ニ相成右之情實ニ候間無理ニ彼是申入候譯ニ無之程能聞入ニ相成候との噂有之則申上候事

一寺田嘉兵衛外用ニ而溪雲齋宿ヘ入來之節先日右藩ゟ之談合御引合申上置候通當宿外五ヶ所ヘ番所近々取建候旨承知迄ニ申聞候由噂有之候間出仕之上申上役場ヘも及通達置候事

七月七日

一幕吏二日市引拂ニ付而も此節遠慮致居候乘廻之義相始申度薩大山肥山已ヘ南ゟ申談候處存寄無之趣返答ニ付今日於殿中寺田大岡ヘ面會之序薩抔も存寄無之義ニ付其通致候段委細致承知猶番頭ヘ可申聞との事ニ候得共此方ニ而ハ申達切ニ相心得候事

同八日

一今朝南大一郎常欠マ、安井千代國千尋關屋邊迄乘廻有之候事　但已後前之通乘廻被仰付候事

同十八日

一森三右衞門寺田嘉兵衞溪雲齋寄宿江入來先達中御談合申候番所彌明十九日ゟ取掛候間宜申達呉候樣申入候間翌日出仕及言上役場江就御沙汰申通內外江觸達可有之筈事

八月三日

一大山格之介溪雲齋寄宿江入來小倉表ゟ先月廿七日拂曉ゟ大合戰肥後出兵も應接有之同日夕七ツ時過迄戰爭其日ハ物別レニ相成候而同晦日夕ゟ又〻押寄セ遂ニ去ル朔日小倉落城ニ而長州ゟ多人數出張候由ニ付今日右藩會議此上自然長州人當所江乱入も難計坊守等之義談合万一長州人五卿樣方御迎申上候樣之議論差起候ハヽ如何之思召ニ候哉御直ニ一同ゟ御伺申上度其上彼地江肥後ゟ申向之次第も有之旁內情相通候爲同道渡海致度小林江申達候積之由及內談候間承之則委細申上候事

但右內情相通候義ニ付彼方近況も不相分候間頃日談合之次第も有之

候事ニ付大山彦太郎義伊集院直右衛門同行爲罷越度内談相決思召も無之徴行候尤肥後藩ゟも格之助及内話候事　同五日夜發候事

同四日

一小林甚六郎ゟ一昨日肥後藩山田已右衛門博多ゟ歸宰之節申聞候ニ五卿樣方御復位御復職之義上國ニ於而盡力致度仍而可致上坂由ニ付五藩ゟ壹人ツヽ博多ゟ罷越同意之旨申達候事

同六日

一暮過大山格之介博多ゟ歸掛入來長州ゟ渡海之糸小林ゟ申入候處大ニ喜ニ而承知ニ相成候仍而此節御同行上坂之義差留其意ヲ以歸坂周旋之義決著近々出帆之由ニ候且又此節五卿樣之御爲ニ下向ニ相成近ニ歸坂ニ相決候處ニ而も御機嫌伺旁御直ニ相伺度筋も有之拜謁之内願有之趣内々噂有之候間右之次第翌七日早朝出仕之上申上候事

同七日

一拜謁之義何時ニ而も御差支無之旨格之介掛合候處晝後各藩名代としく大山格之介肥後古閑富次參殿御居間ニ於而御一統樣御逢被遊御趣意相伺安心ニ而引取候且又御逢後右兩士ゟ拙者共迄申入候者小林甚六郎義五卿樣之御爲下向ニ相成處上國ニ而御周旋申上候ニ決着近々歸坂之筈ニ候間願クハ拜謁仕御直ニ相伺候ハヽ盡力之助ニも可相成伺御機嫌旁出立前參殿之內願五藩ニ而存寄も無之候ハヽ拙者迄申入呉候樣トノ事由各藩ニテ更ニ存寄も無之此御前拜謁相願候趣意共違候間此旨申入候との義ニ付暫く爲扣置右之趣及言上候處右之趣意ニ而五藩ニも無異儀譯ニ候ハヽ勿論思召も不被爲在御承知ニ相成候段可相答旨御沙汰ニ付其段及返答倘日限且礼節向等之義ハ追而可及談合旨申入兩士共安心ニ而退出候事

同九日

一今朝ゟ大山格之介古閑富次長州ヽ渡海當處發程然處昨夕博多ヽ吉井幸

輔交代人數召連著岸之由ニ付右両士共博多ニ幸輔ニ面會之爲參候事
吉田清右衞門罷越候節之

同十日

一連歌屋坊是迄之一連伊集院伊膳始不殘且加治木一統今日歸藩發程之事

一吉井幸助昨夜博多ゟ參今早朝參殿拜謁此節小林甚六郎ニも上坂之義相勸候筈ニ候處已ニ決著之事故別段談判も無之由今日直ニ當處出立崎陽ニ立寄便船次第關東ニ罷越候由之事

同十二日

一肥後藩秋吉久左衞門當藩應接方竹田貞之進大一郎寄宿ニ入來申聞候ハ小林甚六郎ニ御逢之義何日ニ參殿可然哉且又御礼節向等之義尋出候由之處一應彼方存寄も相尋候得共更ニ存付も無之由ニ付何れ西様ニも御湯治中之義ニ付近日御歸ニ相成候間其上十七日當り可然哉尚相伺礼節向取調之上可申通旨相答置候事

同十三日

一秋吉竹田ゟ申入候次第南ゟ及言上礼節邊申談取調書杉本拙藏を以相伺候處御逢之節御間取等之義已ニ拙藏ゟ御直沙汰ニ相成御繪圖面拜見いたし候事

同十四日

一寺田嘉兵衞入來小林甚六郎御逢之節之礼節向問合候間申談相伺候次第且御間取向之義御繪圖ニ寄口達ニ而申聞置候事

一西様御湯治御見舞三方様御出之義久世様撿校坊ゟ御養生之爲被爲入候御義去ル十二日南ゟ秋吉竹田迄申入置候處竹田帰福ニ而筋々取計候處福岡表ニ而も存寄無之小林ゟも一應申入候處至極可宜由申聞候段今朝秋吉竹田寺田參殿申達候拙者應接之候也

同十五日

一長崎表ゟ吉井幸輔南ゟ書狀差遣今夕相達候其趣意ハ幕吏ゟ御逢之義如

何可有之哉との事ニ候最早御決著ニも相成御日限も相極候事ニ付拙者
申談候上薩藩山田孫一郎〻面會遂談合候處一應右紙面ヲ以川畑伊右衛
門〻談合ニ相成候處吉井ゟ申越候情實一向不相分事故御差定通明後十
七日御逢被遊候而可然申聞候由ニ付幸輔心付之次第其情實不相分處ニ
而も最早參り掛之都合も有之候間外ニ致方も無之今日之事情ハ尊藩ニ
而も御含被置候樣折角吉井氏心付も有之事故相賴置候段申入置明後日
拜謁被仰付候筈之事

同十六日

一秋吉久左衛門竹田貞之進參殿拙者共兩人面會候處明日小林甚六郎〻拜
謁被仰付候前後ニ附屬之徒目附（高橋　　）兩人拜謁奉願度必竟身柄卑賤
ニ候得共周旋盡力振小林〻致助力候任當之者ニ付乍恐拜謁奉願候ハヽ
難有仕合之旨右兩人ゟ秋吉共〻相賴候由ニ付自然小林ゟ御直ニ御願申
上候而も不都合故拙者共迄申入候事之由縷々申聞候間御口上之趣致承

知猶申達候而明朝可及返答旨相答置候此義拜謁一条ニ付昨日ゟ秋吉竹田出博小林江面會之節被相頼候由小林甚六郎共今日ゟ二日市迄罷越候事

一大山格之介古閑富次長州ゟ今日歸宰之事

同十七日

一幕府徒目付拜謁之義今朝拙者共両人ゟ殿中ニ於而寺田江面會此節小林拜謁之義も最初と違ひ上坂ニも相决候間伺御機嫌且御暇乞旁被相願各藩ニ而も此節ハ訳柄も違候義ニ候卒度拜謁被仰付可然旨御申出ニ依而之事故小林邊も本之拜謁而已ニ候得ハ徒目付江ハ別段御逢難被成此旨拙者共ゟ御斷申入候樣との御事ニ付可然御通達被下度申入候處秋吉共江も其通申入小林徒目付江も相達可申旨相答候事

一朝半頃大山格之介古閑富次參殿拜謁長州之事情具ニ条公江申上候事

一右両人ゟ徒目付拜謁之義一應御斷之趣ハ承知仕候得共猶又両人江頼出

候間再應申出候も如何と奉存候得共小林ゟ御逢之前後眞之拜謁迄被仰付候義ハ相叶申間敷哉乍此上拙者共迄申入候趣ニ付今朝寺田迄斷申入候次第ニ候得共御兩人ゟ再應之御申立之義ニ付當申立可及返答相答置委細中上候處以前御沙汰通可申聞旨被仰付候間右兩人ゟ拙者共兩人ゟ徒目付拜謁之義再應相申入之義ニ候得共今朝寺田ゟ申向置候通小林ゟ此節御逢之趣意柄も有之事故程克御斷申入候樣との御義申聞候處是亦承知いたし引取候事

一前以周旋方ゟ申談置候通晝後新町瓦屋ゟ二日市ゟ中宿ニ相成午半刻頃小林甚六郎參殿通用門通ニ而表坐舖迄之取扱振此方搆無之當藩周旋方取計ニ相成候各藩ゟ壹人ツヽ出殿ニ付相兼給使子供兩人借渡シ茶煙草盆用意遣シ盛菓子一盆小足付小林甚六郎ゟ一盛無足臺各藩惣中ゟ被下之差出方周旋扱之義ニ付前以役場ゟ高井義兵衞ゟ引渡置候事

一右參殿之旨周旋方ゟ申達候間見計森寺大和守出座挨拶有之其節寺田嘉

兵衛御臺子之間ゟ入口ニ着座罷在今日東久世様御所勞ニ付御逢無之段昨日申達置候四卿様御着座圖面之通夫々侍坐宜を見計ひ役場詰小西直記寺田迄案内申入小林甚六郎誘引御次之間縁り輪ケカニ而小林脇差脱置御次之間中央ニ而中坐御間内ニ摺入刀ハ當藩惣詰當番ゟ持越之御次詰所鳴居内ニ差置之小林ニ引繼各藩之面々薩州ゟ大山格之介肥後ゟ秋吉久左衛門當藩ゟ寺田嘉兵衛高井義兵衛肥前ゟ愛野忠四郎筑後ゟ津田廉平罷出圖面之通南向御次之間縁ケ輪ニ正面帶劔之儘列坐尤侍坐之面々帶劔也小林義御四方様ニ御挨拶申上後三條様御應對云々相濟引取候ニ付御次ゟ小西最前之通誘引表坐敷ニ案内候處無滯拜謁相濟候段小林ゟ小西ニ御礼申述續而五藩ゟ列座之面々引取侍坐之向も同斷之事

但御附之面々一統今日參殿罷在候事

一右之通表坐舖向當藩周旋方取扱ニ而徒目付小人目付別手組小林ニ隨從之族玄關之間ニ罷通居候間一切此方ニ而搆無之小林初退出之後寺田嘉

兵衛役場〻罷出無滯拜謁相濟且御菓子被下候御礼小林甚六郎ゟ寺田迄
申出候旨申達各藩〻御菓子被下候御礼ゟ申述候事
一右無滯相濟候義ニ付拙者共　御前〻罷出候處　三条様ゟ御應對之御次
第御內沙汰有之候後役場ニ而両人ゟ酒差出頂戴之候事
一小林甚六郎今日二日市迄引取明日博多〻罷越候事
同十八日
一昨日小林甚六郎〻御應對之御都合東久世様〻被仰通度今日御四方様撿
校坊〻被爲成此後迚も時々爲御見舞御一方様御二方様御出可被爲在手
數相立候様昨日御沙汰ニ付今朝寺田方ニ罷越談合候序小林拜謁之一条
ニ付先達中彼是心配候處昨日無滯相濟候段及挨拶候折柄昨日三条様御
應對振如何之御次第ニ共被爲在候哉內々拜承仕度申聞候付彼ゟ申上様
且御答　御沙汰ニ相成候次第爲申聞候尤今朝來肥後藩局〻南罷越秋吉
久左衛門古閑富次〻ゟ同斷申聞武部義薩藩大山格之介〻申聞候趣同様

之義ニ而孰も安心罷在候趣ニ付其旨三条様ニ申上候處御安著ニ相成候
事
一寺田嘉兵衛高井義兵衛參殿於役場而拙者共ニ申入候も久世様方ニ御出之義差支無之趣も申出候事小林甚六郎義拜謁被仰付且御菓子頂戴難有奉存候就而乍聊御肴ニ
而も献呈仕度二日市ゟ被申越候處各藩ニ而も更ニ存寄無之拙者共迄可
中入評決ニ付如何可仕哉之旨且又近頃恐入候得共三条様ニ小林ゟ御染
筆奉願度千歳僊相之文字懇願之由ニ付是亦各藩ニ而も願出候而も差支
申間敷評議ニ付右両条内々申入ニ相成候處最早御一同様東久世様ニ御
出之眞際ニハ相伺候上右之両条御返答明朝可申入相答置候事
同十九日
一昨日寺田等ゟ申出候小林甚六郎内願之両条銘々共評議之趣ヲ以昨夕久
世様方ニ御一同様御出ニ相成居候間大一郎罷出相伺候處思召も其通之
御義ニ付今朝出殿中寺田參殿御返答伺出候間大一郎ゟ應對候而小林殿

ゟ被申出候御肴內獻之義忝被思召候然處此節柄餘リ懇切ニ陟リ候樣ニ
而も宜る(マヽ)間敷彼ノ方ニも嫌疑出來候樣可立到旁其儀被及御斷厚意之段
可然御通達被下度御賴申入候且又御染筆之義不被下与申譯ニ而も無之
候得共當時之御身柄幕吏江被遣候義御遠慮ニ被思召何れ可被遣時節も
可有之候間其段も程克御申通被下候樣兩条共斷申入候處委細承諾右之
御趣意本人且各藩江も可申通返答有之候事

同廿日

一薩之松岡善輔入來小林甚六郎ゟ進獻物等之應接向問合候間一々有之儘
談置候事

九月六日

一森三右衞門交代ニ而昨夕罷越候由今日南方江同人入來申談候ニも薩藩
大山格之介西郷新吾同道昨日陸地ゟ博多出立長州江渡海小林甚六郎義
蒸氣船江今日乘込明日出帆之筈ニ付大山ゟ前以馬關通行取計候由愈明

日も小林歸坂ニ相成候事

十月六日

一寺田嘉兵衞外用向ニ而入來候折之話ニ小林甚六郎義先月十二日無滯著坂ニ相成候處如何之御都合ニ候哉爰元之事情等筋々ヘ申達候事も無之着坂後引入候處直ニ關東ヘ被差歸候被仰渡有之同廿二日大坂出船歸東ニ相成候由委細之事ハ追而可相分爲何譯とも不相知候得共及承候間可致內談との事候間則其趣申上置候事

十月十六日二條於御城御渡之御封書寫

去ル十三日相渡候御書取之趣　御奏聞相成候處昨十五日別紙之通　御所ゟ被　仰出候間此段相達候

十月

祖宗以來御委任厚御依賴被爲在候得共方今宇内之形勢ヲ考察シ建白之旨趣尤ニ被　思食候間被　聞食候尙天下と共ニ同心致盡力　皇國ヲ維持可奉安　宸襟　御沙汰候事

大事件外異一條も盡衆議其外諸大名伺被　仰出等も　朝廷於兩役取扱自余之儀ハ　召之諸侯上京之上御決定可有之夫迄之處支配地市中取締等ハ先是迄之通ニ而追而可及御沙汰事

〔朱書〕右慶應三年ナラン

公武御用備忘

安政二年 自六月十一日 至七月一日

六月

十一日　従今日御用番

一參入殿下

一迁幸御道筋今出川通ノ方無差支旨所司代書取入殿下覽抑留給

一水口右近番長武邊懸り調詰之上辭官之事位記口　宣有之者同様ノ取扱ニ而申越宜哉旨問合書付殿下申入候処官人同様ニて可然被命其旨答了

一神嘉殿反屋根一件武邊内伺整候書付圖ホ御用懸卿へ授了

一行事官調進物下行前借願頭辨被附以〔二字不明〕令達了

一御車轅修復事御用途申立書賄頭内談

十二日無所存旨返了

十二日

一殿下參入給

一備前少將伺暑中　御機嫌書狀披露

一出納調進物下行前借願廣橋頭辨被附

一賄頭乞面會迁幸ニ付奥表御入用粗取調別段關東より調献有之樣申立度旨取調書內談之旨差出之從跡可返答答了（廿日賄頭へ以番頭代返之此通可申立申含過日殿下申入返給了）

一伯少將此節所勞子細ニ付　內侍所点檢行向之事難出來旨寛政度之通齋マヽ自刀計拜見出頭之旨一帋橋本被附之

一檳榔何頃差登可相成哉澤村尋

万里小路へ申入置

一御道筋御治定（今出川通）　殿下被示命昨日入覽候圖書付返給御用懸り辨（六月十六日）　御道御治定

先例寛政二七月十二日

奉行ポへ可申達被命廣橋へ渡了

雨具運送道事　仮皇居供溜事

伏見殿舊地

一御道具奉行被附

後陣之者ハ

梨木町邊歟

右殿下同役へ

被命了

可取調事

一障子軟錦縁角々唐花筥形之所ニ相當り候樣最早織も出來候ハヽ如何樣

切續候而も不苦宜勘考可有之旨御用懸卿被示先日伺之通殿下御心付無

之旨之更ニ被命云々　十三日隅刕へ申聞

一臨時乘之移鞍明十三日差越旨附武士申越事

一万里小路被談神嘉殿軒先精々深ク相成候樣有之度且御拜も有之庇屋根

ハ此度不及取建旁軒先深ク成候樣被示內談候樣被示了十三日隅刕へ內

談了

十三日
一例刻參　内
一附武士面會
一神嘉殿屋根是迄ムクリ屋根之処今度反ヤ子ニ成樣内談候処相整旨過日
返答有之弥反屋根之方相成候樣申含了
一同上過日武邊より尋問返答付札書付書達之処委細申含各返却了
一歎錦緣紋居樣事申含了
一伯少將所勞子細ニ付　内侍所檢分齋刀自計參向事書取達了
一御道具奉行被附二帋渡了
一樂人裝束樂器類檢分十五日事書付議奏へ附後刻被返了
一伊与被申出昨冬献上人參虫入有之御用難相成由二根被爲見旨被出之所
司代へ申達宜取計被申出十四日殿下へ申入委細被命旨有之猶可申談被命

一來十七日陽明へ女房往來事切帋議奏被達了
一三角悴御扶持方事過日長橋被申出趣有之候得共此書付之処ハ此分ニ而
被聞屆猶別段更ニ申立相成候樣昨年往來之儀更ニ可勘考其上三角勤勞
之邊ヲ以被下候樣可申立方可然旨申入可申以伊与申入

十四日
一參殿下
一吉田申願　神階事殿下申入無思召旨之先例之通所司代へ令達了
一三角悴御扶持方事御內儀へ申入旨申置且更ニ示談事可申達哉申入可爲
其分被命了
一桂殿家司尾崎大和守武邊呼出事
御噂申入置候
一御造營ニ付御画御用之繪師繪樣附一冊橋本万ホ被渡之武邊へ可達之

一石動山天平寺卷數献上日限以表使伺可爲十五十六日之內被申出

一移鞍受取旨取次届候廣橋へ申入置了

一驛鈴一口新造被申付旨以寛政例賄頭へ可被談旨廣橋被示承置了賄頭へ

心得ニ申含了十五日附武士へ令噂

一女房白裝束八人前御入用之処三人分ハ寛政度之品可相用但濃袴ハ他ニ

被用候間更ニ新調自余不足分新調五衣難整候ハヽ單衣にても不苦旨被

示是亦委細賄頭へ可被談由廣橋被示賄頭へ心得申置候

同附武士へ申含置了

十五日

一燈檠下行用意宜旨南座へ達事賄頭申出頭辨へ申渡之

一清和院門下馬札損ニ付來廿日於其所加修復候雨天順延引之旨取次届越

之

一式外　宣下切帋職事被出
一進献御茶老中奉書披露女房奉書來十九日可被出哉申入
今朝
一殿下參入
迁幸後桂皇居桂御所と被稱度旨關東へ申達候処其通さるへく申來旨
所司代書取殿下申入抑留給了
後刻返給迁幸後迄當役ニ可閣被命了
一頭辨被附迁幸御道筋一帋
一附武士面會
御三間中段極彩色ニ相成間敷哉問合之処何レ共内答相成兼旨是非被
仰立候儀ニも候ハヽ表向所司代へ進達相成候様存候旨返答申出
右御造營懸り両卿へ申入後刻然ハ是迄之通ニ而中彩色可然被申出

旨被示了

別帋中彩色之事被示過日帳面ニ追而と有之故之

一迁幸之日　主上御服青色可然哉所見有之も可申上殿下被命

一鈴之事寛政度之書留書拔廣橋へ爲見了

一迁幸供奉料武邊より出候馬具雜用品有之候仍其分以料物可渡欤勘考可
有之旨被内命

十六日

一例刻參内今日雖嘉祥之儀無之菓子分配

一附武士面會

一御床棚ノケヤキ塗方見本種々差出之此内色合御治定伺度旨申出之九十日返答両卿被示附武士申聞了

一醫師御扶持方之事再應示談書一帋授之宜勘考申含了

一迁幸御道筋書付心得申含了

所司代にハ達置旨申聞了

一牧式部少甫來乞面會東本願寺願有之高舞臺兩皷臺共献上有之度旨之所司代へ可談旨被命後々兩本願寺異乱ニ不及哉祖師年忌之時兩方拜借願有之毎度前後競望之事有之欤近々年忌ニ可相成哉ニも有之間旁不差支哉可內問被命了

十七日

一御學問所南階登高欄事幷准后常御殿沓脱才之事附武士書取殿下申入附兩卿了

十九日以付札被返答附武士へ申達了

一桂御所号事濟來所司代書取殿下入覽抑留給了

後刻參　內給之上命之先當役ニ可預置勸賞之比可申達被命了

十八日

一中殿御障子小御所御襖ゟ色紙色目下繪土佐鶴澤へ被　仰付旨ゟ之事夫々書取四折両卿被附

廿日附武士へ書面ニ而達之繪師へ申渡

〔別帋ニテ〕

「小右記長和四年十一月十九日十一月十七日内裏燒亡

今日從太政官移幸枇杷殿

今日諸卿著例裝束注略馬副四人令著檳榔簑笠等諸卿馬副不著扈從卿

「相左大臣乘車

十九日

一住吉內記上京事所司代書取

殿下申入兩卿へ附之

一唐門前人舍近日ゟ建前取掛事附武士書付

同上

一町家普請所事町奉行書取

附議奏被返了

一山科安藝守宿替事

殿下申入依請申渡

一附武士面會

一御着部屋便所事返答書圖ゟ差出

橋本へ附之

兩卿へ

一來廿一日　內侍所檢分事白川以下參入日限問合事

同上　伯少將所勞子細ニ候へとも刀自以下參向事兼日申達置了其儀ハ承知云々

廿日弥明廿一日申刻後可參旨附武士へ申聞

一住吉內記へ御三間上段御繪被　仰付旨一帋両卿被授

所司代へ雜掌持參了其後廿四日以雜頭更申達

一大隅守御道具取扱更可被申渡事

殿下申入

一女房奉書二通被出如例取計

一所司代へ以雜掌內談

一東本願寺舞臺献上一件

一人參更ニ御所望之事

一住吉內記別段御繪被　仰付事

一岡本肥後守一條本姬君嘗秋關東下向ニ付被召連度御暇願書殿下申入御

內儀以伊与申入願之通被申出

二十日

一參殿下

昨日

一准后上﨟被差越奥御用金申立書殿下申入宜取計被命

一輪門令旨三通殿下申入附議奏披露了如例可取計被示之

一附武士へ申聞

一准后御移徙　迁幸同日不差支哉事尤六門内ニ而御渡事人留御道筋之人家拜見ハ不苦事

一住吉内記調筆賢聖障子書改繕否檢分之上可申出事

一御三間上段朝賀圖勘考之上下繪可伺事

○

一水火童女汗衫事唐橋被示事

一御車修復料ヒロウ薩州へ被申遣之処七月中ニハ到著ノ積り候旨万里小

路被示
一附武士へ
一安鎭地鎭才來八月九月之内被　仰出無差支哉淡路守へ可談事
一橋本被示廿一日　内侍所檢分齋刀自両人幷右両人交名被調行事官　内侍所役人參向幷修理職一人可罷越雨天順延ニ致度旨被示条々附武士へ
申聞
一禁中准后才御敷地内御文庫燒失無之分御修復方之事伺書取
殿下申入両卿へ附置了
一御道具御用專取扱可申付由附武士組與力同心交名才書取
殿下申入同上
廿一日
參入于殿下

一高良山　　　　　　　　　　權僧正之事老中奉書

內覽附議卿

一劔璽御間連子網張之事伺書

入覽附両卿

一本願寺願舞臺献上一件所司代問合書取之案入覽

今度上京附武士

一都築駿河守と女房駿河と同名如何哉之事內々問合事伺度旨申入

一迁幸之節列外參向堂上幷供奉雨具運送傍路事

一同供奉供溜事

以上以圖可伺事附武士へ達

一勢田大判事火長裝束事申立

一廣橋被示移鞍今四具取寄候樣可申達旨被示

一同被示汗衫寛政度黃牛ノ童女之料と有之候分定而間違と存候今度も黃

牛ヘ童ハ無之間何分一通り之事

小御所

一繪師申立御襖紺青追加出來候樣冷泉被示事

一廣橋被示安鎭准后御所拜別段下行ニ可相成旨被示事

〔朱書〕別紙ニテ」

廿二日　殿下御不參

一所司代參上伺　御機嫌准后同上

一准后奥御用金事書取淡州へ直達候

一淡劢被申　帝陵事淺野段々取調候繪圖才猶可差越兩人熟覽相違候儀も

「有之候ハヽ可申聞由

〔朱書〕別紙ニテ」

廿二日

一紺青ノ一

一殿下ヘ寫可上一物舞臺拜借之例

一御道具奉行申立追加事

一七夕御座事奉行申渡

一両卿被返齋見分事丈夫ニ劔璽間網事可致

火長書取附武へ達ス

廿三日

一參　內

一同役被參殿下御面會云々

一殿下被命由

○安鎮八九月与被命候得共武邊見込之処凡何月何旬ニハ被　仰付可然

と申事早速可申出猶又可及尋問旨之
座主導師被　仰付用意有之ニ付而之

○

安鎮准后御方同日ニ成候而ハ短日之儀難勤之間別日ニ相成候様座主
被願仍寛政五年　后宮御造營幷寛政二年度女院方別殿之准據ニ而被
宛下行候様宜取調旨被命之
以上両条附武士取締與力招遣示聞了
一仕吉内記御三間御上段繪被　仰付難有由乍去日數相迫所詮御受難申上
哉内々同役方へ以便宜三晡半頭次申出殿下へ被伺之処日數相延調筆可勤仕
様懇切被命旨有之云々

廿四日
一例刻參　内

一附武士面會
御道具迁幸御必用仕趣幷追加ホ之書取一番授之
一異船近海へ渡來之節九門警衞仮小屋伺書殿下申入無御所意旨答命附議奏
一所司代正庸行向之処山陵之圖一箱附属之猶両人勘考相違も候ハヽ可示旨事之
廿五日
一例刻出門詣殿下
一虎鶴櫻間襖掛ヶ金遣戸引樞之義
一小御所襖掛ヶ金之義
右一番
一小御所御襖引手總角幷虎鶴櫻間御襖引手本形之事

一帋

一圍爐裏之間舞臺後座繪羽目筆者之事

右一帋

以上書取〻殿下入覽附両卿

一綾小路大原備後權介元大原家ニ而兒勤仕御合力米事不及返上哉附武士へ内談之処返答表向可申達由其旨殿下申入可申立被命

一東本願寺舞臺献上事猶又被命旨有之

一水火童裝束口向へ被申付旨

廿六日

一神嘉殿内室敏宮垂木之事書取一帋

一飛香舎御調度之内錢形屛風燈臺〻入用組方之儀書取

一御文庫燒殘之分明廿七日御造營懸り之もの檢分之事書取

一去日御道具懸り被達候仕越御道具追加御道具ホ追加之方ハ不及仕越哉

尋問

一園池御救金申願

一出納調進物故障中山科大監物同筑前守示合相勤旨事届過日差出

一。准后地震御殿事

一。熱田事

廿七日

一殿下參

一內侍所刀自申立条々事両卿被示旨有之候

妻戸寸尺事　　此外附之

一駕輿丁願書頭辨被附

一昨日入覽候山陵圖返給且清書之上殿下御所望事

行幸門院敏宮和宮才
一曇華院宮ニて御拜見可取調事
一廣橋申沙汰ノ⺊

廿八日
一附武士面會
一准后御移徙迁幸同日不差支旨事
御路繪圖差出
後刻廣橋へ申入（廿九日殿下申入）
一殿下參　內路筋事書取申出
廿九日殿下申入
一有栖川御殘木拜領事只今難及勘考旨先書取返了但御造營濟寄候ハヽ
猶又可及示談旨申談置了云々　廿九日殿下申入

一従是申談
敏宮和宮門院ポ迁幸御拜見所之事內談申聞
一廣橋被示
移鞍修復事一帋被附之
一人參被納候銀壺事附武へ可申聞旨橋本被示之

廿九日
一殿下御參
一陽明へ內々　渡御
一廣橋被示
迁幸馬々具ポ員數ノ﹃
一久野玄恭所勞快復之旨昨日藤木申出
一紺青事殿下被申入被申由

橋本今一應書付可被示旨之

一德大寺議奏加勢ノ〔

万出仕迄事不申渡

卅日

一蓮臺院參　內伺附議卿

一平唐門事書取殿下申入附両卿

一內侍所仮廊下拜領事御厨子所願

殿下申入可預置被命

一威儀御馬ノ〔

一下行下帳事

一安鎮下行事

一馬馬具事

一久野快氣ノ〻殿下申入一両日御出入可申渡伺了
一內侍所相違所事大隅へ內々申入置
職より可尋旨之
一紺青事橋被示
附武へ申渡了
一後院侍拜借返上方事
殿下申入少々義乍可返上旨之
一氷室社南都方樂人貸附申立事
殿下申入無御所存旨之
一延壽院御撫物申出延引事取次申聞

七月

一日　來十日迄月番

一辰半刻參　内
一廣橋被示
　迁幸　御服青色御袍幷躑躅御下重裏濃蘇芳新調被　仰付無差支哉賄
　頭被調置旨廣橋被示可含置由之
一殿下申入
一紫宸殿板巾事書取
　橋本へ授
一御道具目六　劒璽御燈籠以下事書取
一重仕置事各無差支旨申入
一稲咲廿金拜借金事老父老養も有之間以御憐愍十金ハ被下候十金年々返
上之事被申渡旨學頭同役被示之
一殿下被命大樹勸賞事
一車豎子奴袴願事廣橋被示

一承明門事橋本被噂
一醫者事
一學習所雜掌拜領物事五條被附
一綱寸尺事所司代へ別段可達哉事殿下可伺
祭使料事
一准后御路筋事

八日
一檳榔薩刕より著之由昨日被示殿下可申伺女房奉書事
一殿下車拜借ニ付拜借物其外出仕之人拜借物事
御道具奉行へ被申
一准后御用懸り加勢事

一山陵事廣へ申入
一（廣橋）頭辨行事官前借願事
一中御門被附靑門書付相願
一丹生社家歸村事

九日
一所司代行向御內慮申內談

十日
一延壽院御撫物申出事十二日
一ヒロウノ〓廣へ申入
一准后地震御殿事廣返答
一鳳輦下行前借願事逢方可調

一高雄山陵事廣へ申入

一安鎮簾拜借事取調裏松へ申欲

一大藏省木工寮前借願事廣頭辨被附

一葱花輦雨皮事頭辨へ尋置了

一異國船事附武書取二通

議被返之

公武御用備忘箇條

安政二年

八月　九月　十月

八月

一日陰晴　殿下御參

一迁幸御用御內儀に銀二百枚奥上事過日被申出武家へ談置之處路頭書取差越出方當役勘考事申出候間殿下へ申入候處寛政度も奥上銀有之由前御內儀御承知有之間猶又長橋へ可尋合被命了

一殿下被命

迁幸ニ付供奉之人之外馬術流行之由被聞及給自然狼藉事有之候而ハ御用ハ格別雷同不心得無之樣如羽林ハ供奉替も難計候間其心得有之可然候猥りニ不相成樣制止可觸申欤寛政度ニも右之觸有之樣思給候猶可取調欤被命了

一役送六位極﨟出居非藏人等參勤届

一上棟來八月廿日前後之事問合附武士書取昨日殿下御內儀相濟被附置議奏之處廣橋被返書面之通ニ而無御差支事武家へ返答里亭へ申遣了

御造營懸り兩卿へ申被示了

一樂人裝束急之分品目早々承度由附武士書付附議奏（後刻議卿被達附武士へ令達之）

一樂器庫修理入替候場所無之ニ付御ツキヤ小堀預り藏出來之上御造營懸りへ可申出趣ニ付其上可被移替候間右出來迄延引之旨心得兩卿被示了

一殿下被命

延壽王院權別當事領主關東等差支無之哉所司代へ尋合可然其上表向願出可有之先内々願之義ニ候間其含可申談殿下被命

一御對面如例了有御當座

一關東使近藤遠江守參上如例

一熱田事

二日

一大隅守御用參上届

一先月送り之內廣橋被附由
闈司水火女官等三人分唐衣裳袴
主殿司　袴
右附武士へ申渡書了
一放生會陣儀四足門前警固事先月奉行被示由同役被示未武家へ不被達由事
一水火童裝束事ニ付賄頭書取附武士書面御道具懸り橋本へ渡之
一看督火長裝束事ニ付賄頭書取差出之
一迁幸ニ付仮建物職申立候旨大原被届候
宮門代幷鳳輦寄所以下
一大久保大隅守御馬拜領御礼申越議奏へ申入
一過日伺置有之候隨心院參　內之事來十日午刻被　仰出旨橋本被示　弘
化五年先例

一過日伺有之候常御殿北御新建並花御殿邊御新建等翠簾事付札返答橋本被達之

三日　今出川稱号事

一殿下へ參入申次式部

一輪門令旨一通

一看督火長裝束修復事伺書

一飛香舍御調度帳臺南殿同樣丈尺增事附武士書取

一所々手小蜘手踏次石事書取

一行事官妻禁足別居之事官務差出候書取三通

一炮術町打雨天ニ付順延ニ付更ニ書取

一廣橋被返附　迁幸ニ付武邊伺條々返答

一中御門被附飛香舍安鎭用意物事

一隨心院參　內申次事
一大御乳人被申准后御用金三百両奥上事
一後院侍中返上銀減少難聞届由賄頭申由同女房被申出事
一橋本被示安鎮ヶ所御學問所以下寛政度無之分事

四日

一來八日服後著陣事（可届事 職事葉室可賴事）
一上丁事
一殿下へ申入ヶ条
一和州多武峯法苑院權大僧都
參　內之事
一紫宸殿小高廊取合上り段之事書取
一寛政度頭騎馬制戒事

一後院侍返上銀事

一准后奥御用三百金御取替事

一學院丁祭御備物事以表使申込候

○一御車轅事（明和事　寛政女院御車事）

出納之尋申付

五日

一丁祭御備銀以表使（頭ゝ）

一高階安藝守筆頭役事

一令旨一通

准后御移徙

一車副以下召具損料借事廣橋へ申入

一殿下拜借唐庇車ニ添候召具損料事御道具奉行橋本へ申渡

一飛香舍御屛風下行滅方事書取同奉行へ申渡
一殿下御返し
　行事官書取
一隨心院門跡參　內申理觸示
一紅葉御殿修復事万里小路被附
一中井受領事殿下へ申入
別獻之內
一五千金御貸附事
六日
參　內
一附武士面會

一迁幸雨具運送路事乾門ゟ通行事先日談置之処無差支旨返答圖朱引改
更差出之
七日殿下申入
一清涼殿以下御繪樣帳面之通承屆旨淡路守申由書取差出之
七日殿下同上
一小御所上中下段御疊被撤儀有之由ニ付床板之儀ニ付書取
七日殿下申入其分ニ而可然旨
一御〻法間東廊下ゟ鍵番所取合拭板間床違相成候儀ニ付申立書棟梁書取
（清）
繪圖等
七日殿下申入被宥可然但後年御修復之節ニ而も取合候方平頭ニ上
ヶ床相成候ハヽ可然哉今邊可仕置被命
一別段內々申談御造營懸り調濟之後
迁幸迄居殘り候而ハ莫大之入費ニ付何卒御用濟之上ハ歸府いたし度

旨右ニ付拜領物不相濟候而も難相成旨寛政度ヘ相見候右拜領物ハ迚
幸ニ付而之儀ニ候哉御造營之方ニ候ハヽ何卒勘考難成哉之旨申之両
人申も右ハ御造營ニ付而之賜物ニ候先年ハ不出來ニ付延引候今度ハ
早ク出來可申候間猶可及勘考表向所司代より申越候ハヽ可然両人申合
置了

一今朝殿下ヘ參入

一御座疊御茵以下其外之儀ニ付下ケ札答之旨附武士書面帳面等入覽

七日橋本ヘ附之

一禁裏准后御殿等内〆り否事以圖問合書取圖等入覽

七日同上

一高階筆頭御受事申入

一綾小路備後權介元大原ニ而兒勤仕ニ付御合力米事被下旨淡路守下知紙
書取入覽

輪門

一世話邊ニ付過日問合雲鶴事申入右返答

一附武士へ申含事

先日申談置候近衞家馬場ニ被建候供溜仮屋迁幸之日後陣供溜ノタメ有栖川宮西手取立事取調不及其儀桂殿中筋屋敷内ニ可相建旨更ニ廣橋被示之間其段申含了彼よりも右取建取調之次第申出之処不及其儀旨申聞之（此事昨日被示候哉向又今朝殿下へ申伺之處有栖川之方可相止被命）

一安鎭祭又下行樂人下行事初番准后安鎭地鎭等下行同上

右九日相渡之

七日

一近衞家寢殿女房往來ニ付卯半刻

參内

一幸德井願書准后地鎭祭事議卿橋本被渡之
一殿下參給
一上棟ニ付賜物伺書
一迁幸御入用別段申立書案入覽
過日附武士より申越趣有之故之
一馬藝事觸書案入覽此通ニ而可然
但地下之輩洛中ハ肩衣小袴洛外ハ法外之躰ニ無之候共不苦候事可相加
幷途中失禮無之樣可心得事等可書入旨被命
寛政四年之申渡方猶又可取調事
一廣橋被示
一准后御拜借召具損料事　禁中ニ而出來候樣相成間敷哉之旨被談之
一昨日被渡候桂殿屋敷內へ被移候仮建物之圖可返却被示
一附武士へ可達

公武御用備忘箇條

一小御長櫃覆事書取

一御醫筆頭事

一綾小路御合力米事申渡

一迁幸雨具路事廣橋へ可達

柳原へ達之了

八日

◎別紙〔朱書〕

地鎮祭

大殿祭

謝祭

九日

一清涼殿御障子和哥色帋出來書取色紙等

一仮引渡相成候御米藏修理職ゟ小堀手代へ爲引渡旨書取

一中立賣門下馬札事書取

一後院御構大御庭堺土塀築直事

一御涼所九帖之間御床脇中連子等事

一井伊掃部頭家來上久世河原炮術丁放事

町奉行書取

一瀧口荒木御暇願書 放主會ニ付

一綾小路備後權介兒御合力米事

賄頭へ申渡事

十一日

一多武峯法花院參　內

一上棟上卿辨奉行被達警固事被示

一王（マ、）訴祭事廣橋へ尋合

一御文庫事書取野宮へ渡

一迁幸御祝儀武家賜物事賄頭へ尋合

一議奏へ附置候安鎮書（武家）取被返了

十三日

十六日

一女房往來ニ付早朝參　內
一初鮭進獻奉書附當番女房奉書書來廿一日可(相)罷出哉申入
一小御所御色帋來十七日中出來分(之旨)延引之儀申越書取附廣橋殘番之
一額下行事取調事
一准后安鎭十月ニ及候哉之旨殿下被命
一准后御用金今度五百金關東より進上候間過日被申出分ハ不及其儀哉尙
上﨟可示談被命了
一六門出仕事廣橋被示旨有之事
一南殿承明門等額入御覽事
一旬事廣橋へ申入
一敏宮和宮迁幸御拜見所事
一大樹勸賞返答書返給
殿下返給

押而被仰出哉可伺

一迁幸固武士井伊以下事

右廣橋へ入覽之

一切帋一頭辨被附

一安鎮准后之分座主書取書改中御門へ申入了

十七日

一御車轅緣地伺

廿日

一詣關白家

一中山攝津守寮少屬內願書先日筆頭添願等雖有之今度本人直願先度被申渡儀有之筆頭ハ寮務ニ不拘由被定仰候故之

殿下入覽抑留給了

一上棟ニ付石川土佐守へ被下物轉役ニ付川路左衛門尉へ可被下哉附武士

同殿下申入今度ハ石川へ可被下欤猶淡路守へ申談可然哉被命

但先役ハ御祝義被下義如何候間矢張川路之方可然哉附武士賄頭勘考

之事翌日殿下へ申入其分返答

一上棟之節修理奉行加勢參向有之度旨過日野宮被示候間其旨申入候処先

例も無之候ハヽ可爲無用被命野宮へ申入之了

一人參進獻事

一炎上ニ付呉服料准后敏宮等へ關東より進獻金准后ハ御取替之敏宮へ可

被申上旨書取御世話万里小路へ傳置了

一上棟ニ付參向堂上交名承度旨附武士書取橋本へ入覽之

廿一日

一殿下

一上棟ニ付石河へ被下物之処川路へ可被下哉事尚又申入

一內侍所仮殿被下先事

一御造營ニ付石河川路ホへ被下品之事

一座主宮拜借翠簾事宮內卿申渡

一御造營ニ付賜物伺改

御造營御用懸賜物

十躰和哥卷物　石河土佐守

御絹三疋

同斷　河路左衛門尉

右內覽附當番

一內侍所仮殿今度何方へ被下候哉伺度旨殿下へ申入置了

一女房奉書被出示、

一中御門被附
　座主宮申立書三通
一御用懸両卿被達書取
一上棟參向堂上非藏人交名兩卿被渡
一御文庫出納幷大藏省行事官四通書付被返
　一帋被添
一石河川路役替書取
◎〔朱書〕〔別紙ニ認アリ〕
一熱田社事
一上棟ニ付懸り非藏人參向之事
一准后へ献物事
一上棟御祝儀川路へ被下物事

一御屛風事　御涼所御画事
一內侍所仮殿被下方事
一關東推任叙押ゟ不被仰遣哉事
一額御褒美書博士被下物事
○廿三日御當座
一中殿御替疊申立事
一迁幸ニ付警衛大名禮節事可觸示事
廿二日
一詣殿下
一關東より人參献上別段切帋有之間其分殿下入覽候所司代奉書ハ任例不
內覽以女房伊与上忠雜掌持參

一南殿額掛方之事伺書取入覽
附両卿
一劔璽間御引帷之儀ニ付再應尋問書取
同上
一准后より御造營御用懸へ賜物伺殿下入覽
附議奏伺定賄頭へ申渡了
石河土佐守
川路左衞門尉
一檳榔御車下簾形紋様ホ伺三條中納言被附預置了
一上棟之節非藏人座席事附武士内談
豊後守申出
一上棟之節供人廻廊内外入込否万卿被尋

廿三日
一參入殿下
一東山院御舊地東側御築地外竹矢來追々取拂候旨書取両卿ヘ申入被返議奏ヘ附之
一都築駿河守道中差支來廿五日京著之旨書取議奏ヘ附之
一藤井山井六角風損ニ付御救願書御內儀可申入被命
一御造營之口向取次以下表向拜領物寛政度ニハ無之候得共今度格別繁勤候間拜領願之旨過日賄頭書取差出殿下申入候処於今度ハ可被下不可爲後例旨被命了
一藤木三河守過日申伺高階安藝守取次口向次第書載方事三河守之次近江介之上書入可然哉申入可爲其分被命了
一橋本被渡
御凉所以下御繪様被改事并御画名目被改事ホ一帋

一劒璽間御引帷之事再應伺書猶又以付札答被示
一小御所色帋殘之分出來次第可差出旨被示附武士へ申置了
一明日上棟ニ付手續書画圖ホ附武士差出御用懸之卿（德大寺）へ申入爲見置了
一勤番大名へ被下候御絹賄頭伺議奏附之
廿四日快晴
今日上棟之辰刻前參　内（直衣奴袴）辰半刻計裝餝畢之旨大隅守以取次申越御造營懸両卿へ申入各參向建春門外竹矢來際ニ而下乘與力先立附武士於建春門下出迎誘引經承明門外自永安門入庭上斜至月花門南脇回廊（供人侍両人相從一人持太刀一人取沓）著座（構床敷疊）取太刀置傍各著了淡路守聊進向予両人方両人遙ニ會釋町奉行淺野奉行ホ同進向同上了被始之期淺野ヨリ淡州へ申（申敎）淡刕乍座示末座之修理職奉行次第傳上事終又告其由如初其後起座之事附武士

示之又所司代奉行ポ會釋如初了起座經本路歸參仮皇居
一以表使申恐悅賜酒饌又以女房有賜物銀三枚准后同有賜物金二百疋御世
話被傳
一退出參准后里殿賀申賜物御礼同申上又參門院了詣殿下以家司無異之旨
申入且賀申了
一承明門額掛方事伺返答両卿被示
廿五日
一例刻參　　內
一賄頭面會
一御轅下簾花鳥形元形難分候間差圖有之候樣致度旨申出
一御膳米之內昨年分臨時御用之事取調候処昨年分ハ差支有之一昨年分
取交臨時之御用可上旨申之書付有之

一先達而内願有之候迁幸濟ニ付口向取次以下被下物事寛政度ニハ無之候得共今度格別御用繁出精勤（之）候間可被下但後例ニハ不相成樣申聞猶附武士當役より可申聞申置了

一議奏被示
　來廿八日女房陽明家往反之旨被示候

一蓮光院御札献上日限伺以表役來廿七日被申出

一頭辨例幣人留之事被示

一安鎮懸り武家交名中御門へ渡被返

一中御門被附過日青門へ達候受書

一檳榔御車下簾伺之通坊城へ申渡

一主殿寮下司免除札渡事取次以書取申出

一吉田社破損ニ付修復料願吉田大夫被附

一駿河守同伴參　内之旨隅𠮷屆於（候）御所面會如例

一風損御救願書三通山井 六角 藤井

一所司代附武士ポ供奉用可取調事

一騎馬一件今日申渡右大將被示

廿六日

廿七日

一中御門被附　座主宮安鎭內見日限之事

同被差出候人体之事

一議奏被達　具綱出番事

一酒井修理大夫家來調練伺事

一以伊与申入

吉田社御修理御寄附物願書

山井 風損御救願書 マヽ

今朝

一殿下參入申入

三日

一地鎮祭比合事

一矢切墨塗事 御造營方

一後院小御殿仕切事 議奏

一安鎮中武家見舞不罷出事 奉行

一神嘉殿內室垂木板張事 御造營

一御藏米別段進献事 議奏

執次詰所幷

一御文庫假引渡事 御造營 議奏

一乾門番人居所修復事　議奏

一迁幸御用懸組之者事　議奏申沙汰

一昨日被仰泉亭願書　議奏

一八瀨童子願書事

　廣橋被噂

十月

一日巳刻前參　內

一廣橋被示

　迁幸當日重服も憚之事幷御行粧所司代以下拜見之事

　　右附武士書取被返押帋被示

一元淸水谷家ニ有之榎ノ木出車通行路枝拂可申殿下被命由宜敷計被及候

此外九条家構内ノ樹木事

一水火童裝束二人前新調之事附武士書取

一東山院御舊地内常番人引移事同上

一廣橋被示

准后御用懸り小佐以御理可相成候間取次澤村加勢相勤替候間直ニ替

被仰付樣被致度旨被示事

吉田社へ

一准后門院御寄附物來四日可被出旨昨日女房被示事

右吉田願書寫廣橋へ爲見可申事

一來四日竹臺之竹被植閑院殿より巳刻比持參候旨右時刻武家へ申置樣橋

本被示候

一昨日廣橋被示候內

拜見場所割付草圖無存存旨返答申入圖返進了

後院侍ノ拜見所被下事別ニ不及申立右圖中ニ有之間當役より更ニ
不申達旨申入置了

一近衞家四脚門內人溜仮小屋事
以圖昨日廣橋被談猶武家へ可申
一看督長火長裝束八人分新調修復事附武士書取
一右大將被示御道具帳催促事
一當番被渡四辻樂人裝束修復催促事
一御茶壺下山三日五日四辻被示

三日
一殿下へ參入
一後院御構內築地修復中ニ付大御庭見廻り河路以下懸り役之者今三日罷
越旨附武士書取殿下申入附議奏

一大久保大隅守悴先達ゟ死去昨二日告來半減假九十日著服事申越寫殿下
申入附議奏
一所司代供奉衣体伺事
一廣橋被示
用意馬ノ了
一頭辨被示
牛面ッラ　車豎子指貫
右仕越ノ了
一迁幸武家行列書可出事頭辨被示
一澤村申　迁幸　御拜見門院御道北塀入口より被爲入度事
一同申〔一字不明〕瀧口新　內裏へ勤番取次中詰上首加勢ニ可入事
武家へ中示事
一吉田明日召役觸示事

一議奏加勢ノ〆

四日

一參入于殿下

一梵鐘之儀觸書從所司代差越書取

殿下申入宜取計被命附議奏

一堺町門修復事

一鷲尾願造作料事殿下申入武邊可取調被命

殿下申入附議奏

一御造營懸り別段賜物事今度ハ格別故何卒可被下出方之事委細被示命旨

有之

一老中所司代へ賜物眞御太刀出來檢分之事賄頭申出追而可見分申置了

一水火童裝束色本切賄頭伺之廣橋へ授置了

一吉田社へ　准后　門院ゟ御寄附物（准后三枚 門院二枚）以伊与被出大夫授之了
一清紫両殿錠〆り之事猶又圖面書取ゟ両卿被示隅州清懸りへ申達了
一來七日近衛家寢殿女房往來事議奏被達
一非藏人知行所一件遠江申出
一木村了琢御里簾（マヽ）御小襖御画願書右元形御画無之候間不及其儀旨両卿被示其由申達了

五日

六日
一殿下へ參入
一過日濟來下行一件書取
殿下申入

一南大路越中守新調御道具御用懸り之事
　殿下申入御内儀以大御乳人申入無子細被申出議卿へも打合返答申達
一重仕置事
　十六日多武峯御忌日依例相除其他無差支哉殿下申入其分被命
一雜色迁幸之節進退伺書廣橋ニ返却
一廣橋被示所司代より馬之儀ニ付申來事有之候ハヽ、殿下申入以前可申被
示候
一迁幸武家行列書事
　都筑へ申渡
一本壽院事　附武士書取
　殿下申入右本人誰人哉都筑へ尋之処大樹實母之由候
一敏宮　和宮　門院ォ迁幸御拜見所事
猶又右へ御入込御道後院御構門口事

殿下申入敏宮ハ南御築地穴門より可然隨分閑道より被爲入候樣門院和宮ハ北殿路北穴門より御入込之事殿下被命其旨都筑へ申入書取呉候樣申越從跡と申聞置候

一都筑進寄內々申先達而長谷川肥前へ申置候条々事勢州より傳言之事

七日

一陽明寢殿へ女房往來事御用取調有之間連參候旨申入了

一參入殿下

一都筑面會關東地震事尋問

十日

一巳刻計參　內前詣殿下同役同伴

一昨夜所司代より到來關東地震事書狀入內覽可言上被命先例元祿十六年

十一月度之例書入覽以此趣可伺定被命元祿之例以當役書狀老中へ申達し有之但行向于所司代之事ハ御使にては無之

早速自分行向攝家中以下使有之清花昵近議奏ホ行向有之

一神階吉田書取殿下申入如例可取計被命

一迁幸之節所司代家來與力同心著用物尋書取殿下申入廣橋へ打合無子細旨之

一駕輿丁北村相原免除札返上何日ニ而も不苦旨申出

一廣橋被返授

迁幸之節所司代供奉進退書以付札被答

此外太刀帶候場所口向下殿之節可然

迁幸供奉之面々馬乘下之事伺書取

一別段被達

一凝華洞內へ前陣後陣引入事

桑原石山へ達事

一供廻り笠籠事
　石山桑原へ可達
一中御門被附二通
一飛香舎安鎮ニ付往來交名事
一幸德井內見日限事
一眞御太刀点見

十一日
一參　內例刻
一新調御道具出來之上所司代伺　御機嫌伺參上之節一應点檢可有之樣淡路守へ可申達哉附武士伺書（議奏奉行口向ォ尋問無子細殿下へ退出懸）參入申入可爲如書面令答遣了

一吉田社祠官　御暇日延願書

殿下申入

一中御門飛香舎安鎮ニ付書取被附

一御道具御用懸取次檳榔葉御車用之殘分枚數書付差出先年も百枚計修復

料殘置之

一迁幸一件取扱ヶ条可吟味事

十二日

一ﾏ、

一飛香舍帳臺事十三日出納へ申聞

一女房伊与被申出兒料童直衣袴横目扇ホ新調出來候樣可取計旨被申出

一御膳米丑年分臨時上り用意宜旨粒色爲見申旨大隅守差出一覧了

一御造營役別段被下物取調書返却

御末廣〻

一迁幸後取次以下御褒美被下物事

書取同上

一鷲尾家建物修復料拜領願事

一中御門辨被附書取

一地震御用意御建物損所無之哉事

十三日

一六門番人居所幷諸家公儀方普請之方々四脚幷表門〻出來之儀附武士書

取

自議奏十四日殿下申入

一御池庭御文庫北九間六間同〻御修復出來ニ付仮引渡事同上

同上

十四日

一於里亭金剛寺權僧正　宣旨渡之

如例

一巳刻前參　內直衣切袴

一四辻被談樂人在天王寺不心得之儀有之殿下被伺

別帋之趣被申渡旨被示

一非藏人迁幸拜見場先々被下候処此度不被下旨ニ承及候先々被下候通被

下候樣願書奉行昨日被附殿下申入先例之通可被下願書是迄無之候ハヽ

不及願旨被命之廣橋ヘ申入了

一西四辻三位御救願池尻三位拜借願殿下申入唯今不被及御沙汰至冬向可

被願被命了

一中御門被附安鎭事七通

地鎭事一通

一廣幡示談　迁幸一件
一檳榔車飾簾縁裂伺以番頭代差出此分可然返了
一過日武家より申越候馬之儀返答廣橋被示候
一殿下被命
可被略旬哉事
內侍所御神樂可爲一ヶ夜事
右所司代へ可內談被命　如何々々
翌日例書爲見給處相違之三ヶ夜被略事
一所司代參內伺御機嫌
此次申含御祈被仰出事
十五日　一御醫中山攝津守任少属之事
一例刻參　內　願書不被及御沙汰旨返了

一女中藏仮引渡事書取橋本へ達之

一七社七ヶ寺御祈被仰出事以書取淡州へ申達之

一中山攝津守少允御推任之事

一御車轅修復出來檢分納置所ホ事賄頭伺書

一都筑駿河守入來有內談事ホ

安政三年二月

公武御用備忘

安政三年

二月

一日

一門院御拜借金百兩朝覲御利金之内取替相廻旨賄頭書取差出候十ヶ年賦返納事

一大乘院門跡維摩會講師勤仕第六日寺務職　勅許之事大門家司書取殿下申入可爲先例之通被命

一佛光寺什物寶物類弘通ニ付　宸翰之品弘通有之無御差支否問合書取殿下申入

後醍醐帝宸翰事先規有之哉可取調被命勸修寺へ尋遣

一重仕置日限問合書取

殿下申入御神事御法樂七日廿五日差支候哉申入其分被命候

一慈尊院書取濟範法師御宥免ニ付家來ヘ祝儀物事殿下申入

一橋本ヘ桂御所假建跡取繕料ニ而被渡候樣先月内談返答申入了

一明二日巳刻關東使
一所司代書狀東使上京參　內等宜沙汰旨從家〻差越殿下入覽附當番
一中山被附大工棟梁木子申受領小折帋願書等
一惣　宣旨上卿附姉小路之所替人体之義ニ付頭辨內々被示事
一明日東使參　內取扱早ク可催事

二日

仰二（安政二、三）
一東使參　內如例
一橋本被示御造營之節所々不勝手之ヶ所仕直事昨年申立之處明春ニ至り可申立趣ニ付此比申達無子細哉被尋猶武邊取調之上可申旨申置了
一東使參　內
一來四日御暇菓酒用意事賄頭へ申付了

三日

一巳半刻許詣殿下

一花園帝陵青門境内ニ有之哉ニ付町奉行問合幷勘物等差越青門へ可尋問哉殿下申入四日青門參　内之間両人直ニ申入書取寫後刻里坊へ申入了

一非藏人五社參詣願書殿下申入附議奏

四日願之通被申渡奉行日野へ申渡之

一木子受領申文殿下申入四日奉行中山へ渡之

一内侍所御足米事被申出方長橋被示事

所司代へ

一春日祭上卿以下議奏被達

一准后御道具帳取替事澤村へ同役より被渡

一女房奉書文通返上

四日

一午刻前參　內（元冠 切袴）東使御暇之

一東大寺御寄附物願來七日被出旨以大御乳人被申出中山申渡之
　准后も同日被出旨被申出仍更彼御殿へ不及申入云々

一御貸附一条御內儀無存寄候間宜樣可取計旨被申出

一長橋局拜借銀事大典侍承知之旨被申出

一御經供養著座事達了

五日

一隅州面會

一御造營繕直事申談入猶其筋より申立相成可然旨答了七日橋本へ申入

一仮皇居下馬札兩本願寺へ御寄附候事內調之趣書取差出了

一御庭作事寬政五年　皇后御殿之儀書拔差出之

原書 別紙上卿附ノ了伺之事世話之非藏人相違ノ了

一所司代へ封狀遣之
　殿下內覽如乞〔賀カ〕〔マヽ〕事
一明日御法會詰同役參向之旨被申入候
一輪門へ涅槃乞〔マヽ〕今明年ハ不及獻上旨可申入大御乳人被申出

六日

一參內如例
一參殿下
　御貸附一件申入
　御道具不足分二千金可被取戻哉年々以利金追々御道具可被仰付哉事

七日

一准后御道具追加殘之分帳面更ニ澤村差出之

切帋二通添
一入江長丸印鑑番頭代賄頭へ渡之
一御法會達洩事議奏被示
八日
一女房次第直事取次へ以番頭代申付了
一敏宮御道具料事附武士書取万里へ申入了
九日被返了
九日
一燒殘御道具品數書取土山差出了
一上丁(聽カ)論義如例
一

十日

一殿下申入

一敏宮御道具料事

一鈴鹿御暇願事

一炮術丁打事

一御手傳大名拜領物事

一加州姓名書事

一御庭作先例調書事

一下馬札事

一佛光寺什物事

一內侍所御祓下行事

十一日

十二日
一准后御殿燒殘疊取次以下勝手分配可有之旨澤村へ以番頭代下行了
十三日
一新相々議奏加勢被免事
十四日
十五日
一殿下參入
一修理職奉行被附御造營後所々御勝手直シ事書取帳面等
一來十七日加州使者奏者所相勤差支否御內儀口向等尋合無差支事

十六日
参　内如例
一賀茂祭馬寮調進物申立書取橋本被附殘米取計
一桂皇居假建物取拂引渡候事ニ付附武士より申越書取修理奉行中山へ下
　行其外桂殿鷲尾等へ申達了
十七日
一加賀中納言口宣渡
一於奏者所出會如例
一大久保大隅守面會
　御造營方御勝手直事申談
十八日

一議奏加勢事

十九日

一學院講會同役被相兼

一御膳米今日迄子年分供進明日より丑寅年分上旨賄頭届之

一來月十一日御有封入獻物近例之通輪門本願寺へ可達議奏被示

一望月德助悴佐太郎見習之處依所勞退身之旨新宰相被示

一新宰相被免宥旨切帋議奏被達

二十日

一祐宮來月十一日御有封入獻物熙宮之通被申出旨御世話卿被示

天保三年ト云々三月九日

一大將家へ達事

一四方輿納所ノヿ

廿四日

一殿下被命

一官庫之御印先蹤可取調旨同役へ同申通被命

一昨冬御神樂可被行哉之御沙汰も有候間此頃地動如何可取調向被命

祈のひとこと

〔朱書〕飯泉喜内（安政元年）

去年六月亞墨利加夷浦賀ニ來りて和親通商を乞んか爲の國書を献し品々願事ありしを如何御諭有しニや忽歸帆せるニ又今年早春ゟ來り大艦數艘内海ニ乘入空砲才打鳴し御國禁の關所を越候而已ならす測量上陸なとせるといへとも和を主として穩便ニ御取扱あるニより次第ニ増長して應接も事六ツかしくニ到り數月を經て滯船いたし漸々ニ出帆せといへともおゐ願之内下田箱館之地石炭置場ニ御貸渡其上其品乏しき時ゐ夫をも被下又漂民撫恤之義も其所よゐ御取扱被下候との事ニゐ土地見分をも爲致當月二日全ク退帆せし旨候由されハ此上如何成行哉と貴となく賤となく是を患ひ是を歎き去年已來私之建論止む事なく海岸警衛大藩諸侯不平之事も誰云となく粗聞くれハ弥安からぬ事なりきニ廟堂の議論洩へきにけなくれハ計り難くれ共和戰之二字之内海内之武備調不調を思召やられて戰の遲速を議せらるゝニや先和を主とするやふニ聞へくる然ルニ是和を主とせる事　神慮ニ不應にや當二月日光　御宮震動して怪異なるもの飛出

セしとらや昔しより異船寄り來る時ふ靈驗ある事分明なれハ是
東照宮の　神慮ふ不叶の一ツの證ならん扨亦四月六日ふゐ水尾なる　清
和天皇之山陵常ふ雜人の通ふ所ふあらされハ素より火之氣なきふ燃出し
山陵の柴草悉ク燒け失セしとぞ其火鎮り候比ふハ　故院の御所辺より火
出そ御所々々暫時の間ふ御炎上有し事唯ことなふも恐れ侍りきふ同十二
日よゐ豊前國なる英彦山ふ野火發りそ諸堂社山林竹木一里四方も燒け失
セたりとぞ六月十五日曉丑之刻もありふゐ地大よ震ひて
宸襟を驚し奉り一旦御立退被爲在候程ふて御別条も不被爲在共恐入候事
共打續きたれハ
宸襟尤不安即日七社七ヶ寺江天下泰平國家安穩之御祈被　仰出しと也然
るふ此事追々傳へ聞ふ伊勢伊賀大和近江之國々至ゐ甚し生所ふよりてゐ
地割裂ヶ山崩れ家潰れ火發りそ燒失セ人民死亡怪我計り志り難しとらや
攝津和泉の國も響きたるとぞ山城之國ゐらの國々ふ生らぬれも響き輕た

れといと恐ろしき事ニ覺ゆ是則神國たる　神慮ニ應セざるの志るしにて
色々の災異を下し賜ひ告々しむる處なるべくれハ此上何樣之變異を下し
賜ふ事にや恐るべきの甚しき也
抑神代々このかた堂々たる　神國異國に襲れ候事なきに今彼夷に和親し
て下田箱館の地を貸
神國を汚し給ふ事を御怒り有りて如マヽくいましめ賜ふ事と恐察奉りては何
程御祈あるとも乍恐
神は聞召賜ふまじき神代卷或ハ身體の卷と見へしとの說も聞侍れハ考る
に燃る思ひの御心凝りて火と成り恐ながら炎上はまた御怒りの氣凝り動
きて七ヶ國の地を震ふ此七ヶ國にや大小の神祇數多まし〱て國家を護
り給ふになんありて人民の損する事をよろこひ給ふべきや是御心なりに不堪
止む事を得ばらふ迄震ひ給ふべき事なるに　神國の武將たるもの是を解
し得ば　神威も恐れは天のなせる災はさくべかららば抔と合点して居る時

を御歎きの涙凝りて雨と成り洪水し家を流し堤をも壊りて田畑存亡（マヽ）するに至るべし是則自然の道理なれハ早く是を攘除賜ん事を願ふ是を攘ふよを速ふ關東ふ令して下田箱館の地貸し賜ふ事を止むるにあり是を止むれハ正しき　神慮を安んして其災を遁るべし下田箱館の約違ふよ依ゐ遂ふ破きニ及事必然なれハ征夷の御職掌たる武威を顯し早く戰を主として國中の諸侯ふ令しなぞ穏便の扱ひ變して十陪（倍カ）の武備盛んふ成りて國耻よ成らぬやうに必至ふ戰て必勝べし若彼ふ利ありて我邦の人民損するふ到るとも如（マヽ）く迄力を盡しかバ如何ふ天神地祇救ひ賜ハざらんや（マヽ）其期ニ到り御祈あれハ　神速ふ聞召して忽荒らき風をも起して船を覆ひし海中の水屑と成も事掌を指り如し何ケ度寄セ來るとも如斯セは弥　神威を恐れ萬國〻奉崇　神國与重（マヽ）く寄セ來る念慮を絶もへし如くてこそ天下泰平國家安穏弥

寶祚長久なる御國の尊き事を仰き奉りて萬民鼓腹の歡ひを成もべし呼（マヽ）々

朝廷乃廣き御惠ミ〻よりて此條を聞召分られ〻早く關東に令せん事を祈り奉ると恐ミ〳〵謹て言ス

嘉永七甲寅年六月廿一日

祈のひとこと

富田織部

胡蝶のゆめ

本書ハ日付ナシト雖安政四五年ノ交織部ヨリ三條實萬ニ呈セシ意見書ナルベシ　校訂者識

一成事ハ不説既往ハ不諫方今の時勢殊ニ歎息ニ不堪御次第開闢已來未曾有之衰運歟窮まりの至ニ候抑道窮まれハ必通るの義是亦何そ窮まらん此頃大變革の議起る是則ち窮達相轉するの活法ならん歟行之亦必有道但し古法を變し新法を行ふ事中々以て不容易の事ニて神聖も憚りからんする所ニ候如何となれハ上神聖の君あり下賢良の補粥（弼カ）多く知仁勇の達德備り不得止の時勢を明察し遍く芻蕘ニ謀りて四海一德に歸る者ハ不然してよく事を行ひ果する事はなきもの歟事果して成就せハ事功績もなくあらふも事果して成就しなへもんハ則國体を損傷し後世を誤り万代の國辱可雪の時なし必此法を行んとならハ先十分ニ基本を固め候事第一歟

一基本をかため候ハ先大復古を始めとせん歟

凡物本末あり事終始あり其本乱て末治るものハ未之有なり

師曠ゟ聰ありとも琴柱ょ膠をハ六律も用る所なし五音終ょ調する可ら
ふも
絃の寛急伸縮ゟ晴雨に不同なり琴の乾濕も亦四時不齊を以ゟ時候天
氣且新古の宜敷ょ従ひ自在ょ柱を進退して五音乃ち律を不變也是乃
中庸の道ょて候
改張亦本ょ復して律を正さんとするの事なり然ゟとも只一通り大變
革ときけゟ何ゟ甚もけたる事のよふ思も以て人心の不居合者欲
先大復古して時と偕ょ大變革もるゟ神聖の天に法とり自然ょ従の道
ょて候
抑洋夷の舌頭ょ懸り彼ょ心醉して彼ゟ邪法ょ欺ゟ以皇國の基本を誤
まふゟ其罪死を不容事誰ありてゟ左ふをふむ
猶宋の榛檜買似道ゟ輩とおふん事ハ皆人の疾む所ニて候
其琴柱を進退し律を正し音を和し天下民心を調して其基本を固めん

先何をか先にせん必や名を正さん歟

一名義を正して本末不違事

君爲君ことを難ふんし臣克爲其臣を難しとして而后君々臣々父々子々各よく其所を得て天地位し萬物育も如斯して而后天下おのつらふ僭上を犯し上下交相奪の事起ることハなふしと存候

一官爵の虚名被復實度事

有名無實の官爵多きハ乱世にみだれて未おさまらも今日に至るもの之何卒相當るべき事なる官ハ其實に相叶ひ候様御引直し改任被成度事

近代武家の官ハ都て員外と成來り候如何ニも大政官ハ可然御事歟然れとも現在大小列國司各其國を治め候ことハ某の守に任ぜられん事當然の實にて候

其家老たる者もし此某の介掾目當り候役々ハ其官を任ぜられ可然御

事歟

普天の下無非皇臣率土の濱無非皇土その皇國の中を治むる者ハ固より官吏たるへき御事ニて候

國司亦其分ニ順ひ今迄の如く大政官員外兼任不苦御事ニて候歟

諸家の諸大夫侍醫師令人および諸職人受領申者まて守介掾目を被免相當の京官ニ被改任度御事ニ候ハん歟

古と今と郡縣と邦（封カ）建と形勢不齊いま邦（封カ）建の世ニして郡縣の法ニ固著するハ猶琴柱の膠なる故ニ名義難調そをおもんミるニ今の姿をして昔ニならし必ハ必其制既ニ々々改まり候半猶且世間ニ官名ニ似擬しゝる名あり甚しき者ハ私しニ官名を名のる者あり御停止可有御事歟

一征夷大將軍朝觀之事

五年目ゟ七年目ゟ其限を被立必上洛ありて其度毎ニ浪華邊迄御順覽被成置度御事皇國御保護の御大任かく可有御座御事歟尤御行裝御復

古被成貪費を簡略ょ被成如何ニも衆庶も偕ょ相待相樂しミ候よふ幾重ょも

御勘辨御座あるゑき歟

一鎮守府鎮西府被復興且七道各一將軍被置度事

ゑらし是ハ必其器量を撰て可然歟さゑゐ大小の國司おのつらふ文武相勵ミ候よふ可相成候

鎮護肝要之事ニ候間必襲世の委任よろしらふさる歟都而諸軍ゐ征夷府是を摠督なりていつゑも

柳營の指揮可受之もの歟

一征夷大將軍諸軍摠督之府柳營ハ平日軍中之可爲心得事

柳營の老中ゐ天下政事の權を兼候事故別段大政官員外參議可被任尤退職之上ハ前官可然候御事

一大小列國司被立定數可致朝覲事

尤不猥様必柳營の調度を受て上京可然事國中男女丁數一同定時可献
之事
一大小列國司羽林已上ゟ一世一度白馬節會參勤被[マヽ]聽度事
就門流ニ朝廷の礼儀作法を習ひ漸々
皇朝礼儀其尊きとを知得させは自然と洋夷の風習ニ移り變事もこあ
ふせも夷人の爲ニ我良俗美風を替ふせ候てゟ不相濟事
一大小列國司平世軍國之心得ニて不怠文武可相勵事
抑我國固有の兵法追々發明專一の事西洋法も實々可取ものゟ差加へ
可致調練事尤實用の術第一の事
一大小列國司の家内本國に可歸給事
大小名の家内江戸ニ被留置候事其初ハいもせなりて甚よし今ゟ甚不
然の御事ならん歟
一大小列國司柳營勤番被減度事

是尤仁義を以て天下を利し富國强兵の
第一義ニ候半歟
一京師及浪華ヨ大國司両三家勤番或ハ住居有度事
皇國樞要の御場所
鎭護肝要の御事候
一神祇官御再興之事
皇國ハ神祇尊崇を以て良俗美風をなも不復之則漸々洋夷の邪法不可
防よふ可相成大切之事ニ而候
一位田官田被復度事
古昔と今日と勘辨損益して
如何とも可相成事ニて候
一諸礼古礼の簡ヨ復し後世の驕礼被改度事
俗礼ハ中古衰世の撰ニて貴賤の等なし奢侈怯懦の因て起るの本也可

改制欲雖古礼また時とともにうつり華をさり質を本とせん事肝要之今官家元服拜賀雅俗両行不足不具の起る所之願くハ俗礼をさり正雅のみに復し其費をはぶき風俗御引直し被成度事

一士農巧（工カ）商四民の等殺（マヽ）嚴重有度事

此事差別なくんハ自然と巧（マヽ）商高ぶり農民を賤しみ奴の如くに見下し終に良田もあたり候様可相成候今既に然り況交易相始り候まゝおのつからふ洋夷の風俗に押移り王公貴人まで不殘商人の如く相成可申是故にきびしく最初に防置度候事

一學風一体に被改天下淳一の士風奮候樣致度事

近世追々邊鄙に至迄文學開けたりといへとも多其實を不勉或ハ詩歌文章を以名利を口（つカ）り或ハ固陋にして不通或ハ迂遠にして用に不立今より何卒知仁勇の達徳を以て忠信を主として礼義を勉御國用に相成候ようの學風に立をたり度事

至尊といへとも黃袍の士を召さ𛂞知識の者には御まなひ御尋等被爲在度事に候もん歟

一天下に鄕飲酒の礼御再興御施行有度候事

老を老とし幼を幼とし孝悌忠信の美風良俗と相成候是神聖の模にして捨ゐなふさるの良法之

一皇國大綱の事は必以官符可有施行事

尋常の事且小細の義等は勿論兵賦軍配の支等は柳營の指揮に可被任事

一取人才の事

舜自卑賤起りて天子となるに至るまて能好問ふのんて邇言を察し樂取於人以爲善云々周公其身冢宰の尊に居り日々に白屋の士に下り天下の事を問と云々

孔子魯の司冠となりし時獄を斷するに必衆議者を進め問と云々

士を取るの法種々ありといへとも是等の所肝要の所ニ候凡此三聖ニ習もゝ亦何そかゝあふん

凡右等復古與時偕行變革則人情之所喝ヽ亦何難之有徒變古法而行新法必有誤國家乎後難可不思哉

〔朱書〕安政五年

三條實美公書翰

墨夷一條御返答之處今度廷臣建議被差遣於關東可然樣談判可有之御返答有之候而も實以天下人心歸服不仕候間此義者幾重ニも御同心不被爲有樣奉祈候事

右之條表向敕問被爲有候ハヽ御不承知之旨幾重ニも被仰立候樣奉願候尤不被用候共其段ハ御決心奉祈候

一三家々門之中上京有之候樣其上なふてハ御決答不被爲有樣偏ニ御建白奉祈候

右も自然日限モ相延可申候間何分御許否伺度旨老中申立候共如此天下之大事悤卒ニ御治定有之國家ヲ御誤ニ相成候てハ挽回難相成候間何分ニモ三家御直談之上返答奉祈候

右之一條實以當今之大急務天下之至論も此処ニ有之候歟と衆心所望候此道不開候てハ實ニ國家安危心痛仕候

一西城被　仰出之事
一賢輔御撰用之叓
一叡慮天下ニ通達致候樣被遊度存候事
　右之儀兼而御心配被爲候へ共書付置候
乍恐此度之御返答ニ御同意被遊候てハ年來之御忠誠も相立不申加之此迄天下欣慕感戴之御德ニも相拘り天下失望候てハ於實美も不堪痛歎候間何卒確乎タル御正論言上被爲有被盡御忠節卓立之御見識を不被撓樣偏奉祈候此急迫ニ至候てハ最早以權屈節之場合ニも不被爲有哉是迄被盡候上之御事於義莫不盡と奉存候迚も御採用も不被爲在候へハ是上之処ハ天也と思召候樣奉祈候此上之処弥以右之御忠誠も相立不申候へハ此度之御返答ハ如何樣共一切御構不被在候樣奉願候尤瑣細ノ事ニハ御預りも不被遊只々御忠誠を貫徹被遊時運到來を御待被遊被果御素意候樣之御籌策を被運候樣幾重ニも奉祈候乍併猶深く

御勘考奉祈候也

實　美

謹上

（朱書）安政五年

神州萬歳堅策

石龜

石龜ハ岩倉具視ノ隱名ナリ今此自筆ヲ三條實萬ノ遺篋ノ裏ニ得タリ按ズルニ具視ヨリ實萬ニ寄セシモノナルベシ　校訂者識

第一　和親不可然之事　附リ七ヶ條

第二　德川家長久可被　思召之事　同

第三　國內一致防禦之事　同

第四　皇都警衞井江府大坂等之事　同

第五　國寶融通之事

叡慮を仰き奉りて

かくこそ天つ日つきの高みくら
うなたなりふゆ萬代まてす　石龜
列參乃なゝ彼を
くにを思ふ君にはあれて梓弓
八十氏はせをかくしこそあれ　同

反點訓點等凡ベテ原ノマヽ校訂者識

第一和親不レ可レ然之事

墨夷之一条古今未曾有ノ大事（ニ脱カ）テ候若假條約ノ如ク於レ被レ許者　神代ノ間ハ云ハズ　神武帝ヨリ幾千年ノ間堂々タル神武ノ　皇國獨立ノ規則當御代ニシテ一時ニ廢毀セラレ遂ニ異邦ノ屬ト成ン事誠ニ恐懼悲歎ノ至ニ候抑於二天地ノ間一日ヨリ尊キハナシ人ヲ初メ萬物ノ生育ミナ日光ノ惠ナラスト云ナシ。然レハ日ハ　皇國ノ祖先　皇太神宮ニマシマシテ　日嗣ノ皇統（マヽ）世々ニ絶ズシテ益盛ン成ル事仰ニモ猶餘リアリ萬國ミナ此國ノ　祖神ノ恩澤ヲ蒙ラサルナシ又火食ニ至テモ火ノ淨穢ヲ擇ル、事曾テ他邦ニ不レ聞所也思フニ是大世界中ニ獨リ日本ト稱シ最尊セラルルノ謂ニ非ズヤ依テ若和親同盟等於二許容一ル者　天孫神聖清淨ノ神州醜虜犬羊糞土ノ城（域カ）ト接シ血ヲ飲ミ毛ヲ茄（茹カ）ノ輩ニ伍ヲナシ候事大小ノ　神祇世々之聖主ニ被レ爲レ對候テノ儀ハ勿論弘安ノ先皇ニ如何可レ有レ之哉　皇天惡ミ　神明罰何レニヨランヤ恐懼スルニ暇アラ

○日本紀ニ云伊弉諾尊伊弉冉尊共議曰吾已生二八大洲國及山川草木一何不レ生二天下之主者一歟於是共生二日神一號二大日孁貴一此子光華明彩照二徹於六合之内一故二神喜曰吾息雖多未レ有二若

靈異之兒不宜久留此國自常早送于天授以天上之事是時天地相去未遠故以天柱擧於天上也

ス且當時世界形勢變革ノ説ハ墨夷ノ辨論ニシテ古昔ノ良法ヲ廢棄ナサシメン計説タランカ深ク信用スル時ハ災害並ヒ起ルベシ且邪正ノ理古今貫徹之事ナンゾ形勢變革ニ依ンヤ弥古來制度ノ通リ被爲守候事朝家安全武運長久天下泰平ト奉存候

一右本文ニ付墨夷仮條約ノ如ク一度於許ル者諸蕃追々ニ來集シテ同様願ヘシ其節ニ至テハ彼ヲ許シ是ヲ不許ノ理ナク再ビ議論ヲ待ズ各可被許容乎然ル時ハ處々ニ開港商館ヲ立終ニ萬虜商船旅泊ノ國ト成シ然ル時ハ

神州ノ貴キモ貴シトスルニ足ラス誠ニ口惜カラズヤ是和親不可然其一也

一右墨夷願ノ通リ相成リ衆夷追々被許容候砌ハ吾小國開港ノ地モ乏シク且諸蕃ノ大國大衆ヲ引受何ヲ以交易ニ當ラレンヤ五穀ヲ初メ國産必用ノ諸品　神州ニ足シメ余分ヲ以テ於取賄ニ者十ニ一二モ不可足

不奪不饜ノ夷情猶飽キ足タラシメンニハ國民年々月々困之ニ至リ誰カ墨夷ノタメニ是ヲ可忍哉終ニ憤怒ノ餘リ是非ノ論ナク自ラ兵端ヲ開クニ至ラン事必セリ是和親不可然其二也

一右ノ墨夷ヲ始諸夷都テ彼ヨリ渡來ノ諸品多クハ奇翫弄具ニシテ有益ノ物稀ナリ唯繝織而已寒ヲ禦グノ一助ト成ベシトケイヲ甞メオルゴルヲ食ヒテ命ヲ續グノ術ハ不可有是和親不可然其三也

一右墨夷假條約ノ内殊ニ難許シハ數ケ所ノ開港ト十里ノ横行ト踏法ノ國禁ヲ除ク等ノ三事也其故ハ國民近年大ニ窮セリ然ルニ夷人姦謀ヲ回ラシ施些ノ恩ヲ與ヘ些ノ利ヲ加之以邪法誘之惑之ノ時ハ姦商頑民從之事水ノ下ニツクガ如クナラン如此時ハ第一民心ヲ得第二地ノ利ヲ知リ第三要地ニヨリ海陸力ヲ合セ内外ヨリ戰爭ヲ發セハ防禦術ナク危キ事是ヨリ甚キナカラン是和親不可然其四也

一右墨夷可打拂機會ヲ失セシハ則嘉永年中初度渡來ノ時平其節四方諸

國ノ諸士生テ再ヒ本國ニ帰ルノ心ナク身ヲ捨テ家ヲ棄テ死ヲ決シテ關東ニ出タリ就中俊傑ノ士ハ道中威ヲホシイマヽニシテ宿々大ニ恐縮ス已ニ尾州領ニシテハ炮ヲ放テ獵シ相州ノ關所ニシテハ夜推テ越之右等ハ乱妨ノ形チト雖モ皆死地ニ入ノ人不顧小事ヲ所カ然ルニ浦賀下田等ノ所置案ニ齟齬シテ如斯勇士モ其志望ヲ失ヒ其鋭氣已ニ挫ケリ故ニ諸大名當時奮激スル意ナキ欲猶

朝廷ノ　詔令ヲ相待ン欲併ナガラ猶士農工商其男子ハ勿論婦女嬰兒至リ虚實ヲ不論唯々ケトウジント而已今ニノヽシリ偏ニ仇敵ノ如ク思エリ量則　神武ノ風習ノ然ラシムル處ナラン若一ト度和親タランニハ自ラ此風習モ失フヘシ然レハ則終ニ噬臍ノ患ヒ如何トモスベカラス是和親不可然其五也

一又墨夷不可和親雖モ唯患フルノ儀アリ海上漕運ノ要路ヲ隔斷スル一事ナリ吾國各其産スル所ノ物互ニ船漕シテ今日用度ヲ相辨シ候然ル

ニ彼僅カ一二艘ノ軍艦ヲシテ四方ノ要路ニ置キ中ニモ兵糧舟ヲ遮リ或ハ奪ヒカスメハ軍中糧食窮乏センカノ人ノ天トスル處ノモノ乏キハ誠ニ如何ントモスベキナシ陸運スベキモ遠路ナレバ車裂牛斃ノ難モ不少誠ニ智者モ智ヲ施ス所ナカランカ唯土着屯田ヲナスノ外ナカラン乎能々遠慮有べキ義ト存候

一次又墨夷下田條約ニ引戻シ承服候ハヽ穩ニ有ベク候ヘ𪜈若シ忽チ及ニ戰爭ニ候ハヽ只今ノ處如何可有哉甚心配ノ義ニ候乍併前後申上ルノ邊夫々法則ヲ立ラレ海防ノ御所置コレアリ候ハヽ大小名共ニ狼狽ハ不可致御安心ト奉存候得共又思フニ辨舌ヲ以テ彼ヲスカシ今一二年ヲ延シ而内武備ヲ嚴整ニシ外守禦ノ計策ヲ建テ三五年ノ兵糧ヲタクワエンニハシカジトモ存候此計略ハ偏ニ使節ハルリスノ應接ニアルベシ其義先柔言ニシテ信義ヲ以テスベシ假令バ

（以下十三行朱字）

使節應接ノ辞今度　朝廷ヽ伺之處合衆國ノ紳マヽ領格別ノ懇志ヲ以テ巨

細ニ申上之旨深ク御滿足候世界ノ形勢一變ノ上ハ如何ニモ吾國數千年ノ規則ト雖モ又可改但シ大變革ニ及フノ時貴國ニノミ不可限先ツ舊好ノ唐蘭ヲ始トシ西洋顚羅波（歐カ）各國ヘ使節ヲ立其風習ヲ察シ其產物ヲ視且ハ諸蕃乞フ所ノ港口ノ地乞フ所ノ交易ノ物候吾國ニ足ヤ不足ヤ凡而後日ノ爲メトクト算計シテ各可盟約其節ニ至而ハ尤唐蘭貴國ヲ以次第ヲ立ヘシ是等決而妄語ニアラズ能々熟考セラルヘシ同盟ノ國タラントスルニ其國ノ形勢風習ヲ不知ンバ有ベカラズ且ハ信ヲ失フ所也又同盟ノ國タラントスル其國ノ使節ヲ受ルノミ召ナガラニシテ答禮セサルハ禮ヲ失フ所也又吾國改而合國法ヲ立ルノ上ハ此國ヲ許シ彼國ヲ不許イワレナシ然バ諸蕃各國ノ爲メ許否ノ論ナリ且交易ノ諸區甲乙ノ遺恨ナカラシメント大ニ算計シテ大ニ好テ結ント欲ス皆是芳志ニ從フ所也ト

右ハ誠ノアラマシニ候得共此類ヒニシテ說得致シ猶此外兼々彼レ申

所齟齬シ不信ナル廉ヲ以柔服セシメ且此義ニ相成候ハヽ速ニ使節ヲ
立テ實事巨細ニ察見セラルベシ如此時者必二年モ相掛リ其難ヲ可引
延候但和戰共ニ彼ガ風土人心等ヲ不知ハ謂所井蛙ノ論ニテ無智ノ至
極ト言ベシ且　皇國使節立ラルヽ時ハ　朝廷ヨリ二人關東ヨリ大名
二人國主大名ヨリ各二人大小名ヨリ各二人ツヽ其隨從士僕ノ多少ハ
勝手タルベシ此人等蘭船墨船ホニ乘リ兩國ノ人ヲシテ案内可被申付
候尤我國船ニ可乘ト雖モ當時僅カ一二艘出來ノ處却テ外夷ノ笑ヲ受
クベクヤ

第二德川家長久可被　思召之事

今度關東ヨリノ御返答書ノ辞　不敬ハ申迄モ無之人心居合ノ儀ハ如何樣
共引受候旨是等如何ノ心得ニ哉甚不得其意候得共文義ノ事ハ暫ク差置
神宮始　御代々ニ被爲對深ク被惱　叡慮ヲ候其御眼目御趣意ノ處如何拜
讀仕候而右樣申上候ニヤ偏ニ輕蔑　朝家ヲ仕候次第猶此外不審不當ノ条

モ有之始終糺問致シ度事ニ者候得共今ニ至リ候テハケ樣ノ既往ハ不及被論欲唯々國内一致且德川家長久幷ニ征夷ノ名号空シカラザラシメ武威益盛ニ成ルベク厚キ　思召ノ趣實事ヲ以テ心服仕候樣宜ク大儀ヲ矢(失カ)ハザル辨舌ノ人ヲシテ御説得被為在候ハヽ和順ニシテ　叡慮ノ旨被為立候樣拜服致シ可申哉仮令御十分ニ不至候トモ中折ノ義ニハ可相成存候事

一右本文ニ付今度東使御往反之次第若　叡慮ヲ始メ奉リ群臣所存ノ處如何ト推シ計リ兼候テ哉殊ニ諸國主ノ面々夫レ々之緣家ニ付内奏ノ趣有之ナド頻リニ流言仕候辺若含ミ萬一疑心ヲ挟ミ候砌ハ自然如何ノ所置ニ及ヒ候哉如何ノ難題申上候哉モ難計深心痛仕候事ニ候

一右御説得ノ御沙汰ニ相成候ハヽ初メ被　仰出候御趣意ハ何國迄モ被仰立候樣其人躰ヲ被撰定而テ(マヽ)彼カ罪条ハ辞ヲ柔和ニシテ數エアゲ舌戰嚴ナラスシテ　朝威モ立武威モ立共ニ御同意ニ相成リ打拂御評決可被為在樣ト存候

一右御說得御熟談等ノ類ハ若御役人衆ニテハ御差障モ有之候ハヽ御三公之內御一公御一分思召ヲ以テ誰ニ而モ被遣候ハヽ事成テ萬全ノ計也事成ラス候トモ聊モ殘害不可有存候

一右御說得ノ上猶强情ニ申募リ候ハヽ德川家ノタメ是非ナキ次第ヲ以テ速ニ三家三卿普代之大名等ニ被宣旨ヲ下俗吏ノ面々御取除キノ様被仰付可然存候

一右此擧ニ乘シ大內裏ノ旨ヲ存シ或ハ深ク諸大名ヲ賴存候ナドハ決テ不宜所ニ候假令ニ東ニ伊達西ニ志摩津各奮ヒ起テ奉護朝家ヲトモ小事ニシテ擧用スルニ不足今ヤ外諸蕃ノ大敵ヲ引受內爭乱ヲ生シ徒ニ士民ヲ損害スル事誠ニ可悲歎義ニ存候

一右二虎戰ヒ一虎ハ倒レ一虎ハキヅツクノナラヒ漸々戰ヒ勝テ一方ニ歸和候トモ疲弊ノ時ニ至リ墨夷ヲ始メオソヒ來ラバ防禦術ナク力足サランカ且ハコレ亞夷ノ奸計ニ陷シ入レラルヽノ義無念ン此事ニ存候

一右今度仮條約ノ如キ旁々以不容易義若許容セラル、時ハ於　朝廷ハ
神州三千年ニ近キ規則ヲ當　御代ニシテ廢セラレ於徳川家ハ　神君
三百年ニ近キ制度ヲ當將軍ニシテ敗候ハン事公武共ニ重大ノ變事ニ
候宜ク深ク御熟談御秤(マヽ)決可被爲有候儀勿論ト存候

第三國内一致防禦之事

戰爭ニ及フ時ハ四方海岸ノ吾國夷船何レノ地ヨリ上陸モ計リ難ク候依而
先海國ノ諸大名ヲシテ本國ニ還シ宜ク其海岸ヲ守ラシムベシ各累代相傳
ノ自國殊ニ心力ヲ盡シ閑(マヽ)等ノ軍ハ成ヘカラズ尤隣國互ニ援兵ヲ出シ兵糧
又々互ニ扶助シテ國々一致嚴密ニ防禦有ベク尤仁義ヲ以平(マヽ)和可有之樣
勅命ヲ下シ台命ヲ添ヘ可被　仰渡存候事

一右本文ニ付御所置有之砌ハ　皇國四方廣シト雖モ武備充實シテ空地
タル所ナシ抑清朝アヘンノ戰爭ヲ承考仕候ニ一日ニ數十里敗走セシ
ト欲是郡縣ノ國ナルガ故也　神州幸ニ封建ニシテ假令ハ國毎ニ將軍

アルカ如シ其主各積年住居ノ城地タレバ死ヲ以守ルベシ其民世々相傳ノ主タレバ爲ニ能ク力ヲ盡スベシ且義氣勇猛ノ風習殊ニ皆（背カ）ヲ見スルヲ以テ耻辱トス是等ヲ以テモ必勝ノ利可有之ト存候

一右戰爭ニ及ヒ彼レ一國二國切取候共初ノ一タンノ事ニシテ更ニ不足恐ルニ親射レ子捕レ婦妻ヲ强姪セラルヽニ至テハ弥仇ヲ結ヒ怨ヲ重子憤激ノ猛兵勢ヒ十倍シテ十分ノ可得勝利ヲト存候

一右後醍醐帝ノ時高時權ニ誇リ奉リ攻皇都ヲ　官軍悉ク敗レリ然ルニ獨リ正成僅ニ九百有餘ノ兵ヲ以テ千劔破ノ城ニヨリ六十余州ノ大軍ヲ引受能ク防禦ノ術ヲ盡シ籠城數月ニ及ベリ故ニ寄手數万トイヘトモ攻アグミ終ニ陣中互ニ狐疑ヲ生シ或ハ遺恨ヲムスビ或ハ落行キ初メ討手ニ向フ義貞ハ鎌倉ヲ亡シ尊氏ハ六波羅ヲ討チ　聖運再ヒ開ケタルハ偏ニ楠氏籠城ノ功也軍ハ勢ノ多少ニ不寄トカ今ヤ於天地ノ間皇國ヲ以テ千劔破ノ城ニ比シ歐羅波諸蕃ヲ以テ六十余州ノ兵トシ大

ニ戰ヒ大ニ爭フモ海防三五年ハタモツベシ然ル時ハ彼モ又盛衰アリ
又內變起ルベシ殊ニ主客ノ相違有テ彼レ萬里ノ波濤ヲ來テ攻戰ヘ共
費エ幾許カ知ヘカラズ吾國百万ノ費エアレハ異邦二百万ノ費アルベ
シ元ヨリ貪利ヲ專ラトスルノ夷情四五年モ勝敗ヲ不辨時ハ則不筭ナ
ルヲ以テ彼ヨリ和ヲ求ベシ已ニ英夷ノ華盛頓ヲ攻ル華盛頓擧國一心
同力シテ拒之キ五年ヲ經テ英夷遂ニ其勝ヿ不得ヲ射(マヽ)リ求和ヲ候趣也

一右歐羅波中ノ戰爭ノ模樣承考候處數十里ノ平地ニヨリ數十町ヲ隔テ
唯大炮ヲノミ打カケ候趣大國ナルガ故ニ候欤　神州元ヨリ嶮岨ノ國
ニシテ右等ノ平地稀也假令曠野平地アリモ邊鄙ニシテ要地ニアラズ
軍艦大炮ノ術ハ彼ニ不及トモ陸戰ハ吾國ノ得ル所也然ラバ墨夷ノ驕
兵寄來ルモ海岸弱兵ヲ以テ計テ誘ヒ入レ山谷森林ニヨリ奇兵ヲ以テ
其兵ノ限リ鏖ニシテ多年ノ蒙欝ヲ散シ候義又難キニ非ス

一右爲防禦四道將軍ヲ可被置ノ建白モ有之由ソノ所置如何不存候得共

可然義ニモ候ハヽ可被行ヤ併當時家名家錄(マヽ)共ニ牛角ノ大藩其任ニ當ルノ人躰如何可有之哉若シ列國不平ヲ懷ケハ是大患也

一右軍事ハ武門ノ預ル所毛頭不辨知事候併ナガラ地雷火ヲ以燒討シ水ヲ切落シテ弱(溺カ)死セシメ或ハ夜打朝ガケ或ハ奇兵伏兵或ハ反間ノ謀其良策イカ程モ可有候得共皆其時ト其地トニヨレルカ譬バ秦ノ長城ノ如ク諸方海岸ニ土手ヲ築キ連子大炮ヲ防キ大軍ヲ拒ムノ計略第一ニ候與人ノ言ニ大炮ヲフセグニハ土手ニシカジト然レハ勤メテ高クシ至テアツクスベシソノ巾ハ二三間ニシ其長ハ二十間アマリニシ之ヲ互ニシ其頂上ニ炮ヲ設ケ其陰ニ兵ヲ置キ且長城ニ反シ海岸ニ押シ渡テ深ク堀ヲ作ル事二三重ニモ有ベシ如斯時ハ大軍ノ進ム事自由ナラズ大炮ノ重キ引進マンニ道ナシ但シ其土ヲ出ス所則堀トナル是一固(マヽ)シテ兩端ヲ得ルノ計ニ不有哉殊ニ以畑水練ノ祝(說カ)ミル人笑ヲ止メガタカラン

一右如斯衆心一ニ帰和シテ不顧萬死ヲ人事ノ限リ武略ノ極リヲ盡サン
ニハ何ゾ又　神風モ吹サランヤ彌　神州ノ神タル廣大ノ威德五大州
ヲシテ仰キ尊バシメ再ヒ覬覦シ指手ヲ出ス事ナカラシメント所希也

第四　皇都警衛幷ニ江府大坂等之事

無海國ノ大小名ヲシテ三分トシ一ヲ以　皇都ヲ衛ラシ一ヲ以江府ヲ援ケ
一ヲ以テ大坂ヲ護スベシ但シ海國ノ諸大名各雖令守自國猶一手ノ勢ハ出
サシムヘシ武臣制度ニ曰高一万石ニ五十騎十万石ニ五百騎也ト其將卒諸
國ヲシテ合セタランニハ數百万ヲ以テ員フベシ是モ尙三分ニシ一ハ　皇
都一ハ浪華一ノ遊兵トシテ守禦缺亡ノ所ヲ補益スベシ江府元ヨリ旗本ノ
大軍アリ依テ此一勢ハ除ク所也如斯シテ賞功罰罪嚴正タルベク存候事

一右本文ニ付　皇都警衛殊ニ大切ノ所也攝州若州ノ南北甚近シ且姦民
黨ヲ成シ如何ナル異變差シ起リ候モ不可知依テ家門ノ大藩中ヲ大將
トシテ急度守護コレ有ルベキ義存候

一右同樣關東大切ノ義尤申迄モナシ但シ德川公世之居住ノ城地殊ニ累代恩顧ノ將士擧而數フベカラス又事アレバ甲府要害ノ地モアリ依テ諸國ニ百倍シテ自然堅固ニ可有存候

一右同樣浪花防禦ノ所置實ニ大切ニシテ殊ニ天下要地ヲ海岸且山嶽ニヨルノ要害ナリ又

皇都ニ近シ宜ク大藩ニシテ一人ノ名將致差置度義ニ存候

一右海國諸大名一勢宛援兵ノ事各自國海防在之上ハ本文ノ如ク武臣制度ノ通リ難致輩モ候ハヽ夫レ〻分限ニ應スベシ但シ其一勢ニ將タルノ人其國主其嫡子ハ差置二男或ハ三男下ツテハ分地家老タルベシ右ハ兩端ノ義アリ若其本國被攻敗父子一族ヲ盡シ討死ニ及フノ節ハ可憐爲天下其國ヲ失フニ至ルカ依テ挽回ノ時直ニ連枝ヲシテ其血脉其國等失ハザラシメン是其一也又諸大名在國被申付ノ上ハ其妻女共ニ同ジカルベシ然レバ於關東人質トスルモノナシ依テ前文ノ如ク其子

其近親ヲ以可被召置是其一也

一右警衞并防禦所置ニヨリ若軍卒足ザレハ諸寺諸山ノ僧侶ヲ採用スベシ又万ヲ以數フベシ軍事起テハ是猶浮食ノ徒也殊ニ墨夷ノ懇願ニ踏法ヲ除クノ事即是法敵也然ラバ死力ヲ盡シテ之レヲ拒ン山門僧徒ノ如キ就中强剛ニ候ハン且一向宗ハ常時帶刀ヲ僣タレバ如何ンゾ力ヲ盡サヾランヤ但シ邪宗ノ深ク恐ルヘキハ天草ノ大乱ヲ以テ知ベシ大坂陣打モラサレノ浪人僅カ五六人ニ不足者切死丹ノ法ヲ行ヒ愚民ヲ惑シ籠城百日ニ及ベリ十四頭ノ大小名力ヲ盡シ攻アグミ終ニ閣老板倉內膳正討死セリ大將クルハナク士タル者十人不足余ハ悉ク是烏合ノ百姓勢スラ尙如斯深ク可恐事ニ存候

一右三都會之地平常遊手浮食ク徒并ニ往々窮民多シ此等ノ輩兵起ラバ遂ニ食スルニ物ナク恐ラクハ盜ヲナシ或ハ一揆ヲ起シ或ハ流亡シ墨夷ニ隨順スベシ深以戒懼セザルベケンヤ依而四頭ノ小名ヲシテ都會

四方ニ差シ置大ニ之ヲ賑ハシ又假リ屋ヲ建並べ右ノ徒ヲシテ引受男女赤子ニ至ル迄厚ク恩恵ヲ加ヘテ撫順スベシ尤乱妨ノ制止殊更ニ嚴ナラシメ平常ニ倍シテ政令正カランヿヲ希所也而テ任其性ニ其力ヲ測リ各心服セシメテ或ハ農ニ皈シ或ハ兵トナスベシ尤諸國同様心ヲ用ユベキ事

一右當時商民ノ製作スル所多クハ奇玩ニシテ軍用ニアフベキ物稀也若シ兵起ラバ此徒モ又其身妻子ニ至リ愛憐扶助シテ各採助シテ各採用驅使スベシ且ツ奢侈ノ諸品之ヲ禁ジ無益ニ國寶ヲ費ク事ナカルベシ

第五國寶融通之事

戰爭地方ニヨリ鳳輦　遷御幷ニ將軍甲府ニ移ラル、等ノ儀ヲ初メ警衛ノ所置防禦ノ術大小萬事金銀ニヨラサルナシ但小名ハ勿論大名ト雖モ近年追々困之疲弊ノ極ニ至レリ殊ニ相傳ノ軍器炮楯猶其外當時必用稀成ン欲其費幾許カ不レ可レ知速ニ數億萬ノ鑄金有レ之度儀ニ候得共其功速ニハ不レ可レ成ル依而今ヨリ五ヶ年或ハ七ヶ年ノ間ヲ限リ天下金銀札ヲシテ通用足ラシメンニハ忽チ其功ナルベシ是ヲ以テ　朝廷ヲ始メ關東ノ諸費ハ勿論諸大名諸代官凡而ニ至リ家祿（マヽ）貧富ニ應シ夫々借シ與フベシ如斯時ハ欲スルトコロ心ニマカセ則武備嚴整充實ニ至ルベク存候事

一右本文ニ付於唐國ニモ一代數年間金ト札ト交エ用ヒ又一代積年ノ間札而已ヲ以テ國寶融通ノ先蹤モ有之趣今ヤ國家危急存亡ノ秋ナレハ則臨ミ機ニ應ル變ニ策ト存候

一右被仰出候時者大小名及諸民ニ至ル迄恩惠扶助セラルヽノ　叡念ニシテ則人主ノ業誰カ仰サランヤト存候

一右關東而已ニテ新法被立候時者當時天下政務御預リ被申居候儀若シ私欲ニ當リ國內人心ノ承伏否如何有ベクヤニ候ヘ𪜈必戰ノタメ一時ノ計策ニシテ大樹公ノ大度救世理民ノ處置又可感賞輩モ可有之存候

一右關東於諸役人モ擧用可仕カ其故ハ今度如キ重大ノ儀モ輙ク承引仕

候濫觴ヲ熟考仕候ニ二百年來ノ治平ニ馴レ柔弱ノ士風ニ押移リ唯戰爭ヲ恐レ目前ノ安キニ付クト金銀多產ノ亞國交易利アルホニ依テ惑イ候儀ト存候

一右札金銀正金銀ニ引替ノ義ハ五年又七年初メ被申渡候通リ相違ナク可被渡替候天下ノ至寶天下ニ信ヲ不可失ヲ但シ改正ノ上ハ右年限ノ間札ノ外堅ク通用制禁有之候ハヽ利倍ノ道ナク商人百姓至リ共有スル所ノ金銀自然上納仕リ札引替ノ事願出哉且金銀多キノ弊金銀札ノ弊古來往々有之由ニ候得共全ク仕方ノ正邪ニヨルベクヤ猶宜才智ノ人ヲシテ勘考被仰付候樣存候

一右大小名以下返金ノ事十年或ハ二十年隨分寬宥ノ可爲沙汰但近頃諸國諸士ノ立身出世ノ輩ヲミルニ武道練磨ノ功ニ依ルハ稀ナリ多ハ新ニ國產有益ヲ計ルノ徒也尤大切ノ儀ニハ候得共困乏甚シキヨリ起テ頗ル利欲ニ走リ士風ヲ損害スル所ト存候

一右亞國ノ驕慢無禮ニシテ國辱ニ及ベルヲ怒リ奮發シテ速ニ可打拂志望ノ大小名可有之候得共貧困ニ依テ力不足ヲ恨ミ患ヒ空ク日月ヲ送ルノ徒幾許カ不可知ト存候如斯ハ關東且諸大名以下各節用度ヲ儉謹（マヽ）ノ心得ハ申スニ不及候得共就中冢（シ）作（マヽ）奥女ヲ減少スルノ義第一ト存候然ハ従テ用度モ減シ糧食儲備シ自然ト富有ニ可至ト存候事

戯言二ケ条

一財アレハ愚ナルモサトシト仰キ尊バレ貧シケレバ知アルモウトシト慢リ卑シメラル蒙昧（味カ）ノ徒只金ニヨリ賢愚尊卑モ分タサル所ナリ唯利欲専用ノ世ニ陥ルニヤ無錄（マヽ）同然ト雖モ本願寺宗ノ盛ンナル事勢ヒ不可當凡俗通言ニ曰穢多モ持ク（ツカ）金ナキハ首ナキニオトル又曰軍事不起ハ三方アリ一ニ貧乏二ニ鉄炮三ニアホフノ世トカ聞ク又荒井白石ガ言ニ學問ノ上ニモ三根ノ事アリ一ニ氣根二ニ利根三ニ金根ノ世トカ云ヘリ螢ニ習ヒ雪ニ讀ムノ苦學上古ノ事ニヤ是皆金ニ依テ云フ所也

一竊ニ案スルニ堂上預官階輩ト雖圧金銀融通ノ一事ニ於テハ欲息悲法ノ外ナカラン性氏モ不分明ナル愚痴モンモウノ町人ト雖圧臨レ事ニ對話ノ始末先ツ尊卑ノ別ナキカ如クアタカモ貴人ニ向フニ似テ彼レ頗ル慢辞庵言ニシテ己レ不止（正カ）ノ富ナルモ知ラス其誇ルヿタトフルニ物ナシ然レ圧是ヲ不堪忍者小錄（マヽ）ノ輩今日忽チ勤務不成依ツテ氣色ヲ損セシヿヲオジヲソルト雖圧内心不可忍ノ甚シキヲ侮（悔カ）ユ一言齟齬アレバ速ニ來テ筭面（マヽ）リナラシ忿（怒カ）聲ヲ發ル事雷ノ如シ切齒スト雖圧如何ントモスベキナシ思フニ是レ翫具ハ差置當ト（マヽ）世必用諸産ノ高價ナルヿ往古ニ十倍シテ錄（マヽ）尙同ジキカ致ス所欲數十万石ヲ領シ數千人ノ士ヲ扶持ストイヘ圧大小名尙都會富饒ノ町人ヲ撫順スルヿ賓主ノ如ク上ハ家老ガクニ取リ立下ハ留主居ガクト稱シ饗應善美ヲ盡スノ由皆是レ依金ニナス所ナリ

前文五ケ条ノ如キ愚昧ノ計策衆皆知ル處九牛カ一毛モ擧用セラルルニ不

レ足ト雖モ縱令バ此類ヒヿ推シテ大改正ノ法則ヲ立ラレ宜ク關東ト被ニ仰
合一打拂御決定コレ有リ片時モ急速ニ夫々所置可レ有レ之樣頗ル短文ニシテソ
ノカメ意貫徹シ一度讀レ之ヲ者ヲシテ恩惠愛憐之深キ偏ニ　叡慮ニ起ルト仰キ尊
シカハンメ有志ノ士ハ申スニ及ハズ墨夷ノ邪教ニ惑溺スル徒モ猶奮發セシメ
早ク戰場ニ趣ン事ヲ希フベク宜ク其人ヲシテ筆ヲトラシメラレ度候事

御代萬歲ヲ祈リ石龜ノジダンダ踏タテ申タテ候處也

土州應答

安政六年歟（朱書 五年ナリ）

是レハ富田織部忠成公ノ命ヲ受ケ内密江戸下向土佐邸ニ於テノ問答ナラン　尾崎記ス

〇尾崎トアルハ男爵尾崎三良氏ナリ　校訂者識

五月十四初參御對面後御不審之廉々
御尋之事
一先般堀田上京中之事大切之御事柄なるを風聞よゐ傳奏議奏御里亭ニ東使を被招堀田も亦　傳議衆を其旅館本能寺ニ相招被談候由云々全体無此上國家至重之大事を斯あ𛁈し事ハ如何之義ニ候哉
答曰不肖微軀之私共義
公武御機密之事ハ素よ𛁈承知不仕候得共巷ニ唱候風説之虚實ハ略心得居申候間乍恐言上仕候
東防城（坊カ）殿ニ都築毎度被出候と申事ハ承居候得共其他之御役家ニ東使を被招候と申義ハ無御座候
堀田侯上京參
内後議傳衆本能寺ニ御行向之義ハ毎々御座候是も如何と申説も御座候得共中古　御用之義ニよ𛁈てハ諸司代御役亭ニ　傳奏衆御行向之

事毎々御座候定て其例あるん欤と奉存候

一方今之形勢不容易義ニ付深被爲惱
叡慮御義奉恐入事ニ候抑有志之議論種々有之中此方共義ハ甲斐性なき
義ニハ候得共内外之形勢を熟察するに兎而も鎖國ニ戻し候事ハ相成が
たくと存時之形勢に依て建白いたし候事ニ幾く國威を張奉安
宸襟度所存ニ而苦心候事に候然るに尤心得度義ハ乍恐
叡慮御眞實御居りハ如何ニ而被爲在候哉
對曰恐多御義私共之伺得かたき御事ニハ御座候得共先般
敕答被仰出候所こそ素より之御義ニ被爲在候とするらに伺居候義ニ
御座候

一靑門樣御性質ハ如何且常々御參　內被成候欤否
對云世上之浮說ニ而ハ色々申唱候哉ニも聞候へ共決而御暴論ホ且諸
生論ホ之如きに御泥ミ且御與し被成候樣之御方ニ而ハ無御座御美質

と奉存候併性得御英才ニ而果斷之所ハ少々被爲在候故世上ニ而浮說を唱候事も御座候へ共血氣之勇と申筋ハ聊も不被爲在候樣伺居候尤御參
內ハ常々として被爲在候殊ニ他之　法親王方とハ御違ひ
仁孝天皇御養子ニ而
今上御兄弟樣之御中別而御親敷被爲在候と遙ニ奉伺居候
一關白殿御性質ハ如何
答云浮說ニ而ハ色々申唱候へ共御眞實之所ハ不奉存候併
―――――
一太閤殿御性質ハ如何
答云近來風說甚よろしかゝさる處先比御家來中ゟ御風諫申上其忠志ニ深く御感心被成候而已來都而卑賤之者之言迄も御容被遊候と申事ニ御座候其他之義ハ一切不奉存候
一中山殿ハ如何

答云御先代中之故事も有之猶亦先般之御建白も忌諱を憚らせさる義等御座候へとも世間之取沙汰ハ御暴論欤之様當御地ニ而も此中承及候へ共中々左様之御事ニ而ハ無御座只筋合之處ハ無憚被申立候御方欤之様奉存候併一槩ニ剛情被申募候様之義ハ有御座間敷と奉存候

一東坊城殿先頃退役之義ハ色々取沙汰有之事實之次第柄とも全如何様之事候哉

答云此御方事私共ハ不存候得共世上之風説ニ而ハ先年來之諺ニ菅奸音通ニ評判申唱候左ハ有之間敷候得共何ら陰陽之事等も有之候欤先年　傳奏御役被蒙候節なとニも色々の取沙汰有之兎角人心不服之先般　朝議中ニも何ら不評判非一通兎角陰陽表裏之事とも御座候欤就而ハ　朝議も難立都而不氣合と相成御自分ニも略御承知之所ゟ他より御心添被進候様之御事等ニ而何らなし所労ニ而御引籠即日退願被差出依而願之通被　聞食候義ニ御座候而別段何之御科と申釋〔譯カ〕ニ而ハ

無御座候内實ハ如何樣之義御座候欤ニもとも御詮議立ニハ相成不申

どこ迄も所勞ニ付退願之通被　聞食候義ニ御座候欤と奉存候

一先般堂上方多人數關白殿ニ被詰懸何ゟ噪敷事共有之候趣右ハ何ホ之義

ニ而左樣之事ニ候哉

答云右ハ

敕答之御評議中彼の陰陽表裏之義有之ニよつて欤と申事ニ風聞承り

候其釋（譯カ）ハ全躰之

叡慮先達而　敕答被　仰出候旨之所中間ニ而やゝともすれハ

叡慮之義も不立樣相成欤之御模樣ニ而斯ハ人氣立候義と申事ニ承及

候併要路之所ニ而も其時既ニ

叡慮通ニ相成候樣之朝議ニ立戻り居候所ニ御座候得共堂上方夫々御

機密之所ハ御承知も無之事故前日之次第柄をおけき嘆（マヽ）願被差出其忠

志之所ハ　御感賞被爲　遊文面之末義も少々被改候廉も御座候欤大

意之所ハ素よりの
叡慮ニ相違無御座右之次第ニ付無據　敕答相變候と申釋（譯カ）も決而無御
座候事と承及候全其已前ニ　敕答下案御未定之案文
叡慮と相違せる所より右才之事ハ御座候へ共弥
叡慮之儘ニ朝議相立候上ハ至極御静謐之事ニ御座候
右御不審之廉々御尋ニ付略承知仕候儘夫々御返答ハ申上候兼而此度御
内密之御使相勤申上候事共ハ多忌諱ニも拘り可申候間必々御口外ハ不（マヽ）
成被下様呉々可申上様出足之砌被　仰付候由數申上置固御承知之御事
尤御同様之御義ニ而甚忌諱を御憚被成候
次ニ御咄しの事
一此節の大急務ハ西城の事也然るよ此義甚六ケ敷御次第ニ而晝夜苦心い
たせ事之と云々
一衆議之義も最中之よしヽ

一前内府様御役中被　仰立置候堂上方御手當金之事此比弥出來之由内々
承事之一ヶ年ニ千両と申よし歸京之上御内々可申上と云々
一御警衞向之義ハ評議之よし之
一西城儲君人望之一橋と相成候ハヽ天下之基本相立必
朝廷之御爲無疑要路ニ而も堀田岩瀬ホ尤骨折罷在候越前始此方共同志
之者苦心いたし居候処植（上カ）田表向ヘ佐倉同意之様相見ヘ内實ハ紀印ニ有
心彦根も同根欲表向評議之時ハ同心ニ而候ヘ共既ニ先日紀印と御沙汰
ニも可相成欲之御模様と相成懸苦々敷次第ニ候所不服不少越前段々申
立ホ有之依而先暫御沙汰御延引と相成居候
叡慮ハ何と被爲　思召候哉
答云右一条ニ付候而も是迄御直書被仰進候事ホ有之候御事故要路之
辺ニも御談毎々被爲在候御様子奉伺候
叡慮ハ年長賢明ニして人望之歸る處之　思召と奉伺候尤御名指ハ被

遊兼候へ共大政之御相談ポ被遊
公武始終御格意ニ不成御一体と被爲成御國政無二和同一致と相成御
保護被爲遊度御事と奉伺候御事故御名さしも可被遊候へ共要路之中
兎角六ヶ敷次第有之右ヽ關白殿下ニ而如何ある事ょや差滯候故無滯
如形御内沙汰被仰出候事と遙ニ奉伺候乍併是ハ風聞之義ニ御座候而
ゑらとは承知不仕候
今夕退出之時小南五郎右衛門出會此人ハ機密之事委敷承知いゟし居ゟ
のニ御座候岩瀬ゟゑ毎々御使ニ參密事心得候之同人のもあし左之通
一先達從京都岩瀬歸府之よしハルリス承り大ニ立腹其譯ヽ此節のミ
歸府の筈ハ無之事之弥歸府あをハ甚不審千万兎ても条約相調事有之
間敷歟と大ニ憤り居候所へ歸府候由申聞候ハヽ早速致面會度由ニ而
色々申諭し期延之事被申述候所何故ケ様と申よしニ付兎角京師も人
心不居合

叡慮被爲惱候ニ付再應衆議を被盡候上ならてハ御決答難被遊次第な
りと云々然も今日より日數十日相待可申若十日相過候ハヽ是迄之談
判都而仕替可申兎ても國中人心居合候上と申事ハ不出來之事ニ候と
急（マヽ）敷申候趣岩瀨曰併是ハ兎ても不相成事之江戸か京都迄只相もこむ
候間も三四十日計懸可申と云々

其内彼通辨官風説を聞付京都ニ而堀田切腹候よしありとハルリスへ
申聞候へハ大ニ長嘆（マヽ）息しさをい兎而も成就不相成殘念至極之事之と
打ちふを居候所に向（マヽ）而京都か堀田侯歸府之由申聞候へハハルリス大
悦不斜夫か堀田侯段々理解被申聞七月廿七日迄延引と申事ニあり五
月五口不勝々々ニ下田迄立歸り候由之

尤軍艦オ近海に差向候事ハ無之筈之

已後應接ハ下田奉行ニ而相濟よし之と云々了退出

十七日御尋之事

一敕答之旨御尤至極奉恐入候事ニ候得共何分ニも當時之形勢苦心候ニ實ニ不容易御次第と相成居候何れも衆議之上今一應近々何れも欲御差登ニ可相成其節之
御決答天下安（危脱カ）之所定ニ御座候間幾重ニも御勘辨被爲在度御事と奉存候事
叡慮之旨ニ被爲在候へい如何樣被仰出候とも違敕ハ誰も不仕候へ共實々以不容易次第と成行有之若戰爭と相成候ハヽ盡國力防戰可致されハ一旦之利ハあきよしもはふさるらあれ共方今万國の形勢ニ當るニ我此費（マヽ）弊之至を以相戰時ハ永々國体を保候事中々以無覺束之至と奉存候尤戰ハ理の曲直ニ依て成敗定る事之爰五六ヶ年已前あれハ中古鎖國之体之然るを彼猥ニ内海江乘入雖打攘直在我而彼必曲也然共其節和議取結ニ相成居候上ハ万國普通之交易を唱候ものを强而ハ難差拒勢ひも有

之關東ニ而も實以不得止彼ゟ差出し候条約下案精々被取縮談判濟と相成候次第の様子然るを今是を違變差拒候ハヽ彼必承服ハ不致其時ハ道理ニおゐて我曲よして彼却而直と相成其名を鳴らして万國と手を引合我近海を侵し襲來る事必然の事ニ候其時我ゟ望和を求め候様成行候而ハ不容易ら上尤挽回之期不可有御座と被存候云々

答曰御尤と奉存候抑先達而御直書被進候御文中いつ迄も洋夷ニ屈膝候所存ハ無之と欤御認被進候事　前内府公ニも深御感服被成候へ共其御見込之所此度伺歸るへく様被仰付候

御尤千万誠其所肝要の所ニ候夫ハ何れ處々の開港一時ニ始候事ニならぬれハ口々漸々其年數も餘程有之事之されハ其間無油斷弥の情態を相考弥善あれハ無害事之弥以よろしからハ彼ら不可厭之情を咨（恣カ）ニする時ハ打之ニ名なり我直ニして彼必曲之何恐る事欤是ならんや尤今度深　御勘辨の

御決答被　仰出候ハヽ關東ニおゐても實以御感戴可被成其上是迄の弊風無用の事ホ被變革時ニ順ひ變ニ應し大船軍艦之制（マヽ）造諸國ニ急度被仰出方今實用の武器ホ全取備彼ホニ制せらるさる様我よりも彼ホら國々ニも行向交易通をさせ漸々と國感（威カ）押張可相成如斯富國强兵之大變革をさる時ハ漸々彼ホら爲ニ被損害様相成可申なれとも如斯さへ急度御制度變革相立候上ハ素より日本國の氣象盛大と相成彼ら情欲いつくんそ容る所なふんや方今ニ至候而ハ諸國略此處ニ相歸候歟と被存候尤叡慮ニ對し候而も幾く不屈事何獨此方のミなふん哉

答曰御尤ニ奉存候私出足之節堅く被誡候ニハ必議論ヶ間敷事有之候而ハ不相濟と被仰付候得共乍恐御明論伺候上ハ私ニ奉伺度義御座候京師巷の風説ニハ御座候得共今度仮条約之趣ニ而ハ彼ホ邪教の拜礼所を建立致度由御免ニも可相成哉之趣就而も彼是取沙汰不容易事ニ御座候されハ追々彼ら術中ニおちいり邪教必傳染し愚民ハ申ニ不及

取かつけ候を終ニハ皇國の魂を失ひ候様成行候ハヽ其節ニ至り自然
彼方今一段の難題を申立實ニ不可厭之情を咨（恣カ）ニして横行候ハヽ必彼
由ゟして打攘もんいなるへからずさまとも一旦彼ら邪教ゟかぶふき
且其利ゟかつき其憮恤を受候者とも必忘我而彼ゟ従もん欲其毫兇し
かきゟなぶも其節ハ如何んともむ申説も御座候
尤中古邪教御嚴制不容易御手數其爲ニ嚴刑ニ處せらを候もの數十万
人ニ至り而後漸治り候事ボも諸記ニ見へ申候方今此禁御免ニ相成候
ハヽ幾々（マヽ）如何可有之哉方今拒彼則必戰爭々々もをい若干の民命ニ相
拘り可申御許容かをい邪教傳染し終ニハ其爲ニ我民を我手ゟかりん
事亦數十万人相成らんら此所の是非難決と云々
併右ボ之義ハ關東ニ而も固御取締向ハ御嚴重御所置方可被爲在候得
共其辺の義ハ未相分不申此故ニ兎角人心氣合も不仕候様子ニ奉存候
右ボ之所ハ如何御見込ニ被爲在候哉伺歸度奉存候

其説ハ素より關東ニ而も同様ニ申事之凡大事ハ未發より防せんハなふさるハ固よりれ事ニ候へとも夫ハ畢竟末義なふん欤且其教法も昔し弘めりけ候天主教とハ相違のよしニ而決而相弘めゐき所存ハ無之只彼ポり朝夕拜せる爲の堂を建ゐしと申様子ニ被存候尤彼のホルトカル人の術を以ゑきりよ相弘め候様の義ニ而ハ無之ゐるゐし万一左様なる淺薄なる企なきハ殊更よ恐るゝよ不足事なり其昔不識不知被欺りけきる時とハ時勢不同之若夫を猥よ弘めんとせい是則曲なり方今の大事ニ比せきハ末も亦末なりと云々

一夕刻越前侯女房体ニ而御入なりと云々暫時休息所ニ退頓越前侯御對面侯御對座也老女案内相進近く御間ニ被召膝行平伏越前侯立て次の間ニ御座依之又膝退平伏せ越侯礼意恭敬ニ而御口上左之通なり

前内府公益御機嫌能被爲入抃喜不斜候扠方今之形勢不容易義ニ付深被

爲惱
叡慮候趣何共奉恐入義ニ御座候就而ハ　前内府公ニも一方ならさる御
配意之段恐察仕候拙者共　德川・〻門ニ有なゝら兎角行届不申不肖之義
奉恐入事ニ御座候已上了而復座再御近く被召改而御挨拶今般遠路之所
大義之事なり土佐守殿とハ從來格別之知己ニ付每〻御樣子も承知罷在
事ニ候且先達而ハ不顧失敬家來橋本左内義內〻爲參數度　御近く罷出
御機密才爲相伺殊更北國者言語作法不辨定而失敬候半欤と深恐懼いゝ
し候歸京上宜敷御斷申上可給候之扨此度土佐守殿ゟ不審之廉〻被尋一
〻其許ゟ返答之次第素ゟ懇意同志之中故先刻ゟ樣子委敷承り大ニ發蒙
いゝし候誠ニ
今上叡慮斯迄德川家を御世話被爲遊度思召之程家門之末流ニ在而も何
共難有仕合恐入奉存候歸京之上　前内府公迄厚御礼申上可給猶此上之
處御隔意不被爲在御見捨なきよふ奉仰候事となり

廿日御返答御暇

一御直書御返答云々委細之義此中申通之次第故歸京之上夫々可致言上様
との事

一關東ニおゐて衆議之上近々何を欲被差登候様可相成此中毎々談候通今
度　御決答誠以御大事呉々も
御所表ニ而御勘辨之御沙汰被爲在度同志奉祈事也此段別而御納得ニ相
成様申上可給

答曰委細承知仕候左ゐし兼而申上候通是迄も毎事前内府様御申立之
義御座候へ共兎角要路の御採用ニも成がたくさりとても厚
叡慮之旨被爲　仰蒙候へハ強而御身退き被成候と申様ニも難被成扨
々六ヶ敷世の中ニ御座候間　御採用ハ兎も角も御心配ハ飽迄可被成
候御事故猶歸京之上委敷伺得候儘言上仕候義ニ御座候

一西城儲君之事此中毎々申通是天下基本之所立なり依而同志不容易心配
候事然るニ兎角植[上カ]田のものひ[からカ]欤彦根も表ハ同様の様子なるをとも全体ハ
甚不同既ニ此中紀印御決著の御沙汰ニも成らけさるを色々同志申立暫
御見合と申事ニ相成居候事之何卒帰京早々此義の次第申上　前内府様
御直書ニ而掃部頭に何と欤御諷諭被遣候ハヽよもや合点可参と存候素
より　前内府様御事ハ掃部頭も心服致居候事ニ候間甚以御苦労之御事
ニ御座候へ共・[脱アルカ]被為在度事
又ハ何を　御所表伺之上御治定ニも候ハヽ
叡慮之趣を以可然被　仰出候様ハ相成間敷哉
答曰委細奉伺候通可申上候一大事之義ニ而亦尤一大事之忌諱甚六ケ
敷御義ニ御座候へハ如何可有御座哉併又其御含ニ而幾重ニもふかく
御勘考ハ可被成御事欤と奉存候
一近衛公　青蓮院宮中山殿才之御往來御消息御差支無之方之御書翰壹枚

ツヽ願度候此事無失念申上可給事

上島侯御御對面（宇和カ）

小語ニ而毎々献上物之義ニ付云々猶此後一ケ年ニ一度或ハ両度　御都合宜敷様之御模様御内々可被仰下様申上可給事

但し進物之事他家へ差響候間必御内々御含可被下様願度とこ

先比伏見ゟ書翰差上匆卒之至よろしく御斷申上可給とこ

一方今誠以不容易形勢奉恐入候事あり然るニ種々と愚考もいさし候得共今ニ至候而ハ最早兎而も鎖國之所ゟ引戻し候義難叶關東ニ而も甚以心配之事ニ候

京師之形勢ハ如何

答曰京都ニ而も方今ニ至候而ハ鎖國之形ニ可相成御見込ハ不被爲在候趣ニ候併可相成事ニも候ハヽ下田條約ゟ御引戻も被成度よし風聞

ニ承及居候義ニ御座候ゑあし是とても
御決答ハ難被遊先達之
勅答之旨被仰出候よしニ御座候
一勅答前關東ニ而人心之義ハ御引受可被成よしニ而
御任を可被遊
叡慮之趣下案出來も被爲在候よし之所又々御替ニ相成候義ハ如何の御
次第ニ而候哉
　答曰此中土佐守様へも申上候通御眞實の
叡慮ハ先般　勅答之旨素より相違無御座候然る所中間ニ而種々混雜
有之やゝともすれい
叡慮不相立様相成欤の義ニ而京師中都而人氣不穩其中奸人退而後
御眞實相立候而御靜謐ニ相成候と申事ニ承り及候
一万一戰爭ニ及候節の御見居ハ如何の思召ニ被爲在候哉

答云其辺の所ハ心得不申候へ共都而人心の不氣合ハ
御國体を愛し候よりれ義ニ而有志の見込も定而色々可有之歟然るを
京都より先般御差支あく何の
思召も不被爲在との御沙汰ニ相成候而ハ京都より天下の御（なカ）くちき被
遊候同理ニ相當可申歟尤素よりの
歡慮ニ而ふも乍併御決答も難被遊御次第猶其上そこかしこ御斟酌も
被爲在候へ共先年來阿部殿御義御役中ゟ　御所表へ被仰進候御手順
も被爲在候事故不容易被爲惱
歡慮候御事且京師上下人心甚不穩當時恐入候義被爲在候中容易ニ被
仰出候　敕答ニ而ハ不被爲在趣ニ御座候併關（東脱カ）・ニ而ハ却而大變革との
御義あれハ更ニ是迄の被仰進候御順あとニハ御頓著も不被爲在候半
歟其辺京師ニ而ハ御納得ニ相成居不申
又大變革と舊冬被仰進候事共如何様ニも取ふ些候御事京都風聞ニ而

ハ都而日本の風俗迄アメリカ風俗ニ見習候樣可相成欤の取沙汰も有之既ニ衣服才夷人ヨ類し候体のものとも儘有之次第甚口惜き事と風聞も御座候事故中々容易ニ　御決答ハ難被遊形勢と相成依而御三家方始諸大名衆迄凡天下の衆議被　聞食其上　御決答被仰出候外不被爲在との御樣子遙ニ奉伺候義ニ御座候且先年來之御手順ニ而ハ御詰問も可被爲在之所方今之形勢御內をも兌甚よろしからぬ夫故只穩ニ被仰出候と申風聞も承候

一如何樣段々相尋夫々京師之形勢致承知大ニ發蒙候至極御尤千万の御事ニ候尤方今形勢ニより是迄の御順御詰問も不被成候段難有思召奉存候且銘々共迄衆議可致樣叡慮難有奉感戴候併其大變革と申義ハ決而我を變し彼ヵ風俗ニ習と申樣之所ニ而ハ毛頭無之只改其流弊今日の實用ニ變革之義ニ候へ共其御疑亦御無理ならさる事と奉存候

答曰凡ケ様なる御意味違ふも儘可・〔有脱カ〕御座候へ共先般之通なる御次第ニ而ハやゝもすれハ自然と御隔意ニも可相成歟と　前内府公も深御苦心思召候何卒此後何方様ニ而も御上京も被為在候ハヽ幾重ニも御眞實御懇ニ御熟談被為在候様奉祈候義ニ御座候已上

〔朱書〕安政五年九月

丹羽正庸書翰

四通

此度之儀國家之安危至極之一大事申迄も無之左候得も公武共人心不居合
其處を　御決斷ハ十分御考究之上ならてハ難相成此上ハ　公武能々被
仰合ねハならぬ事
叡慮と大樹之所意と御互ニ御行違ニ相成候而も　公武之御間如何樣之禍
端可引出も眞ニ難測　公武共上もなき大事と存候其儀　京都關東ト掛放
レ候而も再三之　思召込御熟談被遊かゝく候事故何卒大樹上洛有之候樣
被遊度旨被　仰出候樣右とても不容易事ニも可有之候得共かゝる御一大
事ニ有之候得も手輕ニ被致上洛有之候樣既ニ寛永比ニも毎々上洛も有之
候事此度夷人登城不容易儀も其比之例も有之候トテ治定相成候位之事ニ
候得ハ大樹上洛ハ當然之儀と存候旁上洛之上　御所向之　思召込与關東
之見込御互ニ十分御推究メ之上イカニモ御決談可被爲在候得も上下人心
無遺憾と存候但關東空虛ニ相成候而ハ忽チ鎭衞無之候間早々副將軍を被
置候樣右ニ家門之内賢才年柄之人望ニ稱ヒ候人躰を被　仰付候者可然西

丸養君之儀も先達とり沙汰も有之事自然其器ニも可相成人を副將軍ニ被
仰付候ハヽ可無異儀哉と存候何分公武一手ニ相成不申候而も衆人危疑を
懷き可申兎ニ角大樹上洛之上　御談決唯今之御良策ニハ無之哉
諸大名夫々隨從可致御評議公武實ニ御行届ニ可相成哉
主上大樹御同心御合躰ニ相成許否共
御決着被　仰出候ハヽ公武共不居合と申譯ハ無之と存候
隨從之諸大名右ニ准し万端十分節儉專一ニ被　仰付候得も難出來筋ニ
も無之哉と存候

言上

九月四日　土州樣ゟ罷出候處折節筑地御屋敷ゟ被爲成御留主中ニ候得
共兼而小南承居正庸著府相待火急申聞度旨ニ付申述候件左ニ奉申上候

一此度之
勅諚之趣水候大ニ御骨折ニ而去月十九日太田間部等被召被仰候ニハ如
斯
勅諚下り候ニ付早速諸大名ヘ可達筈ニ候得共閣老以下トモ之御儀も有之
ニ付役人之事故先其方共爲心得一應此段申聞置候、被仰聞候處其節ハ一
ト通り御請申上居哉ニ候得共其後廿一日廿二日兩日欤度々兩人罷出何
分此義一同ヘ御達ニ相成候而ハ御家之御爲ニ不相成程能御返却御取消
ニ相成候樣何欤近々下總守ニも上京夫是御詫をも申上委曲議奏方ヘも
御咄可申上候間幾重ニも御取消ニ可被成旨申張候處夫そハ
勅諚ニ背候間是非とも御主意被奉し不申候ハと段々御義論餘程甚敷必
至と有之御勢力之續ざけれハ御骨折御厚配被成候得共何分々々決而々々
大名共ヘハ御達之儀ハ不宜旨强く申上候ニ付左もれハ不及是非次第役人
之申事右

天朝ニは重々恐入候得共このなりを以急々家老を爲差登傳議ニ微細ニ
奉言上と御申聞御座候ニ付過日江戸家老四人とも落飭申付國ニ追返し
代り家老國ゟ呼寄急度申付此上右樣之御儀ニ有之候ハヽ御家之[是カ]限り御
滅亡と御心得可被爲在旨急度達候趣於是水侯實ニ如何とも被成方無之
候只々御落涙而已ニ御くれ被成候乍去家中一同ニも內々達有之最早此
朝之御事何れ御滅亡之取計ニ可相成間急度其覺吾[悟カ]相極候樣ニとの御事
のよし扨々絕言語候次第ニ御座候然ルニ一昨二日間部木曾路ゟ發足ニ
ゑし候此度も餘命と覺悟仕り罷登り候く是非々々此間之
勅諚御見合之儀幾重ニも御斷可申上も必定ニ御座候間何程此義御詫御
斷申上候とも舌頭ニ御掛り不被遊更ニ御無頓著ニ御請[〇捨マヽ]置被遊何れニも
一旦被　仰出候
叡慮之儀譬へ如何樣之儀有之候とも何分諸大名へ御達可被遊旨乍恐御
疑念なく斷然として嚴重ニ改而

仰出候樣此度間部言上振ニよつ〻因循といふし御寛免之御模樣ニ相成
候時ニも水者沙汰之限り今日御滅亡ニ御座候夫こそ國內大混乱ニ及可
申又國主之向も御捨置者御座有間敷治亂是ニ御座候間能々御英斷奉祈
度實〔マヽ〕ょ々々決而々々不省是非猶々嚴敷被　仰出之段申上候返々も御疑
惑不被爲在樣押切テ諸大名に御達被　遊候樣御据り御究メ被爲在度傳
議に向只管ニ願候由ニ候間此段御周旋被遊度猶乍恐正庸方も一命ヲ掛
テ奉祈候間御高察可被遊候水之混乱難申盡旨ニ御座候先不取敢要目而
已奉申上候事

一太守樣ニ者初更過御帰館ニ而御對顔被爲在候得共右等之件々小南方粗
眼目之儀申聞候ニ付猶又追々深更ニ相成候間幾度も重而參伺可申旨ニ
而一通り御安否御伺而已ニ御座候何れ六日ニ者參伺早速以急便委曲奉
言上候事

一宇津主水昨今罷越申ニハ是迄機密逸々奉申上度存候得共江戸も中々不

一通嫌疑有之依之反而御爲ニ不相成と存罷在候ニ付早速申述旨之扱彥侯よハ世上俗々たる者共え先大に服し普代直臣同斷之然ルニ其實(マヽ)ハ御權ヲ以水始押付此上京師殿下ニも關東之御趣意御不承知ニ候ハヽ水同樣隨分押込候くも關東御趣意相立候樣夫が天下之御爲ト逆(ゲキ)(マヽ)道を以押倒し是非々々趣意をたてんとの御樣子是ハ尤浮說ニ無之皆々奉言上候廉も急度其役々之內ニ而極密探索いゑし相違無之儀ニ候間是亦御疑なかるへし尾水越を右之通り御計ニ被成候譯も彼三侯打揃御登城ニ而大老々中ニ致面會度被仰聞候處何れも御用多ニ而御斷申上候處左スレハ御直々言上申スト被仰候ニ付無據井伊侯御面會之處彼西城一件一ニ歸ストノ云々之儀大論有之就中越ニえ井伊侯を御押詰被成既ニ御差違も可被成御勢ひよて御進ミ被成候時實々井伊侯御飛もざり被成候儀相違なく其節彼御道坊兩人井伊侯ヲ御助ケ申上掃部頭樣御退出ト大(マヽ)勢發し夫成りニ御立別レ被成候其廉が營中餘程御障りに相成井伊侯より老中

ハ尾水越隱居愼之儀御申出被成候處老中ゟ披露ニ相成其通りたるへき御沙汰と相成右之次第と御成り被成候外ニ毒さつ一件幷夷國ハ內通などの義薄々其筋ニ而沙汰も有之事ならふ將軍ニ者畢竟當時流行ノころりよて被爲在候儀此中分明ニ相成候よしニ候得共夷國ハ內通の儀も何ケ急度いふし候御書翰ヲ握り有之と申事ならら先侯者之申觸しニも可有欤扨土侯ニも營中役々ニてハ大ニ目を付ケ居申旣ニ前三侯之節土侯ニも其沙汰有之候得共切腹いふし候滋(志カ)賀金八郎大ニ御留メ申上三家々門ハ內々の事故如何樣とも亦御勘考可被成候得共國主之向々ニ於てハ先御見合可然是ニ者熟考無之而者中々左樣之譯ニ者不參旨申出候ニ付御迯れニ相成居候其譯ならんとなれハ先般

勅諚を以衆議被　仰出候節大廣間御寄合之砌土侯大ニ御氣張ニて

勅諚之趣誠ニ難有急度奉らねハ不相成と大廣間中之御口利ニ候を役人共ニ差支候故早ク申サバ邪魔ニ成候故左樣之向々有志ニ者押込候テ我侭

者ゟらり殘し權道を以威勢を振もんの御工夫ょて皆々關東ノ事ハ不正
只々其筋々々を求メ手ヲ入物事を拵ヱ目前丈一寸逃れ・ニもる勘考ニ相
勘へられ申候此度之
勅諚も乍恐結講（マヽ）ニハ御座候得共中々此期ニ相成候くハヶ様之御事ニテ
ハ迚も追付不申兎角京師之御事ハ御斟酌ニ過候間餘程嚴重ニ今一段之
御勘考無之而ハ乍憚泰平ハ六ッヶ敷何卒御十分御嚴詰之　御沙汰ニ仕
度武家ハ權威而已ニテ押付候間無此上　御沙汰奉祈度此段別而言上致
くれ度と申聞候此外種々申上度事御座候得共又々
土太守樣にも篤と伺三四日之内追々夫是臆（マヽ）（チク）測仕り候ハヽ急々申上たて
まつり可申候
一池田玄同早速呼寄彼方之模樣承候處山下兵五郎過日申遣候通りの咄ニ
而誠ニ　掃部頭樣ニハ誠忠を御盡被遊京師を御尊敬ハ不及申
勅諚を奉し候ハ御同人樣ニ限るへし白日ニ銘（マヽ）鏡を掛るると申らたとへ

んゟさゐく候關東ニてハ神ノ如ク申觸し家中不殘難有かりよふも申上様も無之程之儀ニ而彦藩之者も在國者ハ大ニ御案思申居候哉ニ承り候得共當地ハ此中罷越候家中ハ是迄之積りとハ大ニ表裏いさし以の外の事と如天如神と仰望仕候様子ト竊ニ申居仁有之（此〔マヽ〕比着府之者ト申ハ岡本半助之事ニのよしニ候）其位之譯故總而京師を始國方之評もうらと表と有之候間私へ御尋被成候ハヽ唯京師之取沙汰之裏を以御考へ被遊候得も何事も不申上ト相分り申候先般以來之御苦心晝夜之御骨折何ゟ玄らぬが只事〔マヽ〕ニ而も無之實〔マヽ〕よ京師之說も口惜事のよし申居候則先達而浮說有之池田玄同第一条ニ付右佐一郎此中窂舍ニ相成居候是も則京師を劫し候故如是御所置ニ相成候乍去玄同ニも大心配仕居候猶追々可申上候得共取先急キ要目而已奉言上候事

九月四日子刻認

言上

一勅諚之件去ル五日發六日切急便を以奉言上候定而著後早々御覧被遊候御儀と奉存候就而ハ去ル朔日立ニ而薩藩壹人微行上京之筈是者も最早著仕り夫々御聞上被遊候御儀と奉存候得共其後之模様追々承り左ニ奉言上候

一水中當侯以來忠義相唱被居候得共實地之場合ニ至り退縮被致候ハ全ク老侯ハ幽國之姿當侯ハ讃州間部ニ被欺正義有志之士俄ニ別帋之通左轉(マヽ)候ニ付而ハ
敕諚不被行依之國方有志之士日々夜々追々罷下り候得共忠節之士も
敕諚不被行儀を切齒仕り三四人切腹有之候夫是動搖必至之次第別帋水藩有士之紙面ニ而御勘合被爲在度何分奉願候も玆之處ニ而今一段之御良策不被爲在候ハゝハ忽チ彼家ハ及滅亡可申又天下之有志瓦壊(マヽ)之姿をなし殘念千萬神州地ニ墜可申候間早速傳奏方ニおゐて諸留守居被召夫

々御達ニ相成候樣御周旋奉祈候
一幕役之內評臆測仕候處誠ニ歎ヶ敷も京師とり之被　仰出も皆水之腰押
との見込之樣子殘心之至りニ候猶此邊御熟考可被遊候
一掃部頭樣御評判も有志も暴斷と申俗民ハ正路詰構（結構カ）と申唱候何とあれハ
三藩之方押而登城有之西城之一ニ可歸云々之儀幷先比以來流行之惡病
ヲ不知あまり一時に數千人亡死仕り候ニ付玉川ゟ毒を流し候ハ老侯之
奸計アメリカ渡來も內通有之是ホも皆水老之祕策惡計と而已疑其上
大樹公薨去も皆毒殺之風聞誰申とあく申觸し尤營中を始皆其疑心有之
よし於茲　掃部頭樣益御勢ニ〻被爲入候處追々ころり病之譯相分り大
分御勢もおところへ候旨ニ候乍去京師之事ハ御不勘心之よしニ相聞候水
老之爲ニ京師迄蜂起いたし候との御疑心晴不申よし尤間部も同斷ニ御
座候間其旨御含被遊居候樣申上候
一掃部樣始諸有司共內評ニ關東之御所置不被聞食ニおひてハ恐多くも左

遷とゟ廢流とゟ申樣之移りも有之夫是より承り候何分程能不參ニおひ
てハ急度權を以押付候樣子是ハ必定之事ニ相聞申候
一土州樣へ參上御對顏ニ被仰候ゟ此度
御直書を被下內々爲見被下候
敕諚之趣難有奉存候得共委細日下部小南ゟ私承候通りえ次第ニ而今以
達無之此方共外樣之事故今更如何とも手之下し樣も無之殘念ニ存候其
上外ニ勘考も無之只此上更ニ
敕諚下り候上之事と存候何分此機會ニ有之ゟくとの仰ニ御座候乍去間
部上京候ハヽ申条御聞込ニ可相成哉決而御承知ニ不相成候ハヽ結構〔構カ〕と
而已被仰御差支之儀も彼兩人より承候通りえ次第とえ御沙汰ニ御座候
一先々申上之廉も右ゟ之事ニ而何分押而早々御達之儀奉祈とり外無之候
間乍恐將軍
宣下抔之儀申上候而も何とゟく暫御押へ置先

敕諚不相拒內御達要務と奉存候間幾重ニも神祇擁護之程奉祈候事

九月十二日　正　庸上

御側中

因幡守様　正

織部様　庸拜

別帋申入候委曲事情も夫々　御前ゟ差上候通り之次第ニ付無御如才御儀とも存候得共折角御両所御輔翼御盡力被下候様奉祈候中々幕役內評之趣薄々日下部始及宇津美ノ部飯泉ニ至る迄毎々入來承り候処甚敷暴斷可致様子縷々御前ニ而御伺被下候何分々々力を合し御骨折神らけて奉祈候且

小子一日も早く上京言上仕度候處誠ニ存外繁務晝夜とも私用不辨夫是苦心仕候上御用向不相濟存外長逗留ニ相成候間此段御含居〻（可脱カ）被下候乍去是非十五日ニハ發足之積り漸今日白金へ罷越候筈之処又々用向出來明日ニいさし段々大後れ御察可被下候前件ハ返々も御厚配所祈候何分讚州頗る奸惡を旋し甘言を以水當侯ニ容れ候よし可惡事ニ候何も申解迄も無之候得共思餘り申入候頓首

九月十二日

大森より佛蘭船を見て

墨船と聞いこそあれ品川の沖ようたさる嶋らとそ見し

御一笑々々

解題

吉田常吉

一　『三条家文書』と『三条実万手録』の関係

本書は緒言にあるように、三条元公爵家所蔵にかかる三条実万（さねつむ）および実美（さねとみ）父子の文書を蒐集編次して、題して『三条家文書』と名づけたもので、なお続篇を刊行する旨が記されている。したがって大正五年九月に日本史籍協会本として本書が刊行されたとき、その書名は『三条家文書』第一、とあって、続篇刊行の意図が残されていた。しかしその後に本書の続篇が刊行された形跡はなく、大正十四年九月になって同じく三条元公爵家所蔵にかかる『三条実万手録』第一が、ついで翌十五年一月にその第二が刊行された。この第一には「三条実万手録」（原名「忠成公手録書類写」）の第一から第十までが収められ、第二にはその残余の第十一から第十七までと、「三条実万公記」および付録として三篇が収められている。

『三条家文書』と『三条実万手録』の二種類の三条家所蔵文書を比較すると、原名「忠成公手録書類写」を新たに『三条実万手録』と題して刊行した第一と第二の冒頭の部分は、まず問題はない。問題となるのは第二の「忠成公手録書類写」以外の「三条実万公記」と付録三篇である。「三条実万公記」は「公武御用日記」(嘉永四年正月より同五年六月まで)・「私記」(嘉永七年八月より同年十月まで)・「捂陰雑記摘要」(安政二年五月)・「日次記」(安政二年二月)の四種類の文書から成っており、この内「公武御用日記」は『三条家文書』に収められた「公武御用備忘」(安政二年六月より同三年二月まで)と題名こそ異なれ、内容はいずれも実万の武家伝奏在職中の日記である。したがって少なくとも『三条実万手録』第二中の「公武御用日記」は『三条家文書』中の「公武御用備忘」の前に収められるべき文書である。同様のことはその第二の中の付録、すなわち「三条実万意見書」「三条家文書抄録」「富田織部東行雑記」についても言えるが、中でも「富田織部東行雑記」は『三条家文書』中の「土州応答」と関連のある文書である。

このように『三条実万手録』第二の中の数種の文書は『三条家文書』所収の文書と関連があり、むしろ『三条家文書』として刊行すべき文書である。『三条家文書』と『三条実万手録』の刊行の時期は、その間に十年近くの隔りがあり、しかも前者は早川純三郎氏、後者は岩崎英重氏と、編集者も別人である。両氏とも物故されているので、いま三条家所蔵の文書を蒐集編次して『三条家文書』『三条実万手録』の両著とした事情を明らかにすることはできない。しかし思うに『三条家文書』が刊行されてからほぼ十年の後、「忠成公手録書類写」を主体とする文書を刊行するにあたり、これを新たに『三条実万手録』と題して刊行したが、一冊には収めきれず、二冊にわたったが、二冊にしては分量が足りず、その残余を他の文書で補ってまとめたのではなかろうか。それ故に『三条実万手録』第二に収められた「忠成公手録書類写」以外の文書は、『三条家文書』第一の緒言に記されている続篇とも言うべきもので、本来ならば同書の第二とすべきものである。しかしこれだけの文書をもって『三条家文書』第二としては分量が少なく、『三条実万手録』第一に収めきれなかった残余の「忠成公手録書類写」と組み合せて『三条実万手録』第二として刊行したのであろう。『三条家文書』第一があって、ついにその第二の刊行をみなかったのは、右に述べた理由によるものと考えられる。したがって日本史籍協会叢書として本書を覆刻するにあたり、もとあった『三条家文書』第一の巻数の表示は削除することにした。

二　三条実万・実美父子の略歴

三条実万・実美父子について一言しなくてはならないが、実万については『三条実万手録』一の冒頭に「忠成公年譜稿」が掲げられているので、それによって実万の履歴は一応明らかにされる。しかしそれのみでは実万の政治上の動向、ことに安政の大獄に連坐して落飾・謹慎を命ぜられた前後の事情が判明しないので、朝政における実万の行動を含めて述べることにする。

三条家は久我・西園寺・徳大寺・花山院・大炊御門・菊亭・広幡・醍醐の八家とともに清華(せいが)家に属し、文武の長官である大臣・大将にすすむ家柄で、門流としては久我・徳大寺・広幡の三家とともに独立して、いずれの摂家にも属さない。三条家は俗に転法輪家とも称し、家領四百六十九石余を領し、その屋敷は梨木町西側にあった。

実万は藤原公季の三十世の孫、前内大臣公修(きんのぶ)の第二子として享和二年（一八〇二）二月十五日生れた。母は前関白一条輝良の女。文化二年（一八一九）二月四歳で始めて従五位下に叙し、同九年十月十一歳で首服を加え、右近衛権少将に任じ、禁色昇殿を許され、同十一年十一月右近衛権中将に転じ、文政三年（一八二〇）二月権中納言に任じ、十月皇太后宮権大夫を兼ね、この間、位は同四年二月正二位に進み、同七年六月権大納言に任じ、天保二年（一八三一）九月十四日議奏となった。議奏職に就くと、その首座として官規十一条を草し、礼節を正しくし、事務を慎察することなどを同僚に示した。同十一年九月七日三十九歳で父公修を喪い、同十二年閏正月皇太后宮の薙髪によって権大夫を罷め、二月上表して議奏を辞したが許されなかった。

弘化三年（一八四六）二月六日仁孝天皇が崩御、同月十三日孝明天皇が十六歳で践祚したが、このころから外警がようやく繁く、実万は議奏として重責を果し、嘉永元年（一八四八）二月九日議奏から武家伝奏に転じて、爾来朝幕間の折衝にあたり、同年以降同六年まで、逐年および安政四年（一八五七）、年頭勅使として前後七回江戸城に臨んだ。この間、嘉永六年六月米国使節ペリーが浦賀に来航して開国を要求し、幕府はこの旨を所司代脇坂安宅（やすおり）（淡路守、竜野藩主）をして奏聞させると、実万は米国国書を批評して、米国は時勢の変換に従って改革の新政を行うべしと言うが、それは米国が利を欲するためであって、わが国は鎖国の大法を改むべきでないと説き、したがって関白鷹司政通（まさみち）が開国意見を抱いていたことにも反対していた。同年十一月二十三日実万は同僚の武家伝奏坊城俊明（としあきら）と勅使として江戸城に臨み、新たに将軍となった家定に征夷大将軍の宣旨を伝え、二十七日登城して帰京の暇を告げたとき、とくに老中阿部正弘（伊勢守、福山藩主）らと会見して、外患に対する御沙汰書を授け、米国措置について後禍なきようにされたいとの叡慮を伝宣したのであった。

安政元年ペリーの再航後、和親条約が調印され、さらに同三年七月米国総領事ハリスが下田に駐劄してからは、通商条約の調印が懸案となって、外交問題はいよいよ多事となったが、実万は武家伝奏として朝幕間の折衝に任じ、朝権の回復に努めた。同四年四月二十七日実万は武家伝奏を罷めたが、これは内大臣任命の内意によるもので、五月十五日内大臣に任ぜられた。実万が武家伝奏の職にあること九年余、この間、御所向きおよび関東大礼御用として数度勤仕し、かつ行状も格別であったと言うことで、幕府より賞労の裁可があって、翌五年正月十日一ケ年の役料を賜わったのである。

しかし安政五年二月老中堀田正睦（備中守、佐倉藩主）が条約勅許奏請のため上京すると、かねてから論議されていた十三代将軍家定の継嗣問題が、諸侯の入説もあって京都に波及し、条約調印問題と将軍継嗣問題とが錯綜して、朝臣の間で議論が沸騰した。

条約調印問題について実万は、幕府は三家以下諸大名の意見を徴してかさねて勅裁を請うべきだとの意見を抱いていたので、彦根藩主井伊直弼（掃部頭）が密かに上京させた長野主膳（義言）の入説で幕府側に立った関白九条尚忠と対立した。当時、前関白鷹司政通は外交問題で幕府に同調していたが、同家の侍講三国大学（直準、幽眠）や諸大夫小林良典（民部権大夫）の直諫と、実万らの入説とで条約勅許反対の態度をとるようになった。実万は左大臣近衛忠煕と条約勅許に反対を唱えて孝明天皇の信任が厚かったが、今また態度を変じた鷹司前関白および右大臣鷹司輔煕の父子とも結んで、九条関白と対抗した。そのころ洛中で謡われた狂歌に「一文もなしの木町の内大臣、忠義は人が百も承知じや」と言うのがあるが、梨木町は内大臣三条実万邸のある所で、この狂歌は実万の硬骨漢ぶりをよく表わして余蘊がない。

また将軍継嗣問題について実万は、かねて水戸老公徳川斉昭らを通じて、賢明な人物を継嗣に立て、幕政一新の必要を唱えていた。実万の女は土佐藩主山内豊信（土佐守）に嫁しており、豊信と親交のある越前藩主松平慶永（越前守）がたまたま京都に派遣した橋本左内（綱紀、景岳）からの入説によって、実万は斉昭七男の一橋慶喜を継嗣に立てることに賛成した。これより先、薩摩藩主島津斉彬（薩摩守）は近衛忠煕および実万に書状を送って、内勅によって慶喜を継嗣に立てることを入説していた。ここにおいて実万は、年長・英明・人望の三条件を付記して、将軍の継嗣は慶喜である旨の内勅を降下されたいと懇請する左内の依頼を容れ、近衛左大臣および左内の入説で一橋派になった鷹司前関白とともに内勅の降下に奔走した。

その後、条約調印問題は朝臣の反対運動があって、九条関白が孤立し、三月二十日条約調印不許可の勅諚が堀田閣老に下った。しかし将軍継嗣問題では、紀州藩主徳川慶福を推す長野主膳の運動が功を奏して、九条関白が独断で三条件の語を削除したので、同月二十二日将軍継嗣についての御沙汰書が下ったが、その内容は曖昧なものとなり、幕府は自由に継嗣を撰定できることになった。堀田閣老は条約勅許の奏請に失敗し、むなしく帰府したが、その三日後の四月二十三日、南紀派の井伊直弼が突如として大老職についたのである。

堀田閣老に条約調印不許可の勅諚が下った翌日の三月二十一日、実万は内大臣を辞した。井伊直弼の大老就職で政情が一変したので、実万はこれを憂え、条約調印と将軍継嗣の問題について京都の形勢を伝えるため、密かに家士富田織部（基建）を江戸に派遣した。織部は五月十七日山内豊信を訪れ、豊信の招きによりその屋敷に参集した松平慶永および宇和島藩主伊達宗城（遠江守）にも京都の形勢を報告し、六月五日帰京した。実万が憂えいたように、井伊大老は六月十九日に勅許を得ないまま日米修好通商条約に調印し、二十五日には紀州慶福を将軍継嗣と公表した。ついで七月五日幕府は不時登城して大老の違勅調印の責任を追求した水戸老公徳川斉昭を急度慎、尾州藩主徳川慶恕（よしたみ）・越前藩主松平慶永を隠居・急度慎に処し、ついで一橋慶喜および水戸藩主徳川慶篤（よしあつ）にも登城停止を命じた。

井伊大老の違勅調印によって朝廷は態度を硬化し、朝議は三家・大老の一人に上京を命ずることになった。六月二十七日実万はこの朝議に関白・左右大臣および議奏とともに参列したが、幕府は朝命を奉ぜず、老中間部詮勝（あきかつ）（下総守、鯖江藩主）を上京させて外交事情を弁疏させることにした。これにつき実万は「忠成公手録書類写」（第十）で

> 三家ハ隠居被申付、大老ハ魯英渡来繁多ニ依暫御宥免、間部下総守為差上候旨言上候得共、怠慢ニテ今ニ上京、通達之文面似有礼レトモ、其実ハ不応朝命、就中墨夷調印之儀、軽蔑朝命、言語道断ニ候、（『三条実万手録』一、四七七頁）

と憤慨している。

こうした折に一橋派の勢力を扶植させる密命を帯びて上京したのが日下部伊三次（翼）であった。伊三次は薩摩藩士で水戸藩と縁故が深く、入京した翌日の七月二十日、水戸藩京都留守居鵜飼吉左衛門（知信）と幸吉（知明）父子に会見し、ついで実万らを訪れ、時務に関して勅諚の降下を入説した。

幕府は日米条約の調印を奏聞した後、露国と条約を結び、さらに七月十四日には英仏二国とも条約を結びたいと奏聞した。天皇は幕府の専断を激怒し、近衛左大臣らに譲位の思召をもらしていたが、八月五日勅書を九条関白に賜い、譲位の思召と幕府詰問の二事を関東に通達するよう命じた。議奏・武家伝奏も勅書を拝見し、評議の結果、関白から三公および実万に勅意を伝え、意見を問うことになった。七日実万は左大臣近衛忠煕・右大臣鷹司輔煕・内大臣一条忠香（ただか）および議伝両役らと参内して朝議に列し、ついに幕府ならびに水戸藩へ勅諚を下すことを治定した。こうして翌八日幕府詰責・内政改革・外侮防禦の勅諚が水戸藩に下り、これを三家・三卿・家門・列藩に伝達するよう命じた。幕府への降勅は例がないではないが、水戸藩への降勅は前代未聞のことであり、幕府が面目を失ったことは多大であった。しかもこの前後、朝臣の間に幕府方に荷担する九条関白の排斥運動がおこり、このため九月四日尚忠は内覧を辞し、代って近衛左大臣がこれに任じ、尚忠の関白職すら危くなってきた。間部閣老を上京させて外交事情を弁疏させようとしていた幕府にとって、ただ一人味方と仰ぐ九条関白を失うことは致命的な打撃であった。

水戸藩への降勅後の八月十六日、実万は関東の情勢を探索させるため、諸大夫丹羽正庸（豊前守）を故家定将軍に写経一巻を贈るのを名として東下させた。正庸は江戸で山内豊信に謁し、橋本左内・日下部伊三次・飯泉喜内らと協議し、九月末に帰京した。

当時、長野主膳は京都にあって朝臣・志士たちの動静を探索していたが、水戸藩への降勅は近衛忠煕・鷹司輔煕・実万および議奏徳大寺公純四人の悪計に出たものと江戸に報じ、間部閣老の上京を促した。また九条関白の辞職問題についても、前記の朝臣以外に鷹司政通らの名をあげ、これらの悪謀方が天皇を悪道に引入れたと報告して憚らなかった。井伊大老もついに主膳の誇張した言辞に惑わされ、志士の弾圧を家臣に指示するのである。新任の所司代酒井忠義（若狭守、小浜藩主）が九月三日赴任すると、その二日後から志士の逮捕が始まった。こうして安政の大獄の幕が切って落された最中、間部閣老が十七日に着京し、十月二十四日始めて参内、外交事情を奏聞し、前後四回にわたって弁疏するのであった。

その後、安政の大獄は進展して、朝臣の家臣にまで及んできた。三条家に対しても、十二月六日武家伝奏から諸大夫の丹羽正庸・森寺常安（因幡守）・同常邦（若狭守）や家士の柳田光善（加賀介）・同光行（李少允）・富田織部の京都町奉行所出頭の命が伝えられた。三条家ではこの事あるを予期して、実万は主用に托して他出させていたので、当日拘引されたのは常邦一人であった。ここにおいて実万自身も幕府に嫌疑を受けている身の逃れ難きを知って、同月二十三日名を所労に托して、その領邑山城国久世郡上津屋村に籠居した。このときにあたり幕府は朝廷に四公の処分を迫ってやまず、翌安政六年正月十日実万は落飾を請うに至った。この日また近衛左大臣・鷹司右大臣も辞官・落飾を、鷹司前関白は落飾を請うたのである。ついで三月二十七日実万は上津屋村から愛宕郡一乗寺村の曼殊院家来渡辺仲介なる者の家を借受けて移った。天皇は四公の落飾をとどめようとしたが、幕府がこれを拒んだため、四月二十二日四公の落飾の請いを許され、慎を命ぜられた。実万は五月三日落飾して澹空と号した。この日忠煕・輔煕もそれぞれ落飾、政通はこれに先だって四月二十七日落飾した。その後、実万は病にかかり、その篤きに及んで十月四日ようやく慎を解かれ、積年の功労を賞されて従一位に推叙され、同月六日五十八歳をもって一乗寺村の幽居で死去し、嵯峨小倉山に葬られた。ついで文久二年（一八六二）八月九日右大臣を追贈され、明治二年（一八六九）十二月二十七日諡を忠成と賜わった。

実美は実万の第四子として天保八年（一八三七）二月八日生れた。母は前土佐藩主山内豊策（とよかず）（土佐守）の女。嘉永二年（一八四九）十二月十三歳で従五位下に叙し、安政元年（一八五四）二月十一日兄の権中納言公睦（きんむつ）が二十七歳で死去したので、十八歳で実万の嗣子となり、同年八月侍従に任じ、元服して禁色昇殿を許され、同三年九月右近衛権少将に任じ、十二月正四位下に進んだ。父が大老井伊直弼の政策に反対して、洛外上津屋村に、ついで一乗寺村に幽居を余儀なくされ、落飾の上、悶々の情を抱いて歿したとき、実美は二十三歳の青年で、幕府の専断に悲憤し、亡父の遺志を継いで朝権の回復と攘夷の計画を堅く決意したのであった。

桜田事変後、久世広周（ひろちか）（大和守、関宿藩主）・安藤信正（対馬守、磐城平藩主）の両閣老は公武合体政策を推進したが、文久二年（一八六二）の後半になって、京都における尊攘運動がにわかに高まってくると、同年八月に幕府は公武合体政策の失政を朝廷に謝し、ついで井伊大老以下、安政の大獄関係閣老・有司を追罰し、また大獄連坐者の赦免を行うことになった。このように時勢が転換し、朝権が確立すると、実美は同志の侍従姉小路公知（きんとも）ら十数人の堂上とともに、かつて和宮の降嫁に斡旋尽力した内大臣久我建通・左近衛権中将岩倉具視ら、いわゆる四奸二嬪の排斥運動を起し、ついに彼らを失脚させた。ときに実美は二十六歳、朝臣中の少壮急進派の一人として衆望を集め、閏八月左近衛権中将に転じ、九月二十八日攘夷別勅使として、副使姉小路公知とともに東下を命ぜられ、この日とくに権中納言に推任された。実美らは随従の土佐藩主山内豊範（土佐守）を従えて関東に下り、十一月二十七日江戸城に臨み、攘夷督促の勅書と親兵設置の御沙汰を将軍家茂に授け、十二月帰京した。

この間、実美は同年十月七日議奏に、ついで十二月九日には国事御用掛に補された。国事御用掛は国事を討議するために新たに設けられた役職で、少壮気鋭の朝臣は長州藩や土佐藩の武力を背景に尊攘論を唱え、公武合体論を唱える門閥守旧派の朝臣を圧倒し、御用掛の議を左右したていった。実美はその中心人物として、朝臣の間ばかりでなく、尊攘志士からも嘱目されていたのであった。

文久三年三月将軍家茂が上洛すると、尊攘派の気勢が最高潮に達し、公武合体派は凋落して、朝議は一途に攘夷にすすんでいった。こうした情勢の中で、天皇の賀茂社、ついで石清水社の行幸あり、攘夷を祈願した。実美ら少壮急進の朝臣は長州藩の武力に頼り、名を攘夷親征にかりて討幕の義兵を挙げようとし、大和行幸を画策したが、薩州・会津二藩が中川宮朝彦親王以下公武合体派の朝臣と結んで、いわゆる八月十八日の政変を起したので、実美らの計画は失敗に終った。実美は同志の三条西季知・東久世通禧・壬生基修・四条隆謌・錦小路頼徳・沢宣嘉の六卿とともに、長州藩兵および諸藩の志士に守られて京都を脱して西走した。朝廷では同月二十八日実美ら七卿の官位を褫奪した。

実美ら七卿は三田尻の招賢閣に潜居し、ついで山口湯田に移り、長州藩主毛利敬親（初め慶親、大膳大夫）・元徳（初め定広・広封、長門守）父子の庇護を受け、おもむろに捲土重来を期することとなった。しかるに翌元治元年（一八六四）七月禁門の変が起り、長州藩は幕府の討伐にあって恭順降伏したので、慶応元年（一八六五）正月実美は三条西・東久世・壬生・四条の四卿とともに太宰府の延寿王院に移り（錦小路は病死、沢は生野義挙ののち他処に潜伏）、依然として諸藩の志士と緊密な連絡をとっていた。

翌慶応二年正月になって、これまで対峙していた薩長二大雄藩の連携が成って密約が結ばれ、同年六月幕府は長州再征の師を発したが、幕軍の連戦連敗に終り、七月には家茂が大坂城中で歿したので、休戦解兵となった。この間、一橋慶喜が宗家を相続し、十二月将軍宣下があって十五代将軍となった。

一方、孝明天皇も同月崩御になり、同三年正月明治天皇が践祚した。こうした時勢の変転する中で、かつて実美ら急進派の朝臣に弾劾されて失脚した岩倉具視は、洛北岩倉村に幽居して密かに諸藩の志士と王政復古の実現を画策していた。たまたま諸藩の志士の尽力によって実美と具視との提携が成り、十二月九日王政復古の大号令が発布されると、実美は官位を復せられ、二十七日帰京し、明治新政に参画するのである。

三　本書の内容

忠成公御幽居日記（一―二一七頁）　三条実万が幕府の嫌疑を受けて、安政五年十二月二十三日、その領邑の山城国久世郡上津屋村に、ついで翌六年三月二十七日、同国愛宕郡一乗寺村に幽居したときの日記である。乾は安政六年正月一日より五月二日まで、坤は落飾して澹空と号した五月三日より九月二十一日まで、すなわち死に至る十五日前までの日記を収める。

実万がなぜ幕府の嫌疑を受けるに至ったかについては、その略歴で触れたので、ここでは再言しない。まず家臣が連坐して、富田織部が正月四日に町奉行所に召喚された旨が同月六日の条（七頁）に、ついで二月二十二日の条には、先に逮捕された森寺常安（因幡守）・丹羽正庸（豊前守）とともに揚屋入りを命ぜられ（三七頁）、同月二十六日の条の頭書には、この三人が江戸に檻送され、家臣の伊佐頼母らが三条辺で見送ったが、丹羽は泰然としていたことなどが書かれている（三八―九頁）。相つぐ家臣の逮捕と落飾を迫る幕府の強硬な態度を知って、実美が入江則精（駿河守）を父のもとに遣して諸公の進退を報告させたことが正月九日の条に見えるが（一八―二二頁）、実万は幕府に荷担する九条関白の態度を「以私害公、於臣之節可愧者歟、為之如何」と憤激し、ここに至って落飾を奏請するのである。実美は先に幕府の嫌疑を避けて入江を父のもとに遣したが、二月二日始めて幽居を訪れている（三一頁）。また三月十日の条には、実美が父のもとを訪れ、前日孝明天皇より授けられた四公の処分に関する幕府との往復文書を閲覧に供し叡慮を告げている（四五―五六頁）。この他、日記には処々に辞官・落飾の記事が見え、朝幕間の交渉の推移が知られ、貴重な史料である。

実万が所領の上津屋村の幽居（頼母・庄兵衛父子の家）から、一乗寺村の曼殊院家来渡辺仲介の家に転居したのは、慎を仰出されたとき、その家の構えが不便なのと、領村の難渋を慮ったからで（三月十三日の条、六〇頁）、それ以来、御室の辺を探していたが、一乗寺村に幽居を移すことになった。実美は転居の安否を気づかって、三月三十日父を訪れ、議奏中山忠能から内示された四公落飾の朝幕間の交渉を伝えている（七二―七頁）。転居先の家屋は狭いうえに古くて見苦しかったけれど、後苑があって行歩に都合がよかった（四月二十二日の条頭書、九九頁）。また荒廃した小池があり、村民の勧めでここに稲苗を植える記事も見える（五月二十一日の条、一五二頁）。四月二十二日の条には、落飾の請いを許され、慎を命ぜられた記事があり（一〇一―三頁）、この日実万は京都町奉行与力加納繁三郎が岡田式部丞（冷泉為恭）を通じて依頼していた、式部丞筆の王陽明像に讃を書いている（九九―一〇〇頁）。

長い幽居の生活は三条家の家計を不如意に陥れたらしく、八月十四日の条（一九三頁）・九月一日の条（二〇三頁）・同月七日の条（二〇九―一〇頁）などにその旨が見え、また同月十二日の条には、京都町奉行所より江戸に檻送された家臣の差添えの者の出府を命ぜられ、たちまちその路用などを心配しなければならなかった（二一二―四頁）。こうしたとき、九条関白が幕府から功を賞され、家禄千石を加増され、かつ在職中年々五百俵（日記に五百石とあるのは誤り）を宛がわれたこと（八月十五日）を伝聞し、九月四日の条に「実不知其功労、為朝廷忠義之労寸分も無之歟、昨年以来唯阿諛于関東、朝憲蔑如を不被顧、不忠不直とも可申、然ルニ従東武受恩賞、不知物耻握権柄、実ニ不堪歎息事、時勢可悲々々」と、その加恩の謂れない旨を述べて悲歎している（二〇六―七頁）。しかし実万は窮迫の身にあっても、健康には恵まれていたようである。もちろん日記には所労の記事が散見するが、その都度、医師の中山摂津守の診察を受けていたが、格別のことはなかった。ただ八月十二日腹瀉をおこしたときは、当時洛中で流行していたころりかと驚いたが、翌日診察した中山摂津守の見立てどおり暑気あたりらしく（一九一頁）、その後快方に向っている。日記は翌月二十一日まで記され、その間、病気らしい記事もなく、それが十三日後の十月四日危篤に陥り、六日に五十八歳で歿したのである。老いの身の幽居の生活が、その死を早めたのであろう。

三条家蔵秘簡（二一九―五八五頁）　秘簡と言っても、書簡のみに限らず、文書・記録の類も含まれている。また緒言にあるように、編次は必ずしも月日の順でなく前後するものもあり、年代の異なるものも混入されているので注意を要する。

安政四年・同五年・嘉永七年・文久三年　九月十五日付飯泉喜内の書簡（二二三―三〇頁）は、安政五年のもので、書中「七月廿八日丸之内大混雑」云々とあるのは、幕府が七月五日に水戸老公を急度慎に処したことから、在府の水戸藩士が動揺したため、町奉行所が厳戒したことを指し、また書中に三条家諸大夫丹羽正庸の関東下向の記事がある。安政五年正月二十四日付三条家諸大夫森寺常安宛ての土佐藩主山内豊信の書簡（二三一―二頁）は、橋本左内の実万への拝顔を依頼したもので、諸侯の京都入説の一端が窺える。吉田松陰の書簡が二通（二三三―八頁・二三八―四一頁）あるが、前者は嘉永六年六月十六日付、江戸にあってペリー来航を目撃して、肥後の宮部鼎蔵に報じたもの、後者は安政元年八月二十七日付、下田渡海に失敗し、江戸伝馬町の獄中より宮部に宛てたものである。

文久三年癸亥　山陵修補にあたることを請うた宇都宮藩主戸田忠恕（ただゆき）（越前守）の上申書（二四四―七頁）および別紙の願書（二四七―八頁）は、いずれも文久二年閏八月のものである。また親兵の設置を説いた十月五日提出の長州藩士前田孫右衛門の意見書（二六二―三頁）も、文久二年のものである。文久三年四月以降の文書・記録類（二四八頁以下）には、親兵・攘夷期限に関するものが多く、後半の部分（二七五頁以下）には、八月十八日の政変後の情勢を伝えるものが多い。

文久二年　冒頭の申渡案（二九五―三〇〇頁）は、安政の大獄に連坐した水戸藩家老安島帯刀らに幕府が建碑を許したもの（文久二年十一月二十八日）、また同年十一月二十三日の申渡（四三七―四四頁）は、大獄に関係した諸侯・有司を追罰した文書である。このようにこの年代に収められた文書・記録類は、公武合体政策から脱脚して朝権の伸張を示す史料が多い。少壮急進派の朝臣として、朝権の確立に邁進したのが実美であって、五月十日の九条関白の辞職を許すべき旨の上書（三四五―六頁）、閏八月の和宮降嫁に尽力した久我建通・岩倉具視ら四人を弾劾した上書（四〇六―八頁）などが見られる。九月二十八日実美は攘夷別勅使として東下することを命ぜられるが、十月五日の会津藩へ内達写（三五〇―四頁）は、実美が示した勅使待遇改善に関する私案である。したがってこの年代には、攘夷別勅使関係の文書・記録や実美宛ての上書が多い。

文久四年・慶応元年　冒頭の文久四年（元治元年）甲子春正月の勅翰写（四四五―七頁）は、上洛した将軍家茂にその二十七日に賜わった宸翰で、次の文書（四四七―五〇頁）は、二月十四日の家茂の奉答書である。当時、実美は山口湯田に滞在中で、その動静を伝えるものが多い。「野州太平山義挙紀事」（四九五―五一六頁）は、元治元年四月三日筑波山を発した水戸浪士田丸稲之右衛門・藤田小四郎らが、宇都宮・鹿沼・金崎をへて、十四日太平山に登って挙兵したときの文書・記録である。慶応元年九月の老中宛て仏国公使口達（五一七頁）以下の文書・記録は、英米仏蘭四国公使が軍艦九隻を率いて兵庫沖に来航し、条約勅許と兵庫開港を要求したときの関係史料である。

慶応二年・慶応三年「幕吏監察下向一件扣」（五五一―八四頁）は、幕府が筑前太宰府延寿王院滞在中の実美ら五卿警固の監督を名として、実は五卿を大坂に移そうと目付小林甚六郎を筑前に派遣した際の、本陣枢府の慶応二年三月十九日より十月六日に至る記録である。小林は三月二十三日博多に上陸、三十日二日市に着き、四月朔日太宰府に到り、実美らに面会することを求めた。しかし同月四日薩州藩士黒田嘉右衛門（清綱）ら三十余人が、さらに十八日には同藩士大山格之助（綱良）が藩兵三十五人・野戦砲三門を率いて太宰府に馳けつけ、五卿の警備を厳重にしたので、小林は目的を達することができず、五月二十一日二日市から博多に転宿した。ついで八月十七日小林は再び太宰府に来り、五卿に謁して帰洛の斡旋を告げただけで帰坂した。慶応三年のものは、十月十五日将軍慶喜の大政奉還を許す旨の御沙汰書（五八四―五頁）の一通だけである。

公武御用備忘（五八七―六六九頁）　実万の武家伝奏在職中の備忘日記で、途中まま欠落の日もあるが、安政二年六月十一日より七月十日に至るもの、同年八月一日より九月三日、十月一日より十五日に至るものと、同三年二月一日より二十四日に至るものを収めている。

安政二年中の記事は、前年四月六日に内裏が炎上し、桂御所を仮皇居としていたので、記事中しばしば新造内裏のことや遷幸についての記事が見られ、新造内裏上棟につき、内裏造営掛石河政平（土佐守、勘定奉行）および後任の川路聖謨（左衛門尉、勘定奉行）へ賜物のことが八月二十日・二十一日の条に見え（六三三―四頁）、その上棟は同月二十四日に行われた（六三九―四〇頁）。いわゆる安政の大地震は同年十月二日に起ったが、実万は七日禁裏付都築峰重（駿河守）についてこれを尋問しており（六五一頁）、十日の条には、昨夜所司代脇坂安宅（淡路守）より地震を報ずる書状が到来した旨が見える（同上）。ちなみに仮皇居より新造内裏への遷幸は十一月二十三日で、日記にはこの前後が欠落していて、記事はない。翌三年二月二日の条によると、新造内裏の造営に関し、議奏橋本実久から所々勝手の悪い箇所があって、修繕の申立てがあった旨が見え（六六〇頁）、実万は五日に修繕を禁裏付大久保忠良（大隅守）に申入れている（六六二頁）。

なおこの備忘日記に先だち、同じく武家伝奏在職中の「公武御用日記」（嘉永四年正月―同五年六月）、あるいは「私記」（安政元年八月―十月）が『三条実万手録』二にあるので、参看すべきである。

飯泉喜内「祈のひとこと」（六七一―五頁）　飯泉喜内は名を友輔と言い、もと京都の人であったが、中年になって江戸に下り、浅草蔵前の豪商の手代となり、かたわら読書に志し、広く当時の名家と交わった。のち旗本曾我権右衛門の抱医師飯泉春堂を迎えて己れの女に配し、これより己れも飯泉を名のった。嘉永六年米艦浦賀に来航し、朝幕間が緊張したとき、上京して堂上家の家臣と懇意を結び、ついに三条家の家臣の列に加わり、幕府の失政を譏った「祈のひとこと」（安政元年六月二十一日筆）を実万に呈した。帰府後も江戸の事情を京都の志士に通報し、あるいはまた京情を江戸の同志に報告するなど、もっぱら情報連絡の任に当った。これがため幕吏の嫌疑を受け、安政五年九月十七日町奉行の手によって逮捕された。家宅捜査の結果、多数の関係書類が押収され、その結果、一味の行動も暴露し、ここに安政の大獄の発端となり、事件はさらに拡大することとなった。当時、江戸で大獄を称して飯泉喜内御吟味一件、あるいは飯泉喜内初筆一件と言ったのは、このためである。

翌安政六年十月七日判決が下り、飯泉喜内は死罪を申渡され、即日処刑された。ときに年五十五。その申渡書に「祈のひとこと」も罪状の一つに数えられている。すなわち

江戸表形勢不軽風聞等之儀申越し候を、夫々堂上方家来等え為見遣、其上天災打続、又者異船度々渡来いたし、世上不穏儀を歎息いたし候迚、祈の一言と表題いたし、種々之儀書綴候内、神国の武将たるもの、是を解し得す、神威も恐れす、天のなせる災者さくへからす抔と合点して居る時者、御歎きの涙凝て雨と成、洪水し、家を流し、堤をも壊て田畑存亡するに至るへし抔、不恐公儀事共書認、森寺因幡守、高橋兵部権大輔え差出し、云々（『九条尚忠文書』三、二四八―九

頁）

とある。

富田織部「胡蝶のゆめ」（六七七—八六頁）・**「土州応答」**（七一五—三六頁）　富田織部は伯耆国西伯郡尾高の人、後藤千秋の子で、通称一郎、名を基建と言った。壮年のとき江戸に遊学し、のち京都に帰って実万の家臣となり、富田氏を冒し、織部と称した。織部は実万に近侍し、また実美の侍講として教育に任じ、かねて国事の機密に与った。

安政五年四月二十二日実万より土佐藩主山内豊信への密使を命ぜられ、二十八日京都を発足、五月十三日江戸に着き、土佐藩邸に出府を報ずると、即日豊信の家臣の大脇興之進・岡崎喜久馬が織部の宿舎に来り密談した。ついで十五日織部は始めて土佐藩邸を訪れて豊信に謁し、実万の意向を伝え、また豊信の下問に答えた。「土州応答」はこのときの会見密議を認めて実万に呈したものである。このときの織部の日記に「東行雑記」があり、『三条実万手録』二に収められている。それによれば、「土州応答」の冒頭に「五月十四初参御対面後」云々とあるのは（七一五頁）、十五日の誤りである。ついで十七日織部が土佐藩邸に参殿したときは、越前藩主松平慶永は女房体にて密かに来邸し、織部と対面し、二十日三度参殿したときは、宇和島藩主伊達宗城が来邸し、同じく織部と対面している。織部は二十二日江戸を立ち、木曾路をへて、翌六月五日帰京した。

将軍継嗣の決定後、一橋派は頽勢挽回のため、七月十九日薩州藩士日下部伊三次を入京させたが、織部はかねてから日下部と面識があり、その依頼によって、諸大夫丹羽正庸とともに実万への対面の労をとり、水戸藩降勅の議に与った。これが幕吏の知るところとなって、翌安政六年正月四日京都町奉行所に拘禁、江戸に檻送されて訊問を受け、十月七日に五十日の押込に処せられた。

朝権回復の方策を論じた織部の「胡蝶のゆめ」は、執筆の日付がないので不明であるが、緒言にあるように安政四・五年のものであろう。

三条実美公書翰（六八七―九頁）　老中堀田正睦が条約勅許の奏請をしたとき、安政五年二月二十三日第一回の勅諚が下って、三家以下諸大名の意見を徴せよと命ぜられ、勅許は得られなかった。正睦は三月五日に人心の居合い（おりあ）は関東に委任されたいとの老中の奉答書を上った。幕府に同調していた関白九条尚忠は、この奉答書の趣旨に添って、外交措置は関東にて勘考あるべしとの勅答案を認め、九日これを朝議にかけて強引に決定し、十一日には裁可を得て、十四日にこれを正睦に伝達する運びとなった。外交措置はすべて幕府に委任すると言う九条関白の廟議専断は、朝臣の反対にあい、十二日八十八人の列参となって、結局勅答案は改刪されることになった。実美が実万に進呈したこの書翰は、日付を欠いて明らかでないが、冒頭の文面から推して、三月十一日以後、それに近い日付のものであろう。

神州万歳堅策（六九一―七一四頁）　「石亀」とあるのは岩倉具視のことで、国家の大計五事について、実万に建策したものである。初めに「列参のこゝろを」と題して、「くにを思ふ君にひかれて梓弓、八十氏ひともかくしこそあれ」と詠んでいる（六九二頁）。具視は九条関白の廟議専断に反対して、安政五年三月十二日の八十八人の列参に加わった一人である。また「第二、徳川家長久可被思召之事」の条に、三月五日の老中の奉答書の一部を引用して、「人心居合ノ儀ハ如何様共引受候」とある（六九九頁）。この建策も日付を欠くが、三月十二日の八十八人の列参後、間もなく実万に進呈されたものと思われる。

丹羽正庸書翰（七三七―七五〇頁）　諸大夫として実万に仕え、富田織部とともに日下部伊三次の実万謁見を斡旋し、また水戸藩降勅の議にも与った。安政五年八月八日の水戸藩への降勅の後、十六日実万から関東の情勢を探索することを命ぜられ、九月四日土佐藩邸を訪れて小南五郎右衛門に会い、また山内豊信に謁し、六日には大老井伊直弼を訪れた。書翰はこの間の事情を諸大夫森寺常安および富田織部に報じたものである。

三條家文書　一

日本史籍協會叢書 123

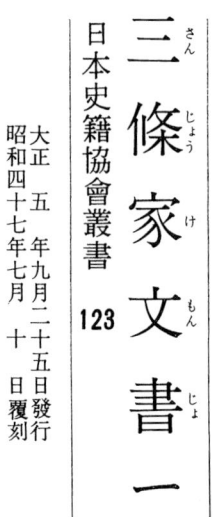

大正　五　年九月二十五日發行
昭和四十七年七月　十　日覆刻

編　者　日本史籍協會
代表者　森谷秀亮
東京都三鷹市大澤二丁目十五番十六號

發行者　財團法人　東京大學出版會
代表者　福武　直
一一三　東京都文京區本鄉七丁目三番一號
振替東京五九九六四電話(八一一)八八一四

印刷・株式會社　平　文　社
本文用紙・北越製紙株式會社
クロス・日本クロス工業株式會社
製函・株式會社　光陽紙器製作所
製本・有限會社　新　榮　社

日本史籍協会叢書 123
三條家文書（オンデマンド版）

Digital Publishing

2015年1月15日 発行

編　者　　日本史籍協会
発行所　　一般財団法人　東京大学出版会
代表者　渡辺　浩
〒153-0041　東京都目黒区駒場4-5-29
TEL　03-6407-1069　FAX　03-6407-1991
URL　http://www.utp.or.jp

印刷・製本　　株式会社 デジタルパブリッシングサービス
TEL　03-5225-6061
URL　http://www.d-pub.co.jp/

AJ022

ISBN978-4-13-009423-8　　Printed in Japan

JCOPY〈㈳出版者著作権管理機構　委託出版物〉
本書の無断複写は著作権法上での例外を除き禁じられています．複写される場合は，そのつど事前に，㈳出版者著作権管理機構（電話 03-3513-6969，FAX 03-3513-6979，e-mail: info@jcopy.or.jp）の許諾を得てください．